Hermann Schreiber wurde 1920 in Wiener Neustadt geboren. Er besuchte dort ein Elite-Gymnasium und studierte nach dem Abitur an der Universität Wien Germanistik, Kunstwissenschaft, Philosophie und Geschichte; 1944 Promotion zum Dr. phil. Der Autor wurde weltweit bekannt, unter anderem durch Werke wie »Land im Osten«, »Die Hunnen« und die »Vandalen«.

Georg Schreiber, der Bruder von Hermann Schreiber, wurde 1922 in Wiener Neustadt geboren. Studium der Klassischen Philologie, Archäologie und Geschichte. Neben seiner Tätigkeit an einem Wiener Gymnasium verfaßte er historische Romane, für die er 1962 und 1969 mit dem Österreichischen Staatspreis für Jugendliteratur ausgezeichnet wurde, und zahlreiche Sachbücher.

Von Hermann Schreiber sind außerdem erschienen:

»Marie Antoinette« (Band 2401)
»6mal Paris« (Band 4056)

Dieses Buch wurde auf chlor- und säurefreiem Papier gedruckt.

Von den Autoren völlig neu bearbeitete Taschenbuchausgabe
Februar 1992
Droemersche Verlagsanstalt Th. Knaur Nachf., München

Umschlaggestaltung Adolf Bachmann
Satz Compusatz, München
Reproduktion Reproteam, Ulm
Druck und Bindung Elsnerdruck, Berlin
Printed in Germany 5 4 3 2 1
ISBN 3-426-04836-1

HERMANN UND GEORG SCHREIBER

Mysten, Maurer und Mormonen

GEHEIMBÜNDE IN VIER JAHRTAUSENDEN

Knaur

Abbildungsnachweis:
Alle Fotos stammen aus dem Archiv der Autoren.

INHALT

Es gibt bedeutende Zeiten, von denen wir wenig wissen, Zustände, deren Wichtigkeit uns nur durch ihre Folgen deutlich wird. Diejenige Zeit, welche der Same unter der Erde zubringt, gehört vorzüglich mit zum Pflanzenleben.

GOETHE, Materialien zur Geschichte der Farbenlehre, 1810

VORWORT

Geschichte und Gesellschaft haben ein Geheimnis gemeinsam: das Wirken jener seltsamen, bald kleineren, bald größeren Organismen, wie sie die geheimen Gesellschaften innerhalb der einen und allgemeinen menschlichen Gesellschaft bilden. Während das Geschick der Gesellschaft vor der Geschichte offen daliegt, nisten sich die geheimen Gesellschaften im Dunkel ihrer Zeit ein und vergessen auch oft, ihr Geheimnis wenigstens für die Nachwelt zu lüften. Dieses Geheimnis ist auch nicht ein zufälliges Rätsel, wie es sich immer wieder an gewissen Knotenpunkten des geschichtlichen Ablaufs ergibt, sondern gewollte Verheimlichung und Geheimhaltung zum Schutze bestimmter Ziele und Zwecke. Die Forschung hat daher einen doppelten Widerstand zu überwinden: den der geschichtlichen Distanz und den der willkürlichen Verschleierung, Irreführung und Verdunkelung.

Dieses Dunkel aber ist nur zu oft jener fruchtbaren Zeitspanne vergleichbar, von der Goethe spricht: einer fruchtenden Spanne unter der Oberfläche des geschichtlich-manifesten Daseins, in der sich Entwicklungen und Wirkungen vorbereiteten. Das Aufbrechen des Erdreichs ging bald zart und heimlich und vielerorten vor sich, bald eruptiv und nur an einer Stelle, an der dann die Schollen wildbrüchig umherlagen. Der Bereich aber, in dem dies geschah und immer wieder geschieht, ist ungeheuer: er ist weit wie die Erde und reicht hinab zu den Anfängen der Menschheitsgeschichte.

Einem so umfassenden Thema gegenüber kann dieses Buch nur Hinweise geben, mit einem Finger hierhin, dorthin weisen und gelegentlich verweilen, wo ein sinnfälliges Beispiel, ein besonders geschlossener Vorgang, ein für heute lehrreicher Ablauf zu näherem Eingehen auffordern.

Wir beschäftigen uns mit seltsamen, bisweilen heilsamen, bisweilen bösartigen Mißbildungen, Wucherungen in der Ritze zwischen Gesellschaft und Geschichte, und haben daher ebensooft das Bild des Menschen gesucht wie den Ablauf der Ereignisse. Und da es weder den Versuch noch den Zwang zur Vollständigkeit für uns geben konnte, haben wir uns nicht gescheut, ein Menschenschicksal aufzunehmen, wenn sein Zusammenhang mit unserem Thema innig genug war, wenn Kräfte und Strebungen an Leben und Tod sichtbarer wurden als an Jahreszahlen und Zeitläuften.

Die Geschichte der geheimen Gesellschaften ist noch nicht geschrieben worden, und es mag Menschenkraft übersteigen, sie zu schreiben. Dem suchenden Umblick und der Rückschau zeigen sich von Jahrzehnt zu Jahrzehnt neue Zusammenhänge, neue Umrißlinien, und unversehens bricht auch ein Strom wieder auf, den man schon versiegt geglaubt. In dieser Vielheit der Länder, Völker und Zeiten kann es für die Darstellung keine andere Parteinahme geben als die des humanen Empfindens. Das Urteil hat in den meisten Fällen die Geschichte selbst gesprochen: unsere Überschau konnte sich demgegenüber mit vorsichtigen Kommentaren begnügen, die sittliches Empfinden mit historischem Verständnis zu vereinen trachteten.

Das Bild ist so bunt und so reich an Geschehen, daß die Darstellung nirgendwo Farben auftragen mußte. Was dennoch grell ist, war es seit je und mußte es bleiben, denn auch Dämpfungen können verfälschen; dies halte man uns zugute. Niemand kann annehmen, daß es im Schattendunkel der Geschichte weniger Unwesen und Übles gebe als am hellen geschichtlichen Tag. Dafür keimt in jenem Zwischenreich aber auch manche edle Tat, viel Selbstlosigkeit, so mancher große

Gedanke. Wir gingen nicht den Religionen und den nur-religiösen Bünden nach, auch nicht den kurzlebigen, engstirnigen Verschwörungen, an denen die Geschichte fast aller Völker so überreich ist, sondern suchten die geheimen Bünde und Gesellschaften auf, die für Wesen, Wirken und Entwicklung solcher Vereinigungen charakteristisch genannt werden können und somit geeignet sind, die Erkenntnis heute wirksamer hintergründiger Kräfte zu fördern und zu vertiefen. Denn die Geheimbünde gehören zwar der Geschichte an, nicht aber der Vergangenheit, und es hat nicht den Anschein, als werde das zwanzigste Jahrhundert an seinem Ausgang die Frage, die unser erster Abschnitt stellt, negativ beantworten können.

München und Wien
im Juli 1991

Dr. Hermann Schreiber
Dr. Georg Schreiber

ERSTES BUCH

Gibt es noch Geheimbünde?

IN DER ALTEN WELT

Acht Jugendliche und drei Morde / Vom Panther-Bund zur Pantherbande / Der Orden der heiligen Frau Latte / Die Gesetzlosen von Sardinien / Der edle Räuber im Zwielicht / Amram Blau und die »Wächter der Stadtmauer« / Urwaldkrieg in Kenia / Der Enkel des Medizinmannes und die weiße Medizin / Mau-Mau, das ist der arme schwarze Mann / Die Mandingo in Angola / Haiti und der Voodoo-Kult / Father Divine oder: Der Heilige im Cadillac / Ritualmord im Macumba-Bund

Als im Frühjahr 1953 acht Jugendliche auf einer langen Anklagtenbank im Münchener Justizpalast saßen, ergab sich die überraschende Tatsache, daß die jungen Leute sich nicht etwa als Verbrecherbande deklarierten oder nach ihrem Chef Werner-Bande nannten, sondern einen richtigen Geheimbund repräsentierten, der nach seiner Mitgliederanzahl zwar klein, nach seinen Aktionen aber unheilvoll-bedeutsam genannt werden mußte.
Obwohl die kleine Gruppe junger Menschen nicht weniger als drei Morde, zwei Mordversuche, mehrere Erpressungen und zwei schwere Raubüberfälle verübt hatte, gelangte der Gerichtspsychologe Doktor Heldwein zu dem Urteil, daß es sich bei ihnen nicht um Verbrechertypen handle, sondern um einen Klub mit bestimmten übersteigerten Zielen. Der »Pantherbund«, wie ihn Hugo Werner schon als Fünfzehnjähriger gegründet hatte, besaß ausgearbeitete Statuten, deren erster Paragraph bezeichnend und bündig lautete:
»Ziel des Bundes ist die Erreichung eines sicheren, alle

Mitglieder zufriedenstellenden Lebensstandards unter Zuhilfenahme aller gesetzlichen und ungesetzlichen Mittel.«

Hugo Werner wollte insgesamt eineinhalb Millionen Mark erbeuten und damit allen Bandenmitgliedern eine Existenzgrundlage schaffen. Er achtete stets darauf, daß seine Untergebenen eine ordentliche Berufsausbildung besuchten und dispensierte eines Abends einen Panthermann von einem Überfall, damit er seine Elektrikerprüfung nicht versäume, denn das Ziel war ja das Untertauchen im bürgerlichen Leben.

Wir erwähnen den Panther-Bund, der letztlich doch wohl eine Panther-Bande ist, an dieser Stelle nicht etwa, weil wir ihn als Geheimbund in den Rahmen dieses Werkes einbeziehen wollen, aber er vermag uns die Frage: »Gibt es noch Geheimbünde?« eindeutig zu beantworten. Es gibt noch Geheimbünde, weil es einem Grundtrieb des Menschen entspricht, sich mit Gleichgesinnten, Gleichaltrigen oder Gleichstrebenden zu vereinen, und weil diese Organisationen zwangsläufig oder zufällig der größeren Organisation der Gesellschaft feindlich gesinnt sein können.

Das Geheimnis ist nicht notwendig, aber wesenhaft für das Zustandekommen vieler Bünde und Verbindungen. Es kann dem Zweck entsprechen und ihn schützen, oder es kann Selbstzweck sein, wie bei manchen romantisch gestimmten Bünden, die sich trotz völliger Harmlosigkeit in ihrer Geheimnistuerei gefielen. Es gibt, wie ein englischer Forscher sagt, einen *secret society mind*, eine spezifische Gefühlslage, die manche Menschen von vorneherein zu Mitgliedern geheimer Gesellschaften und Bünde wie geschaffen erscheinen läßt, und es gibt eine so weit verbreitete Neigung zu geheimer Organisation, daß man den Geheimbund fast eine Art Pubertätsstadium der Gesellschaft nennen könnte, das sie auf ihrem Wege zur Vollkommenheit beziehungsweise zur konsequenten Demokratie durchläuft. Im Idealfall der demokratischen

Gesellschaft dürfte es dann freilich nur noch kriminelle Geheimbünde geben: weil nur noch das Verbrechen verboten ist. Alle Arten, fast möchten wir sagen: Archetypen der Geheimbünde münden in die Gegenwart herauf und haben auch heute noch die Kraft, aus alten Vorbildern neue Formen zu entwickeln. Um in Deutschland zu bleiben und mit dem Harmlosesten zu beginnen, nennen wir als heimisches Beispiel den »Orden der Frau Latte«, auch »Orden der heiligen Frau Latte« genannt, der im Jahre 1878 in einer Berliner Schiffbauer-Frühstücksstube in der Königstraße gegründet wurde und heute noch (oder wieder) die Macht hat, einen mißliebigen Professor auch dann von der Technischen Universität Berlin zu vertreiben, wenn er Ordinarius ist.
Der Orden organisiert den Boykott von Vorlesungen, hat ein sogenanntes Kupfer-Archiv, in dem über Prüfungsfragen Buch geführt wird, und eine für Studierende schlechthin unentbehrliche Sammlung teurer technischer Behelfe, die so gut wie alle Schiffbaustudenten nötigt, dem Orden beizutreten. Der Orden von der heiligen Frau Latte war übrigens als einzige der älteren studentischen Organisationen von der Hitlerregierung nicht verboten worden, da er schon vor Hitler durch seine Herrschaft an den meisten Schiffbaufakultäten den Juden diesen Studienzweig praktisch versperrt hatte. Die in Danzig entstandene Hymne des Ordens (der weder im Vereinsregister eingetragen ist noch aufgeschriebene Statuten besitzt) lehnt sich bemerkenswert eng an das Kampflied vom »Gott, der Eisen wachsen ließ« an und beginnt:

»Ein neuer Orden, kampfbereit
Trotzt an der Weichsel wieder.
Da klingt der Stahl, da dröhnt der Eid
Der deutschen Lattenbrüder.«

Die Lattenbrüder sind im geistigen Leben unserer Tage ziemlich unbemerkt geblieben, da ihre Disziplin, der Schiffbau, doch zu speziell ist, um öffentliche Aufmerksamkeit zu erregen; aber es verdient als Tatsache festgehalten zu werden, daß zumindest einer der studentischen Orden die Burschenschaftenzeit überdauert hat. Gegen die uralten, mit den Universitäten entstandenen Landsmannschaften (»Nationen«) hatten sich im achtzehnten Jahrhundert geheime und ungern geduldete studentische Orden durchzusetzen versucht: die Mosellaner, die Konstantisten, die Konkordisten, die Amicisten und andere, die in ihren Ritualen mehr oder minder eng von den Freimaurern abhängig waren. 1784 wurden sie erstmals, und zwar in Göttingen, verboten und verschwanden im neunzehnten Jahrhundert fast völlig, da die Burschenschaften immer größeren Zulauf hatten. Im »Orden der heiligen Frau Latte« haben wir eine Organisation vor uns, die zum Unterschied von den Burschenschaften eine bestimmte Studienrichtung voraussetzt, das Studium selbst und die Erreichung des Studienziels (wenn auch nicht immer mit erlaubten Mitteln) unterstützt und bestimmte Gruppen von Studierenden von der gemeinsamen Arbeit ausschließt. Die Annahme liegt nicht fern, daß zwischen den Lattenbrüdern gewisse Bindungen auch dann noch aufrecht bleiben, wenn sie als absolvierte Schiffbauer in das Leben hinaustreten und in ihrem Beruf tätig sind.

Alte Geheimbundtradition scheint auch für jene Erscheinung verantwortlich zu sein, die das italienische Justizministerium die *malattia ciclica* nennt: das zumindest auf Sardinien noch ungebrochene Bandenunwesen, das nicht mit dem gewöhnlichen Banditentum gleichzusetzen ist. Die in der sogenannten *Barbagia* operierenden Männer sind, wie die Untersuchungen ergeben haben, oft durchaus wohlhabend und keineswegs zu dieser Form des Erwerbs genötigt. Sie haben sich zu

gleichgesinnten Gruppen vereinigt, die nach strengen Gesetzen, ungeschriebenen Statuten vorgehen, wie einst die Camorra, und die sich gegen Eingriffe oder Einbrüche in ihr Gebiet geschlossen und als Bund zur Wehr setzen.
Sardinien ist noch immer eine der geheimnisvollsten Inseln des Mittelmeers; niemand weiß mit Sicherheit, wozu die zwei- bis dreitausend kleinen und ungefügen Türme gedient haben, die über das ganze Land verstreut sind und von den Sarden *nuraghi* genannt werden; kein anderer Teil der italienischen Republik hat einen gleich hohen Prozentsatz an Analphabeten, und weite Gebiete im Landesinneren, eben die um die fast zweitausend Meter hohe Brunca Spina liegende Barbagia, sind auch heute noch praktisch unzugänglich.
Dieses Gebiet, das die Römer *Barbaria,* die Barbarei, tauften, ist einige hundert Quadratkilometer groß und mit wilder Vegetation: dichtem Busch und Korkeichen, bedeckt. Durch dieses Gebiet wollte die italienische Regierung eine Straße bis zum Golf von Dorgali bauen. Davide Capra, ein Straßenbauingenieur aus Cagliari, übernahm den Auftrag. Er glaubte, vor den *fuorilegge,* den Gesetzlosen, sicher zu sein, da sie ihn schon einmal gefangengenommen, gegen Lösegeld und Schweigeversprechen aber wieder freigelassen hatten.
Capra hatte wohlweislich gegen jedermann geschwiegen; als er es aber unternahm, die Straße zu bauen, fielen die Gesetzlosen über die ganze Arbeitsgruppe her: über Capra, seinen Vermesser, die Straßenwärter, die Aufseher und die Arbeiter. Alle ließ man nach gründlicher Einschüchterung und heiligem Schweige-Eid wieder frei, nur Capra behielt man im Gewahrsam und verlangte zwanzig Millionen Lire Lösegeld (damals 130 000 DM). Während seine Frau sich noch bemühte, das Geld aufzutreiben, lief die Polizeiaktion an; die Gesetzlosen wurden in die Wälder verjagt und Capra in einer kleinen Hütte gefesselt aufgefunden – aber er war tot.

Wie schon die Camorra und die Mafia gehen auch die Gesetzlosen gegen Verräter aus den eigenen Reihen unnachsichtig vor. Der junge Hugo Werner erschoß seinen Freund Alois Lechhart, um die Geheimnisse des Pantherbundes zu wahren; die Gesetzlosen schnitten dem zweiunddreißigjährigen Nicola Moro die Ohren ab und schlitzten ihm den Bauch auf, weil er sie verraten hatte...

Diese drei sehr verschiedenen Beispiele zeigen, daß vieles von dem, was heute noch geheim ist, das Gesetz zu scheuen hat. Die italienische Demokratie gestattet extremsten Gruppen die öffentliche Betätigung, die MSSI ist im Parlament vertreten, Mussolinis Werke erscheinen in einer vielbändigen Prachtausgabe und sind in jedem Buchladen zu haben. In Frankreich konnte sogar eine Steuerverweigerungs-Bewegung offen agitieren und mit ihren Abgeordneten in beachtlicher Stärke in die Nationalversammlung einziehen, während ihre Vorfahren, die Steuerverweigerer aus den Cevennen, sich bei ihren zahlreichen Aufständen nur blutige Köpfe holten. Ein Geheimbund auf französischem Boden müßte ausgesprochen kriminelle Ziele haben, um das Geheimnis, die Geheimhaltung zu rechtfertigen. Anders in der Diktatur, wo man auch Ziele rein weltanschaulicher oder politischer Natur (ja sie vor allem) tarnen muß und dadurch mitunter in eine merkwürdige Gemeinschaft mit der geheimen Arbeit des modernen, organisierten Verbrechertums gerät. So wurden am Morgen des 16. Dezember 1955 die Brüder José und Pedro Campillo-Campo in einem Hotel in Clermont-Ferrand verhaftet, weil sie ein halbes Jahr zuvor auf spanischem Boden einen räuberischen Überfall verübt hatten. Sie bekannten sich auch zu dieser Tat, konnten aber nachweisen, daß sie Mitglieder einer geheimen, gegen das Franco-Regime gerichteten Widerstandsarmee seien, der sie durch diese und andere Aktionen

Geldmittel verschafft hatten. Und das war nicht erfunden: die aus Spanien geflüchteten Anarchisten, Kommunisten und Sozialisten hatten sich organisiert und zahlreiche Banküberfälle und andere Raubzüge unternommen, deren Erträge zum weitaus größten Teil in die gemeinsame Widerstandskasse flossen. Auch die Brüder Campillo-Campo hatten trotz eines geglückten Menschenraubes, der ihnen 1 500 000 französische Francs eingebracht hatte, bei ihrer Verhaftung nur 60 000 Francs bei sich, den Rest hatten sie bereits abgeliefert. Sie hatten die französische Fremdenpolizei stets über ihren Aufenthaltsort informiert und fühlten sich keineswegs als Verbrecher, sondern als Mitglieder einer geheimen Organisation gegen ein unrechtmäßiges Regime...

Dort, wo die Obrigkeit als ungesetzmäßig empfunden wird, weil sie ältere Rechte gebrochen hat, werden moderne geheime Organisationen bewußt oder unbewußt zu Hütern der Tradition. Durch sie lebt im geheimen weiter, was im Licht des modernen Tages, des modernen wirtschaftlichen und politischen Lebens lächerlich oder doch absurd wirken würde.

In Jerusalem gibt es zweihundert oder dreihundert Familien, die sich den *Neturei Karta* zuzählen. Das aramäische Wort bedeutet »Wächter der Stadtmauer« und ist ein Ehrentitel für diese besonders strenggläubigen Israeliten, die gegen den Unverstand der modernen Welt zu einem Häuflein eng aneinandergebundener Familien geworden sind. Sie erkennen die Regierung des Staates Israel nicht an, weigern sich, irgendwelche Dokumente entgegenzunehmen oder gar zu unterzeichnen und schicken ihre Kinder nur in die Talmudschule. Das Hebräische sprechen sie nicht: es ist die heilige, dem Gottesdienst und dem Religionsunterricht vorbehaltene Sprache. Die Jungen dürfen nichts lernen als Bibel und Talmud, die Mädchen dürfen vor ihrer Verheiratung das Elternhaus nicht verlassen.

Ein Leben dieser Art ist naturgemäß sozial und wirtschaftlich schon nicht mehr möglich; die *Neturei Karta* können es fristen, weil reiche Verwandte aus Amerika, Kanada und England ihnen das wenige schicken, was sie zu ihrem Lebensunterhalt brauchen. Sie arbeiten nicht, denn sie sind fest davon überzeugt, daß das Reich des Messias kommen wird: bis dahin dürfe man nichts anderes tun als in den Heiligen Schriften lesen und auch die nachfolgenden Generationen zur Vertiefung in sie anhalten.

Sie bewohnen das Viertel Mea Shearim (»zu den hundert Toren«), das darum von den Taxifahrern zumindest am Sabbat ängstlich gemieden wird: denn Amram Blau, der Führer der *Neturei Karta*, läßt unbarmherzig jedes Fahrzeug steinigen, das am Sabbat durch die feiertäglichen Straßen rollt...

Man hat oft angeregt, diese Menschen auszusiedeln, die dem Glauben, der den ganzen Staat trägt, mit so unbedinger Strenge anhängen, daß es den Staat gefährden würde – wenn sie zahlreicher wären. Aber bis heute leben die »Wächter der Stadtmauer« in der uralten Stadt und warten, sicher in ihrem geheimen Wissen, auf das Reich des Messias, von dem sie in ihren alten Schriften immer wieder lesen.

Es ist eine lehrreiche Konfrontation, eine Gegenüberstellung, die sich bald da, bald dort begibt und zu der es wohl in allen Ländern schon einmal gekommen ist. Die gegnerischen Lager können Neu und Alt heißen, sehr oft aber bedeutet Neu den Europäer oder doch den weißen Mann und Alt das eigene Volkstum, auf das man sich erst besinnt, wenn man in den Schulen der Weißen und auf ihren Universitäten Besinnung gelernt hat. Es sind Entdeckungen und Überraschungen, die diese gewaltigen Übergänge mit sich bringen; so wie der Übergang vom Absolutismus zu den aufgeklärten Monarchien nicht etwa durch Massenparteien erfolgte, sondern unter der

Einwirkung kleiner, geheimer Zirkel und geheimer Gesellschaften, so enthüllt das Ende des Kolonialismus in unserem Jahrhundert die Existenz unzähliger kleinerer und größerer Geheimorganisationen, geheimer Gesellschaften und geheimer Bünde bald politischen Charakters, bald religiöser, sektenähnlicher Prägung.

Als das englische Palästina-Mandat ablief, machten nicht neue Parteien das Land einander streitig, sondern militante Geheimorganisationen mit allen Charakteristika geheimer Bünde: mit Decknamen, eigenem Ritual, Terror gegen Verräter, undurchsichtiger Taktik. Und als der siebenjährige Krieg zwischen der französischen Kolonialarmee und den Truppen des Viet–Minh in Indochina zu Ende ging und das heißumkämpfte Land geteilt wurde, waren die beiden Teile nun nicht etwa befriedet: im ehemals französischen Saigon brachen heftige Kämpfe gewaltiger »Sekten« aus, die in Wahrheit aber geheime Bünde und nun plötzlich in der Lage waren, Zehntausende von Bewaffneten aufzustellen.

Der Geheimbund ist die uralte und überall dort auch heute noch die einzig mögliche Organisationsform, wo die Verkehrsmittel, die Beschaffenheit des Landes, die mangelnde Bildung der Bevölkerung den Einsatz moderner Mittel der Massenpropaganda erschweren. In Indochina organisierten sich die großen Bünde, die dem Ministerpräsidenten Diem so zu schaffen machten und eines Tages das Hotel Majestic plünderten, ganz genau so, wie ein halbes Jahrhundert vorher die Banden, die den chinesischen Boxeraufstand anzettelten und ganz ähnlich wie die Sikh-Verschwörungen und die Wahabi-Erhebungen in Indien. Der im Frühjahr 1956 hingerichtete General Wakut hatte dem Hoa-Hoa-Bund ein Jahr lang internationale Berühmtheit verschafft, wenngleich niemand recht wußte, worum es dem Bund, den viele eine Sekte nennen, eigentlich ging. Er nötigte den Staatspräsidenten zu

großen militärischen Anstrengungen, brachte zeitweise bis zu 30000 Bewaffnete auf die Beine und ließ sich erst nach harten Kämpfen in die Berge nördlich und nordöstlich von Saigon zurückdrängen.
Die lang anhaltenden Kriege erst zwischen den Franzosen und der nordvietnamesischen Befreiungsfront, dann zwischen den Amerikanern und ihren national-kommunistischen Gegnern haben die Welt jahrzehntelang in Atem gehalten, gefährliche Konfrontationen zwischen den Großmächten zur Folge gehabt und der Neuen wie der Alten Welt vor Augen geführt, daß uns zwar der Kolonialismus ein höchst brisantes Erbe hinterlassen hat, daß aber die Verhältnisse, die auf ihn folgten, keineswegs menschlicher genannt werden können. Nicht immer ist eine an sich fortschrittliche Verfassung auch ein Garant für das persönliche Wohlergehen des einzelnen, und nicht wenige junge Staaten gediehen auf Kosten der Freiheit und der individuellen Situation der Staatsbürger. Für eine Stadt wie Saigon jedenfalls steht heute fest, daß sie ihre beste Zeit in den Jahren eines französischen Indochina hatte, unter dem Schutz einer Verwaltung, die zwar zweifellos den Europäern und ihren Geschäften Vorzugsrechte einräumte, aber auch die Eingeborenen besser leben ließ, als dies heute der Fall ist. Das gleiche gilt auch für Laos, das vor dem Ausbruch des ersten Indochinakrieges eine beinahe idyllische Existenz führte. Daß wir jene Verhältnisse heute im Rückblick aus den großen Romanen ortskundiger Autoren wie Graham Greene oder Marguerite Duras kennenlernen müssen, weil die Geschichtsschreibung das Versagen, ja den schließlichen Bankrott einer blutigen Freiheitsbewegung nicht wahrhaben will, macht die Entwicklung nicht weniger lehrreich: So wie in der Französischen Revolution binnen eines einzigen Monats mehr Menschen hingerichtet wurden als in tausend Jahren der angeblich so tyrannischen Königsherrschaft, so sind Scheusale wie Pol

Pot und Millionenmassaker, wie sie Hinterindien nach den französischen und amerikanischen Niederlagen erlebten, der Beweis dafür, daß selbst die raffiniertesten Geheimorganisationen nicht sagen können, wo jener Unfrieden hinführen wird, den sie, selbstsicher und von hohen Idealen beseelt, in die Welt bringen.

In den Tagen, da diese Zeilen geschrieben werden, hat sich ein anderer Kolonialkrieg endlich erschöpft, der vor dreißig Jahren durch den Zusammenschluß meist marxistischer Untergrundbewegungen gegen die portugiesischen Kolonialherren begann, der Krieg in Angola, einem am Nordrand Südafrikas gelegenen Staatswesen von 1,3 Millionen Quadratkilometern und trotz jahrzehntelanger Kämpfe immer noch neun Millionen Einwohnern. Das Ende des kalten Krieges hat die zaudernden Bemühungen ermutigt, die dieses große Land aus einem Tummelplatz fremder Interessen und Truppen zu einer friedlichen und menschenwürdigen Existenz zurückführen wollen.

Portugal war jene Kolonialmacht, die sich zuletzt von ihren Kolonien trennte, ja die noch immer ein paar Stadt-Stützpunkte aus ihrem hinabgegangenen Imperium behalten hat und verwaltet. Dabei hat diese älteste Kolonialmacht in fünfhundert Jahren ganz offensichtlich nichts gelernt und sich noch in unserem Jahrhundert nicht sehr viel besser benommen als einst der gewalttätige Vizekönig Albuquerque in Indien und die sklavenjagenden Bandeirantes in Brasilien. Mozambique und Angola wurden noch schlechter verwaltet als der belgische Kongo. In den Jahren zwischen 1486 und 1641 wurden etwa 1,4 Millionen Schwarze aus Angola als Sklaven verschifft. Insgesamt sank die Bevölkerung dieses an natürlichen Schätzen reichen Landes von 18 Millionen zur Zeit der Entdeckung bis auf die oben genannte Zahl. Zugleich veränderte eine wachsende Zuwanderung aus dem armen Mutterland das

Verhältnis zwischen Weiß und Schwarz von 1:83 im Jahr 1900 auf 1:22 im Jahr 1930. Seit die Sklaverei offiziell abgeschafft wurde, vollzog sich der Sklavenverleih im großen und auf politischem Weg durch ein Abkommen zwischen Portugal und der Südafrikanischen Union beziehungsweise dem damals britischen Südrhodesien. Entsprechend dieser Übereinkünfte aus den Jahren 1926 und 1934 stellte Angola alljährlich 160000 Arbeitskräfte für die Minen in den genannten Nachbarländern. Menschen, die als Analphabeten an der Armutsgrenze leben, haben keine legale Möglichkeit, sich zu organisieren, das wissen wir selbst aus europäischen Ländern und aus dem Kampf der amerikanischen Unternehmer gegen die ersten Gewerkschaften. Unter dem autoritären Salazar-Regime hatte die Demokratie naturgemäß auch in den Kolonien keine Chance, und die Weißen im Land hatten erst recht kein Interesse daran, sich für die Schwarzen einzusetzen. Denn Angola war auch für die meisten seiner weißen Bewohner eher eine Strafkolonie als ein Erwerbsparadies. Salazar schob nach Afrika ab, was ihn in der Heimat störte oder seiner Regierung Probleme zu schaffen drohte, und die Betroffenen mußten noch zufrieden sein, fern von der portugiesischen Staatspolizei in relativer Freiheit leben zu können. Eine Kolonie, deren weiße Oberschicht neben ein paar Klerikern und Verwaltungsbeamten aus Desperados, Arbeitslosen, verschickten Kriminellen und Asozialen bestand, war kein Gesprächspartner für sich bildende Organisationen der Eingeborenen, so daß diese von vornherein im Untergrund arbeiteten und sich auf bewaffnete Aufstände vorbereiteten. Dazu kam, daß in den einigermaßen kultivierten Bezirken des Landes wie in Cabinda der größte Teil des Grundbesitzes in den Händen der Weißen war (639000 von 737000 Hektar), so daß Schwarze, die Grundbesitz erwerben wollten, in entlegene Gegenden des Landesinnern abwanderten und damit auch geographisch in eine Art Untergrund-Existenz gerieten. Dazu kam das mit Salazar-Perfektion errichtete Polizeisystem der Portugiesen in Angola, das die gesamte Infrastruktur des Landes beherrschte. Seit dem Beginn des offenen Krieges zwischen den Geheimorganisationen der Angola-Schwarzen und der Kolonialmacht am 4. Februar 1961 gab es für die Aufständischen praktisch keine Möglichkeit mehr, das große und reiche Land planvoll und gezielt auf den Zustand nach der Dekolonisation vorzubereiten, jene heikle Phase, in der eine verunsicherte Bevölkerung auch ungeliebten Strukturen, wenn sie nur vertraut sind, oft den Vorzug vor dem unbekannten Neuen gibt.

Da uns die Abenteuerliteratur seit Albert-Londres und Pierre Benoit das südöstliche Asien als die klassische Landschaft für Geheimbünde aller Art suggeriert, wird oft übersehen, daß Schwarzafrika eine gleichsam schicksalhafte Beziehung zu diesen Bünden eingegangen ist, vielleicht schon in vorkolonialen Zeiten, mit Sicherheit aber seit der Ankunft der ersten weißen Eroberer und ihrer Missionare. Bei einem der am besten erforschten westafrikanischen Völkerstämme, bei den Mandingo, bestand seit vorgeschichtlichen Zeiten eine ausgebildete Kastengesellschaft mit der Besonderheit, daß der Schmied des Dorfes auch der Zauberer war und die Sänger-Dichter eine besonders verachtete Kaste bildeten, da sie der Aristokratie huldigten und schmeichelten. Nach dem Sieg der Franzosen in Westafrika stützte sich die europäische Verwaltung weitgehend auf die Aristokratie, die schon im zehnten Jahrhundert ihre Stammesreligion aufgegeben hatte und zum Islam übergewechselt war. Dies wurde als eine Bevorzugung des Islam durch die Franzosen aufgefaßt und ermutigte die Opposition, sich der angestammten religiösen Beziehungen zwischen den Stämmen und den Dörfern auf der einen, dem

Zauberer auf der anderen Seite zu bedienen. »An die Stelle der Blutsbande traten von diesem Augenblick an durch Vertrag oder Schwur begründete Bündnis-Bande zwischen den das Dorf bildenden Großfamilien oder Gemeinschaften, die wiederum mit den Bodengöttern durch einen Vertrag verbunden sind.« (Jean Suret-Canale in seinem Buch *Schwarzafrika*, Ost-Berlin 1966)

Der Mandingo-Spezialforscher Labouret stellt dazu fest: »Der europäischen Verwaltung blieb die Existenz dieser Zusammenschlüsse verborgen, oder sie fürchtete ihren Einfluß.« (*Les Mandingo et leur langue*, Paris 1934)

Die Folge war eine um sich greifende Abneigung gegen das Christentum und im besonderen gegen die Missionare, aber auch gegenüber dem Islam, den man mit den Franzosen im Bunde sah und auch als Religion der gut verdienenden Händlerschichten ablehnte. Andererseits war es den schon ziemlich zahlreichen gebildeten oder doch mit europäischen Schulen in Berührung gekommenen Schwarzen der jüngeren Generationen intellektuell unmöglich, zum alten Animismus zurückzukehren. Es ergaben sich also von Völkerschaft zu Völkerschaft verschiedene Synkretismen, also Mischformen aus altem Aberglauben, christlichen Elementen und marxistischer Theorie. Der Vorgang ist äußerst komplex, ja Suret-Canale vermutet sogar gelegentliche Rückgriffe auf vor-islamisches Judentum, wie es mit dem antiken Sklavenhandel ins Land kam, der ja überwiegend in den Händen von Juden war und bis zur Kolonialzeit auch blieb; allerdings seien die Nachrichten aus jener Zeit sehr unsicher. »Seit zwanzig Jahren«, schreibt Suret-Canale im Jahr 1966, »stellt man in der Tat in Guinea, besonders an der Elfenbeinküste und in Dahomey sowie den benachbarten, ehemals von England beherrschten Gebieten das Auftreten einheimischer religiöser Synkretismen fest, deren Grundlage rein afrikanisch ist, die aber uni-

versellen Charakters und gegenüber den alten animistischen Kulten intolerant sind.«
In seinem Buch *Freedom and After* (1965) hat Tom Mboya, am Ruskin-College in Oxford gebildeter Kenia-Politiker, die Meinung vertreten, daß diese Rückbesinnung auf spezifisch afrikanische Bindungen zwischen den Stammes- und Bodengöttern auf der einen, den befreiten Bevölkerungen der jungen Staaten auf der anderen Seite Grundlage eines neuen Selbstbewußtseins geworden ist, das wiederum eigene, aktive und subversive Bünde erzeugt und überall dort erzeugen muß, wo trotz moderner Verfassungen die Diskriminierung der einheimischen Bevölkerung fortbesteht. In seinem Rückblick auf die blutigen Unruhen der Mau-Mau-Bewegung schreibt Mboya: »Wiederholt erklärten wir während des Ausnahmezustands kategorisch, daß der Mau-Mau das Ergebnis wirtschaftlicher und sozialer Probleme sei, die sich in all den Jahren aufgehäuft hatten und die auf gesetzliche Weise nicht gelöst worden waren. Es handelte sich dabei fast ausschließlich um Probleme der Diskriminierung, die in dieser oder jener Form gegen Afrikaner gerichtet war: Diskriminierung bei seiner Anstellung ebenso wie bei seiner Entlohnung (ich hatte selbst nur ein Fünftel des Gehaltes bekommen, das ein Europäer erhielt, der die gleiche Arbeit leistete); Diskriminierung in Postämtern, Hotels und Restaurants; die indirekte Herrschaft über das afrikanische Volk mit Hilfe von Häuptlingen und Verwaltungsbeamten, die keineswegs die lokale afrikanische Meinung repräsentierten. Dies alles erzeugte eine Erbitterung, die sich in all den Jahren aufspeicherte und zu Verzweiflungstaten führte.«
Die blutigen Ereignisse forderten dann Opfer auf beiden Seiten: »Wenn wir die Gewalttätigkeit des Mau-Mau verurteilen, müssen wir ebenso die Gewalttätigkeit der Engländer im Kampf gegen den Mau-Mau verurteilen. Während des Ausnah-

mezustandes wurde die Aufmerksamkeit der Öffentlichkeit auf die Taten des Mau-Mau gelenkt; über die Taten der Sicherheitstruppen wurde weniger geschrieben und gesprochen. Die vielen Afrikaner, die auf immer verschwanden, die vielen Menschen, die mitten in der Nacht verhaftet wurden und niemals wiederkehrten, der Umstand, daß bestimmte Mitglieder der Sicherheitstruppen für jeden Afrikaner, den sie erschossen, eine Prämie erhielten – das alles waren Greueltaten, die damals nur teilweise in Gerichtsverhandlungen bekannt wurden. Die volle Wahrheit über die Greueltaten wird man wahrscheinlich niemals erfahren, denn in den meisten Distriktszentralen wurden Akten und Dokumente, die sich auf die Zeit des Ausnahmezustandes bezogen, verbrannt. Aber es gibt Tatsachen, die man durch keine Verbrennung vergessen machen kann.« (Mboya, a.a.O., S. 52)

Die Folgen der Entkolonialisierung sind eine Fülle geheimer Brandherde auch in europäischen Groß- und vor allem Millionenstädten. Die Bürger des Commonwealth haben sich die Slums von London, Birmingham, Liverpool und anderen Städten auf der britischen Insel erobert und bilden hier nun eben jene geheimen Bünde, jene Riesen-Gangs, denen im Dickicht der Städte ungleich mehr und bessere Schlupfwinkel zur Verfügung stehen als selbst im heimatlichen Busch. Erst im Dezember 1990 war auch Paris so weit wie vorher schon lange London und mußte eigene starke Polizeikräfte aufstellen, die sich speziell mit den Banden junger Nordafrikaner und Schwarzafrikaner beschäftigen, die in der Stadt an der Seine vollkommen assimiliert, aber eben nicht akzeptiert sind. Aus den Geheimbünden militanten Charakters ist eine wehrhafte Subkultur geworden.
Das Überraschendste daran ist vielleicht, daß sie auch einen intellektuellen Überbau hat. Jedem Paris-Besucher fallen die

vielen dunkelhäutigen Studenten auf, die fröhlich mit ihren hellhäutigen Kommilitoninnen schwatzen, flirten und nicht mehr *nègre* genannt werden wollen, sondern *noirs.* Sie studieren keineswegs nur in Paris, sondern überall, wo Stipendien und Wohnungen zu haben sind, und sei es das normannische Caen oder Montpellier, wo sie von Algerienfranzosen umgeben sind. Die geschickte, weil leichte Hand der französischen Behörden im Umgang mit der westafrikanischen Eingeborenenbevölkerung hat es mit sich gebracht, daß an die Stelle der Kolonialverwaltungen eine erstaunlich flächendekkende *présence française* getreten ist, die Anwesenheit Frankreichs in wirtschaftlicher und kultureller Hinsicht. Man hat sich – ganz im Gegensatz zu den einst britischen Kolonialgebieten – so offensichtlich im guten getrennt, daß französische Truppen und Fremdenlegion wie selbstverständlich eingreifen, wenn es Unruhen oder Unsicherheit an den Grenzen der neuen Staaten gibt, und die Poeten des jungen westafrikanischen Selbständigkeitsbereichs verlegen in Paris, erhalten französische Literaturpreise und sprechen ein akzentfreies Französisch von bisweilen größter Eleganz – nicht nur in Tunis, sondern auch in Senegambien und im Tschad.
Diese Entwicklungen erstrecken sich über den Atlantik bis in das nur noch zum Teil französische Mittelamerika. Die französische Sprache leiht ihre Schmiegsamkeit und ihre vielen Nuancen der Kreolendichtung mit der gleichen Bereitwilligkeit wie den Poeten Afrikas. Auf den Großen Antillen ist die Unabhängigkeit älter als in Afrika. Man hat hier über Holländer, Franzosen und Briten gesiegt, aber ähnlich wie die jungen westafrikanischen Staaten der französischen Sprache eine starke Anhänglichkeit bewahrt. Über eine breite, nicht-proletarisierte Masse von Bauern herrscht eine schwarze Bourgeoisie, die sich auf Afrika rückbesonnen hat, und die Brücke dorthin ist, so erstaunlich es klingt, die französische Sprache. Darin liegt

ein Wandel, der sich vor allem im Verhältnis der neuen Geistigkeit gegenüber dem uralten, geheimnisvollen und neu gekräftigten Voodoo-Kult zeigt. Vor 1945 hatten katholische Priester aus der Bretagne noch unter den Augen amerikanisierter Mulatten die Voodoo-Tempel auf Haiti, Santo Domingo und kleineren Inseln zerstört; heute »nimmt die Schwarze Magie der Kongo-Sekte einen breiten Raum im Leben der Bauern von Haiti ein«. (Gérard Chenet in seinem Aufsatz *Haiti und das afrikanische Erbe* gelegentlich einer Arbeitstagung in Leipzig) »Ihre Mythen umkleiden die Verzweiflung der Bauern, den Zusammenbruch des ausgebeuteten Menschen und seine Leiden; das gleiche drücken die konvulsiven musikalischen Rhythmen aus, die eine Choreographie des bis zum Kampf gesteigerten Schmerzes begleiten. So wandelt die soziale Wirklichkeit Haitis im Denken des einfachen Landvolks die aus Afrika ererbten Mythen um. Dazu gibt es nichts Instruktiveres als den Zombie-Mythus. Mit der Sklaverei aufgetreten, war er im neunzehnten Jahrhundert mehr oder weniger verschwunden. Nach der Enteignung der kleinen Siedler zugunsten der amerikanischen Plantagengesellschaften feierte er jedoch seine Auferstehung; seine Legenden verbreiteten sich in einem immer größeren, bisher ungekannten Umfang... Man erzählte sich Geschichten von den Lebensbedingungen der Zombies, von ihren Klagen in der Nacht, dem Klirren der nachschleppenden Ketten und den Peitschenschlägen, mit denen sie zum Frondienst auf die Pflanzung getrieben werden.«
Erzählung und Dichtung in französischer Sprache knüpften an diese afrikanischen Traditionen an, in denen der Zombie-Mythus und der Voodoo-Kult zu neuem Leben erwacht sind: In dem heute schon klassischen Roman *Herr über den Tau* von Jacques Roumain oder in dem Roman *Der Flammenbaum* von Edriss Saint-Amand. Die aus der gleichen Welt stammende Erzählung *Es brennt wie Dornen im Blut* von Jacques

Alexis erschien deutsch bei Philipp Reclam. Zu ihnen kommt auf Martinique Gratiant Labadie, ein Poet mit anmutig-bunten Wortschöpfungen aus dem reizvollen Kreolenfranzösisch *(Ti Mammsell-La)*.

Der Voodoo-Kult, den die Eingeborenen der Antillen eifersüchtig geheimhalten, hat inzwischen die verschiedensten künstlerischen Ausdrucksformen erfaßt: Das haitische Ballett der Choreographen Léon Destiné und Jane Ramon, die Gemälde des kubanischen Malers Wilfredo Lam. Der Maler Hector Hyppolite, mit dessen Gemälden die UNESCO eine Ausstellung veranstaltete, die um die Welt ging, war vor dem Beginn seiner künstlerischen Laufbahn Voodoo-Priester. »Die bäuerlichen Figuren, die er gemalt hat, machen den Eindruck, als ob sie sich aus dem Rahmen lösen und außerhalb von Raum und Zeit bewegen wollten wie Zombies.« (Chenet, a.a.O.)

Die Versetzung des Christentums mit Elementen der Eingeborenen-Religionen oder vielmehr des dörflichen Brauchtums greift seit Jahrzehnten immer mehr um sich, je mehr vor allem in der Neuen Welt das Christentum in Sekten zerfällt. Die meisten der so entstandenen neuen Kultformen sind, auch wenn Schwarze sie entwickeln und die Weißen davon fernhalten, doch eher Sekten zu nennen denn Geheimbünde: die an die zwei Millionen Menschen umfassende Gemeinde Father Divines zum Beispiel, der trotz seiner eleganten Anzüge, des großen Bethauses in der 128. Straße New Yorks und seines Cadillacs eher ein Medizinmann denn ein christlicher Prediger ist. Father Divine heißt eigentlich George Baker, ist siebzig Jahre alt oder etwas darüber und behauptet, um die Jahrhundertwende durch ein plötzliches Offenbarungserlebnis wiedergeboren worden zu sein; seine beste Idee war aber zweifellos die Gründung der Gott-AG, eine zahlreiche Läden und

Restaurants umfassende Organisation, die mit brüderlicher Liebe billig arbeitet, an Divine-Anhänger billige Waren und Mahlzeiten verabreicht und dennoch einen beträchtlichen Profit abwirft. Die kindliche Gläubigkeit der Schwarzen, von der Toynbee spricht, hat hier eine seltsame Gemeinde aufgebaut, in die viele Weiße, vor allem Frauen, vergeblich einzudringen suchen. Das Wesen der Lehren Divines und dessen, was er Gottesdienst nennt, ist dem kühl wägenden Verstand ebenso unzugänglich, wie es gewisse Nebenzweige des deutschen Rosenkreutzertums waren. Mystik und Ekstase wirken in der Pflege einer Geheimlehre zusammen, die vielleicht nur deswegen unergründlich bleibt, weil es nichts anderes zu ergründen gibt als Geschäftsbücher; wenn dies wirklich so ist, so hätte Father Divine etwas geschaffen, was für Kirchen, Sekten und Geheimbünde ein neues Extrem darstellt, ein Extrem und ein Ende…

Das den Schwarzen eigene Bedürfnis nach einer ekstatischen Religiosität und nach der gemeinsamen ekstatischen Feier unter Ausschluß des weißen Mannes hat in Südamerika naturgemäß ganz andere Formen entwickelt als inmitten der wirtschaftlichen Betriebsamkeit der Vereinigten Staaten oder gar New Yorks.

Die zweite Hälfte des neunzehnten Jahrhunderts war für den großen, aber noch recht wenig organisierten Staat Brasilien eine sehr bewegte Zeit. Aus dem Kampf zwischen der katholischen Kirche und den Freimaurern (in dem der Staat meist auf der Seite der Freimaurer stand), aus der Befreiung der Sklaven und zahlreichen lokalen Rebellionen erwuchsen dem Kaiserreich große Schwierigkeiten, die auch die 1889 ausgerufene Republik nicht sogleich meistern konnte.

Die neue Freiheit und die allgemeine Unsicherheit hatten viele nach Brasilien verbrachte Schwarze dazu ausgenützt, sich in kleinen Gemeinden erst am Rande des Urwalds, dann aber im Urwald selbst zu sammeln. Es waren viele reine Schwarze, aber noch mehr Mulatten und Cafusos, also Mischlinge aus Schwarzen und Indianern, und sie brachten in ihren kleinen dörflichen Gemeinschaften eine krause Mischung aus ihren Erinnerungen an die Missionsschulen, fernem Ahnenerbe aus Afrika und dem umgebenden Indianerbrauchtum zustande. Der Teil des großen Reiches, in dem sich die meisten dieser Siedlungen bildeten, heißt heute Maranhao, ein Bundesstaat im unwirtlichen Norden, dessen weite Steppen und dichte Wälder schon nahe am Äquator liegen. Maranhao und der Nachbarstaat Ceara haben in den letzten Jahren des brasilianischen Kaiserreiches eines der seltsamsten Schauspiele erlebt, das der uralte menschliche Hang zur Geheimbündelei, zur verbotenen Organisation und zum Sektierertum je hervorgebracht hat: die Banditenstadt Canudos. Ihr geistliches Oberhaupt war der halbverrückte Antonio Maciel, ein Mestize, der einen Mulatten und ein paar andere Farbige als Minister um sich hatte; er wollte zunächst keine Frauen in seine Stadt einlassen, duldete aber schließlich ein absurdes, der freien Liebe huldigendes Stadtwesen um sich. Canudos, das auf seinem Höhepunkt mehr als zwanzigtausend Einwohner hatte, lebte ausschließlich vom organisierten Raub, von der Aussendung von Banden in die Umgebung, und der junge brasilianische Staat mußte nach verschiedenen blutig zurückgewiesenen Angriffen eine gewaltige Heeresmacht aufbieten, um die sich heldenhaft wehrenden Anhänger Antonios niederzumachen und ihre Stadt in Brand stecken zu können. Während Antonio Maciel aber trotz seiner unbestreitbaren Verwirrung ein belesener und tief christlich-gläubiger Mensch war, brauten die Medizinmänner der neuen Schwarzensiedlungen aus entstellten Heiligengeschichten und ihrem Glauben an die schwarze Muttergottes einen Kult zusammen, den sie wohl mit Recht geheimhalten und über den Genaueres kaum zu erfahren ist. Ja, man wüßte vielleicht auch heute noch so gut wie nichts von den Vorgängen innerhalb des sogenannten Macumba-Bundes, wäre nicht an einem Maitag des Jahres 1955 der Schwarze Manuel Monteiro Alves, ein Farmarbeiter, in höchster Aufregung zum Bürgermeister des kleinen Fleckens Malacacheta gelaufen, um Hilfe gegen den Macumba-Bund zu erbitten: »Meine Tochter ist ermordet worden, rettet die anderen« soll er, den Gerichtsprotokollen zufolge, durch das Fenster gerufen haben – und dieser Mord war ein Ritualmord.

In den nächsten Stunden stellte sich dann heraus, daß etwa zweihundert Mitglieder eines jener seltsamen Bünde, die man unter dem Oberbegriff Mocambo-Bünde oder Macumba zusammenfaßt, an jenem Abend hinter ihrem einäugigen Prediger Joao Bernardes und der Prophetin Conceicao her an den Urupuca-Fluß gezogen waren. Dieser Fluß wurde schon seit geraumer Zeit in allen Predigten des Bernardes als der heilige Fluß Jordan bezeichnet, und auch an diesem Abend legten alle zweihundert Gläubigen, Männer und Frauen, Mädchen und Jungen, ihre Kleider ab und badeten unter Gebeten in den Wellen des Urupuca. Dann begannen die Trommeln dumpfe Wirbel zu schlagen, und die dem Wasser entstiegenen Schwarzen hoben einen jener Tänze an, ohne die sie sich nun einmal eine weihevolle Handlung nicht vorzustellen vermögen.

Dann las Bernardes eine Bibelstelle und das schwarze Mädchen Conceicao, das man aus unerfindlichen Gründen als Prophetin verehrte, trat unter die Beter. Mit geschlossenen Augen auf Eingebung wartend, bezeichnete sie einen Erwachsenen und drei Kinder als »vom Teufel besessen«, was ja schon bei den Hexenverfolgungen der christlichen Kirchen Europas gleichbedeutend mit einem Todesurteil war. Die »Besessenen« wurden erst mit Knüppeln zusammengeschlagen; als aber die Prophetin dann feststellte, der Teufel sei noch nicht aus den armen Opfern gewichen, griff der einäugige Prediger nach seinem Buschmesser und schlachtete die drei Kinder und den Erwachsenen ebenso ab, wie die Kikuyus beim Mau-Mau-Opfer ihr Schaf abschlachten. Die zerstückelten Leichen wurden in ein großes Feuer geworfen, und während der Geruch verbrannten Fleisches die Luft erfüllte, lagerte die Schar so nackt um die Glut, wie sie alle dem Urupuca entstiegen waren: inbrünstig ineinander verkrampft und sichtlich nicht nur von ihren Gebeten, sondern auch vom Zuckerrohrschnaps trunken. Nur zwei der Vorbeter hatten ihre weißen Hemden anbehalten, standen bis zu den Knien im Wasser und rezitierten weiter.

Die Gendarmen, die der Bürgermeister mit sich genommen hatte, warteten auf keinen Befehl, als sie die verkohlten Leichenteile der Kinder im Feuer liegen sahen. Sie hoben die Gewehre und schossen auf die Vorbeter, die im gelben Wasser des Flusses versanken. Das riß auch die anderen aus ihrem Macumba-Rausch, und sie machten sich schnatternd und fluchend ins Dunkel davon.

Der Bürgermeister ließ es jedoch nicht dabei bewenden, sondern forderte Militär an, ließ den Busch durchstreifen und konnte schließlich einige Dutzend Macumba-Anhänger mit dem Prediger Bernardes und der jungen Prophetin Conceicao verhaften lassen. Bernardes beharrte auf der Überzeugung, die Opferung der Kinder sei eine gottgewollte Tat gewesen und hatte für alle Vorstellungen, die man gegen die Untat erhob, nur ein mitleidig-wissendes Lächeln, als sei er im Besitze einer höheren Weisheit.

Der religiöse Charakter des Vorgangs und die Rolle, die religiöse Riten im Rahmen des Macumba-Bundes spielen, darf uns nicht darüber hinwegtäuschen, daß sich die brasilianische Regierung bei seiner Bekämpfung einem eher sozialen als religiösen Problem gegenübersieht. So wie die russische Selbstverstümmelungs-Sekte der Skopzen unter dem zaristi-

schen Regime nie ganz beseitigt werden konnte, so wie der Mau-Mau-Bund ein Bund des armen schwarzen Mannes war, so läßt sich auch die Entstehung des Macumba-Bundes nur aus der Wirtschaftsgeschichte des brasilianischen Nordens und der sozialen Lage seiner farbigen Bevölkerung begreifen.
Die Schwarzen hatten sich ihrer Dorfgemeinschaften, die sie als eben frei gewordene Menschen mit großem Idealismus erbaut hatten, nicht lange erfreuen dürfen. Von Norden her waren die Urubu-Indianer in den Staat Maranhao eingedrungen und hatten die friedfertigen Schwarzen abgedrängt. Diese errichteten sich am Rio Negro und seinen Nebenflüssen neue Heimstätten, hatten aber auch dort nicht lange Ruhe, denn just in diesen Jahren – den letzten des vorigen Jahrhunderts – wurde in jenen Flüssen Gold gefunden; ein Zustrom an Weißen setzte ein, der das Gebiet mit allen jenen wenig erfreulichen Elementen der menschlichen Gesellschaft überschwemmte, die bei solchen Gelegenheiten rasch und mühelos zu Geld zu kommen meinen. Der Goldrausch, von dem auch die Schwarzen als Arbeiter einen kleinen Gewinn abbekommen hatten, währte kaum länger als am Klondike oder in Kalifornien. Die brasilianische Regierung verbot die Ausfuhr von Gold und führte scharfe Kontrollmaßnahmen ein. Die Begeisterung der Weißen verflog, die hektische Betriebsamkeit der Goldsuchersiedlungen erstarb so rasch, wie sie aufgeflackert war, und die Schwarzen blieben womöglich noch ärmer zurück, als sie vordem gewesen.
Zum drittenmal stellten sie sich auf neue Lebensbedingungen ein, wanderten aus dem ausgepowerten Gebiet tiefer in den Urwald hinein und schufen sich neue Gemeinschaften, die sich gegen alle Fremden, vor allem aber gegen die Weißen, argwöhnisch abschlossen. In solcher Abgeschlossenheit entwickelte sich ihr Leben etwa so, wie es ihre Vorväter geführt haben mochten, ehe die Portugiesen sie auf ihre Sklavenschif-

Der »Große Drache« spricht vor Mitgliedern des Ku-Klux-Klan. Feuerkreuz und Vermummung verbreiteten im vergangenen Jahrhundert Schrecken; der zweite Ku-Klux-Klan behielt die Requisiten bei. Die vorschriftsmäßige Kutte wird den Mitgliedern gegen Erlag von Dollar 6.50 zugesandt.

fe preßten. Der Urwald war ihnen seit alters eine Heimat, aber auch ein von Dämonen erfülltes Reich, und die Geister der Abgeschiedenen, die ja im Glauben der meisten Stämme mit der Dorfgemeinschaft weiterleben, belebten das Waldesdunkel im Guten und im Bösen.

Der Urwald von Maranhão wurde Ahnenerde, die Geister banden auch die Lebenden an ihn, und alle Versuche der Regierung, die Schwarzen umzusiedeln, sind bisher gescheitert. Nur einzelne, meist jüngere Leute, wandern in die Städte ab. Durch sie wird der Macumba-Bund nicht nur in die Schwarzenviertel der großen Städte verpflanzt, sondern er gewinnt auch für die Weißen eine seltsame Realität. Die schwarzen Ammen und Dienstmädchen tun in Sao Paolo und in Rio de Janeiro genau das, was die Ammen und Dienstmädchen auch in Europa taten: sie erzählen den Kindern der Familien, bei denen sie dienen, mit rollenden Augen Schauermärchen von Dämonen und Gespenstern und flüstern wohl auch mit der Herrin des Hauses so manchen spiritistischen Unsinn.

Dadurch ist Macumba heute schon mehr als eine auf den Urwald beschränkte, von Schwarzen ausgeübte geheime Kulthandlung: Macumba ist der geheimnisvolle Bund, der unter dem Namen Ubanda heute mehr als 35 Millionen Menschen umfaßt, die in der modernen amerikanischen Zivilisation und den amerikanisch-merkantilen Formen der christlichen Religionen kein Genügen finden. Sie fühlen, daß die Stadt, und sei sie noch so groß, nicht das wahre Brasilien ist. Der gewaltige Amazonas mit seinen unzähligen Nebenflüssen und dem undurchdringlichen, riesigen Urwald seines Einzugsgebietes ist das Herz von Brasilien, und etwas vom Pulsschlag dieses Herzens ist in den Macumba-Trommeln, die zum abendlichen Gottesdienst gerührt werden. Macumba ist nicht nur die Antwort der Schwarzen auf die Welt der Weißen, er ist auch die

Schlinge, die der Schwarze – in seiner stärkeren Leidenschaft, in seiner innigeren Verbundenheit mit den Mysterien des Lebens – nach den Weißen auswirft. Wo die Begeisterungsfähigkeit, die Fähigkeit zur Ekstase zu schwach ist, helfen Schnaps und Opiumzigaretten; wo das Interesse für religiöse Dinge nicht ausreicht, lockt die bisweilen grausame Obszönität der bündischen Feiern und das Blutopfer, das immer häufiger auch von weiblichen Macumba-Priestern dargebracht wird.

Es liegen Anzeichen dafür vor, daß der Macumba-Bund vom Süden her auch in die Vereinigten Staaten eindringt. Sein erster Stützpunkt ist das seit jeher unruhige New Orleans, das mit seiner französisch-amerikanischen Mischkultur im achtzehnten Jahrhundert Lieblingsaufenthalt berühmter Abenteurer, im neunzehnten aber Tummelplatz italo-amerikanischer Mafiagruppen war. Von New Orleans den Mississippi hinaufwandernd, finden die Macumba-Bräuche altes Sklavensiedlungsgebiet und aufnahmebereiten Boden.

IN DER NEUEN WELT

Die modernsten aller Geheimbünde / Schutz gegen Landsleute / Hadsch Messali, der verbannte Derwisch / Die Action Française / Im Zeichen des Feuerkreuzes / Amerikanische Sklavenbünde / Cäsar und die schöne Peggy / Phoebe rettet Washington / Tod oder Freiheit für den Sklaven Gabriel / Der Quadroon-Ball von New Orleans / Die Sklavenzucht / General Harriet Tubman und die Untergrundbahn / Die Gründung des Ku-Klux-Klans / Femegericht und Lynchjustiz / »Heim nach Afrika« / Der zweite Ku-Klux-Klan / Autherine Lucy und Emmett Till / Minister und Apostel Ezra Benson.

Wie bei vielen Geheimbünden, etwa den Freimaurern, wechseln die Zeiten der geheimen Arbeit mit Phasen verhältnismäßig bedeutender Freiheiten ab. Manches bleibt auch dann geheim, wenn der Bund als solcher seine Existenz offen einbekennen, ja sich ins Vereinsregister eintragen darf. In einem modernen Staatswesen kann die Bevölkerung über Presse und Rundfunk innerhalb weniger Tage, ja Stunden in einer bestimmten Richtung beeinflußt, für jemanden eingenommen oder gegen jemanden aufgeputscht werden. Der Wechsel von Smuts zu Malan hat aus der liberalen Südafrikanischen Union einen Staat mit strengen Rassengesetzen, mit Rassentrennung und Rassenkampf gemacht.

So wie wir uns einen Geheimbund in der Schweiz nur dann vorzustellen vermögen, wenn er sich etwa mit der Organisation des Rauschgiftschmuggels beschäftigte, so operieren auch in den Vereinigten Staaten seit ihrer Gründung so gut wie alle geheimen Gesellschaften und Klubs innerhalb der Gruppe der Schwarzen. Einer zweiten Gruppe von Menschen kommt die konsequente Demokratie hingegen zugute: den Verbrechern, die sich in den USA so großzügig organisieren konnten wie in keinem anderen Lande, und deren Gangs und Racketts, oft in Zusammenarbeit mit anderen Organisationen oder gar kleinen Gewerkschaften, die Herrschaft in Stadtteilen, kleinen Städten und gewissen Berufszweigen an sich reißen konnten. Sie dürfen darum mit einem gewissen Recht als moderne Nachfolger der Camorra angesprochen werden und bedienen sich vielfach jener Methoden, die von der Camorra erprobt wurden. Ohne uns mit diesen weitverzweigten, da und dort vernichteten, aber immer wieder frisch auflebenden geheimen Organisationen näher beschäftigen zu wollen, möchten wir doch darauf hinweisen, daß sie in mancher Hinsicht die Existenz und Arbeitsweise eines modernen Geheimbundes in einem modernen Staat praktisch vorexerzieren. Polizei und Staat wissen von der Existenz einer solchen Organisation; sie wissen, diese zwei Vergnügungslokale, drei Spielsalons, eine Branntweinbrennerei, ein Hotel und ein Halbdutzend höhere Beamte der Stadtverwaltung bilden eine Interessengemeinschaft, die zur Durchsetzung ihrer Ziele auch illegale Mittel anwendet; aber die Exekutive kann so lange nichts gegen die ganze Gruppe unternehmen, als sie keine Beweise in Händen hat. Wie bei der Mafia und auch bei manchem älteren Geheimbund ergibt sich immer wieder das Zeugenproblem: ein Mann, der eine Mordtat mit angesehen hat, durch die man die ganze Gruppe ausheben könnte, ist fortan seines Lebens nicht mehr sicher. Es ist allgemein bekannt, daß die Polizei von New York erst in den letzten Jahren zwei solche Zeugen viele Monate lang zuerst in Schutzhaft hielt und dann zu Hause bei ihren Familien bewachte, weil sie die einzigen Zeugen für eine Untat eines

großen Racketts waren, der zweifellos noch ganz andere Dinge auf dem Kerbholz hatte.
Der ungehinderten Einwanderung von Nordafrikanern und Schwarzen nach Frankreich widersetzte sich bis 1944 vor allem die Action Française des bedeutenden Schriftstellers Charles Maurras, die selbst im duldsamen Frankreich zeitweise verboten war und in dem ihr nahestehenden Bund »Croix de Feu« (Feuerkreuze) eine nahezu militante Organisation besaß, die in ihren Mitteln nicht sehr wählerisch war. Maurras war als Person wohl wenig vorzuwerfen, eher muß man bedauern, daß ein Mann von so unbestreitbaren Gaben seine Formulierungsgabe und die Schärfe seines Verstandes im Kleinkrieg für eine Idee vergeudete, die sich als unseres Jahrhunderts unwürdig erwiesen hat. Der in seinem Gedankengebäude gefangene, starrsinnig wütende Greis starb 1952 in Tours, was ihm Zeit gab, noch eine Reihe weiterer Rechtsextremisten als Jünger zu gewinnen, die freilich an ihn bei weitem nicht heranreichten. Seither ist der Anteil (nord)afrikanischer Mitbürger an der Bevölkerung Frankreichs so groß geworden, daß der Widerstand gegen sie kein Untergrundkampf mehr ist und keine geheimbündlerischen Aktivitäten nötig hat wie die Feuerkreuzler oder Pfeilkreuzler und ähnliche Bewegungen in verschiedenen Nationen.
Das Beispiel Maurras aber vermag Erscheinungen zu erklären, die wir auch im Nachkriegs-Italien und in gewissem Sinn auf der ganzen Welt feststellen. Die Verbindungen des Charles Maurras haben in intellektuelle Gruppierungen des Großbürgertums hineingereicht und damit in das große Kapital, das in Frankreich zu einem Gutteil in den Händen protestantischer Clans ist. Das war so lange ein durchaus normaler Vorgang freien Wirtschaftslebens, bis die Sozialisten in Paris an die Macht kamen, die Bankenverstaatlichung einsetzte, die Kapitalflucht bestraft wurde und die Reichsten auf einmal die

Ein Feuerkreuz wird vorbereitet, um neue Aktivität des Klans in New Jersey anzukündigen.

Kein Karnevalsspaß, sondern blutiger Ernst, wenn auch heute die Mitglieder meistens in ihren Luxuslimousinen zum Klan-Meeting kommen.

Georgia, USA, Juni 1949; Neue Mitglieder des Ku-Klux-Klan werden vereidigt.

Die »Ritter« erwarten die Ankunft des »Obersten Magiers« in Georgia.

Gefährdetsten waren. Was sich in der ersten Phase der Mitterrand-Herrschaft auf den Jura-Übergängen in die Schweiz abspielte, ließ so manchen geschichtsbewußten Franzosen an die große Fluchtbewegung der Hugenotten zu Ende des siebzehnten Jahrhunderts denken, als Ludwig XIV. unter dem Einfluß seiner bigotten Mätresse Maintenon das Toleranz-Edikt von Nantes aufgehoben hatte.
Seither hat man sich in Frankreich arrangiert, das Großkapital sitzt wieder im Sattel, aber die grenzüberschreitenden Kapitalbewegungen beherrschen offen und geheim das wirtschaftliche und das politische Geschehen in der sogenannten freien Welt. Das organisierte Verbrechen, über das Dagobert Lindlau in seinem mutigen Buch *Der Mob* ausführlich berichtet, hat auch in Ländern, wo es sich mit der Polizei arrangiert hat, immer noch ein beherrschendes Problem: das schmutzige Geld aus Rauschgifthandel, Prostitution und Wetten an der Steuer vorbei ins Ausland zu schleusen und dort zu waschen. Da es sich um Beträge in den verschiedensten Währungen handelt – die FAZ schätzt in einem Artikel vom 24.10. 1991 den Gesamtumsatz von Mafia, Ndrangheta und Camorra auf mehr als 75 Milliarden DM – läßt sich dieser Vorgang ohne Banken nicht bewerkstelligen.
Es ist bis heute nicht voll aufgeschlüsselt worden, mit welchem Arsenal der Druckmittel die großen Syndikate aus Übersee ihre unbestreitbaren Erfolge gegenüber den sonst so ehrbaren europäischen Geldinstituten erzielen. Man kann nur vermuten, daß eine Elitetruppe brillanter Rechercheure all jenen Sünden auf der Spur war, die nach 1944, beim Zusammenbruch der deutschen Hegemonie über Europa, in Italien, Frankreich, aber auch in Spanien, Portugal, Griechenland und anderen Ländern begangen wurden. Da sich die Kriegsverbrecherprozesse mit einer Fülle von Mordtaten zu befassen hatten, wurde in wirtschaftliche Strukturen des europäischen

Faschismus nur unzureichend hineingeleuchtet, und ebenso blieben auch zahllose Verbrechen der Widerstandsbewegungen in Frankreich, Italien und auf dem Balkan unentdeckt oder kamen erst in jüngster Zeit ans Licht. Dieser gewaltige Fundus der Geheimnisse ist ein Sprengstoff-Depot in der Hand der Wissenden, denn das Geld, das große Geld verteilte sich überallhin wie in kommunizierenden Röhren. Es gab da keine Banken-Autonomie, nicht einmal, wie wir heute wissen, für den Banco Ambrosiano des Heiligen Stuhls. Die bedrohten Erben der väterlichen Verbrechen und der Familien-Millionen und die von ihnen abhängigen Politiker hatten kaum eine andere Wahl, als sich gegen diese Gefahr aus dem Dunkel ihrerseits zusammenzuschließen, und da die Freimaurerei in Europa ja eine große Tradition hat, geschah dies nach Geheimabsprachen in logenartigen Geheimbünden. In Ländern wie Italien, wo die Regierungen schnell wechseln und so mancher Politiker schon alle Ministersessel gedrückt hat, entstanden unauflösbare Verflechtungen zwischen Staat und Kapital und zwischen Kapital und Verbrechen. Und stört ein integrer Mann allzu nachhaltig die Kreise seiner nicht ganz so einwandfreien Kollegen, dann kommen politischer Mord, Terroristen und Entführungen mitunter nicht so ungelegen, wie die offiziellen Verlautbarungen es der Welt entrüstet weismachen wollen.

Die große europäische Umwälzung vom Spätherbst 1989 und das Phänomen Gorbatschow haben nicht nur Grenzen geöffnet, sondern auch Archive, und so wie in der Nach-Franco-Ära die Justiz beginnen konnte, sich mit den stillen wirtschaftlichen Aktivitäten großer kirchlicher Kapitalgesellschaften zu beschäftigen, so wirft nun auch die Nato lange Schatten auf die Regierungen, die sie in den letzten Jahren getragen haben. Der deutsche Journalist Heinz Joachim Fischer konnte am 13. November 1990 schreiben: »Gerade erst hat sich Italien

von den furchtbaren Anklagen und Verdächtigungen erholt, die der 1978 von linksextremistischen Roten Brigaden ermordete christlich-demokratische Parteipräsident Moro in Briefen und Memoranden zurückgelassen hatte. Nun hängt ein neues Damoklesschwert über der italienischen Demokratie und droht, alle in den Abgrund zu ziehen – man kann entsprechend zur bildreichen italienischen Sprache die Vergleiche gar nicht falsch genug miteinander verbinden, um der gegenwärtigen Hysterie und dem bevorstehenden Unheil mit Worten gerecht zu werden.
Denn das schreckliche Ungeheuer, das alle, Cossiga und Andreotti, die Führer von Sozialisten und Kommunisten, Craxi und Occhetto, verschlingen wird, heißt ›Gladio‹ (vom lateinischen Wort Gladius, das Schwert). Wer oder was ›Gladio‹ allerdings ist, weiß niemand so genau – das ist eben das Bedrohliche. Als Arbeitshypothese nimmt man an, es sei eine geheime Organisation der Nato – vielleicht gewesen, vielleicht noch an der Arbeit. Ein Spionagedienst? Eine Eingreiftruppe? Für Sabotageaktionen? Zur Verteidigung Italiens, nach innen, etwa gegen die Kommunisten, nach außen, gegen einen Angriff aus dem jugoslawischen Raum von Verbänden der sowjetischen Armee? Wer weiß. Man kann nicht einmal sicher sein, wann ›Gladio‹ gearbeitet hat. Vielleicht hat ›Gladio‹ aber auch in Wirklichkeit nie existiert oder nur auf dem Papier. Es reicht, dem Feind ein strategisches Dokument in die Hand zu spielen, auf dem wehrhafte Verbände aufmarschieren, und auf einen unaufgeklärten Anschlag hinzuweisen, zum Beweis ihrer Schlagkraft.«

Das Feuerkreuz hat als Symbol nationalistischer Bünde über Frankreich hinaus Geltung gehabt und behalten, und in seinem Zeichen ging und geht auch in den Vereinigten Staaten der Kampf gegen die Schwarzen vor sich. Es ist ein Kampf, in den nur selten das Licht des vollen Tages fällt, denn kein moderner Staat kann es sich auf die Dauer leisten, innere Probleme ungelöst zu belassen und diesen Zustand der Weltöffentlichkeit zuzugeben. Dieses Geheimnis um das Problem Schwarz und Weiß erschwert naturgemäß die Lösung, und das um so mehr, als die ersten Kampfbünde zu beiden Seiten der Rassenfront älter sind als die staatliche Organisation der Vereinigten Staaten selbst.

Es gab Selbsthilfe-Bünde jener Farmer, die schon früh, vor allem aber seit der siegreichen Revolte auf Haiti (1791–1803) fürchteten, ihre Sklaven könnten sich bewaffnen und gemeinsam gegen die Herren vorgehen; an Gründen dafür hätte es ihnen ebensowenig gefehlt wie den Zwangsbauern, die sich gegen die Militärkolonien des Zaren Alexander I. erhoben. Die Farmerbünde hatten es zunächst natürlich nicht nötig, geheim zu bleiben: die Schwarzen waren ja rechtlos, und es war völlig gleichgültig, ob man sie einzeln oder gemeinsam umbrachte: der Schaden war in jedem Falle nur finanziell, und das ging nur die Farmer selbst etwas an.

Um so strenger mußten die Schwarzen jede Gruppenbildung, jeden Bund geheimhalten, da doch schon die bloße Zusammenrottung den Verdacht der Herren erregt hätte.

Über dem ersten bedeutenderen Bund dieser Art schwebt das Dunkel widersprechender Nachrichten. Der New Yorker Kneipenwirt John Hughson, ein Weißer, dürfte ihn aus den Schwarzen zusammengebracht haben, die bei ihm verkehrten. Es waren zumeist Sklaven und Hughson alles andere denn ein Idealist: wenn es auch nie erwiesen wurde, daß er zu seinen Aktionen von spanischen Agenten angestiftet und bezahlt wurde, so hat der Sklavenbund um Hughson doch eine Reihe von Diebstählen und Brandstiftungen auf dem Gewissen, die Panik in die Stadt tragen und das Entspringen anderer Sklaven begünstigen sollten. Das Ziel des Bundes wurde jedoch nicht erreicht, da die Weißen mit entschlossenen Gegenmaßnahmen antworteten, für jede Mitteilung über den Sklavenbund eine Belohnung von hundert Pfund aussetzten und Straffreiheit und Befreiung aller Sklaven versprachen, die den Bund verraten würden.

Das Ergebnis war eine wilde Hetzjagd auf Sklaven und katholische Priester. Der Priester Ury wurde festgenommen, weil er Schwarze in der griechischen und lateinischen Sprache unterwiesen hatte, und schließlich saßen nicht weniger als einhundertfünfzig Schwarze und fünfundzwanzig Weiße auf den Anklagebänken. Die Kronzeugin war ein Mädchen namens Mary Burton, das einen Schwarzenführer, den Sklaven Cäsar, heftig geliebt, aber an Peggy Kerry, eine bildschöne Irin, verloren hatte. Andere Zeugen sagten aus, daß der Bund sich Geneverklub genannt und in Hughsons Kneipe seinen Sitz gehabt habe. Der Priester Ury soll an manchen Abenden mit Kreide einen Kreis auf den Boden gezeichnet haben, in den Schwarze traten und den Weißen Vernichtung schworen.

Obwohl das alles reichlich phantastisch klang und die Motive der Kronzeugin mit der Existenz des Geheimbundes selbst nichts zu tun hatten, wurde ein sehr hartes Urteil gesprochen. Vierzehn Schwarze, darunter Cäsar und ein der Familie Roosevelt gehörender Sklave namens Quaco, wurden verbrannt; achtzehn Schwarze wurden gehängt und siebzehn weitere nach Afrika deportiert. Von den Weißen wurden nur vier hingerichtet: der Wirt John Hughson und seine Frau, denen es tatsächlich mehr um die Hehlerei als um die Schwarzen zu tun gewesen sein mochte, aber auch der Priester John Ury und die schöne Peggy. Die ganze Stadt aber feierte einen »Danksagungs-Tag« für die Errettung von der »sündhaften und gefährlichen Verschwörung«.

Mary Burton, die Kronzeugin, hatte sich so lange im Mittelpunkt der allgemeinen Aufmerksamkeit gesehen und des

Wohlwollens der Behörden erfreut, daß sie diese Rolle auch nach dem Tode des ungetreuen Cäsar nicht missen wollte: sie fuhr so lange fort, neue Beschuldigungen zu erheben und auch angesehene, reiche Bürger anzuschwärzen, daß es den Gerichten schließlich zu bunt wurde und Richter Horsmanden sie öffentlich für eine pathologische Lügnerin erklärte. Davon aber wurden weder Cäsar noch Peggy, weder der Priester Ury noch Quaco wieder lebendig.
Das war im Jahre 1741 gewesen. Schon wenige Jahrzehnte später drückte man Tausenden von Schwarzen jene Waffen in die Hand, derentwegen sie in New York hingerichtet worden waren: im Unabhängigkeitskrieg waren die Schwarzen, die von ihren Herren ja nur wenig Gutes erfahren hatten, das Zünglein an der Waage, und jede der kämpfenden Parteien trachtete danach, die an Entbehrungen gewöhnten und leistungsfähigen Scharen der Schwarzen zu gewinnen. Der britische Gouverneur, ein Lord Dunmore, versprach allen Schwarzen, die in die englische Armee einzutreten wünschten, die Freiheit, und auch die dreizehn aufständischen Staaten ließen es an Versprechungen nicht fehlen, so daß schließlich auf englischer Seite über 30000, auf amerikanischer Seite (mit den Arbeitstruppen) mehr als 50000 Schwarze eingesetzt waren. Für die Beurteilung der Rolle der Schwarzen im amerikanischen Freiheitskampf aber gab wieder eine Geheimorganisation den Ausschlag: sie war von dem royalistischen Gouverneur Tyron ins Leben gerufen worden, um Washington und seine bedeutendsten Generäle zu ermorden. Thomas Hickey, Washingtons Leibwache, wurde bestochen und gab seiner Braut, dem Mädchen Phoebe, ein vergiftetes Erbsengericht, das sie Washington vorsetzen sollte. Phoebe stellte den Teller mit den Erbsen zwar vor Washington auf den Tisch, flüsterte ihm aber zugleich zu, daß sie vergiftet seien. Washington warf den Teller aus dem Fenster und sah, daß die

Hühner, die im Hof die Erbsen aufpickten, tot umfielen. Hickey wurde gehängt, Phoebe und ihr Vater aber reichlich belohnt. Das Gasthaus, das sie besaßen, wurde in ganz New York berühmt und beliebt und zu einem Treffpunkt der guten Gesellschaft; als Washington der erste Präsident der Vereinigten Staaten wurde, verkaufte Phoebes Vater das Restaurant und wurde Haushofmeister des Präsidenten.

Aber die Hoffnungen, die Zehntausende von Schwarzen der jungen Demokratie entgegengebracht hatten, wurden nicht erfüllt. Die Bünde der Folgezeit sind Geheimbünde von Sklaven: Der fünfundzwanzigjährige Sklave Gabriel brachte im Jahre 1880 in Henrico County, Virginia, einen Bund zusammen, der sich »Tod oder Freiheit« nannte und diese Worte auch auf seine Fahne geschrieben hatte. Unter dem Vorwand, Betstunden abzuhalten, wurden die Sklaven im Gebrauch der Waffen geübt. Ziel des Bundes war die Erstürmung des Arsenals von Richmond, die Machtergreifung und die Errichtung eines unabhängigen Staates im Süden, dessen König Gabriel sein sollte.

Am Tage der Erhebung, dem 30. August 1800, wütete ein furchtbares Unwetter, das zahlreiche Plantagen und die Wege zwischen ihnen unter Wasser setzte, so daß die meisten Verschworenen nicht oder nicht rechtzeitig zu dem verabredeten Treffpunkt in den Sümpfen gelangen konnten. Als schließlich an die tausend beisammen waren, erfuhren sie, daß zwei Haussklaven den Bund und seine Pläne verraten hatten. Gabriel entschied, daß man den Aufstand verschieben und auseinandergehen solle, aber das half nichts mehr. Gouverneur von Virginia war in diesen Jahren James Monroe, jener tatkräftige Politiker, der später, als Präsident der Vereinigten Staaten, die berühmt gewordene Monroe-Doktrin erließ. Er zögerte nicht, als er von dem Treiben des Sklavenbundes »Tod oder Freiheit« erfuhr, sondern forderte Soldaten an und mobilisierte die Miliz. Die eingesetzten Schnellgerichte verurteilten täglich zehn bis fünfzehn Schwarze zum Tode, und schließlich verhaftete man auch, nach einem Monat unermüdlicher Menschenjagd, Gabriel, den Anführer. Das Gespräch, das Monroe mit dem jungen Anführer führte, war denkwürdig und beeindruckte den Gouverneur sehr. Er fand, daß Gabriel den »echten Geist des Heldentums in sich trage«, ließ ihn aber trotz allem am 7. Oktober 1800 hinrichten. Da Gabriel in keinem der langen Verhöre auch nur einen seiner Genossen verraten hatte (und das mögen etwa fünf- bis zehntausend gewesen sein), war seine Hinrichtung die letzte. Virginia aber hatte ein neues Gefühl kennengelernt: die Angst vor der großen Zahl der Sklaven, der ja nur geringfügige Truppenverbände gegenüberstanden.

Kurz vor diesen Ereignissen hatten die Schwarzen im kultivierten Norden der Vereinigten Staaten Zugang zu den Freimaurern gefunden. Prince Hall war während der Revolutionswirren in eine Feldloge der Freimaurer aufgenommen worden, da seine Bildung und sein angenehmes Wesen auch die Weißen beeindruckte. Als er nach dem Kriege eine eigene Loge für Schwarze gründen wollte, wurde ihm dies von der Bostoner Großloge verwehrt. Er gab aber nicht nach, sondern wandte sich an die englische Großloge, die sich auch bereitfand, eigene und selbständige Logen für Schwarze zuzulassen. Die Schwarzen, denen in Amerika vor allem die Gemeinschaft mit ihren Rassegenossen und die Geselligkeit fehlte, neigten der Freimaurerei von Anfang an noch stärker zu als die weißen Amerikaner, und schon 1812 gab es in mehreren Städten Logen für Schwarze und eine Großloge in Massachusetts.

Die Schwarzen im Süden hatten es demgegenüber viel schwerer. Ihnen wäre eine gesellige Verbindung wie die Vereinigung in einer Loge kaum gestattet worden, allenfalls hätten freie Schwarze dazu Gelegenheit gehabt, niemals aber Skla-

ven. Die freien schwarzen Frauen genossen allerdings auch im Süden eine gewisse Ausnahmestellung: sie durften den sogenannten Quadroon-Ball von New-Orleans besuchen (ein Viertel Schwarze, drei Viertel Weiße), auf dem die weißen Männer nach schwarzen Gefährtinnen Ausschau hielten, und manch eine der hübschen Schwarzen ist dadurch rasch zu gutem Leben und Vermögen gekommen. Kein Geringerer als Thomas Wolfe hat darauf hingewiesen, wie sehr diese ersten Liebeserlebnisse, deren Partnerinnen stets Schwarze waren, den Kunstsinn des Südstaaten-Amerikaners beeinflußt, sein Lebensgefühl mitgeprägt, seine Weltsicht mitbestimmt haben. Das wissen aber natürlich nicht nur die Freunde der Schwarzen, sondern auch ihre Gegner, die in der Verfeinerung der Sinne als Ergebnis der Berührung mit der anderen Rasse nur Verweichlichung und »Vernegerung« sehen und den angelsächsisch-nordisch bestimmten Amerikaner des Boß- und Managertyps vorziehen.
Neigung und Abneigung begannen in den Jahren nach den napoleonischen Kriegen die zwei großen Lager zu bilden: die toleranten Anhänger der Melting-Pot-Idee, die etwa besagt, daß die Vereinigten Staaten ein großer Schmelztiegel seien und Kraft genug hätten, das sehr verschiedenartige Erbe der Einwanderer in einem neuen Menschenwesen zu vermengen, das der amerikanische Bürger hieß – und auf der anderen Seite die Gegner der Schwarzen, Juden und Katholiken, die Einwanderungsbeschränkungen auch für Italiener, Griechen und Polen fordern und die Einwanderung aus den skandinavischen Staaten gefördert sehen wollen: Aus der Mitte dieser Gruppe entstand der erste Ku-Klux-Klan.
Die Gründer des Klans waren junge Männer, die Söhne jener Farmer, die den großen Sklavenaufstand Denmark Veseys niedergeschlagen und ihn samt sechsundvierzig Mitverschworenen hingerichtet hatten. Dennoch fanden die jungen Far-

mer, daß die ältere Generation entscheidende Fehler gemacht habe und Schuld daran trage, daß der Anteil der Schwarzen an der amerikanischen Gesamtbevölkerung trotz des Einfuhrverbots von Negersklaven im stetigen Wachsen sei.
Das stimmte für diese Jahre, war aber kaum den Schwarzen selbst anzulasten: durch die Ausbreitung des Zuckerrohranbaus war ein großer Bedarf an Plantagenarbeitern entstanden. Weiße wie Indianer erwiesen sich gleichermaßen als ungeeignet dafür, also stiegen die schwarzen Arbeiter im Preis, und um 1860 zahlte man in Virginia bis zu 1000, in New Orleans bis zu 1500 Dollars für einen Sklaven; schöne schwarze Männer oder Frauen mit besonderen Fähigkeiten erzielten jedoch noch weit höhere Preise. Da der Import von Sklaven verboten war, verlegten sich eine ganze Reihe von Unternehmern auf die Sklavenzucht (!), wobei man vor allem an Mulatten interessiert war: die hellhäutigen Mulattenmädchen und die intelligenten Mulattenarbeiter waren im ganzen Süden besonders leicht verkäuflich, weswegen man sogenannte »Neger-Hengste« mit weißen Kontrakt-Hörigen zusammenbrachte. Diese hatten keine andere Aufgabe, als sich in guter Kondition zu halten, wurden gut genährt und durften im übrigen in der Sonne liegen und Sport treiben, soviel sie wollten – eine besonders abscheuliche Variante des Sklavenhandels. Das stach so manchem Farmerssohn in die Augen und bereitete den Boden für die unheilvolle Tätigkeit des großen und wohl bekanntesten aller amerikanischen Geheimbünde, des Ku-Klux-Klans.
Vorher allerdings kamen die Schwarzen noch einmal zum Zuge. Die Sklavenaufstände waren allesamt gescheitert. Gabriel war hingerichtet worden, Veseys Bund von sechstausend Schwarzen durch Hinrichtungen und Deportationen zersprengt, und auch Nat Turner, ein schwarzer Prophet, der in einer Sonnenfinsternis das Zeichen zum Aufruhr erblickt

Joe Smith, der Gründer der Mormonen-Sekte, wurde 1844 getötet.
(Nach einer zeitgenössischen Illustration)

hatte, wurde nach neunwöchiger Flucht von den Bluthunden der Farmer aufgespürt und mit Dutzenden seiner Gefährten erschossen. Aber eine andere geheime Bewegung hatte Erfolg, die sogenannte *Underground Railroad*, die Untergrundbahn: die heimliche Verbringung davongelaufener Sklaven in die Nordstaaten, wo es keine Sklaverei gab.

Wohl selten mußte ein Bund mit so friedlichen, unblutigen und im reinsten Sinne humanitären Zielen so geheim arbeiten, wie die etwa viertausend Mitglieder umfassende *Underground Railroad*. Einer der erfolgreichsten Führer war der Quäker Levi Coffin, der Tausende von Sklaven in die Freiheit rettete und einmal eine Gruppe von achtundzwanzig Flüchtlingen als Leichenzug getarnt über die Grenze führte. Noch berühmter aber wurde Harriet Tubman, die selbst Sklavin in Maryland gewesen und geflüchtet war. Obwohl sie von schwacher Gesundheit war, geleitete sie ihre Flüchtlingstrecks unermüdlich mit dem geladenen Gewehr und wurde bald General Tubman genannt. Die Sklavenhalter setzten schließlich einen Preis von 40 000 Dollars auf ihren Kopf, ein Betrag, für den sie selbst die beste Verwendung gehabt hätte, denn sie mußte sich die Mittel für ihre Unternehmungen und ihren Lebensunterhalt als Dienstmädchen verdienen. Einmal fanden sie Freunde auf einer Parkbank schlafend und mit einem großen Plakat zugedeckt, das ihr eigener Steckbrief war...

Sie passierte insgesamt zwölfmal mit Sklavengruppen die Grenze, hielt eiserne Disziplin und setzte auch gelegentlich einem Flüchtling, den die Nerven verließen, die Pistole an die Schläfe, damit er weiterging. Einer ihrer Nachkommen, William V. S. Tubman, wurde Präsident der westafrikanischen Republik Liberia.

Der Sezessionskrieg 1861–1865 ist durch eine große Anzahl von Familienromanen bekanntgeworden, die dem romantischen Herrenleben auf den Landsitzen der amerikanischen

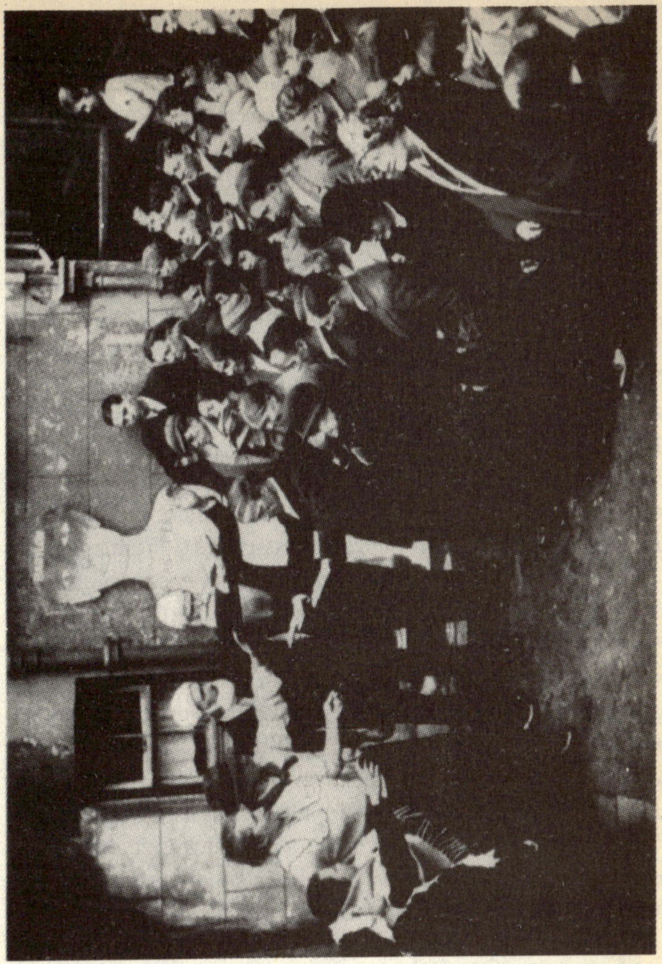

Die »Heiligen der letzten Tage«, wie sich die Mormonen nennen, bilden heute noch eine starke Religionsgemeinschaft. Auch in Handsworth bei Birmingham feierten sie ihr hundertjähriges Bestehen.

Südstaaten nachtrauern. Für die Sklaven jedoch wendete er das Blatt, und mit der Sklavenbefreiung wurden die Sklavenhalter zur geheimen Arbeit gezwungen. Aus allen Elementen, die etwas gegen die Schwarzen, gegen die Juden, ja auch gegen die Katholiken und sogar gegen Fremde schlechthin auf dem Herzen hatten oder sich an einer dieser Gruppen rächen wollten, ist in den Jahren 1864–1867 ein großer Bund entstanden; er verschmolz verschiedene örtliche Gruppen und gab sich den seltsamen und schreckeneinflößenden Namen Ku-Klux-Klan. Wieviel dieses Wort mit dem griechischen *kuklos* (Kreis) zu tun hat, läßt sich heute kaum noch ermitteln. Das Wort Klan stammt aus dem Keltischen und heißt ursprünglich nur Familie. Auf den Orkney- und Shetlandinseln, wo sich das keltische Element verhältnismäßig rein erhalten hat, bezeichnet es auch einen (freiwilligen) durch Familienbande gefestigten Lehnsverband. Es ist aber auch sehr leicht möglich, daß man diesem bekannten Begriff nach Art der Geheimsprachen einfach alliterierende Silben vorsetzte, um einen wirkungsvollen Namen für den Geheimbund zu gewinnen.
Nach der Art junger Leute, die mit Pomp auftreten und andere einschüchtern wollen, gefiel man sich zunächst in der Festsetzung bombastisch klingender Einweihungsgrade. Es gab einen Großen Magier, aber auch Großtürken, Große Zyklopen, einen »Großdrachen mit sechs Hydren«, einen »Großtitanen mit sechs Furien« und ähnliches mehr. Das mag heute lächerlich anmuten: in die Sprache der Zeit rückübersetzt, dokumentieren allein diese absurden Bezeichnungen die von vorneherein deutliche Absicht, durch Schrecken zu wirken und insbesondere die abergläubischen und unwissenden Schwarzen durch Terror um die Früchte des freien Lebens zu bringen, das sie nach dem Sezessionskrieg erwarten durften.
Die Methoden, mit denen der Ku-Klux-Klan seine Ziele durchsetzte, erregten in den folgenden Jahren den Abscheu der

ganzen Welt, denn sie waren furchtbar, wie die Rache des Unterlegenen es immer ist: Unterlegen war der Süden, unterlegen waren die Besitzer und Sklavenhalter, unterlegen war eine ganze kolonial-feudale Lebensform.
Noch waren die Vereinigten Staaten so wenig konsolidiert, noch war das große Gebiet zwischen dem Atlantischen und dem Stillen Ozean so unterschiedlich zivilisiert, daß die ungesetzliche Aktion das lokale Übergewicht gewinnen konnte.
Die Unruhe war schon durch die Sklavenbefreiung selbst gegeben. Man darf nicht verkennen, welch gewaltige Umschichtung sich vollzog: wer Sklave gewesen war, wurde nun entweder zum bezahlten und freien Plantagenarbeiter, oder aber arbeitslos. Die Sklaven, denen bisher die Frauen meist ausgesucht worden waren, für die man Mädchen in Ladungen eingekauft und sie ihnen zugeteilt hatte, sahen sich plötzlich vor der Möglichkeit, eine Familie entsprechend ihren eigenen Neigungen zu gründen. Aber es fehlte sehr oft an Arbeitsmöglichkeiten: die Farmer waren einfach nicht in der Lage, so viele Arbeiter zu bezahlen, wie sie Sklaven gehalten hatten, und viele der großen Plantagen, die Spekulanten aus dem Norden für ein Butterbrot erworben hatten, lagen als Objekte des Grundstückhandels verödet, so daß sie niemandem Arbeit gaben. Die Sklaven rotteten sich in bewaffneten Gruppen zusammen und suchten auf diese Weise das Recht auf Arbeit und Wohnung zu erzwingen. So wurden sie zu einem Unruheelement, das die Aktionen des Ku-Klux-Klan zwar bei weitem nicht rechtfertigte, aber für die Organisation der Farmer mitbestimmend wurde.
Die ersten Ziele des Ku-Klux-Klans dürften politischer Natur gewesen sein: die Schwarzen waren ja nun allesamt auch stimmberechtigt, und die Farmer wollten nicht einsehen, daß das Votum eines Sklaven, der weder lesen noch schreiben konnte, die Stimme eines Herrn aus einem der alten Besitzer-

geschlechter aufwiegen sollte. In manchen Gegenden suchte man die Schwarzen durch eine Reihe von Verordnungen (Ablegung gewisser Prüfungen u. ä.) an der Ausübung ihres Stimmrechts zu hindern oder erschwerte ihnen den Weg zu den absichtlich fern der Siedlungen eingerichteten Wahllokalen, wie dies auch heute noch gang und gäbe ist; in anderen Gebieten aber schüchterte der Ku-Klux-Klan die Schwarzen so ein, daß sie sich gar nicht aus ihren Hütten wagten.

Die Aktionen des Klans gingen meistens nachts vor sich und verfolgten neben der Liquidierung der »Schuldigen« auch noch den Zweck, die Schwarzen und ihre Familien an übernatürliche Vorgänge und Geisterspuk glauben zu machen. Manches an diesen Aktionen war Ulk, vieles Unfug, das meiste aber Verbrechen. Die *Clansmen* trugen schwarze oder auch weiße Kutten mit Kapuzen, ritten und schossen wie die Teufel und verschwanden nach ihren Untaten ebenso plötzlich, wie sie gekommen waren. In vielen Fällen allerdings nahmen sie das Opfer, das sie mit Vorliebe aus dem Bett holten, mit sich, um es an einem abgelegenen Platz vor der Ermordung noch martern zu können. Der grausig anzusehende Leichnam wurde dann stets vor dem Hause des Opfers niedergelegt, und die an der Türe oder am Gartenzaun sichtbar angebrachten Buchstaben K. K. K. behoben etwaige Zweifel an der Täterschaft.

Der Terror richtete sich nicht nur gegen jene Schwarzen, die sich irgend etwas hatten zuschulden kommen lassen, sondern auch gegen Weiße, die mit den Schwarzen gemeinsame Sache machten oder politisch auf ihrer Seite standen, mit Vorliebe aber gegen Schwarze, denen man Beziehungen zu weißen Frauen oder Mädchen nachsagte. Auch schwarze Mädchen, die einem Weißen so sehr gefielen, daß er seine angetraute Frau ihretwegen vernachlässigte, wurden wiederholt grausamsten Prozeduren unterworfen, »damit sie anständige amerikanische Bürger nicht mehr verlocken könnten«.

Der Ku-Klux-Klan hat die Lynchjustiz nicht erfunden, aber er ist dafür verantwortlich, daß sie die Kolonistenzeit überdauerte und sich in den Vereinigten Staaten bis auf den heutigen Tag erhalten hat: Ein stetig anklagendes Stück Mittelalter, von dem aus betrachtet die rein mechanische Modernität jeder Zivilisation fragwürdig erscheinen muß.

Die Zahlenangaben schwanken, und es ist für unsere Betrachtung schließlich auch nicht wichtig, ob der erste Ku-Klux-Klan acht- oder zehntausend Fememorde auf dem Gewissen hat. Er ist in jedem Falle der unheilvollste und gewalttätigste aller Geheimbünde, von denen die Geschichte weiß, und wird in der Zahl seiner Verbrechen nur von den Geheimpolizeien der größeren Staatswesen übertroffen – was an sich ein schauriges und des Nachdenkens wertes Paradoxon bedeutet.

Die örtlichen Zentren des Klans nannten sich »Höhlen« und hatten zur Zentralgewalt, zum »Obersten Magier«, oft nur eine lose Verbindung. Darum ließ sich das einmal entbrannte Unwesen schon nach wenigen Jahren kaum noch eindämmen. Zu dem blutigen Terror kam die Erpressung mit Gewaltandrohung an jenen Weißen, die es mit der Rassentrennung nicht so genau nahmen, an jüdischen Geschäftsleuten und bald auch an Fremden oder kürzlich eingebürgerten Personen überhaupt. Der Klan scheint in dieser Hinsicht auf einigen Ideengängen des 1826 verstorbenen amerikanischen Präsidenten Thomas Jefferson gefußt zu haben, der das Angelsachsentum gefördert, Industrialisierung und Verstädterung mit Besorgnis beobachtet hatte und Europa gehaßt hat. Jedenfalls hieß die erste vom Ku-Klux-Klan herausgegebene Zeitschrift *The Jeffersonian*. Eine so weitgespannte Gegnerschaft bot natürlich jedem Klansmitglied die Möglichkeit, auch private Rachegelüste, Konkurrenzneid und andere Motive in eine Terroraktion umzusetzen. Die mißliebigen Geschäftsleute erhielten Drohbriefe, dann wurden ihnen die Schaufensterscheiben und die ausgelegten Waren zerschossen und, wenn das auch nichts helfen wollte, das Haus angezündet. Gelyncht wurden Weiße »nur« in einigen hundert Fällen; die Zahl der von Femegerichten zum Tode verurteilten oder den Sheriffs entrissenen und kurzerhand gehängten Schwarzen läßt sich heute kaum mehr ermitteln.

Gegen große Geheimbünde ist private Selbsthilfe noch stets machtlos gewesen, und selbst die Staatsgewalt hatte es nicht leicht, sich gegen einen wohlorganisierten, mächtigen Geheimbund durchzusetzen. Immerhin hat zum Beispiel der junge italienische Staat gegen die Camorra mehr Erfolg gehabt als die amerikanische Regierung in der Bekämpfung des Ku-Klux-Klans. Noch ehe man sich in Washington zu entscheidenden Schritten entschloß, griff Gouverneur Brownlow in Tennessee durch, setzte Militär gegen den Klan ein und gab jedem Einwohner des Staates das Recht, Personen festzunehmen, die der Klansmitgliedschaft verdächtig erschienen. Das stärkte den Bürgern den Rücken, die an Recht und Ordnung mehr interessiert waren als an der »Negerfrage«, und brach schließlich den allgewaltigen Terror des Klans.

Im April 1871 erließ endlich der Senat der Vereinigten Staaten die Anti-Ku-Klux-Klan-Bill, die dem Präsidenten außerordentliche Vollmachten gab. Ulysses Simpson Grant, einer der ruhmreichsten Generale und unrühmlichsten Präsidenten der Vereinigten Staaten, unter dem die Korruption in hohen Staatsämtern ein ungewöhnliches Ausmaß angenommen hatte, schaffte noch einmal Ordnung in den Staaten, die er schon während des Sezessionskrieges für die Union erobert hatte. Nathan B. Forrest, der Großmagier des Klans zu jener Zeit, war ebenfalls Offizier des Bürgerkrieges gewesen und hatte unter dem Eindruck der gesetzlichen Maßnahmen zunächst versucht, seine fünfhunderttausend Rauhbeine zu einer gewissen Zurückhaltung zu nötigen. Als er sah, daß er damit nicht durchdrang, erklärte er den Klan für aufgelöst, da er »seine Aufgaben« erfüllt habe. Die Art dieser Aufgaben ging aus dem Auflösungsdekret nicht klar hervor, aber aus unzähligen Flugschriften und dem Klan nahestehenden periodischen Publikationen. Sie ließen ein gedankliches Konzept, wie es etwa die Freimaurer haben, vollkommen vermissen und waren im wesentlichen negativ gegen einzelne Menschengruppen gerichtet. Die Abneigung, die durch die Klanspropaganda gegen Schwarze und Juden in weiten Kreisen der amerikanischen Bevölkerung erst erzeugt worden war, verschwand nicht, als der Klan aufgelöst und die Tätigkeit der Höhlen unterbunden wurde, sondern schwelte als unkontrollierbare Aversion in den Vereinigten Staaten weiter.

Demgegenüber blieben die Schwarzen naturgemäß nicht untätig. Sie organisierten den Kampf um ihre Rechte öffentlich durch die NAACP, die mit ihrem vollen Namen »National Association for the Advancement of the Coloured People« heißt, und in einer zweiten Bewegung, die »Heim nach Afrika« hieß und deren Methoden bisweilen das Licht der Öffentlichkeit zu scheuen hatten.

Die von dem Jamaikaner Marcus Manasseth Garvey gegründete Heim-nach-Afrika-Bewegung verfügte über eine Reihe halbmilitärischer Formationen und zeugte damit von einem verstärkten Selbstbewußtsein, denn die Schwarzen hatten allein zwischen 1900 und dem Ersten Weltkrieg mehr als elfhundert Tote durch Lynchjustiz und zahllose Verletzte zu beklagen.

Garvey war klein und rundlich. Bald nach seiner Ankunft in New York wurde er in Harlem bei einem Streit zwischen Weißen und Schwarzen angeschossen und war für die Öffentlichkeit der Millionenstadt damit für einen Tag interessant geworden. Diese unerwartete Berühmtheit und die Artikel, die vor allem die Zeitungen für Schwarze ihm widmeten, benützte Garvey dazu, andere Schwarze um sich zu sammeln, und schon 1921 hatte seine Bewegung, deren Kader einen strengen Bund bildeten, an die vier Millionen Mitglieder. Er vertrat die Ansicht, daß Amerika von den Weißen kolonisiert worden sei und daß nun die Schwarzen an der Reihe wären, Afrika zu kolonisieren. Die amerikanischen Schwarzen seien dazu besonders geeignet, denn sie hätten schon eine Kolonisation miterlebt und seien die höchstzivilisierten unter ihren Rassegenossen. Er ernannte sich selbst zum »Vorläufigen Präsidenten von Afrika«, fand aber bald, daß die Republik seiner nicht ganz würdig sei und gründete einen Hofstaat nach englischem Muster. Es gab Herzöge von Garveys Gnaden und »Ritter des edlen äthiopischen Ordens« sowie des »Höchsten Ordens am Nil«, Bezeichnungen, die recht gut auch von Cagliostro stammen könnten.

Lief auch Garveys Tätigkeit darauf hinaus, das Nationalbewußtsein der Schwarzen und ihr Selbstgefühl zu steigern, so ist es doch klar, daß er den Gruppen in die Hände arbeitete, die eine »Vernegerung« der Vereinigten Staaten befürchteten und den Schwarzen feindlich gesinnt waren: den Parteigängern des aufgelösten Ku-Klux-Klans, der Amerikanischen Legion und dem Angelsachsenbund. Dank der Duldung und Unterstützung dieser Kreise, die sonst jegliche Initiative der Schwarzen argwöhnisch überwachten, hatte Garvey die Möglichkeit, nach dem Muster der amerikanischen seine »Afrikanische Legion« aufzustellen, dazu ein »Afrikanisches Motorkorps« und eine »Schwesternschaft vom Schwarzen Kreuz«. Die Mitglieder der großen Bewegung aber wurden dazu angehalten, ihre Kinder in der Geschichte der Schwarzen, im Ritual des Garvey-Bundes und in der Etikette seiner Hofhaltung zu unterrichten...

Garvey scheiterte schließlich wie so manches Oberhaupt mehr oder weniger geheimer Bünde an der Bundeskasse. Sie war zunächst noch besser gefüllt als die Father Divines: Garvey empfing Geld von allen Seiten, von den Schwarzen und von jenen, die sie loswerden wollten; man schickte ihm Schecks zu und er gab sie seiner Frau, die über die vielen, vielen Gelder schließlich nicht mehr Buch führte. Die drei Schiffe, die Garvey aus Überschußbeständen der amerikanischen Marine angekauft hatte, um auf ihnen die ersten Auswanderer nach Afrika zu entsenden, erwiesen sich als nicht seetüchtig, und mit einemmal war die finanzielle Katastrophe da: Garveys Bund hatte eine halbe Million Dollar Schulden, und niemand wußte, wohin das Geld gekommen war. Da Garvey auch vor Gericht den Mund zu voll nahm und sich unter anderem seiner Alkohol-Schmuggeleien rühmte, erhielt er fünf Jahre Gefängnis, wurde jedoch bald begnadigt und nach London abgeschoben, wo er 1940 starb.

Garveys Hirngespinste hatten in einer Zeit schwerster Bedrohung die Einmütigkeit der Schwarzen gebrochen: in der Zeit, da der Ku-Klux-Klan nach fünfzigjähriger Pause seine Tätigkeit wieder aufnahm und womöglich noch ärgeren Schrecken verbreitete, als ein halbes Jahrhundert zuvor.

Der Erste Weltkrieg hatte auch in den Vereinigten Staaten eine Radikalisierung der politischen Lager und weltanschaulichen Strömungen gebracht, vor allem aber hatte er dem Klan zu einem gefährlichen Schlagwort verholfen: die amerikanischen »Negertruppen« hätten in Frankreich, insbesondere aber in dem großen Sündenbabel Paris, Geschmack an weißen Frauen gefunden; es sei zu erwarten, daß die Schwarzen nun auch in den USA weiße Frauen belästigen, verfolgen, ja vergewaltigen würden. Mit dem psychologischen Raffinement, das unser Jahrhundert auf den Gebieten der Propaganda und der Publizistik entwickelt hat, wurden diese Behauptungen in allen Formen abgewandelt und mit plastisch erfundenen Einzelheiten aus Europa und den Staaten aufgeputzt. Unzählige Frauen und einige der mächtigen Frauenvereine

begannen sogleich, sich bedroht zu fühlen; jeder der Schwarzen, die sich in Europa und bei der Army tatsächlich freieres Gehaben und größere Selbstsicherheit angewöhnt hatten, wurde in solchem Lichte zu einem lüstern schweifenden Gewalttäter.
Die Männer, denen man schwerlich einreden konnte, daß sie von schwarzen Frauen vergewaltigt werden würden, brachten der Klanspropaganda aus anderen Gründen Verständnis entgegen: sie erinnerten sich neidvoll an alles, was sie von der sagenhaften Potenz mancher Schwarzen gehört und gelesen hatten; sie zählten die kraushaarigen schwarzen Kinder auf den Straßen, und wenn sie obendrein bei der Heimkehr aus dem Krieg auf ihrem Arbeitsplatz einen Schwarzen oder als ihren Vorgesetzten einen Juden vorfanden, dann zögerten sie meist nicht mehr lange mit dem Beitritt zum Klan.
Die Ku-Klux-Methoden hatten sich nicht nennenswert gewandelt: nach wie vor wurde gewippt (wobei das gebundene Opfer an einer dünnen Stahlstange schmerzhaft auf und nieder geschnellt wurde), geschlagen, erpreßt, boykottiert, vertrieben, gelyncht und gemordet. Aber aus der Farmer-Organisation war ein im Geiste des zwanzigsten Jahrhunderts aufgezogenes mächtiges Unternehmen geworden, das sich auch zu einem einträglichen Geschäft entwickelte.
Ritual und Ziele des neuen Klans bildeten eine wirkungsvolle Mischung aus alten Ku-Klux-Elementen und dem, was die Novizen des zwanzigsten Jahrhunderts an Schauer, Geheimniskrämerei, Drohungen, Versprechungen und tiefer Bedeutsamkeit erwarteten. Die Höhlen hießen nun Kavernen, die Meetings fanden im größeren Rahmen und oft unter freiem Himmel statt. Dabei kamen oft Tausende von Autos zusammen, Wächter zu Pferd und zu Fuß riegelten den Platz ab, und die Utensilien kombinierten alles, was dem Voll-Amerikaner teuer war: das Sternenbanner, die daraufliegende Bibel und

den blanken Dolch. Darüber ragte ein feuriges Kreuz in die Nacht und warf ein seltsam beunruhigendes Licht auf die Reihen der nunmehr weißen Kapuzenmänner.

Der Klan nahm zunächst nur jene Personen auf, die von weißen amerikanischen Eltern in Amerika geboren worden waren; obendrein durften die Eltern weder der katholischen Religionsgemeinschaft noch der jüdischen Rasse angehören. Später ließ man die Forderung fallen, daß auch die Eltern schon Amerikaner gewesen sein mußten: dieser Punkt hätte nämlich der emsigen Werbetätigkeit des Klans und dem Aufkommen an Mitgliedsbeiträgen Abbruch getan.

Der Aufnahmekandidat wurde auf Herz und Nieren befragt, darüber belehrt, daß Amerika nicht etwa von dem katholischen Juden Kolumbus, sondern von dem nordischen Seefahrer Leif Ericson entdeckt worden sei, und daß der Klan von seinen Mitgliedern unbedingten Gehorsam fordere.

Danach folgten Eid, Weihe und Drohfluch und die Verlesung der Glaubenssätze des Klans, in denen viel von der weißen Rasse und der christlichen Religion die Rede war.

Die Verbrechen, die der neue Ku-Klux-Klan in den Jahren bis zu seinem neuerlichen Verbot vor allem in den südlichen Staaten der USA verübte, sind so vielfältig und zahlreich, so sorgfältig vertuscht und so eng mit den Besonderheiten des öffentlichen Lebens in jenen Staaten verquickt, daß es nie möglich sein wird, sie alle zu erfassen. Die bloße Chronik oder gar eine kleine Überschau, wie wir sie hier zu bieten versuchen, wäre auch gar nicht imstande, auszudrücken, wie furchtbar und schmachvoll dieses Geschehen ist. Die Welt erfuhr hin und wieder einen besonders krassen Fall aus der Zeitung und vergaß ihn rasch wieder; dem Weltgewissen aber wird dieses Unheil unvergessen bleiben, weil kaum einer der großen amerikanischen Schriftsteller diese Schande unwidersprochen ließ. Erskine Caldwells und Richard Wrights anklagend-aufwühlende Bücher sind in alle Kultursprachen übersetzt worden, aber auch William Faulkner, John Steinbeck, Howard Fast, Truman Capote und viele andere haben Lynchfälle geschildert und damit für die kommenden Generationen warnend festgehalten. Man kann mit einem gewissen Recht den Terror des Ku-Klux-Klans als einen der Gründe dafür ansehen, daß die in den dreißiger Jahren so machtvoll in Erscheinung getretene große amerikanische Literatur, die ersten Erfolgsbücher der heute angesehensten amerikanischen Romanciers, jenen freiheitlichen Zug aufwiesen, der für die Rolle der dreißiger Jahre in der Geistesgeschichte unseres Jahrhunderts kennzeichnend ist.

In den zwanziger Jahren jedoch breitete der neue Ku-Klux-Klan sich mit überraschender Schnelligkeit aus. Sein Organisator war William Joseph Simmons, ein ausgezeichneter Redner, der bis dahin schon für eine Reihe kleinerer Geheimgesellschaften gewirkt und auf Bestellung auch Festreden bei Banketten und ähnlichen Anlässen gehalten hatte. Er wußte, worauf es ankam, und brachte einen Agentenstab auf die Beine, der nun den neuen Klan mit den Methoden durchsetzte, die man inzwischen – zumindest auf dem Werbesektor – amerikanisch nennt.

Die Agenten betonten, daß es ein Vorzug und eine Empfehlung sei, in den Klan aufgenommen zu werden. Eine einfache Methode: wer wollte denn nicht als Voll-Amerikaner gelten und sich dabei als Über-Amerikaner fühlen dürfen? Für die »Mitglieder der ersten Tage« galt der Vorzugs-Mitgliedsbeitrag von 5 Dollar, später verlangte man 7½ und 10 Dollar, da ja die Agenten auch eine Provision erhalten mußten. Daneben gab das General Quarter (das Hauptquartier) gegen Bezahlung die Gründungsdokumente und Anerkennungs-Insignien an Ortsgruppen aus und trieb einen einträglichen Handel mit

allem, was das Klansmitglied benötigte: die »einzig regelrechten« Klans-Roben, das Stück zu 6½ Dollar, von denen täglich bis zu sechshundert versendet werden konnten, Mitgliederdiplome, Broschüren und anderes.
Nach einer amerikanischen Darstellung, die auf den Untersuchungen der für die Umtriebe eingesetzten Parlamentskommission fußt, erzielten die besten Werber Jahreseinkünfte bis zu 50000 Dollar, während der Propagandachef des Klans, ein Mr. Edward Young Clarke, in guten Monaten 40000 Dollar verdiente. W. J. Simmons aber, der sich schließlich selbst zum Grand Wizard (Großmagier) gemacht und behauptet hatte, er habe in einer Vision die Klansritter wie Walküren über den Himmel reiten und Ordnung schaffen sehen, hatte sich von seinen Anhängern ein palastähnliches Wohnhaus schenken lassen...
Macht und Ausdehnung des Klans übertrafen bald bei weitem die seines Vorgängers, aber man schrieb nicht mehr 1867, sondern lebte in einem modernen Staat, dessen Polizei über Telefon, Autos und gute Kriminalisten verfügte. Da und dort wagten die lokalen Behörden zur Selbsthilfe zu schreiten, was von allen Beamten bis hinauf zum Gouverneur großen Mut verlangte, und schließlich wurde einer der unverschämtesten Klansführer, nämlich D. C. Stephenson, verhaftet. Er hatte sich dank seiner hohen Verbindungen so sicher gefühlt, daß er auch nach einem besonders scheußlichen Mädchenmord nicht geflüchtet war. Daß man es wagte, ihn zu verhaften und ernstlich Miene machte, ihn vor Gericht zu stellen, versetzte ihn in solche Wut, daß er eine Reihe seiner Freunde preisgab, darunter den Gouverneur des Staates Indiana, der ihn und das Treiben des Klans jahrelang geschützt und dafür ein Gutteil der Beute erhalten hatte...
Der neue Ku-Klux-Klan wurde erst verboten und energisch bekämpft, als seine Untaten der Republikanischen Partei mehr

schadeten, als die Einschüchterung einzelner Gegner oder die Wählerstimmen der Klansmitglieder ihr hätten nützen können. Der Klan wurde wieder einmal liquidiert, aber wie dem ersten Klan der nicht viel bessere Bund der »Knights of the white Camelia« (Ritter von der weißen Kamelie) folgte, so ist der Ku-Klux-Klan auch jetzt keineswegs tot. Er hebt wie eine Hydra immer wieder ein Haupt, und so ist es bis heute geblieben.
Am 6. Februar 1956 wurde die schwarze Studentin Autherine Lucy nach einer Reihe von Gewalt- und Einschüchterungsaktionen gegen das Rektorat von der Universität Tuscaloosa verwiesen, und am 28. August 1955 wurde der vierzehnjährige Emmett Till nach Mißhandlungen erschossen, weil er beim Anblick einer Weißen nach Art der Gassenjungen anerkennend gepfiffen hatte. Als die Näherin Rosa Parks in einem Autobus der Stadt Montgomery einen jener Sitzplätze, die Weißen vorbehalten sind, einnahm und nicht räumen wollte, wurde sie zu einer Geldstrafe verurteilt. Dies war der Anfang des Kampfes gegen die Rassentrennung, der schließlich zur Gleichberechtigung der Schwarzen in den USA führte. Betrachtet man jedoch die schwarzen Ghettos in den amerikanischen Städten, so ist die Gleichberechtigung dort nur theoretischer Natur.
Immerhin: ein geschlossener Geheimbund im Sinne des Ku-Klux-Klans scheint in den USA derzeit nicht zu existieren. Der Kampf gegen die Schwarzen wird offen ausgetragen, und der geniale Propagandist Clarke ging nach dem Verbot des Klans dazu über, auf der Welle seines eigenen Senders für seinen Bund vom *Supreme Kingdom*, vom Höchsten Königreich, zu werben. Die Katholiken wurden nicht mehr ausgeschlossen (warum sollten sie nicht die 12½ Dollar Mitgliedsbeitrag bezahlen?), und mit der »Negerfrage« war nicht mehr viel Geld locker zu machen: also predigte Clarke gegen die jüdischen Drehbuchautoren und Filmgewaltigen von Hollywood

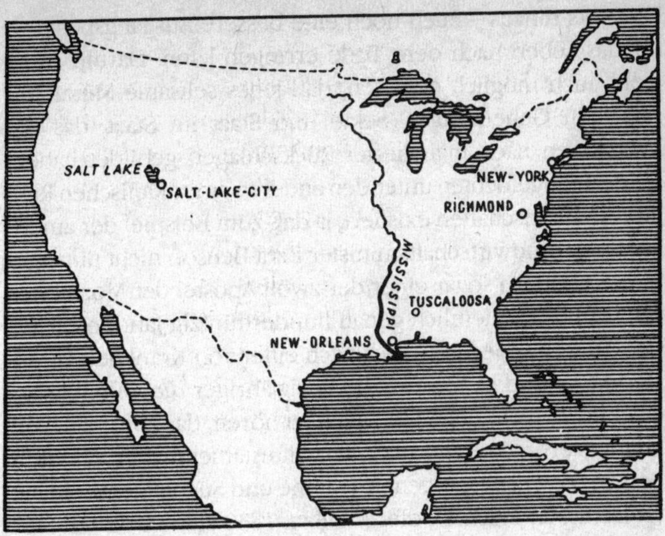

und gegen den *Redisme* in den Ämtern – das aber brauchte er nicht im geheimen zu tun....

Clarke und sein Höchstes Königreich locken uns zu einem Exkurs in den Bereich der Sekten, der für unser Thema aufschlußreich ist. Bei der Neubegründung des Ku-Klux-Klans gab W. J. Simmons dem gewalttätigen Geheimbund trotz seiner sehr konkreten, ja ausschließlich konkreten und diesseitigen Ziele beinahe Sektencharakter, da er seine »Vision« mit religiösem Eifer auswertete, von einem Unsichtbaren Reich sprach und für den Klan eine ausgesprochene »Sendung« in Anspruch nahm. Da Clarke sich nach seinem rechtzeitigen Absprung vom Klan in der Werbung für sein Höchstes Königreich ebenso verhielt, geht man wohl in der Annahme nicht fehl, daß die moderne Form des Geheimbundes in den Vereinigten Staaten dann besondere Chancen hat, wenn man durch die Bundes-Mitgliedschaft – über das satte Leben im

Diesseits hinaus – auch noch eine bessere Ausgangsposition für das Leben nach dem Tode erringen kann. Darum ist es wohl auch möglich gewesen, daß jenes seltsame Mittelding zwischen Geheimbund, Sekte und Staat im Staat, das die Mormonen nach mancherlei Rückschlägen gebildet haben, heute unangefochten unter den anderen amerikanischen Religionsgemeinschaften existiert, ja daß zum Beispiel der amerikanische Landwirtschaftsminister Ezra Benson nicht nur Mormone, sondern sogar einer der zwölf Apostel der Mormonen war – und das ziemlich genau hundertfünfzig Jahre nach der Geburt jenes Joe Smith, der nach einer von Krankheit verdüsterten Jugend als Zweiundzwanzigjähriger *die* Offenbarung erlebte. Er vermeinte, ein Diktat zu hören, das aber nicht viel anderes erbrachte als ein Gewirr alttestamentlicher Erzählungen, in das er seine eigenen Träume und Süchte gemischt hatte. Dennoch erschien dieses Diktat 1830 als »Das Buch Mormon« und Smith glaubte so felsenfest an den ihm vom Engel Moroni erteilten Auftrag, daß er eine große Zahl abergläubischer und unsicherer Menschen an sich zu binden vermochte.
In der umfangreichen Literatur, die sich mit dem Mormonentum und seiner Lehre auseinandersetzt, ist wiederholt darauf hingewiesen worden, daß das Buch Mormon ungeordnet, unoriginell und nicht überzeugend sei, und man wurde nicht müde, die Quellen nachzuweisen, die Smith bewußt oder unbewußt benützt haben mußte. Die Wirkung, die Smith seinem Werk zu geben wußte, zeigt wieder einmal, daß es im Menschen Kräfte gibt, die stärker sind als alle Vernunft, und daß jeder, der sie zu entfesseln versteht, Macht über andere Menschen gewinnt, ganz gleich, was er ihnen geistig zu bieten hat.

Smith war selbst ein einfacher und wohl besessener Mensch, aber es mag eine gewisse Einfalt notwendig gewesen sein, um jene Vermengung morgenländischer Heilslehren überzeugt

zu erleben und überzeugend zu predigen, die Smith in seinem Buch, dem »Buch der Lehre und der Bündnisse« (The book of doctrine and covenants) vorträgt.
Aus dem Buddhismus nahm Smith die Lehre von der Seelenwanderung, die gewissen Grundahnungen des Menschen entspricht. Wer hätte noch nicht das Gefühl gehabt, schon einmal gelebt zu haben, eine Landschaft, einen Augenblick, eine Begebenheit zum zweitenmal zu erleben? Die griechische und römische Mythologie waren Smith sichtlich nur oberflächlich bekannt. Er entlehnte ihr wenige Einzelheiten wie das Prinzip der Vielgötterei, das in späteren Fassungen des Mormonen-Katechismus weitgehend gemildert und christlichen Grundsätzen angenähert wurde. »Alles, was trunken macht«, verbot Smith ebenso, wie es der Prophet Mohammed seinen Anhängern verboten hatte, dafür gestattete er ihnen, ebenfalls im Sinne des Islams, mehrere Frauen. Dazwischen wuchert ein in vielsagenden Andeutungen geförderter Glaube an gute und böse Geister, der auch die Zauberei und zauberkundige Menschen für möglich hält. Auch Wunder werden für wirklich erklärt und Teufelsaustreibungen für notwendig befunden. Von den Juden schließlich übernahm Joe Smith den Grundsatz, daß Gott der Führer des Volkes und das auserwählte Volk vor den anderen zum Heil berufen sei.
Man muß sich über die Sicherheit wundern, mit der diese Synthese zusammengeschaut wurde. Der großartige Gedanke, daß Gott ein Volk auserwähle und ihm besonders nahe sei, verpflichtete die Mormonen zu besonderem Fleiß, stachelte ihren Ehrgeiz an und ermöglichte Smith schließlich die Erreichung seines Zieles: die Begründung eines eigenen und sich selbst genügenden Mormonenstaates.
1831 zog Smith mit seinen Getreuen von New York nach Ohio, wurde von dort vertrieben und wanderte nach Illinois weiter. Dort erbaute er mit seinen arbeitsamen Jüngern schließlich

die Stadt Nauvoo, die »Herrliche«. Joe stellte eine bewaffnete Mormonentruppe auf, gründete eine Mormonen-Universität und errichtete einen großen Tempel, aber die Vielweiberei, von der er und andere Mormonen nicht lassen wollten, brachte ihn um den Erfolg dieses emsigen Aufbauwerkes: am 27. Juni 1844 wurde der Mormonenstaat von seinen erzürnten Gegnern aus der Umgebung angegriffen und Smith erschossen. Seinem Nachfolger, dem Zimmermann Young, gelang es, die Mormonen am Salt Lake in Utah seßhaft zu machen und große Gebiete für ihre Gemeinden zu gewinnen. Young hatte von siebzehn Frauen nicht weniger als sechsundfünfzig Kinder, hinterließ aber ein Privatvermögen von mehr als zwei Millionen Dollar. Nach seinem Tode im Jahre 1867 konsolidierte sich der Mormonenstaat in langwierigen Verhandlungen mit der Regierung in Washington. Die Polygamie wurde abgeschafft, und heute bekennen sich mehr als eine halbe Million Amerikaner als Mormonen.
Es ist, als sei der große Kontinent mit seinen unbegrenzten Möglichkeiten selbst das Ferment, das aus Abenteurern Erfolgsmenschen, aus Herumtreibern Sektengründer, aus Bibelgesellschaften Geheimbünde macht. Nichts ist unmöglich und nicht einmal Lächerlichkeit tötet. Clarke kann über seinen Sender rufen »Helloh Boys, hier ist das Höchste Königreich auf Welle 321 Meter. Laßt Gott nicht warten… Helloh!« – und Mr. Ezra Benson war Minister und Apostel zugleich, und sicherlich beides mit gleichem Eifer.

Trotz allem, was von den Freimaurern behauptet wird, ist der Ku-Klux-Klan doch jener Geheimbund gewesen, der in einem Minimum an Zeit ein Maximum an politischem und sozialem Einfluß erreicht hat. Er konnte seine Grundsätze in eine Unzahl von Aktionen umsetzen, die allesamt ungesetzlich und zum Teil ausgesprochen verbrecherisch waren, und als ihm

das Handwerk gelegt wurde, war der angerichtete Schaden an Gut und Blut zahlloser amerikanischer Bürger bereits ins Unermeßliche gestiegen und nicht wieder gutzumachen.
Die rasche Ausbreitung, die Schwierigkeit der Unterdrükkung, die Methoden der Werbung und die breite geschäftliche Basis lassen den Klan in seiner zweiten Erscheinungsform als ungemein bezeichnend dafür erscheinen, was ein Geheimbund auch in der Gesellschaft unserer Tage erreichen kann. Überzeugender als alle anderen Beispiele dieses ersten Abschnittes beantwortet der Ku-Klux-Klan unsere Frage, ob es noch Geheimbünde gebe. Überzeugender, weil der Klan nicht in Mazedonien oder Indochina, sondern im modernsten Winkel der Erde, in den vergangenheitslosen, unbelasteten, übertechnisierten Vereinigten Staaten von Amerika entstand und wirksam wurde. Die Gesellschaft unserer Tage ist keineswegs gegen Geheimbünde immunisiert, im Gegenteil: sie hängt dem Unergründlichen, Mystischen, Verbotenen, Geheimen und Absurden mit einer Inbrunst an, die kein anderes Jahrhundert übertroffen hat, und sie hat dafür nicht einmal die Entschuldigung der Naivität. Die Geschichte der Geheimbünde ist zugleich eine von der Nachtseite her betrachtete Geschichte der menschlichen Gesellschaft, ein Riesengemälde, das man »Die Flucht ins Dunkel« nennen könnte, wenn die erhellte Welt wirklich eine Welt des Lichtes wäre.
Bei jedem Schritt, den der Mensch in seiner Geschichte vorwärts ging, warf er einen Schatten, und diese Schatten gewannen ihr eigenes Leben. So war es von Anfang an: es gibt nicht nur immer noch Geheimbünde, es gab sie wohl auch zu allen Zeiten, in denen die Menschen ihr Zusammenleben organisierten und Gemeinschaften bildeten. Wir werden in der Rückschau die Linien erkennen, die durch die Jahrhunderte bis zum heutigen Tag heraufführen. Wir werden die Wesensgesetze geheimer Bünde und Gesellschaften erfassen, die

ebensowenig Wandlungen erfahren haben wie der Mensch selbst, der schon immer über die Gemeinschaft den Herrscher setzte, neben den Herrscher Fronde und Mord und über den Mörder das Gericht.

ZWEITES BUCH

Geheimbünde im Altertum

DIE HETAIRIEN VON ATHEN

Die Knaben sondern sich ab / Mit Waffen zur Akropolis / Die Freier der Penelope / Der Dichter von Lesbos / Das Gesetz von Gortyn / Adelsbünde werden verdächtig / Die Gymnasien von Athen / Junge Lederhändler / Die Ritter des Aristophanes / Ein Scherbengericht mißlingt / Das Gastmahl des Agathon / Die Feiern der thrakischen Göttin

Wenn der Knabe beginnt, sich erwachsen zu fühlen, wenn er sich aus dem Kreis der Familie, aus behütender Aufsicht und Unterordnung freimachen will, sucht er die Gemeinschaft Gleichaltriger. Bei ihnen findet er Verständnis für seine Interessen, gleiches Streben und gleiche Wünsche; er fühlt sich gleichberechtigt und kann eine Rolle spielen, die ihm im Elternhaus nicht zukommt. Das ist eine der natürlichen Wurzeln aller Jugendvereine, in den Großstädten Europas und Amerikas wie auf den Südsee-Inseln. Da diese Wurzel in der menschlichen Entwicklung begründet ist, dürften auch ihre Folgen, eben die Zugehörigkeit zu Jugendbünden, nicht viel jünger sein als die menschliche Gemeinschaft überhaupt.

Die Weihe der Knaben zu jungen Männern bezeichnet gewöhnlich weniger ihre biologische Reife als ihre Fähigkeit, am Männerwerk teilzuhaben – am Kriegspfad bei den Indianern Nordamerikas, an bestimmten Kulten bei der Urbevölkerung Australiens. Die Knaben, die zugleich die Weihe empfangen haben, bilden als Altersklasse eine Gemeinschaft auch im späteren Leben. Dies ist eine Wurzel für alle Vereine, so wie das vorhin genannte Streben nach Emanzipation ja nicht nur für Knaben gilt. Wie der Knabe das Elternhaus, so will der Mann zuweilen die Familie vergessen, will in männlicher Umgebung, in seiner Gesellschaft seinen Interessen leben – und sei es auch nur im Kegelklub.

Sprachen wir eben von den Wurzeln der Vereinigungen überhaupt, so müssen wir in der Gegenwart auch gewisser sekundärer Momente gedenken. Ob der Knabe sich den Pfadfindern anschließt, der Pfarrjugend oder einem Tanzklub, der Jugendgruppe einer politischen Partei oder eines Sportvereins, hängt von vielerlei Beweggründen ab, von Veranlagung und Umwelteinflüssen; primär ist jedenfalls das Streben nach Emanzipation. In einer weniger komplizierten und individualisierten Gesellschaftsform als der gegenwärtigen besteht der Bund der Jungen, die Altersklasse, dem Herkommen nach; das Ziel dieser Vereinigung entspricht der Stammessitte.

Wenn die Beschäftigung und das Streben, die Form der Unterhaltung eines Jünglingsvereines nicht mit den Anschauungen der Eltern und Aufseher übereinstimmen, handeln die Jungen im geheimen; ebenso tun es die Männer, deren Tätigkeit im Klub den Gesetzen oder der öffentlichen Meinung widerspricht. So wird aus dem Bund der Geheimbund.

Die Gründung eines Geheimbundes oder der Übergang eines bestehenden Bundes von legaler zu illegaler Betätigung kann oft die Sache eines Tages, einer einzigen Stunde sein. Bei den Geheimbünden, deren Tätigkeit die griechische Geschichte des großen fünften Jahrhunderts vor Christus entscheidend beeinflußte, bedeutet dieser Übergang das Ergebnis einer langen Entwicklung. Ihren Anfang aber kann man als eines der ersten sicheren Daten in der Geschichte Athens betrachten.

Gegen Ende des siebenten vorchristlichen Jahrhunderts, als weit im Osten die Macht des Assyrerreiches schon sank und im Westen die Griechenstädte sich gegen die Seeherrschaft der

Etrusker und Karthager durchzusetzen begannen, damals war Athen noch eine bäuerliche Kleinstadt. Die Geldwirtschaft hatte zwar schon aus Kleinasien auf das griechische Mutterland übergegriffen, doch die Sühnezahlungen wurden in Athen nicht nach Geldeswert, sondern nach Rindern bemessen. Die Flotte diente mehr dem Zweck, die Küste gegen Seeräuber zu verteidigen, als weite Fahrten zu unternehmen; an der großen griechischen Kolonisation, die ferne Länder erschloß, war Athen wenig beteiligt. Die Tongefäße mit ihren schönen geometrischen Verzierungen wurden nur in geringer Menge ausgeführt, auch der Export von Wein und Öl setzte eben erst ein: mit der Nachbarstadt Megara konnte man nicht konkurrieren.

Diese Stadt lag zwar in einer nur kleinen Ebene, der Raum für Viehzucht, Getreide- und Olivenbau war beschränkt, die steinigen Berghänge ringsum nährten nur Ziegen und Schafe; aber die Verbindungsstraßen nach der Peloponnes führten über Megara und der Seehafen Nisaia lag ganz nahe. So machte der Handel die Stadt reich. Sie sandte sogar Kolonisten aus, nach Sizilien wie zum Schwarzen Meer. Aus dem fernen Skythenland kam Getreide, Textilien wurden ausgeführt. Man lebte leicht und fröhlich, man liebte Festzüge mit derben Späßen, es gab sogar eine prachtvoll eingefaßte Quelle und von den Bergen her eine Wasserleitung.

Herr von Megara war der Tyrann Theagenes. Mit dem Tyrannen von Korinth, der nächsten Stadt im Westen, verband ihn persönliche Freundschaft, und eine ähnliche Verbindung zu der östlichen Nachbarstadt Athen schien ihm günstig. So verheiratete er seine Tochter mit Kylon, einem vornehmen jungen Athener und Sieger bei den Olympischen Spielen. Diesem legte er nahe, in seiner Vaterstadt die Tyrannis zu erringen: Soldaten könne er ihm zur Verfügung stellen.

Kylon dünkte wichtiger als solche auswärtige Hilfe ein Rückhalt in Athen selbst, und diesen fand er in der Gemeinschaft seiner Altersgenossen. Der Bund, der offenbar von Jugend auf bestanden hatte, bewährte sich in den Mannesjahren. Indessen kennen wir das genaue Alter Kylons zu dieser Zeit nicht: vielleicht zählte er kaum zwanzig Jahre, und zur Kameraden-

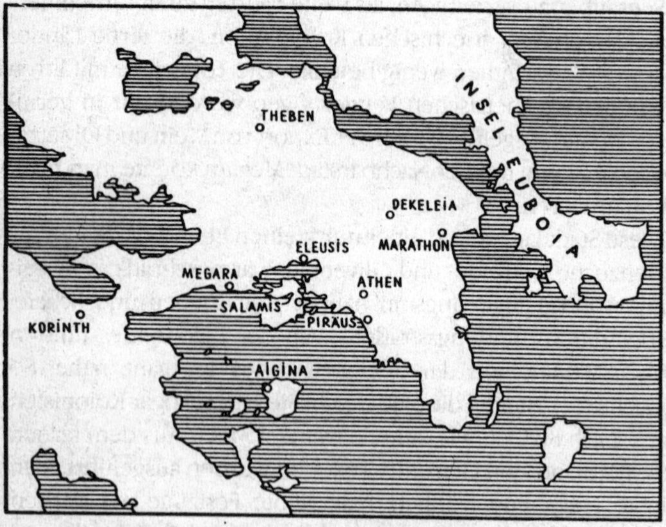

treue seiner Gefährten kamen noch der Ehrgeiz und die jugendliche Auflehnung gegen das Bestehende, Streben nach neuer Ordnung und einfach Abenteuerlust. Jedenfalls zogen sie gemeinsam los und besetzten mit Waffengewalt die Akropolis, die Stadtburg von Athen. Vorsichtig hatte sich Kylon zuerst beim Orakel von Delphi nach dem besten Zeitpunkt für sein Unternehmen erkundigt, aber die Antwort war nicht eindeutig und er hatte sie mißverstanden: sein Anschlag scheiterte.

Kylon selbst ist für uns nicht so wichtig wie die antiken Berichte über ihn, denn in einem (bei Herodot V, 71) finden wir die Bezeichnung, den auch später stets gebrauchten Fachausdruck für jene Gemeinschaft der Altersgenossen, wie sie Kylon und seither noch viele andere Männer, Helden, Abenteurer und Politiker, unterstützt hat. »Hetaireia« lautet das Wort; es knüpft an »Hetairos« an, die schon bei Homer so oft gebrauchte Benennung des Waffengefährten und vertrauten Freundes.

Dreierlei kennzeichnet solche Gemeinschaft: gleiches Alter, gleiche Interessen (die zunächst durch gleiche, d.h. für diese Zeit: adelige Abkunft gegeben sind) und schließlich wirkliche Zusammengehörigkeit, also geselliger Verkehr beim Mahl, bei Sport und Spiel und treue Kameradschaft im Kampf. Als ihr Beschützer führt der oberste Himmelsgott den Namen »Zeus Hetaireios«.

Daß dieser Kult uralt ist, ergibt sich von selbst. Auch die Griechen empfanden es so und sahen als seinen Stifter den mythischen Helden Jason an. Dieser hatte sich ebenfalls zu einer gefährlichen Tat aufgemacht und dazu eine Schar abenteuerlustiger junger Männer mitgenommen, so wie der historische Kylon es tat. Es war wohl auch bei Jason ein Teil der waffenfähigen Jungmannschaft seiner Heimat, seine nächsten Freunde und Gefährten: seine Hetairie. Aber die griechischen Sänger, die das Heldenlied von der Argonautenfahrt dann vortrugen, wollten es gebührend ausschmücken; zudem war man später bemüht, die einzelnen Lokalsagen miteinander zu verknüpfen. So wurde aus den Teilnehmern des Argonautenzuges gleich ein Katalog der vornehmsten Helden, in dem uns wohlbekannte Namen begegnen wie Admetos, der Gemahl der Alkestis, König Augeias sowie der Halbgott Herakles, der einmal den Rinderstall des Augeias reinigen sollte, die Dioskuren Kastor und Polydeukes, Brüder der schönen Helena, und der Sänger Orpheus, die Heldenjungfrau Atalante und Peleus, der Vater des Helden Achilleus.

Das Lied von Jason und den Argonauten war schon dem Dichter der Odyssee bekannt, und in der Odyssee selbst finden wir ein anders Beispiel einer Gesellschaft junger Männer – freilich keiner Helden, wie es die Argonauten waren. Sie sind übermütig, denn sie riskieren wenig; man kennt sie als die »Freier«. Da Odysseus verschollen ist, soll seine Gemahlin Penelope einen neuen Gatten wählen, und dieser wird dann vermutlich die Königswürde von Ithaka innehaben. Die Insel ist nicht groß; sie trägt auf den Berghöhen viel Wald, an den Hängen und in den Tälern wachsen Wein, Getreide, Feigen und Oliven. Rinder und Kleinvieh gibt es in Menge; die Bewohner von Ithaka, Fürsten wie Untertanen, leben von der Landwirtschaft. Die Söhne der Großbauern sind es, die sich da zur Werbung um Penelope zusammengefunden haben. Nur einer kann die noch immer schöne Frau erringen, und trotzdem hassen sie einander nicht als Rivalen. Sie bilden eine Gemeinschaft mit gleichem Ziel, sie sind etwa gleich alt und ihre Hauptbeschäftigung sind die gemeinsamen Mahlzeiten – auf Kosten der unfreiwilligen Gastgeberin Penelope. Wie vergnüglich sie lebten, schildert Homer im I. Gesang der Odyssee, da die Göttin Athene nach Ithaka kommt:

»Aber sie fand die trotzigen Freier. Die unterhielten
sich vor dem Tor des Palastes und freuten sich an dem Brettspiel,
hingelagert auf Häuten von Rindern, die selbst sie geschlachtet.
Herolde aber und hurtige Diener besorgten im Hause
Wein und Wasser. Die einen vermischten dies in den Krügen,
doch die andern wuschen mit vieldurchlöcherten Schwämmen
Tische und stellten sie hin und schnitten das Fleisch gleich in Stücke…

Und sie kamen herein, die übermütigen Freier,
setzten sich nach der Reihe auf Sessel und prächtige Stühle.
Herolde gossen ihnen das Wasser über die Hände.
Mägde häuften für sie das Brot in geflochtenen Körben,
Knaben füllten die Krüge voll Wein bis oben zum Rande.
Sie aber reckten die Hände zum Mahl, das so köstlich bereitlag.
Als sie dann das Verlangen nach Trank und Speise befriedigt,
hatten die Freier schon wieder andere Freuden im Sinne,
Saitenspiel mit Gesang und Tanz als Nachtisch zum Mahle...«

Wir können in diesen Freiern eine Hetairie erblicken, zu der noch ein paar junge Leute aus der Nachbarschaft gestoßen sind. Ihnen steht die Hetairie einer anderen Generation gegenüber: jene Krieger, die mit Odysseus nach Troia gezogen waren, und, von den Zurückgebliebenen, Halitherses, Antiphos und besonders Mentor, dem Odysseus bei seiner Abreise das Hauswesen anvertraut hatte.

Die Hetairien von Ithaka stehen nicht vereinzelt da. Ähnliche Männerbünde gibt es überall – nicht nur in der Dichtung, da vielleicht griechische Verhältnisse auch auf andere Völker übertragen werden, sondern tatsächlich nachweisbar. Davon wird noch die Rede sein; bleiben wir aber zunächst bei Homer. Bei den Griechen – besonders um Achilleus – wie bei den Troiern sind es immer wieder die Kameradschaft im Kampf, das gleiche Alter und die gemeinsamen Mahlzeiten (die zuweilen geradezu rituellen Charakter annehmen können), wodurch sich die Helden verbunden fühlen. So stark ist diese Bindung, daß sie der verwandtschaftlichen zumindest gleichkommt. Unter den vielen Brüdern Hektors gelten zwei, Deiphobos und Helenos, auch als seine Hetairoi, und seinen Schwager schätzt Hektor besonders, weil er sein Hetairos und Tischgefährte ist. Ja am Ende des VIII. Gesanges der Odyssee spricht es der edle Phaiakenkönig Alkinoos seinem Gast gegenüber aus: Der Hetairos steht hinter dem leiblichen Bruder nicht zurück.

Das ist die Ritterlichkeit der Adelsgesellschaft, die ja auch den Gast, den schutzflehenden Fremden gleich einem Bruder ehrt. Der Hausverstand und das natürliche Empfinden des Bauern wehren sich freilich dagegen. So lesen wir es bei Hesiod, dem ältesten bekannten Dichter Europas. In seiner Hauslehre und Bauernregel »Werke und Tage« warnt er davor, den Hetairos dem Bruder gleich zu schätzen oder selbst als Hetairos schlechter Menschen zu gelten.

Die Kämpfe der Adeligen und ihrer Bünde erfüllten nicht nur das siebente vorchristliche Jahrhundert und spielten sich nicht nur im griechischen Siedlungsgebiet ab. Wir müssen aber Griechenland in den Vordergrund stellen, weil wir davon die beste Kunde haben. Was in den anderen Städten des Mittelmeerraumes, auf dem Festland und auf den Inseln vor sich ging, wissen wir nur andeutungsweise. Genauer wird unsere Kenntnis, wenn ein Dichter mitkämpfte, wie auf der gebirgigen und trotzdem fruchtbaren, ihres Weines wegen berühmten Insel Lesbos.

Auch dort lebten die vornehmen Männer nach dem alten Heldenideal, kriegerisch und stolz, streitlustig und auch gesellig, von ihrem Wert überzeugt und voll Verachtung gegen die Masse des Volkes. Immer wieder suchte ein Mann die Vorherrschaft zu erringen, unterstützt von seinen Hetairoi oder seiner Familie, bekämpft von feindlichen Familien und feindlichen Hetairien. An der Wende vom siebenten zum sechsten Jahrhundert, also wenige Jahrzehnte nach dem Athener Kylon, tritt ein Adeliger von Lesbos aus diesen dauernden Kämpfen der für uns Namenlosen hervor: der Dichter Alkaios. Ihn und seine Umwelt kennen wir aus seinen Liedern. Da klingt so vieles, was uns von den homerischen Helden her vertraut ist,

die persönliche Tapferkeit, die Freude am Wein und an der Liebe, die Freundschaft, der Hochmut und der Haß, Jubel über einen Sieg, Verachtung des nichtadeligen Gegners.
Aber gegen Alkaios und seine Standesgenossen erhob sich das Volk und wählte seinen Herrscher. Vor diesem – Pittakos, dem Tyrannen, den man zu den Sieben Weisen Griechenlands zählte – mußten die Hetairien weichen. Damals gab es noch kein mächtiges Perserreich als Zuflucht der Verbannten, wie in den späteren Jahrhunderten der griechischen Geschichte; die Perser hausten noch als kriegerische Hirten im Hochland von Iran, die alten Kulturvölker waren noch mächtig. So ging Alkaios nach Ägypten, sein Bruder nach Babylon, wo er Nebukadnezar als Söldner diente. Noch eine andere berühmte Persönlichkeit verließ etwa zur selben Zeit die Heimat Lesbos: die Dichterin Sappho ging nach Sizilien.
Als Pittakos seine Herrschaft gefestigt hatte, konnte er auch die Verbannten zurückkehren lassen. Im Widerstand gegen den Tyrannen hatten die Hetairien zuweilen als Geheimbünde wirken müssen; nun mußten sie auf ihre politische Tätigkeit verzichten, durften aber als gesellige Gruppen von Männern gleichen Standes und Alters weiterbestehen. Wir können uns Alkaios gut vorstellen, wie er mit den alten Gefährten im Männersaal saß. Das Herdfeuer ließ die Waffen und Harnische an den Wänden funkeln, Helme mit großen Roßhaarbüschen erinnerten an die Heldentaten der Kampfjahre. Der Bruder zeigte den elfenbeinernen, in Gold gefaßten Schwertgriff, den er als Belohnung seiner Tapferkeit aus Babylon mitgebracht hatte, und erzählte von seinem Zweikampf mit einem riesenhaften Krieger der Königsgarde. Alkaios sang und träumte, und die Männer alle trösteten sich mit dem Wein, der nun, in der erzwungenen Ruhe, nicht weniger köstlich schmeckte als in der streitfrohen Jugendzeit...

Den nächsten Hinweis auf Männerbünde schenkt uns Kreta – also wieder eine reiche, schöne Insel. In ihrem östlichen Teil lebten noch lange die Eteokreter, die Nachkommen des ältesten europäischen Kulturvolkes. Außerdem hausten – seit der ersten griechischen Einwanderungswelle um 1400 v. Chr. – Achaier dort, und schließlich Dorer, die zuletzt gekommen waren, als Herren der Insel. Allmählich setzte sich ihre Sprache und ihre Gesittung durch.

Von den Dorern Kretas stammt auch die längste erhaltene griechische Inschrift. Dr. Federico Halbherr entdeckte sie 1884 im Bett eines Mühlbaches, der gerade abgesperrt war. Heute vermutet man, daß die Inschrift ursprünglich in die Umfriedung eines Grabbezirkes eingemeißelt war; die Römer hatten dann die Steine für den Rundbau eines Odeion, einer Art Konzerthalle, verwendet. Die Inschrift enthält einen Teil des Stadtrechtes von Gortyn, einer uralten, schon von Homer gerühmten kretischen Siedlung. Man wollte – etwa um 450 v. Chr. – die Bestimmungen des Privatrechtes sichtbar aufzeichnen und die Sühne für seine Übertretung festlegen, um willkürliche Urteile der Richter zu verhindern.

So interessant diese Gesetze an sich sind, dürfen wir hier doch nur das für diesen Zusammenhang Wichtige festhalten. Daß auf Kreta alte Sitte bewußt weiter gepflegt wurde, ist hinreichend bekannt. Noch zur Zeit Alexanders des Großen nahmen die wehrfähigen Männer ihre gemeinsamen Mahlzeiten in Männerhäusern ein, so wie sie vordem als Männerbünde überhaupt dort gewohnt hatten; die Söhne der vornehmen Familien, die Jungmannschaft der Städte, lebten bis zur Männerweihe in »Herden« zusammen, nur mit kriegerischer Übung beschäftigt. Das Stadtrecht von Gortyn nennt aber auch die Hetairie namentlich als eine Form des Verbandes: sie muß ein Opfertier und einen Krug Wein erhalten, wenn einer ihrer Angehöriger ein Kind adoptiert. Wer aber keiner Hetairie angehört, gilt nicht als vollwertiger Bürger: der »Apetairos« steht rechtlich zwischen dem Freien und dem Sklaven. Ein Beispiel nur aus dem Stadtrecht: »Wenn jemand den Freien oder die Freie notzüchtigt, soll er hundert Stateren entrichten; wenn Sohn oder Tochter eines Apetairos, zehn.« Die Festlandsgriechen wunderten sich freilich darüber, und als ein gewisser Dosiades ein Werk »Kretische Geschichte« schrieb, erwähnte er die Hetairien und ihre gemeinsamen Mahlzeiten als etwas Besonderes.

Zu dieser Zeit, da die Hetairien in Kreta als staatlich geachtete Einrichtung galten, waren sie in Athen schon sehr verrufen, sie entsprachen ja alter Adelssitte: die vornehmen Familien Athens blickten wehmütig nach der aristokratischen Verfassung der Spartaner und Kreter und sprachen von der guten alten Zeit, da man selbst auch so gute, strenge Gesetze hatte und nicht jeder Handwerker Politik treiben konnte. Die Vertreter der Gleichberechtigung, die Leute der Volksversammlung und der Volksgerichte, die Feinde Spartas und der alten Ordnung, die mußten auch die Hetairien hassen als lästige Überbleibsel einer dahingegangenen Epoche. Aber nicht nur das: diese jungen Edlen, waffengeübt und schlagfertig, abenteuerlustig, stolz, ohne Respekt vor den Führern des Volkes, schienen sogar die Demokratie Athens zu bedrohen. Ihre politische Tätigkeit stand in Athen in keinem guten Andenken. Da hatte schon lange vorher (in der ersten Hälfte des sechsten Jahrhunderts) ein tüchtiger Mann namens Peisistratos die Not der einfachen Leute erkannt und Ackerland für sie gefordert, finanzielle Erleichterung und eine demokratische Verfassung. Wie hatten die Bewohner des kargen Landes im Gebirge, die Kleinbauern und Ziegenhirten an ihm gehangen! Aber seine Gegner, die Besitzenden der Ebene und aus der Stadt, die streitbaren Hetairien vertrieben ihn zweimal aus Athen und es dauerte lange, bis der innere Frieden wiederkehrte. Peisistratos war Tyrann, Alleinherrscher, doch das war dem Volk viel lieber als die Macht der Adeligen; man liebte und verehrte ihn, weil er sich eben der armen Bauern annahm.

Ihm konnten die Hetairien nichts mehr anhaben, aber auf seine Söhne vollführten sie ein Attentat. Hipparchos blieb tot auf dem Platz. Es war mehr eine persönliche Rache als eine große Befreiungstat, und wenn später auch Harmodios und Aristogeiton als »Tyrannenmörder« ein prachtvolles Denkmal erhielten, das Volk blieb doch auf der Seite des Hippias, des überlebenden Peisistratossohnes. Seine Außenpolitik, seine Freundschaft mit anderen Tyrannen und selbst mit den Persern kümmerte das Volk wenig; auch als er, mißtrauisch und verbittert nach dem Tode seines Bruders, sich als richtiger Tyrann im üblen Sinn dieses Wortes benahm, betrachteten die meisten Athener seine Herrschaft als das kleinere Übel. So scheiterten die Hetairien kläglich, als sie sich bewaffnet in Leipsydrion festsetzten, einer kleinen Festung nahe der boiotischen Grenze.

Als dann die Aristokraten mit Hilfe der Spartaner Hippias doch vertrieben hatten, hob der Kampf der Adelsfamilien und der Hetairien wieder an. Auch die Gefährten des Hippias hielten nicht still; sie hofften auf die Perser, als diese gegen Griechenland heranrückten. Damit verloren sie freilich alle Zuneigung des Volkes und man begann, die stets unruhigen, staatsgefährlichen Hetairien recht unfreundlich zu betrachten. In diesem Falle können wir schon von Geheimbünden sprechen: wer sich den Feinden zuneigt, zeigt es wohl nicht offen! Die Abneigung gegen sie war auch berechtigt, die Sache war ernst: Nach ihrer großen Niederlage bei Marathon versuchten die Perser, zu Schiff früher nach Athen zu kommen, als es die siegreichen Griechen zu Fuß vermöchten, und sie versuchten es im Einverständnis mit Adeligen in der Stadt: ein hochgehaltener Schild war als Zeichen zwischen ihnen vereinbart. Der Verrat mißlang. Man stritt lange, wer ihn begangen habe, man beschuldigte einander heftig, nichts Sicheres war festzustellen. Aber die Tatsache des verräterischen Zeichens stand fest, der Verdacht blieb an den Hetairien insgesamt haften.

Zu verbieten waren sie freilich nicht, nur vermieden sie künftig die Öffentlichkeit. Es gab kein »Männerhaus« wie in Kreta, die Mahlzeiten bestritt nicht der Staat, die Athener Hetairoi trafen sich in Privathäusern und die Kosten ihrer Gelage trugen sie zumeist gemeinsam. Sie saßen nicht auf Stühlen, wie einst die Freier der Penelope, sondern lagen zu zweit auf Speisesofas und pflegten gewiß auch nicht die Rinder selbst zu schlachten; sonst aber stimmte ihre fröhliche Runde in vielem mit jener überein.

Die Körper waren gesalbt, die Haare frisch gekräuselt, bei festlichem Anlaß das Haupt bekränzt. Man nagte die Schweinsrippen ab und wischte die fetten Finger in Brotschnitten, ließ sich Waschwasser über die Hände gießen und aß weiter, so lange man konnte, Fleisch, Fisch und Käse, als Nachtisch Obst und Oliven. Statt des langen Tisches der Heldenzeit standen kleine Tischchen da, vor jedem Sofa eines, und sie wurden von Sklaven weggetragen, sobald das Mahl beendet war und das Trinken begann. Der »Symposiarch« – der Gastgeber oder ein durch Wahl oder Los bestimmter Hetairos – gab an, in welchem Verhältnis der schwere Wein mit Wasser zu mischen sei. Manchmal führte die Runde ein ernstes Gespräch, denn die Naturphilosophie aus Jonien, die Fragen nach dem Urgrund der Welt und den Himmelserscheinungen, begannen die Köpfe zu erfüllen. Häufiger freilich gab man sich der Fröhlichkeit hin, Musikantinnen betraten den Saal, leichtbekleidete Mädchen oder schöne Knaben tanzten, betreuten die Trinker, liebkosten sie und hielten ihnen auch den Kopf, wenn sie den Magen erleichtern mußten.

Die Männer summten nicht nur die einfachen Melodien der Flöten und Kitharen mit, auch richtige Lieder klangen auf. Treuelieder und Kampfgesänge waren zu hören, Strophen zum Preis der Schönen oder sagenhafter Helden, und viele Lieder auf Harmodios und Aristogeiton. Auch traurige Gesänge gab es; einer begann »Wehe, Leipsydrion!« und beklagte die Hetairoi, die dort zugrunde gegangen waren. – So konnten die Männer im vertrauten Kreis singen; für das Volk draußen waren die Lieder freilich nicht bestimmt.
Die Stadtbevölkerung, besonders die Leute vom Hafen, aber auch die kleinen Händler und die Bauern rings um die Stadt fanden genug Grund zum Mißtrauen, auch wenn es sich um die Hetairoi hochangesehener Männer handelte: wer konnte denn wissen, ob politische Lieder, die gesungen wurden, nicht auch politische Pläne zur Folge haben würden? Jede der Verfassungen Athens, die dem Volk allmählich die Demokratie näherbrachten, war von den Hetairien belastet gewesen: Als einst der weise Solon (594/93) eine Bodenreform durchsetzte und die großen Schulden der Bevölkerung tilgte, hatten seine Hetairoi vorher noch rasch viel Geld aufgenommen, das sie dann nicht mehr zurückzahlen mußten. Bevor eine Gesetzesreform nach dem Sturz der Tyrannis dem Volk mehr Rechte einräumte (508/07), hatte es noch harte Kämpfe der Adelsfamilien und der Hetairien gegeben. Nun, nach den Perserkriegen, fochten die großen Männer ihre persönlichen Gegensätze innerhalb der Stadt nicht mehr mit Waffengewalt aus; die junge, noch längst nicht vollkommene Demokratie bot ihnen genügend Gelegenheit zum Kampf mit einigermaßen legalen Mitteln.
Man beeinflußte die öffentliche Meinung durch Volksreden und durch vorsichtig ausgestreute Gerüchte, in Versammlungen, bei Wahlen und beim Scherbengericht. Dieses wurde einberufen, wenn einer der Großen im Verdacht stand, die

Demokratie zu bedrohen. Die Bürger konnten den Namen des Mannes, den sie für gefährlich hielten, auf Tonscherben – das billigste Schreibmaterial – einritzen, und wenn die erforderliche Anzahl zusammenkam, mußte der Mann auf zehn Jahre in die Verbannung gehen. Bei all dem waren die Grenzen erlaubter Handlungen freilich dehnbar und es kam leicht zu unsauberen Methoden: man konnte die Versammlungen und auch die Redner selbst stören, man konnte sie bestechen; sogar politischer Mord und Hochverrat kamen vor.

Vor allem das weite Feld der Prozesse bot viele Möglichkeiten, und dies um so leichter, als die Voraussetzungen für einen Prozeß nur aus politischen Motiven äußerst günstig waren. In Staatsangelegenheiten konnte jede rechtsfähige Person eine Klage einbringen, und die Gesetze waren meistens in recht allgemeinen Ausdrücken gehalten, die weitherzig auszudeuten waren. Die Anklagerede mußte sich nicht streng an das Thema halten. Wie der Beklagte, so konnte sich auch der Kläger seine »Synegoroi« (Wortführer oder Anwälte) wählen und über den vorliegenden Fall hinaus die Person und das ganze Leben des Gegners angreifen. Schließlich waren die Gerichtshöfe beeinflußbar. Wie oft ein Prozeß politische Ursachen oder zumindest Hintergründe hatte, kann hier gar nicht besprochen werden, wir müßten dazu die ganze athenische Geschichte des fünften Jahrhunderts aufrollen.

Was ursprünglich nur Jünglings- oder Männerbund gewesen war, hieß nun im öffentlichen Urteil »Verschwörung zur Unterstützung bei Prozessen und Gewinnung von Ämtern«. (Thukydides VIII, 54,4. Kritik der älteren Literatur zu diesem Thema und Belege für die hier vorgetragenen Ansichten finden sich bei G. Schreiber, Zur Geschichte der Hetairien in Athen, Phil. Diss. Wien 1948.)

Jeder der großen Männer dieser Epoche besaß seine Hetairie: Einer, den Familientradition und persönliche Fähigkeiten auszeichneten, war aus dem Kreis der Gleichaltrigen hervorgetreten; seine Jugendgefährten wurden zur engsten Anhängerschaft. Diesen Rückhalt brauchte er auch, denn politische Feindschaft und Neid schreckten vor Angriffen auf die verdientesten Männer nicht zurück.

Als ein Mann wie Miltiades, der bei Marathon das Perserheer besiegt hatte, später einmal weniger erfolgreich Krieg führte, wurde er deshalb angeklagt. Er konnte sich nicht persönlich verantworten, weil er selbst verletzt worden war und Wundbrand ihn ans Bett fesselte. Da führten seine Hetairoi die Verteidigung und erinnerten an seine früheren Verdienste um den Staat. Sie konnten das Volk dazu bringen, die beantragte Todesstrafe in eine Geldbuße umzuwandeln.

Auch zwei andere große Männer dieser Zeit, Themistokles und Aristeides, stützten sich in ihrem politischen Kampf auf ihren Freundeskreis, also ihre Hetairie. Die Rivalität zwischen ihnen soll schon in der Kindheit entstanden sein: sie seien zusammen erzogen worden und hätten stets gestritten, in ernsten Angelegenheiten ebenso wie bei Spiel und Scherz. Eifersucht in einem Liebeshandel soll die frühe Feindschaft noch verschärft haben; das ist wohl glaubhaft. Es ist aber wenig wahrscheinlich, daß sie ursprünglich der gleichen Hetairie angehört hätten: Aristeides war Aristokrat, Themistokles der Sohn eines unbedeutenden Mannes aus einem Nachbardorf Athens. Da seine Mutter eine Ausländerin war, durfte er nur ein außerhalb der Stadt gelegenes Gymnasium besuchen, das Kynosarges. Dieses war dem Herakles geweiht, der ja gleichfalls von einer nicht ebenbürtigen Mutter abstammte. Berühmt wurde das Kynosarges später durch die dort lehrenden Philosophen, die danach Kyniker benannt wurden, während von den beiden anderen Athener Gymnasien die Akademia später durch Platon bekannt wurde, das Lykeion durch Aristoteles, der dort lehrte. Alle drei Namen werden heute noch

genannt, sie sind zu Begriffen geworden, wenn auch in abgewandelter Bedeutung: Zynismus, Akademie, Lyzeum...
Kehren wir wieder ins fünfte vorchristliche Jahrhundert zurück. Themistokles, der Emporkömmling, war auf Gelderwerb bedacht. Er brauchte Geld, weil er gern den Göttern große Opfer darbrachte, die mit reichen Mahlzeiten verbunden waren. Dazu lud er seine Freunde ein; wer nicht erscheinen konnte, erhielt das Essen ins Haus geschickt. Ja, Themistokles hielt auf seinen Freundeskreis! Falls er nicht schon früher einer Hetairie angehört hatte, drang er nun in diese Kreise ein. Als man ihm eine große Zukunft vorhersagte, wenn er nur unparteiisch regieren wolle, sagte er es offen heraus: »Niemals möchte ich auf einem solchen Thron sitzen, auf dem die Freunde von mir nicht mehr erlangen sollten als die anderen!«
Aristeides dagegen suchte zunächst seinen eigenen Weg zu gehen: er wollte seinen Hetairoi zuliebe keine Ungerechtigkeiten begehen, andrerseits sie nicht durch Abweisung kränken. Aber er brauchte sie doch, denn was er auch in der Politik unternahm, Themistokles stand ihm entgegen. So trug er oft seine Vorschläge nicht selbst der Volksversammlung vor, sondern ließ seine Freunde für sich sprechen.
Der weitere Weg dieser beiden Männer, ihr Kampf gegen und auch miteinander, ihre Verbannung durch das erwähnte Scherbengericht ist in ihren Biographien enthalten, wie sie um 100 nach Christus der Grieche Plutarch aufzeichnete; sie bildeten die Lieblingslektüre vieler Jahrhunderte, gehören aber leider nicht in den Rahmen dieser Darstellung. Erwähnen wir nur kurz ihr Ende. Aristeides, stets ein Muster an Gerechtigkeit und Unbestechlichkeit, starb in Armut. Themistokles, der in der Seeschlacht bei Salamis die riesige persisch-phönikische Flotte besiegt hatte (480 v. Chr.), starb als Untertan des Perserkönigs: er hatte aus der Heimat fliehen müssen

und im Perserreich gute Aufnahme gefunden, aber als man ihm zumutete, einen Feldzug gegen Griechenland zu leiten, nahm er sich das Leben.
Ein Hetairos des Themistokles, der sich seiner Familie angenommen und ihr die Flucht aus Athen ermöglicht hatte, mußte diese Treue mit dem Leben bezahlen. Aber in diesen Jahren ereignete sich noch ein ebenso erschütterndes Beispiel von der Treue der Hetairoi bis in den Tod.
Es kommt in der Weltgeschichte öfters vor, daß zwei Staaten gemeinsam einen großen Krieg gewinnen, nachher aber nicht harmonieren. Wenn dann jemand für die Staatsform des früheren Verbündeten zu viel Sympathie zeigt, macht er sich im eigenen Lande verdächtig. So geschah es auch in Griechenland nach den Perserkriegen. Der Athener Miltiades hatte bei Marathon die Perser besiegt; sein Sohn Kimon war ebenfalls ein bewährter Feldherr und schätzte als Aristokrat die aristokratische Verfassung der Spartaner sehr. Aber die frühere Waffenbrüderschaft zwischen Athen und Sparta schlug allmählich in Gegnerschaft um; so mußte Kimon in die Verbannung gehen. Bei dem boiotischen Dorf Tanagra standen sich die Gegner schließlich zur Schlacht gegenüber. Kimon, der Verbannte, wollte auf der Seite der Athener mitkämpfen, aber man erlaubte es ihm nicht: seine alte Freundschaft mit Sparta machte ihn verdächtig. Da nahmen Kimons Hetairoi seine Waffenrüstung in ihre Mitte und kämpften, als wäre er selbst unter ihnen. Es waren ihrer gegen hundert, und alle blieben sie tot auf dem Schlachtfeld.
Ihr Heldenmut muß jeden ergreifen, der noch an Treue glaubt. Aber in der Politik gelten sehr nüchterne Erwägungen, und wenn man ihnen folgt, wird man auch die Athener verstehen, die Kimon die Teilnahme am Kampf verweigert hatten. Es war kein Geheimnis, daß viele Athener Adelige der heimatlichen Demokratie feind waren und gern die Spartaner

als Sieger gesehen hätten. Einzelne hatten sich sogar im spartanischen Feldlager eingefunden! So war auch Kimon – zumindest in den Augen der Athener – durchaus nicht über jeden Verdacht erhaben. Vielleicht sühnten seine Hetairoi durch ihren Tod nur den geplanten Hochverrat. Daß Verrat im Spiel war, läßt sich nicht leugnen: die thessalischen Reiter, die den Athenern als Verbündete dienten, gingen während der Schlacht bei Tanagra zu den Spartanern über.

Wir erwähnten eben das Gymnasium Kynosarges, das der junge Themistokles besucht hatte. Dort fand er vermutlich die Gefährten, die mit ihm zusammen feierten und ihm in seiner politischen Laufbahn später beistanden. Wenn wir von den Hetairoi des Aristeides und des Kimon hörten – Kimon besonders galt als Freund von Wein und Geselligkeit –, müssen wir ebenso annehmen, daß sich die Kreise der jungen Leute in den Gymnasien und Ringschulen geschlossen hatten. Gemeinsames Erleben und gleiche Entwicklung bilden ja das stärkste Band der Jugend. Wie bei primitiven Völkern die Altersklasse oder Kultgemeinschaft, wie in späteren Abschnitten der Zivilisation Schulbank und Militärzeit verbinden, so fanden sich im Athen der klassischen Zeit die Knaben im Gymnasium zusammen.

Das Gymnasium zählte zu den Merkmalen, die jede griechische Stadt von einer barbarischen unterschieden, so wenig einheitlich die Ausbildung der Jugend in den verschiedenen Teilen Griechenlands auch vor sich ging. Legten die Jonier und die Bewohner der schönen Insel Lesbos mehr Wert auf musikalischen und literarischen Unterricht, so schätzten Spartaner und Kreter ausschließlich die kriegerische Übung. In Boiotien stand die reine Kraftübung und das Flötenspiel im Vordergrund, in Arkadien nur die Musik; Athen aber vereinigte alles zu einer harmonischen Ausbildung.

Von Grün umgeben, zwischen Bäumen, Hecken und Blumen ein sandbestreuter Platz für die Leibesübungen, in der Nähe ein Bach oder eine Quelle zum Bad, ein Massageraum und eine Wandelhalle: das war das Gymnasium. Hier trieben die Knaben Sport, nackt (griechisch »gymnós« – daher der Name) und wurden in ihrer Schönheit von den Zuschauern bewundert; hier lernten und diskutierten sie, hier fanden sie ihre Freunde und Rivalen. Das war gute alte Sitte.
»Ölglänzend und blühend wirst du dich in den Gymnasien tummeln! Du wirst nicht abgedroschene Sticheleien auf dem Marktplatz daherschwätzen, wie es die Jugend von heute tut, und dich nicht in armseligen Winkelprozessen abmühen. Wenn du in die Akademie hinuntergehst, wirst du unter den Ölbäumen deine Übungsläufe machen, die Stirne mit schimmerndem Laub umkränzt, mit einem besonnenen Freund im gleichen Alter. Du hast den Geruch von Blumen um dich und Ruhe, wenn die Weißpappel die Blätter verliert, und freust dich an der Frühlingszeit, wenn die Platane mit der Ulme flüstert. – Wenn du das tust, was ich dir rate, und darauf achtest, wirst du immer eine kräftige Brust haben, frische Farbe und starke Schultern...«
Dieses Lob des Gymnasiums stammt von Aristophanes, dem Komödiendichter und besten Schilderer der Stadt Athen und ihres Lebens. Noch einen Ort lehrt er uns kennen, an dem die jungen Leute zusammenkamen, wo am meisten getratscht wurde, bevor es Kaffeehäuser gab: die Barbierstuben.
Wie in vieler Hinsicht Sparta das Ideal und Vorbild des vornehmen Jünglings war, so auch in der Frisur: man trug die Haare lang, dazu Bart und Schnurrbart. Wer besonders elegant sein wollte und den Spott der Derberen nicht scheute, ließ sich beim Barbier nicht nur das Haupthaar pflegen und den Bart stutzen; er legte auch Wert auf einen völlig glatten Körper und ließ sich vom Barbier jedes störende Haar ausrupfen. Solche

Prozedur dauerte allerdings lange, doch man vertrieb sich die Zeit der Behandlung und des Wartens mit Gesprächen, und an Zeit fehlte es nicht. So viele der jungen Adeligen kannten keine andere Sorge als ihre Schönheit, Leibesübung und Gespräch in übermütiger Geselligkeit. Und doch bildeten sie, einzeln und in den Hetairien, offen oder geheim das Gewicht, das die konservativen und spartafreundlichen Politiker gegen die Macht der Demokratie in die Waagschale werfen konnten. So hatte es Kimon getan, so tat es nach Kimons Tod (449) sein Schwiegersohn, der kluge Thukydides aus dem attischen Gau Alopekai (den man nicht mit dem bekannten Historiker Thukydides verwechseln darf). Ihm gelang es, die verschiedenen Gruppen und Bünde zu einer Art politischer Partei zusammenzufassen, deren Kern seine Hetairoi bildeten, tüchtige Redner wie er selbst.

Allerdings mußten sie vorsichtig sein und mehr im geheimen wirken: wer sich zu offen als Gegner der Demokratie bekannte, war von Verbannung bedroht. Im benachbarten Boiotien sammelten sich dann die Aristokraten, die aus Athen und den mit Athen verbündeten Demokratien geflohen waren. Aber Thukydides und seine Hetairoi waren auf der Hut. Was sie planten, blieb verborgen, sichtbar war nur der Erfolg ihrer Bemühungen. Nun kamen zu den Volksversammlungen nicht nur die kleinen Leute, die dort immer zu sehen waren, weil sie die staatliche Entschädigung für die entgangene Arbeitszeit gut brauchen konnten. Plötzlich waren da auch die Großgrundbesitzer, die Bewohner der vornehmen Landhäuser auf dem Kolonos und noch weiter draußen vor der Stadt, und die reichen Handelsherren. Es war auch wichtig, daß sie kamen, denn die Stimmen der gerade anwesenden Bürger entschieden ja jeden Volksbeschluß.

Thukydides und seine Hetairoi verstanden es, die bisher so träge Opposition zu lenken. Das Ziel ihrer Angriffe war der

Mann, der an der Spitze der Partei des Volkes stand, der Mann, der dem ganzen Zeitalter seinen Namen gegeben hat: Perikles. Wie etwa vierhundert Jahre später in Rom ein Julius Caesar, so leitete auch in Athen damals Perikles zwar die Partei des Volkes, stammte aber selbst aus altadeliger Familie. So hatte er, den viele Hetairien bekämpften, selbst seine Hetairoi um sich und gebrauchte sie als seine Helfer, wie ihre Fähigkeiten sie empfahlen und es gerade zweckmäßig erschien: einer diente als Heerführer, ein anderer erreichte einen Volksbeschluß gegen die als Handelskonkurrenz lästige Nachbarstadt Megara. Ein dritter, der als bekannter Seher und Zeichendeuter wertvolle Dienste leistete, führte einen Auswandererzug nach Unteritalien. Andere führten die Kriegsflotte zusammen mit Perikles oder unter seinem Kommando, wirkten als Gesandte oder in Volksversammlungen. Perikles ließ sie gern für sich sprechen, um den Einsatz seiner Person und seiner Rednergabe für die wichtigsten Fälle aufzusparen.
An Perikles selbst wagte sich vorerst niemand heran. Seine Machtstellung – nicht als Tyrann, sondern als frei gewählter und jährlich durch freie Wahl neuerlich bestätigter, dazu unbesoldeter Staatsmann – war noch zu stark. Aber gegen Perikles' Lehrer und Ratgeber Damon richtete Thukydides einen Angriff und erreichte es, daß Damon verbannt wurde. Über diesem Erfolg vergaß Thukydides die frühere Vorsicht: er wandte sich offen gegen Perikles selbst – und unterlag.
Mit seiner Verbannung im Jahre 443 v. Chr. war auch seine Partei geschlagen, seine Hetairie aber nicht aus der Welt geschafft. Sie führte weitere politische Prozesse und fand Hilfe bei den radikalen Elementen der Demokratie, den Nebenbuhlern des Perikles. Bald stand Pheidias vor Gericht, einer der begnadetsten Bildhauer, die je gelebt haben, und Perikles' Freund, dann der Philosoph Anaxagoras und sogar Aspasia, Perikles' Gemahlin.

Als dann der große griechische Bruderkampf ausgebrochen war, den die Geschichte den Peloponnesischen Krieg nennt, als die Feinde das Ackerland verwüsteten und die Ölbäume vernichteten, den Reichtum Attikas, als unter den in der Stadt zusammengedrängten Menschen die Pest wütete, da schien der heimlichen Opposition die Zeit für einen Angriff auf Perikles selbst gekommen. Er hatte viel Geld darauf verwendet, die Regierung von Sparta zu bestechen und so den schon lange drohenden Krieg hinauszuschieben; über diese Summen konnte er freilich keine hinreichende Rechenschaft ablegen und bisher hatte sie auch niemand verlangt. Nun aber lautete die Anklage: Mißbrauch öffentlicher Gelder. Hagnon, ein einflußreicher Hetairos des Perikles, vermochte den Verlauf des Prozesses so zu lenken, daß das Ärgste vermieden wurde. Perikles wurde zwar zu einer hohen Geldstrafe verurteilt, stand aber bald wieder an der Spitze des Staates, bis im Jahre 429 v. Chr. auch ihn die Pest dahinraffte.
Hatte man in den meisten Hetairien Perikles angefeindet, verspottet und ihm die Schuld an dem Kriege zugeschrieben, so erkannte man bald, wieviel Athen an ihm verloren hatte. Nun fiel die Herrschaft im Staate der radikaldemokratischen Richtung zu; ein Werghändler, ein Schafhändler, der Lampenfabrikant Hyperbolos und der Lederhändler Kleon waren ihre Führer.
In den Hetairien unterstützte man einander wie bisher, wenn jemand einen Prozeß führte oder sich um ein Amt bewarb. Viele der Zusammenkünfte mußten aber geheimgehalten werden, und nicht nur wegen jener Volksführer; es gab noch eine andere Gefahr: das religiöse Empfinden der Bevölkerung. Die vornehme Jugend war ja mit allen Lehren der Naturphilosophie und der Sophistik vertraut; sie sah Sonne und Mond als Himmelskörper, nicht mehr als Götter an, sie fragte, was jenseits der Sterne liegen könne, und war überzeugt, daß

Recht und Gerechtigkeit keine Gabe der Götter, sondern nur menschliche Erfindung seien. Der alte Götterglauben galt wenig; man machte sich über ehrwürdige, kaum mehr verstandene Riten lustig, und manche Hetairien bestimmten für ihre Zusammenkünfte gerade die Tage, die als so unglücklich galten, daß weder der Rat noch ein Gericht zusammentreten durften. Sie nannten sich »Kakodaimonistai« (die Unseligen), brüsteten sich mit ihrer Gottlosigkeit und verspotteten alles, was den anderen Athenern heilig war.

Trotz ihrer Zurückgezogenheit betonten die Hetairien doch gelegentlich, daß sie mit der demokratischen Regierung ihrer Vaterstadt nicht zufrieden seien; sie verfaßten politische Schriften, Manifeste oder Pamphlete. Ein solches Werk heißt ganz eindeutig »An die Hetairoi«. Es stammt von einem Manne namens Andokides und behauptet (verlogen, wie dies in der politischen Propaganda ja öfters vorkommen soll), die Athener Demokraten hätten nicht einmal die Gebeine des Themistokles drüben in Kleinasien ruhen lassen, sondern sie aus dem Grabe gerissen. Ein anderes Werk aus diesen Kreisen ist eine recht aufschlußreiche Abhandlung über den Staat der Athener – übrigens die älteste erhaltene Prosaschrift in attischer Sprache –; der Standpunkt des Verfassers ist natürlich recht einseitig, aber in seiner Art ehrlich.

Wir sprachen bisher von »Aristokraten«. Dieser Ausdruck ist ein wenig ungenau, wenn man mit ihm die Vorstellung von der Feudalzeit Europas verbindet, als der Aristokrat im Gegensatz zum Bürger stand. In Hellas waren sie alle insgesamt Bürger, in Sparta waren sogar nur die Aristokraten als Nachkommen der siegreichen Einwanderer Vollbürger; die Nachkommen der einst unterworfenen Bevölkerung besaßen weniger, zum Teil gar keine Rechte im Staat. Dieser Staat war dann das Muster der Oligarchie, der Herrschaft weniger (griechisch »olígoi«) Ausgezeichneter über die Masse. Zudem bezeichnet das Wort »Aristokrat« nur die Herkunft, nicht die politische Gesinnung. In Athen und den anderen Demokratien war mancher Adelige mit der Regierungsform ganz einverstanden.

Nur die Eitlen, die auf nichts anderes hinzuweisen hatten als auf die Reihe ihrer Vorfahren, meinten, sie müßten schon deshalb vor der Masse des ungebildeten Volkes bevorzugt werden, und trösteten sich über ihre vermeintliche Zurücksetzung im Kreise Gleichgesinnter. Dann waren noch die Reichen da, Handelsherren und Grundbesitzer, Getreidehändler und Unternehmer, in deren Werkstätten viele Sklaven arbeiteten. Sie fühlten sich durch die Steuerlasten gedrückt und meinten, wer weniger zahle als sie, solle auch weniger Rechte im Staat haben. Mancher Lebemann bildete sich ein, die Gesetze der Demokratie gewährten ihm nicht hinreichende Freiheit für seine Liebhabereien. Schließlich lebten in Athen noch philosophische Dogmatiker, die gefährlichste Sorte von Politikern: sie hielten nur die edel Geborenen und Erzogenen für fähig, den Staat zu lenken, und wollten das Stimmrecht auf eine möglichst geringe Zahl von Bürgern beschränkt wissen. – Alle diese Leute nannten sich »Oligarchen«; die spartanische Verfassung war ihr Wunschbild.

»Und ich werde der Volksherrschaft immer feindlich sein und Übles ersinnen, was ich nur kann«, lautet ein Satz des Oligarcheneides, den Aristoteles uns in seiner »Politik« überliefert. Dieses Beispiel von bitterem Parteihaß erklärt die Abneigung der Volksführer gegen alle Zusammenkünfte, die oligarchischen Umtrieben dienen konnten, gegen offene und geheime Bünde; wer verdächtig war, solchen Bünden anzugehören, galt als Feind.

So dachte der Gerber und Lederhändler Kleon, der bald nach Perikles' Tod die Partei des Volkes in Athen führte. Auch er kam aus den Reihen einer Hetairie – freilich einer weniger vornehmen. Als er an die Macht kam, löste er sich aus dieser Bindung, um in seiner Politik keine persönlichen Rücksichten nehmen zu müssen. So hatte es schon Jahrzehnte vorher Aristeides getan, und wie dieser, so konnte auch Kleon doch nicht auf die Hilfe seiner Gefährten verzichten. Er traf sich mit ihnen beim Mahl, wie dies ja üblich war, und holte sich Rat; für den Notfall konnte er auf eine schlagkräftige Schar rechnen, die von seinen Gegnern im Spott oder Ernst »junge Lederhändler« genannt wurde.

Sie waren bereit, ihm beizustehen, wenn einmal auch ihm die Verbannung durch ein Scherbengericht drohen sollte. Für diesen Fall gab es sogar Waffen: nach Dolchen, Beilen und was sonst noch als Angriffswaffe dienen konnte, brauchte man nicht lange zu suchen, dergleichen hatte jeder zur Hand, und für die viel schwerer zu beschaffenden Schilde hatte Kleon selbst gesorgt. Er hatte sie als Beute von einer siegreichen Expedition an der Südwestküste Griechenlands mitgebracht und sie der Sitte gemäß in den Tempeln den Göttern geweiht. Aber die Handgriffe hatte Kleon nicht von den Schilden entfernen lassen: so waren sie für seine »Garde« jederzeit gebrauchsfähig...

So vergalt Kleon Gleiches mit Gleichem. Der unüberblickbaren, verborgenen, aber jederzeit spürbaren Gefahr, die von der adeligen Jugend her drohte, hatte er ebenso heimlich, aber ebenso jederzeit spürbar, Gruppen der Handwerkerjugend gegenübergestellt. Auch diese waren wohl in Hetairien vereinigt. Kleon war selbst kein Feind fröhlicher Gelage, seine Anhänger gewiß auch nicht; gemeinsame Interessen verbanden sie. Auch sie waren zusammen aufgewachsen und erzogen worden, denn Gymnasium und Ringschule standen allen freien Bürgern offen. Die Söhne der Handwerker schlossen sich dort zusammen wie die Söhne der Vornehmen, wenn sie auch nur selten die Muße – und ihre Väter selten das Geld –

aufbringen konnten, den höheren Unterricht der Rhetoren und Sophisten zu besuchen.

Noch etwas hatten die Söhne der Wohlhabenden aus der zweiten Vermögensklasse vor den anderen jungen Männern in Athen voraus: die ritterliche Übung. Im Kriege mußten sie als Reiter dienen; das war das Ziel ihrer Ausbildung, und die Freude an Pferden und Jagd oft genug ihr wichtigster Lebensinhalt. Den Parthenon, den berühmten Tempel der jungfräulichen Stadtgöttin Athene, zierte ein prachtvoller Fries, der die schönen Jünglingsgestalten auf ungesattelten Pferden zeigte. Sie bildeten die Zierde des Festzuges der Panathenäen im Monat Hekatombaion (August) und waren der Stolz der Stadt. Kleon haßte sie grundsätzlich, denn sie gehörten natürlich den adeligen Hetairien an. Zudem hatte er noch einen zweiten Anlaß. Einmal hatte er die Ritter übermütig behandelt und verhöhnt, aber sie fanden bald Gelegenheit zur Rache. Die Bewohner der Inseln, die von Bundesgenossen zu Untertanen der Athener geworden waren, bestachen Kleon mit der Summe von fünf Talenten: er solle die Athener überreden, die Abgaben zu erleichtern. Davon erfuhren nun die Ritter, sie brachten die Sache vor Gericht, und Kleon mußte das ganze Geld herausgeben. Fünf Talente waren bei der damaligen Kaufkraft des Geldes eine recht ansehnliche Summe, eine bescheidene Familie hätte viele Jahre davon leben können.

Kleons Anhang und andrerseits die oligarchischen Hetairien waren die politischen Extreme der Stadt; die Mehrzahl der älteren, vernünftigen und meist friedliebenden Bürger hatte kein rechtes Haupt. Nikias war zwar ein tüchtiger Feldherr und Staatsmann, fromm und verläßlich, aber er besaß zu wenig Selbstvertrauen. Demosthenes sehnte sich weniger als Nikias nach dem Frieden, war ebenfalls ein guter Heerführer, aber Kleon hatte ihn völlig an die Wand gedrückt. Niemand schien gegen diesen Demagogen aufkommen zu können.

Da sahen die Athener all ihre Sorgen auf der Theaterbühne dargestellt und dazu den heiteren Plan, wie man ihnen vielleicht abhelfen könnte.
Man darf eine altattische Komödie nicht mit einem heutigen Lustspiel vergleichen. Das verbieten schon die äußeren Unterschiede: damals wurde nicht allabendlich im geschlossenen Saal gespielt, sondern nur zu den Festtagen des Gottes Dionysos, vom Morgengrauen bis gegen Mittag, unter freiem Himmel, und jedes Stück nur ein einziges Mal. Statt einer Schauspielertruppe standen athenische Bürger auf der Bühne. Sie trugen groteske Masken; der lederne Phallos, den sie umgegürtet hatten, erinnerte noch an den alten Fruchtbarkeitsritus, der den Festen zugrunde lag. Nichts von der Diffamierung der Schauspieler in der frühen Neuzeit, aber auch keine Spur von schlichter »Shakespearebühne«: reiche Ausstattung, Dekorationen, Versenkung, Hebevorrichtung, alle Theatermaschinerie wurde aufgeboten, um das naiv schaulustige, dabei aber sehr kritische Publikum zu befriedigen.
Wesentlicher als die rein äußere ist noch die innere Verschiedenheit der altattischen Komödie von allen späteren Bühnenwerken. Die Zuschauer sollen lachen, das ist ein ganz klarer Zweck; ihm dienen geistvolle und auch sehr derbe Scherze, Streitgespräche, Improvisationen und Situationskomik, vor allem aber der scharfe Spott. Niemand wird verschont, weder Götter noch Menschen. Wer etwas auf dem Gewissen hat, wird dafür getadelt, wird namentlich genannt, auch wenn er selbst im Theater sitzt, auch wenn er ein berühmter Dichter oder Philosoph ist, Künstler oder Staatsmann. Alles wirft ihm der Komödiendichter vor, Unzucht oder Habsucht, daß er die Jugend verführt oder sich bestechen läßt, sein Amt mißbraucht, die Mitbürger betrügt oder im Kampf davongelaufen ist, körperliche Mängel genauso rücksichtslos wie die des Charakters. Und die Zuschauer haben ihre Freude daran! So

bietet die Alte Komödie nicht nur Unterhaltung; sie sucht auch zu erziehen, zu helfen und zu bessern. Allerdings unternimmt sie dies weder schulmeisterlich noch milde mahnend, sondern sehr bissig.
Selbst der große Perikles und seine Gemahlin Aspasia hatten böse Worte von der Bühne herab anhören müssen. Der Komiker Hermippos, der gegen sie vorgegangen war, wandte sich dann gegen den Demagogen Hyperbolos, der Komiker Eupolis tat es gleichfalls. Aber Aristophanes sagte, damit gebe er sich gar nicht ab; für Hyperbolos hatte er immer nur ein paar spöttische Verse übrig, nicht ein ganzes Theaterstück. Aber er sagte, er werde den Stier bei den Hörnern packen – und dieser Stier war Kleon, der mächtigste Mann in Athen. Wer ihn anzugreifen wagte, brauchte starken Rückhalt, um nicht über den Haufen gerannt zu werden. Den Rückhalt fand der Dichter bei den Gegnern des Demagogen, in den Hetairien.
Bei den Mählern der Hetairien sah man ihn gern als Gast und stimmte seinen Plänen begeistert zu; er fand viel Beifall, wenn er vielleicht einmal eine Szene des neuen Stückes vorlas, das er den Freunden zu Ehren »Die Ritter« benannt hatte. Trotzdem schien dieses Unternehmen noch gefährlich: das Volk selbst sollte auf der Bühne in der Gestalt eines altersschwachen, verwöhnten und leichtgläubigen Hausherrn dargestellt werden, den sein Verwalter jämmerlich betrog. Dieser Verwalter war ein Sklave aus der barbarischen Landschaft Paphlagonien an der Südküste des Schwarzen Meeres, ein roher, hinterlistiger Kerl: damit war ganz offensichtlich Kleon gemeint. Die Maske des Schauspielers sollte auch die Gesichtszüge des verhaßten Staatsmannes zeigen. So war es zumindest geplant. Die Sympathien der einfachen Leute für Kleon – oder, wie Aristophanes behauptete, die allgemeine Angst vor ihm – bereitete dem Dichter etliche Schwierigkeiten, aber die Hetairien sagten ihm allen Beistand zu.

Aristophanes erhielt für diese Komödie den ersten Preis. Es war ein Sieg des Dichters und der politischen Richtung, auf deren Seite er sich gestellt hatte. Kleons Gegenschlag blieb nicht aus. Ob er Aristophanes gleich im Theater verprügeln ließ oder einen Prozeß anstrengte, ist nicht leicht zu entscheiden; für unseren Zusammenhang ist es auch unwichtig.

Kleon fiel zwei Jahre später im Kampf gegen die Spartaner. In der Heeresabteilung, die er führte, hatte er starke Opposition gefunden – vielleicht waren die Hetairien nicht ganz unschuldig daran. In Athen dauerte der innere Gegensatz weiter an, auch während des Friedens zwischen Athen und Sparta, den nach dem Tode Kleons, des ärgsten Kriegstreibers, der Feldherr Nikias zustande gebracht hatte.

Gegen Nikias und seinen Anhang war als Führer der ärmeren Leute in der Stadt und im Hafen der Lampenhändler Hyperbolos weiterhin tätig – nicht sehr geachtet, aber laut und eifrig. Neben diesen beiden hatte sich aber schon ein neuer Mann in den Vordergrund geschoben, der nicht aus Überzeugung für die Sache des Volkes eintrat, sondern nur, weil ihm da der Erfolg sicherer schien als auf der Seite der oligarchischen Hetairien, aus denen er kam.

Es war Alkibiades, ein ehrgeiziger junger Mann voll Lebenslust und Energie. Schon als Knabe war er seiner Schönheit wegen viel bewundert worden, er war verwöhnt und unbeherrscht, gewalttätig und frivol, dabei aber der fähigste Politiker Athens seit Perikles, der sein Vormund gewesen war. Von ihm kann man kaum sagen, daß er einer Hetairie angehörte: sie gehörte ihm, sie war sein wichtigstes Machtinstrument im Kampf gegen die anderen Hetairien. Waren jene zumeist oligarchisch gesinnt, so schien er der nächste Anwärter auf eine Tyrannenherrschaft, obwohl er sich zuweilen demokratisch gebärdete. Es konnte nicht lange dauern, bis der Gedanke auftauchte, den gefährlichen Mann durch ein Scherbengericht aus der Stadt zu entfernen. Als Alkibiades' Politik fehlgeschlagen war – er hatte versucht, im Bunde mit anderen Städten der Peloponnes gegen Sparta offensiv vorzugehen –, hielt Hyperbolos die Zeit für gekommen: er stellte den Antrag auf ein Scherbengericht. Dieser Antrag wurde angenommen, ohne daß damit schon gesagt war, wem die Verbannung drohe, und ohne daß jemand sich verteidigen konnte.

Auf der Agora – dem Marktplatz – beanspruchten die politischen Gespräche ja immer mehr Zeit als Handel und Verkehr, aber nun dehnten sich die Debatten auch in die Gymnasien und Ringschulen aus, zu den Pferdeställen, in die Hafenkneipen und Barbierstuben. Dies alles geschah jedoch scheinbar unvorbereitet, fast heimlich und sehr rasch, denn eine offizielle Diskussion oder gar eine Versammlung gab es vor dem Scherbengericht nicht. Natürlich wartete Alkibiades nicht einfach ab, was man beschließen würde, sondern empfahl – eben durch seine Hetairoi, Freunde und Anhänger, die für ihn sprachen – seinen Hauptgegner Nikias zu verbannen, diesen zaghaften Menschen, dessen Friedenspolitik nie erreichen würde, daß Athen sich als Großmacht behaupten könne. Oder wenn nicht Nikias, dann sollte man vielleicht Phaiax verbannen, diesen Ränkeschmied und Helden aller Gastmähler, der mit seiner Hetairie zwar Unruhe in der Stadt stifte, aber als Diplomat doch versagt habe.

So etwa lauteten die Parolen, die Alkibiades ausgab. Seine Gegner verleumdeten ihn indessen als Lüstling und Gewalttäter, dessen unverantwortliche Politik nur weitere kriegerische Verwicklungen bringen würde. Ihm sei nichts heilig, er kenne keine Ehrfurcht vor den Göttern noch vor den Gesetzen, er wünsche den Krieg nur, um sich an die Spitze des Staates zu stellen.

In diese Hetze der Vornehmen gegeneinander, in dieses Geschrei der Hetairien stimmte Hyperbolos, der Demagog und Emporkömmling, gerne ein. Wen auch die Verbannung treffen würde, ihm könnte es nur recht sein, einen politischen Feind loszuwerden. Während er die Stimme erhob, wo immer es nur möglich war, wurden die Hetairien leiser; ja es schien, als hätten sie plötzlich andere Richtlinien bekommen.

Beim Ostrakismos – so lautet der Fachausdruck für das Scherbengericht – war jeder athenische Bürger berechtigt, seine Stimme abzugeben; die einfache Mehrheit entschied. Wie es schließlich zuging, wissen wir heute nicht genau, das wußte vielleicht an jenem Frühlingstag des Jahres 417 v. Chr. auch in Athen mancher Bürger nicht: als die Stimmen gezählt wurden, ergab sich, daß nicht Alkibiades zur Verbannung verurteilt war, auch nicht Nikias oder wenigstens Phaiax, der zwar weniger bedeutend, aber immerhin ein vornehmer Mann war, sondern Hyperbolos. Das Scherbengericht, die Waffe des politischen Kampfes, die schon seit Jahren nicht mehr angewendet worden war, hatte sich gegen ihn selbst gerichtet.

Wie konnte es denn zur Verbannung des Hyperbolos gekommen sein? Das Kräfteverhältnis zwischen Nikias' und Alkibiades' Anhang war etwa gleich: jener hatte mehr die ältere Generation für sich, dieser die jungen, abenteuerlustigen Leute. Ob Phaiax daneben eine selbständige dritte Macht bildete, Nikias' Parteigänger oder sein Strohmann war, ist nicht festzustellen. Indessen wußte jeder der vom Scherbengericht Bedrohten, wieviel für ihn auf dem Spiele stand, und suchte, die Gefahr zu vermeiden. So einigte man sich noch vor der Abstimmung, die Anhängerschaft nicht gegeneinander, sondern gemeinsam gegen den ahnungslosen Hyperbolos einzusetzen. In Analogie zu heutigen Verhältnissen könnte man es »geheime Übereinkunft der Parteiklubs« nennen; für Nikias war es, seinem Wesen entsprechend, ein Akt der Vorsicht, für Alkibiades vielleicht nichts als ein politischer Witz gewesen.

Jedenfalls hatte dieser Vorfall gezeigt, wie unzweckmäßig es wäre, das Scherbengericht weiter anzuwenden. 6000 Tonscherben, in die der Name eines Polikers eingeritzt war, genügten schon, um ihn aus Athen zu verbannen. Zur Zeit der Perserkriege hatte diese Zahl noch besagt, daß ein bedeutender Teil der Bevölkerung einig sei; im Jahre 417 brauchte nur mehr ein Fünftel der Bürger dieser Meinung zu sein. Eine energische Minderheit konnte also die Verbannung eines Politikers durchsetzen: auf diese Weise war der Ostrakismos eine vorzügliche Waffe im Kampf der Hetairien gegen die Masse des Volkes geworden.
»In Fällen dieser Art sind Leute, die Hetairoi und Mitverschworene besitzen, den anderen gegenüber im Vorteil«, heißt es in der Rede eines Atheners, die gegen Alkibiades gerichtet war. Die Frage, wer diese Rede einst hielt, hat viel gelehrte Diskussionen hervorgerufen. Höchstwahrscheinlich war es weder Andokides, unter dessen Werken die Rede erhalten ist, noch Phaiax, wie gelegentlich vermutet wurde, sondern es handelt sich nur um eine Übungsrede (eine Art »Schulaufsatz«) eines späteren Jahrzehnts. Das ist an sich weniger wichtig; auf alle Fälle bestätigt ein Mann, der nahezu Zeitgenosse dieser Ereignisse war, die Rolle der Hetairien beim Scherbengericht. Außerdem ist es interessant zu sehen, wie er »Hetairoi« und »Mitverschworene« gleich in einem Atemzuge nennt. Alles andere ist vergessen, die freundschaftliche wie die bloß gesellige Note dieser Männerbünde: nun gilt nur mehr ihre geheime und staatsgefährliche Tätigkeit in der Politik.
Zwei Jahre nach der Verbannung des Hyperbolos sollte sich dieses Urteil über die Hetairien bestätigen, als nämlich ein Verbrechen geschah, ein Frevel von Ausmaßen, wie er in der Geschichte Athens noch nicht vorgekommen war. Aber zwischen diesen politischen Ereignissen liegt ein anderes, völlig von ihnen verschiedenes. Der historische Ablauf erfordert es,

trotz solcher Verschiedenheit nun davon zu sprechen, und es ist auch gut, denn es bestätigt wieder, daß die Hetairien weder Bestechungsgesellschaften waren (obwohl sie, wie bereits erwähnt, oft genug eine Gerichtsverhandlung zu beeinflussen suchten), noch bloße Parteiinstitutionen – beides ist gelegentlich behauptet worden –: es waren einfache Bünde, die sich mit vielerlei befaßten und ihrem Hauptzweck, der Pflege froher Geselligkeit, auch dann treu blieben, wenn sich ihre politische Tätigkeit im geheimen abspielen mußte.

Den Sieg im Wettbewerb der Tragödien beim Lenäenfest des Jahres 416 errang ein Dichter, der weder, der Tradition folgend, einen mythologischen, noch, wie dies als Ausnahme auch vorgekommen war, einen historischen Stoff auf die Bühne brachte, sondern eine frei erfundene Handlung. Dieser Dichter war Agathon, ein hochbegabter, für seine Zeit sehr moderner junger Mann, dazu sehr elegant, fast weibisch. Er gehörte wohl wie die anderen jungen Leute seines Standes einer geselligen Hetairie an; oder wenn das schon nicht der Fall war (wir haben keinen Beweis), verkehrte er doch mit Leuten, die eindeutig zu den Hetairien zählten.

Seinen Tragödiensieg feierte Agathon mit einem Festmahl, an dem – neben dem Komödiendichter Aristophanes – auch Männer teilnahmen, gegen die dann im nächsten Jahr vor dem Gericht der athenischen Demokratie schwere Anklage erhoben wurde. Von diesem Gastmahl erzählt eines der bedeutendsten philosophischen Werke des Altertums, das daneben auch sittengeschichtlich interessant ist, dazu äußerst anmutig in der Form. Es wurde unter dem Titel »Symposion« (das heißt eben »Das Gastmahl«) berühmt; in jenem Jahr 416 war sein Verfasser freilich noch ein Knabe. Er stammte väterlicherseits vom halb sagenhaften letzten König von Athen ab, mütterlicherseits von einem Hetairos des Solon. Nach der Sitte der vornehmen Familien hatte er am sechsten Tage nach seiner

Geburt den Namen seines Großvaters erhalten, Aristokles. Nach seiner Gestalt oder der Form seiner Stirn erhielt er später den Beinamen, unter dem ihn die Welt als einen ihrer größten Denker kennt: Platon (griechisch »platos« = Breite, Umfang). Seine Schriften haben die Form von Dialogen; wenn sie in eine kurze Rahmenhandlung eingefügt sind, gibt dieser Rahmen ein kleines Bild aus dem Leben in Athen – besonders der vornehmen jungen Leute, die den Hetairien angehörten. Auch Platon selbst zählte in seiner Jugend gewiß zu einer Hetairie, obwohl diese Tatsache weder unmittelbar überliefert ist noch für sein Wirken Bedeutung gewonnen hat.

Manche der Personen, die in Platons Dialogen genannt sind, traten als oligarchische Politiker hervor oder waren zumindest als Mitglieder oligarchischer Geheimbünde bekannt. So dürfen wir Platons Werke – freilich ohne auf ihren geistigen Gehalt einzugehen – in diesem Zusammenhang erwähnen. Die wichtigste Person dieser Dialoge ist Platons Lehrer Sokrates. Er verkehrte mit den jungen Leuten, lehrte sie im Gespräch und veranlaßte sie, selbst weiterzudenken; er tat es auf der Agora, auf Spaziergängen, in den Ringschulen und eben auch bei Gastmählern. So schildert ihn neben Platon auch ein anderer seiner Schüler, der bekannte Historiker Xenophon.

Trotz vielfältiger Vorsicht redete man in Athen schon lange darüber, welchen Ausschweifungen Alkibiades und seine Hetairoi sich hingaben, doch dann – im Frühjahr 416 oder 415 – sah man es gar auf der Bühne dargestellt. Wie vor einigen Jahren den Demagogen Hyperbolos und bald darauf den Kreis um Kallias, so griff nun der Dichter Eupolis in seiner Komödie »Baptai« das zuchtlose Treiben des Alkibiades an: Stoff für bösartige Anspielungen fand er genug. Das Wort »Baptai« bezeichnet die Priester und Anhänger der thrakischen Göttin Kottyto, deren Kult von Sklaven und Händlern nach Athen gebracht worden war.

Kottyto oder auch Kotys war eine Vegetationsgöttin. Ihre Feier sollte mit nächtlichen Orgien die Fruchtbarkeit fördern; es handelte sich um eine Art von Mysterienkult mit ritueller Reinigung und ekstatischen Tänzen, die den Uneingeweihten als äußerst unanständig erscheinen mußten.
Daß Alkibiades, der Aristokrat, mit solch wenig geachtetem Kult zusammengebracht wurde, bedeutete an sich schon keine Ehre für ihn, doch wie die Thraker, so war Alkibiades dafür bekannt, daß er den schweren Wein ungemischt trank, daß er schon morgens mit dem Trinken begann und auch ebenso brutal sein konnte wie jene Halbbarbaren. Falls er nun nicht etwa selbst am Fest der Kottyto teilnahm, veranstaltete er zumindest ähnliche Feiern in der Runde seiner Hetairoi, wobei ihn weniger der religiöse Sinn anzog als die geschlechtliche Note des Rituals.
Auch wenn viele Bürger geneigt waren, dem bewunderten Heerführer und Politiker, Olympiasieger und Liebling der Frauen ein derartiges Treiben zu verzeihen, mußte doch die Frage laut werden: Was geht sonst noch in den Zusammenkünften dieser Hetairie vor? Die athenischen Häuser waren gegen die Straße zu abgeschlossen, aber nachts war aus Alkibiades' Haus doch oft Lärm zu hören, mit den Stimmen der Trunkenen auch der Ton von Trigonen, dreieckigen harfenähnlichen Instrumenten, von Flöten und Pauken. Ob das nur laute Fröhlichkeit war oder ob man neben jenen thrakischen auch wirklich heilige Riten nachäffte, ob mit Sitten, die so wenig für Athen paßten, nicht auch politische Pläne verbunden waren, die der demokratischen Verfassung widersprachen – wer konnte das wissen?

VON ALKIBIADES BIS ALEXANDER

Sizilien lockt / Nächtlicher Frevel / Der Mysterienprozeß / Ein Mann verrät die Freunde / Die Vögel des Aristophanes / Lysistrate, die Heerauflöserin / Zurück zur guten alten Zeit! / Triumph des Alkibiades / Die Sieger werden verurteilt / Die Frösche des Aristophanes / Die Bluthertschaft der Dreißig Tyrannen / Sokrates vor Gericht / Die Lockeren Jünglinge / Knabenliebe / Philosophen als Herrscher / Hätte Alexander länger gelebt…

Das Jahr 415 gab – dem Athener jener Zeit ebenso wie dem späteren Betrachter – einen ungefähren Begriff von dem, was in den Hetairien schon jahrelang geheim vor sich gegangen war; es erlaubte einen Einblick in das geheime Treiben, das weder mit den Grundsätzen der Demokratie noch der Religion zu vereinen war, obwohl nur ein geringer Teil davon ans Licht kam.

Wie gewöhnlich in Athen, so war auch diesmal die gesamte Heimlichkeit mit der Politik verknüpft. Seit die Stadt durch Themistokles zur Seemacht geworden war, lockten die fremden Küsten und das Beispiel der anderen Griechenstädte, die schon längst weithin ihre Siedler ausgesandt hatten, vom Schwarzen Meer bis nach Nordafrika und Gallien. So wenig glaubwürdig die antike Nachricht klingt, eine Gesandtschaft aus Rom sei nach Athen gekommen, so begreiflich ist der Antrag des Demagogen Hyperbolos, hundert Schiffe gegen Karthago auszusenden.

Weder Karthago, die reiche semitische Handelsstadt, lag

außerhalb des Blickfeldes der Athener, noch Sizilien, die lockende Insel im Westen, der Zankapfel zwischen Griechen und Karthagern. Die Vormacht in Sizilien und überhaupt unter den Griechenstädten des Westens besaß Syrakus, die prächtige Handelsstadt im Südosten der Insel. Dieser Vormacht wegen und auch auf Grund der dorischen Abstammung war Syrakus eine Gegnerin Athens; andrerseits suchten die Städte Siziliens, die sich dieser Vormacht nicht fügen wollten, Hilfe bei Athen.

In Athen war die Stimmung sehr geteilt. Nikias warnte vor der Unternehmung; ihm schien es sehr gefährlich, sich bloß auf das Zureden fremder Leute hin in einen neuen Krieg einzulassen, der einen doch wenig anging, aber in seiner Ausdehnung kaum abzusehen war, während Athen eine große Zahl von Feinden in unmittelbarer Nachbarschaft hatte. Aber Alkibiades drängte zum Krieg. Er hatte wie immer die abenteuerlustige Jugend für sich; vielleicht hatte seine Hetairie geschickt begonnen, das Volk zu beeinflussen, aber bald war es nicht mehr nötig: wer mochte schon dagegen sein, im Frühjahr übers Meer zu fahren, reiche Beute zu erringen und mit Ruhm bedeckt heimzukehren oder gar als Herr über die besiegten Feinde im schönen Sizilien zu bleiben! Viele Athener hatten erst gar nicht genau gewußt, wo die Insel liege; nun setzten sich die Jünglinge in den Ringschulen zusammen, in den Werkstätten, ja auf jeder Steinbank im Freien konnte man die Männer, selbst die Greise sehen, die mit ihren Stöcken die Gestalt Siziliens mit dem umliegenden Meer und seinen Inseln in den Sand zeichneten, dazu die Städte und Häfen der Insel, und von diesen besonders die im Südwesten, an der Afrika gegenüberliegenden Küste. Man dachte ja nicht allein an Sizilien, sondern plante schon weiter, der alte Gedanke des Hyperbolos tauchte wieder auf: man könnte die Karthager bekriegen! Mit Sizilien als Waffenplatz und Nachschubbasis

könnte Afrika bis an die Säulen des Herakles (= Gibraltar) unterworfen werden.
Die Expedition nach Sizilien war eine Angelegenheit des ganzen Volkes, und wer etwa dagegen war, tat besser daran, seine Pläne geheimzuhalten.
Die Stadt und der Hafen waren voll vom Lärm der Soldaten und dem Geschrei bei der Wahl der Schiffskommandanten – wer wollte denn nicht eines der prachtvollen Kriegsschiffe befehligen, auf denen die Ruderer in drei Reihen übereinander saßen! Sold wurde ausgezahlt; man putzte die vergoldeten Bilder der Stadtgöttin, die als Galionsfiguren die Schiffe zierten; um die Lebensmittelspeicher, die einst Perikles hatte bauen lassen, drängten sich die Leute, Verpflegung wurde zugemessen und in Schläuche gefüllt. Man kaufte Ruderriemen und Eimer, Knoblauch, Öl und Netze voll Zwiebeln. Ein Krieger sorgte sich um einen festlichen Kranz, ein anderer um Sardellen; Flötenspielerinnen waren ebenso gefragt wie handliche Ruder, und es gab Zank und Prügel. In der Werft kreischten die Sägen, lärmten Bohrer, Hämmer, Hobel, Beile; die jungen Männer übten das taktmäßige Rudern und bekamen die ersten Schwielen. So schildert uns Aristophanes das Leben in Athen vor der Ausfahrt der Flotte.
Wie es einer Demokratie entspricht, wurden die Anführer beider Parteien zu Leitern des großen Unternehmens erwählt, Alkibiades und Nikias, und als dritter ein Fachmann, der bewährte Feldherr Lamachos: dieser war sehr tüchtig und stets zum Kriege bereit, nur mußte er sich vor jedem Feldzug erst das Geld für ein Paar neuer Stiefel bewilligen lassen. Die Athener glaubten jedenfalls sehr weise zu handeln, daß sie dem kühnen Unternehmungsgeist und der Vorsicht auch die Kriegserfahrung beifügten.
Der Politiker, der am lautesten für die Expedition eingetreten war, hieß Demostratos; verschiedene Gründe sprechen dafür,

ihn als Hetairos des Alkibiades anzusehen. Während er in der Volksversammlung durchsetzte, daß die drei Feldherren alle Vollmacht und Handlungsfreiheit erhielten, feierten die Athenerinnen ein Frühlings- und Fruchtbarkeitsfest, eines der Vorbilder unseres Osterfestes mit dem Tod eines Gottes (des syrischen Adonis) und seiner Auferstehung: in die Worte des Redners, der zum Kriege trieb, tönten die rituellen Klagerufe der Frauen. Dies wurde als böses Vorzeichen angesehen, und auch Priester und Wahrsager erhoben Einspruch gegen den Kriegszug. Als dann die Katastrophe eingetreten war, wunderten sich die Athener selbst, daß sie so verblendet gewesen waren, auf keine Warnung zu achten. Ein Ereignis aber erschütterte sie alle, und nicht erst nachträglich, sondern sogleich und so sehr, wie kaum ein anderes zuvor.

Wenige Götter waren so allgemein beliebt wie Hermes, der Götterbote, der Schützer aller Umherziehenden, der Hirten und Wanderer. Ihm wurden seit ungezählten Jahrhunderten, wohl schon seit vorgriechischer Zeit, an den Wegen Malsteine errichtet; daraus wurden dann Steinpfeiler oder Säulen, die das Gesicht und den befruchtenden Phallos des Gottes trugen. Vor fast jedem Haus in Athen und besonders auf der Agora standen solche Hermen als Stücke alter Tradition und zugleich Ausdruck der Frömmigkeit, die trotz Philosophie und Aufklärung das ganze Volk erfüllte. Alle diese Hermen nun, die von den Bewohnern der einzelnen Häuser wie von der ganzen Stadt Unheil abwehren sollten, wurden in einer einzigen Frühlingsnacht geschändet.

An einem Morgen – höchstwahrscheinlich dem 1. Skirophorion (9. Juni) 415 v. Chr. – gewahrten die Athener die Untat: Die Gesichter der Hermen waren zerschlagen! Nur eine einzige stand unversehrt auf der Agora, die Herme vor dem Hause des Andokides.

Das Entsetzen war groß. Zunächst sah man das Ereignis als

böses Vorzeichen für den bevorstehenden Kriegszug an und fürchtete, der so entehrte Gott werde die Stadt nicht mehr schützen. Aber bald kamen zu den religiösen auch politische Sorgen: man vermutete eine Verschwörung, die einen Umsturz plane, um die Volksherrschaft zu beseitigen. Niemand glaubte ernstlich, es handle sich nur um einen Unfug, um einen dummen Scherz betrunkener junger Leute: die hatten sich wohl schon öfter an einer Statue vergangen, aber ein Frevel dieses Umfanges konnte nicht ohne Plan und Absicht geschehen sein. Der Rat erhielt besondere Vollmachten und setzte einen Untersuchungsausschuß ein.
Der allgemeine Verdacht richtete sich gegen den Mann, dem jeder Unfug und jede Verhöhnung der Religion zuzutrauen waren: Alkibiades. Das war ganz selbstverständlich, dafür sorgten einerseits sein Ruf, andrerseits die Leiter des Untersuchungsausschusses, denn diese drei Männer waren seine Feinde: Peisandros und Charikles, zwei führende Persönlichkeiten der Hetairien, und Diognetos, ein Bruder des Nikias. Sie suchten nicht nur aus persönlichem Haß, Alkibiades aus dem Wege zu räumen: er war das größte Hindernis aller geheimen Pläne der Hetairien, den Staat in eine Oligarchie zu verwandeln und so selbst an die Macht zu kommen.
Vielleicht wußten die Untersuchungsrichter, oder ahnten es zumindest, welche Hetairie den Hermenfrevel tatsächlich auf dem Gewissen hatte; jedenfalls stellten sie bald fest, daß Alkibiades nichts nachzuweisen war. Also dehnten sie die Untersuchung noch weiter aus: nicht nur die Verstümmelung der Hermen, sondern jedes Vergehen gegen die Religion sollte angezeigt werden. Sie setzten hohe Belohnungen aus und sicherten dem Denunzianten für den Fall, daß er selbst beteiligt wäre, Straffreiheit zu.
Schon waren die Bundesgenossen der Athener versammelt, die Flotte zur Abfahrt bereit, das Schiff des Feldherrn Lama-

chos ankerte bereits weit draußen außerhalb des eigentlichen Hafens; in einer Volksversammlung sollten die drei Kommandanten ihre letzten Weisungen erhalten, da fiel die erste wirksame Anschuldigung gegen Alkibiades: er habe eine der heiligsten religiösen Handlungen der Griechen, die den ehrwürdigsten Priestergeschlechtern vorbehalten war, mit seinen Freunden in einem Privathause nachgeahmt. Ein Sklave, der dem beigewohnt hatte, nannte die Namen von zehn vornehmen Männern, darunter einen Befehlshaber der athenischen Reiterei.

Dies hatte allerdings mit der Verstümmelung der Statuen, dem eigentlichen Anlaß der ganzen Aufregung, nichts zu tun. Trotzdem wog die Anzeige schwer, denn die Athener waren nun bereit, in jedem Verstoß gegen die Religion auch einen Anschlag auf den Staat selbst zu sehen, und was Alkibiades getan haben sollte, war ein Verbrechen ohne Beispiel. Es handelte sich diesmal ja nicht um eine wenig geachtete ausländische Kulthandung wie jene Feier der Göttin Kottyto, sondern um die der großen Erdmutter und Fruchtbarkeitsgöttin Demeter, der besonderen Schützerin des Getreidebaues. Zweimal im Jahr, im Frühling und im Herbst, wurden diese heiligen Handlungen vollzogen, als Mysterien nur für Eingeweihte, die dafür auf Weiterleben nach dem Tode und ewige Seligkeit hoffen durften. Der Kultort war das Dorf Eleusis, etwas zwanzig Kilometer westlich von Athen; in großen Prozessionen zogen die Gläubigen dorthin.

Trotz des geheimnisvollen, vor allen Nichteingeweihten streng geheimgehaltenen Charakters der Feiern war es ein Staatskult, und ein Vergehen gegen ihn richtete sich auch gegen den Staat. Zumindest zu diesem Zeitpunkt wurde das ausgelassene Treiben von Alkibiades' Freunden als todeswürdiges Verbrechen angesehen. Acht Angeklagte flohen aus Athen und wurden in Abwesenheit zum Tode verurteilt, einer

Eine Szene aus dem Alltagsleben der Athener Hetairien: ein vornehmer Jüngling bedarf zarter Hilfe, weil er beim Gelage zu viel getrunken hat. Die Hetairien bestanden von alters her als gesellige Vereinigungen der adeligen Jugend; erst der Gegensatz zur Demokratie machte sie zu Geheimbünden. (Innenseite der »Symposionschale« des Athener Künstlers Brygos, im Museum zu Würzburg)

Jünglinge rüsten sich zur Waffenübung. Als Angehörige der Hetairien beeinflußten sie die Politik ihrer Stadt. (Von der »Penthesileiaschale«, München)

ließ sich ergreifen und wurde hingerichtet, Alkibiades selbst war durch sein Feldherrnamt vorläufig geschützt. Natürlich bestritt er seine Schuld. Es scheint indessen, er habe auch einen Gegenschlag unternommen; jedenfalls lief eine neue Anzeige ein, die eine Reihe von Frevlern gegen die heiligen Mysterien nannte, außerdem Leute, die Hermen verstümmelt hatten – aber in keiner der beiden Gruppen von Schuldigen war Alkibiades genannt! Es handelte sich um lauter Aristokraten, zu denen auch der Untersuchungsrichter Diognetos (!) und einige Leute aus Sokrates' Freundeskreis zählten. Viele der Angezeigten gehörten einer Hetairie an, in der ein Mann namens Euphiletos die führende Rolle spielte.

Aber Alkibiades' Gegner ruhten nicht. Besonders sein ärgster Feind, der Demagog Androkles, bemühte sich um eine wirksame Anklage. Er beschuldigte den Feldherrn vor Gericht, mit seiner Hetairie einen Staatsstreich zu planen, und um diesen rein politischen Vorwurf mit den letzten Ereignissen zu verbinden, behauptete er natürlich auch, Alkibiades habe Statuen verstümmelt und bei einem Gelage die heiligen Mysterien nachgeahmt. Für die letzte Behauptung trieb er sogar Zeugen auf, aber es half nichts: die Flotte lag im Hafen, und schließlich gab es ja bei allem politischen Ränkespiel auch rein militärische Erwägungen; ein Prozeß gegen Alkibiades hätte den ganzen Feldzug in Frage gestellt. Also lief die Flotte aus, vereinigte sich bei der Insel Korkyra (Korfu) mit weiteren Bundesgenossen und fuhr dann, 136 Schiffe an der Zahl, nach Sizilien.

In Athen ging der Prozeß indessen weiter, und da Alkibiades nicht mehr anwesend war, wurden seine Gegner noch kühner. Diesmal erstattete eine vornehme Frau die Anzeige mit den bereits bekannten Anschuldigungen gegen Alkibiades und einige seiner Hetairoi, nur nannte sie andere Namen und als Tatort ein anderes Haus, das des Charmides, eines Schülers

des Sokrates. Die nächste Denunziation ging von einem Sklaven aus: im Haus seines Herrn (der schon früher angezeigt und verurteilt worden war) seien ebenfalls die Mysterien nachgeahmt worden. Offenbar war das ein beliebter Scherz in den aufgeklärten Adelskreisen; dabei waren diesmal nicht Alkibiades oder leichtsinnige Jünglinge beschuldigt, sondern würdige Herren – wohl eine Hetairie der älteren Generation –, unter ihnen der Vater des Andokides und ein Arzt, dessen Sohn (einer der Teilnehmer an dem von Platon geschilderten Gastmahl des Agathon) schon früher angezeigt worden war.
Nun waren schon viele vornehme Athener komprimittiert, und die ganze Bürgerschaft ängstigte sich. Die beiden Untersuchungsrichter (der dritte, Diognetos, war ja selbst in den Prozeß verwickelt) ließen verhaften und einkerkern, sprachen von Umsturzgefahr und taten alles, um den Bürgern zu beweisen, wie wichtig und nötig ihre Amtstätigkeit sei. Besonders Alkibiades' Verwandte und seine Hetairoi, soweit sie nicht auf der Flotte waren, hatten viel auszustehen. Sobald der Herold die Ratsherren zusammenrief, verließen die Bürger eilig den Markt; jeder fürchtete, verhaftet zu werden.
Da lief wieder eine neue Anzeige ein, die alle bisherigen an Bedeutung übertraf. Ein Bürger namens Diokleides behauptete, mit eigenen Augen die Hermenfrevler gesehen zu haben: nachts seien sie, gegen dreihundert, vom Dionysostheater her gekommen und hätten sich in Gruppen von fünf bis zwanzig Mann verteilt. Am nächsten Tag habe er sich von einigen von ihnen – darunter Andokides und dessen Vater – bestechen lassen, nichts zu verraten, habe die vereinbarte Summe nicht erhalten und erstatte daher die Anzeige. Er nannte 42 Namen vor dem Rate: als erste gleich zwei der anwesenden Ratsherren, ferner den Besitzer einer Ringschule, einen weiteren Bruder des Feldherrn Nikias und viele Verwandte des Andokides.

Die beiden Ratsherren wurden gegen Bürgschaft freigegeben und flohen sofort zu den Spartanern; ihre Bürgen und die anderen vierzig Denunzierten wurden verhaftet. Der Rat blieb versammelt und übernachtete auf der Akropolis, die Reiterei mußte sich noch in der Nacht sammeln, die Bürgerwehr besetzte die Märkte: man befürchtete tatsächlich einen Staatsstreich. Diokleides, der zugab, die Anzeige nur erstattet zu haben, weil er sein Schweigegeld nicht erhalten hatte, ließ sich als Retter der Stadt feiern.

»Und selbst die Blutsverwandtschaft wurde entfremdet gegenüber der Verbindung in den Hetairien, weil diese geneigter war, Gottloses zu wagen; denn derartige Verbindungen bestanden nicht zum Nutzen im Rahmen der bestehenden Gesetze, sondern außerhalb der Gesetze zum Eigennutz. Und die Verpflichtungen gegeneinander besaßen ihre Kraft weniger durch göttliches Gesetz als durch ein gemeinsames Verbrechen.«

Diese Worte des Historikers Thukydides – also eines Mannes, der jene Zeit miterlebte – sind nicht auf den Hermenfrevel und den darauf folgenden Prozeß gemünzt, aber sie werden durch ihn erläutert und ergänzt. Denn im Athener Gefängnis saß ein Mann, der seine Familie unschuldig mitgefangen sah, ihren Tod erwarten mußte und dabei die wirklich Schuldigen kannte: seine eigene Hetairie! Andokides war der Gefangene, der vor der bitteren Wahl stand, die Hetairie zu verraten oder den Vater, die Onkel und Vettern unschuldig sterben zu lassen. Jedem Denunzianten war Straffreiheit zugesichert: verriet Andokides die Hetairoi, blieb nicht nur seine Familie (soweit sie nicht durch andere Anzeigen belastet war), sondern auch er selbst am Leben. In jener Kerkernacht, da die Frauen der Gefangenen kamen und klagten, selbst Männer weinten und ihn anflehten, mag auch die Rücksicht auf sein eigenes Leben ihn bestimmt haben, den Hermenfrevel zwar nicht völlig aufzuklären, aber dem Rate doch die wirklichen Täter zu nennen. Den meisten schadete er ohnehin nicht mehr, denn sie waren schon auf Grund einer anderen Anzeige (eben jener, die wahrscheinlich von Alkibiades inszeniert worden war) verhaftet und hingerichtet worden oder hatten rechtzeitig fliehen können.

Vor dem Rate sagte Andokides also aus, Euphiletos habe während eines Gelages der Hetairie vorgeschlagen, die Hermen in Athen zu verstümmeln. Er selbst habe widersprochen und deshalb sei die Tat auch vorerst unterblieben. Aber dann sei er im Gymnasium Kynosarges beim Zureiten eines jungen Pferdes gestürzt, habe sich den Kopf verletzt und das Schlüsselbein gebrochen. Während er deshalb daheim im Bett lag, habe Euphiletos den anderen Hetairoi gegenüber behauptet, Andokides habe seinen Widerspruch aufgegeben und es übernommen, der Herme vor seinem väterlichen Hause das Gesicht zu zerschlagen. Damit hatte Euphiletos gelogen und diese eine Herme blieb also unverletzt.

Die Aussage des Andokides entsprach zum Teil gewiß der Wahrheit. Interessanterweise bezeichnete sie als Hauptschuldigen neben Euphiletos einen gewissen Meletos, der bereits in der ersten gegen Alkibiades gerichteten Anzeige wegen Mysterienverhöhnung und auch in der davon völlig unabhängigen, vielleicht sogar von Alkibiades selbst inspirierten Anzeige zusammen mit Euphiletos genannt worden war. So wußte wohl mancher Angehörige der Hetairien viel mehr über die Vorfälle als die Ratsherren. Gewiß waren auch in diesen undurchsichtigen Kampf noch mehr Hetairien verwickelt, wie zum Beispiel der Kreis um Nikias, den Gegner der Sizilienexpedition, dessen zwei Brüder angeklagt worden waren, und – wie schon früher erwähnt – viele Schüler des Sokrates.

Jedenfalls war die letzte große Anzeige des Diokleides widerlegt. Sie wurde überprüft und man stellte fest, daß die Statuen militärische Lage nach der sizilischen Katastrophe zum Guten zu wenden, Alkibiades lebte seit vier Jahren im Ausland. Seine Abenteuer wären eine eigene Erzählung wert, wir können sie hier nur ganz kurz andeuten: Als Stratege der Sizilienexpedition 415 abgesetzt, floh er nach Sparta. Dort bewährte er sich als kluger Ratgeber gegen Athen, erweckte aber bei den führenden Männern viel Neid und Eifersucht und bei der Königin solche Liebe, daß sein Leben gefährdet war. Also mußte er wieder flüchten; diesmal ging er nach Kleinasien zu den Persern. Er wollte nach Athen zurückkehren und seine Hetairoi dort bemühten sich, die Stimmung dafür vorzubereiten; sie taten es in der Stadt selbst wie auch bei der Flotte, die damals bei der Insel Samos ankerte. Freilich mußte dazu erst die radikale Demokratie beseitigt werden. Nicht aus Liebe zu Alkibiades, sondern wegen seiner Beziehungen zu den Persern, von denen man finanzielle Unterstützung erhoffte, waren die Strategen der athenischen Flotte geneigt, Alkibiades zurückzurufen und die Demokratie in Athen zu stürzen. Leider hatte Alkibiades jedoch seinen Einfluß bei den Persern überschätzt. Er brachte kein Bündnis zwischen ihnen und Athen zustande, und die Strategen auf Samos beschlossen, den Staatsstreich lieber ohne ihn zu unternehmen.

Zunächst beseitigten sie die demokratische Staatsform auf allen Inseln, die leicht zu erreichen waren; vermutlich hatten dort adelige Hetairien alles gut vorbereitet. Zur Sicherheit nahm Peisandros von diesen Inseln schwerbewaffnete Krieger mit, um mit Gewalt vorgehen zu können, wenn es in Athen nötig werden sollte. Aber auch dort hatten die Hetairien trefflich vorgearbeitet.

Gleichzeitig hatten sie ein politisches Schlagwort verbreitet, das wirksamste in jeder Periode der Not: »Zurück zur guten alten Zeit!« Die Bürger, die dies brav nachsprachen, dachten vielleicht an satte Ruhe, Frieden und den ehemaligen Glanz ihrer Stadt, da das Reich unversehrt und kein Feind im Lande war. Viele machten sich gar nicht klar, was die »Verfassung der Väterzeit«, die die Hetairien stets im Munde führten, eigentlich besagte. Das Programm war aber eindeutig, wenn man es nur genauer betrachtete. »Keine Zahlungen außer an die Soldaten« lautete der erste Punkt. Das klang gut und patriotisch, bedeutete aber, daß die Geschworenen bei Gericht und die Teilnehmer an den langwierigen Volksversammlungen für ihren Zeitverlust nicht mehr entschädigt würden, daß also die armen Bürger, die sich solchen Verdienstentgang nicht leisten könnten, von der Politik fernbleiben müßten. Der zweite Programmpunkt sprach es noch klarer aus: nur die 5000 Bürger, die durch ihre Person und ihr Vermögen am leistungsfähigsten wären, sollten wahl- und stimmberechtigt sein.

»Dies klang sehr schön, um die meisten zu täuschen, denn so mußten gerade diejenigen die Regierung in die Hand bekommen, die die Verfassung ändern wollten« heißt es im 66. Kapitel des VIII. Buches von Thukydides' großem Geschichtswerk. Wir könnten die Ereignisse und Zustände ja nicht besser schildern als mit den Worten eines Zeitgenossen. – »Das Volk und der Rat versammelten sich zwar noch zur Abstimmung; sie berieten aber nur, was den Verschwörern recht war. Aber auch die Redner in der Versammlung gehörten zu diesen, und alle ihre Anträge hatten sie vorher miteinander abgemacht. Von den anderen widersprach auch niemand mehr, da man sich fürchtete und die Stärke der Verschwörung sah. Wenn aber doch jemand Widerspruch wagte, wurde er gleich auf geeignete Art beseitigt, und man forschte weder nach dem Täter noch gab es selbst bei bestimmtem Verdacht eine gerichtliche Untersuchung, sondern das Volk verhielt sich ruhig und war derart eingeschüchtert, daß jeder froh war, wenn er in seinem Stillschweigen nur von Gewalt verschont blieb.« – Man getraute sich nicht zu klagen und fürchtete den Nachbarn, denn an der Verschwörung nahmen schon Leute teil, von denen kurz vorher niemand gedacht hätte, daß sie sich einmal der Oligarchie zuwenden würden. So zum Beispiel der kluge Theramenes, der Stiefsohn des Probulos Hagnon; seit Nikias auf Sizilien zugrunde gegangen war, galt er als der Führer des Mittelstandes, der ruhigen, keinem Parteiextrem zuneigenden Bürger.

So hatte es Peisandros nicht schwer, gleich nach seiner Ankunft in Athen die Demokratie zu stürzen, die dem äußeren Schein nach noch bestanden hatte. Es gab sogar eine Volksversammlung, die wohl oder übel dem Umsturz zustimmte. Vierhundert Männer – natürlich aus den Hetairien – übernahmen die Regierung. Gewalt war nur nötig, um die bisherigen Ratsherren abzusetzen, aber die Schwerbewaffneten, die Peisandros von den Inseln mitgebracht hatte, brauchten gar nicht eingesetzt zu werden, denn die Oligarchen hatten in Athen selbst ihre Einsatztruppe. 120 bewaffnete junge Männer verschafften der neuen Regierung den Zugang ins Rathaus.

Noch einmal mußten diese schlagkräftigen jungen Leute eingreifen, Monate später, als die oligarchische Herrschaft der Vierhundert schon zu wanken begann. Gegen sie, die als Verschwörer an die Macht gekommen waren, bildete sich eine neue Verschwörung in Athen, und gegen jene adelige Einsatztruppe bedienten die Unzufriedenen sich der besoldeten Stadtwache. Zwei Stadtwächter ermordeten auf offener Straße den führenden Oligarchen Phrynichos, und im Hause des Wachkommandanten trafen sich heimlich die Männer der Gegenrevolution. Zu ihnen zählten die Hetairoi des Alkibiades, aber auch Theramenes und einige andere Mitglieder der Vierhundert, die mit dem allzu radikalen Kurs der Regierung nicht einverstanden waren.

Die Oligarchen verloren ihr anfängliches Selbstvertrauen, sie spürten die Uneinigkeit in ihren Reihen und den Haß des

Volkes. Um zumindest ihr Leben zu retten, befestigten sie ein Kastell, das die Hafeneinfahrt beherrschte: sie gedachten, im ärgsten Notfall die spartanische Flotte einzulassen und lieber die Stadt den Feinden preiszugeben, als sich von den erbitterten Bürgern totschlagen zu lassen. Und schon kreuzten die feindlichen Schiffe in der Nähe.

Das wurde den athenischen Kriegern im Hafen doch zu viel. Sie folgten einem Befehlshaber der Stadtwache, der sie zu offenem Aufstand rief, und nahmen einen oligarchischen Feldherrn gefangen. Zu seiner Rettung mußte die Regierung noch einmal die jungen Ritter einsetzen, aber es half wenig, die Tage ihrer Herrschaft waren gezählt. Als zu der Unzufriedenheit der Bürger noch ein schwerer militärischer und wirtschaftlicher Verlust hinzukam – die große Insel Euboia fiel in die Hand der Feinde –, wurde im September 411 die Regierung der Vierhundert gestürzt. Antiphon wurde zum Tode verurteilt, Peisandros konnte zu den Spartanern entfliehen. Der erste Mann im Staate war nunmehr Theramenes.

Während dieser Ereignisse lag die Hauptmacht der athenischen Flotte noch bei der Insel Samos, um die anderen Inseln und die Städte der kleinasiatischen Küste, die mit Athen verbündet waren, vor dem Zugriff der Spartaner zu schützen. Das kleinasiatische Hinterland aber stand unter der Herrschaft der Perser, die als alte Feinde der Stadt Athen die Spartaner unterstützten. Bei ihnen lebte Alkibiades. Er, der Meister der diplomatischen Intrige, wußte es zu verhindern, daß die persische Flotte in die Kämpfe eingriff, und hatte längst wieder zu Athen Beziehungen aufgenommen. Unter den Strategen der athenischen Flotte hatte er einen Hetairos, der sich jetzt in der Politik ebenso bewährte wie seinerzeit beim fröhlichen Trunk; auch ein anderer Stratege – Thrasybulos, ein Hetairos des Theramenes – war ihm freundlich gesinnt. Weder sie noch die Soldaten waren mit der Athener Regierung der

Vierhundert einverstanden; also setzten sie die oligarchischen Strategen und Schiffskommandanten ab und beriefen Alkibiades als Oberfeldherrn zu sich.

So hatte noch nicht die Stadt Athen, aber doch die Flotte wieder ihren fähigsten Mann. Er bemühte sich auch, durch Umsicht und Energie wieder gutzumachen, was er schon gegen seine Vaterstadt gesündigt hatte. Er bewährte sich neuerlich als Feldherr und Flottenführer, aber er kehrte erst nach Jahren in die Stadt zurück, erst als seine militärischen Erfolge ihn völlig rehabilitiert und die Athener Bürger ihn regelrecht zum Strategen erwählt hatten.

Es war der 25. Thargelion (1. Juni) 407 v. Chr. Alkibiades' Schiff hatte schon im Hafen angelegt, aber er zögerte noch, an Land zu gehen, denn er wußte, daß viele seiner Feinde noch am Leben waren. Erst als er seinen Vetter Euryptolemos und andere Hetairoi am Ufer erblickte, verließ er das Schiff und zog in die Stadt ein; aber noch immer mußte er ein Attentat befürchten und seine Freunde schlossen sich eng um ihn, um keinen Fremden heranzulassen.

Vor dem Rate und in der Volksversammlung verteidigte sich Alkibiades für seine früheren Verfehlungen; er tat es so glänzend, daß er alle Vollmachten erhielt, die er nur begehren konnte. Er erschien den Athenern als der einzige Mann, der die frühere Macht der Stadt wieder herstellen könnte, und es erhoben sich viele Stimmen, er solle doch die Tyrannis ergreifen.

Aber Alkibiades' Feinde ruhten nicht. Die neuen Demagogen haßten ihn, wie die früheren ihn gehaßt hatten, und die oligarchischen Hetairien nicht minder. Sie warteten nur auf einen militärischen Mißerfolg, um ihn neuerlich des Verrats anklagen zu können. Im Frühjahr 406 ergab sich die Gelegenheit. Alkibiades' Stellvertreter hatte sich in Abwesenheit des Strategen und wider dessen Weisung in eine Seeschlacht eingelassen und sie verloren. Da erhoben sich gleich Feinde und Neider, klagten Alkibiades der Fahrlässigkeit an und erreichten, daß er abgesetzt wurde. Er kam gar nicht erst nach Athen, sich zu verantworten, sondern begab sich in freiwillige Verbannung nach Thrakien, wo er einen stark befestigten Besitz hatte.

Mit Alkibiades zusammen hatte auch Thrasybulos seine Feldherrnstelle verloren; er blieb bei der Flotte als einfacher Schiffskommandant, so wie sein Hetairos Theramenes. Im Sommer des Jahres 406 traten diese beiden Männer aber wieder in den Vordergrund, bei einem Prozeß, der den Athenern noch weniger Ehre machte als die Absetzung des Alkibiades.

Vor der kleinasiatischen Küste, bei den Arginusen-Inseln in der Nähe von Lesbos, hatte die athenische Flotte einen Seesieg errungen und die Feinde gleich weiterverfolgt, ohne die eigenen Soldaten und Seeleute zu retten, die ins Meer gestürzt oder von versenkten Schiffen schwimmend entkommen waren. Die Sorge für sie wurde Theramenes und Thrasybulos übertragen, aber ein Sturm hinderte sie, die Schiffbrüchigen zu retten. Deshalb nun wurden die siegreichen Strategen (und nicht, wie man erwarten könnte, Theramenes!) in Athen angeklagt. Es war eine rein politische Angelegenheit mit nahezu modern anmutenden Methoden, die öffentliche Meinung zu beeinflussen. Die Athener folgten den Hetzworten der Demagogen und schüchterten die amtsführenden Ratsherren so ein, daß sie ohne geregeltes Gerichtsverfahren der Verurteilung zustimmten. Nur einer widersetzte sich dem, der Philosoph Sokrates.

Nach diesem traurigen Prozeß ging das Leben in Athen weiter wie vorher. Die junge Generation wußte schon kaum mehr, was das Wort Frieden überhaupt bedeute. Aber die neuen Demagogen, die allmählich an die Stelle der früheren getreten waren, bestanden weiter darauf, den Krieg fortzuführen, und das Volk ließ sich treiben. Von den vornehmen Bürgern hatte mancher noch unter seiner politischen Schuld zu leiden, die er unter der kurzen Herrschaft der Vierhundert im Jahre 411 auf sich geladen hatte. Viele Träger alter, angesehener Namen waren geflohen oder verbannt oder hatten ihre bürgerlichen Rechte verloren. Niemand wagte, laut für die Verbannten zu sprechen; nur ein Dichter tat es.

Aristophanes' Komödie »Die Frösche« errang beim Lenäenfest des Jahres 405 den ersten Preis. Sie war ein literarisches Stück von einmaligem Niveau; aber nicht nur deshalb wurde sie im nächsten Jahr noch einmal aufgeführt, sondern ebenso wegen der politisch hochaktuellen Stelle, mit der Aristophanes für die politisch Kompromittierten eintrat.

»Es ist Pflicht des heiligen Chores, was dem Staate nützlich ist, anzuraten und zu lehren. Nun, zunächst erscheint uns gut, alle Bürger gleichzustellen, auszutilgen alle Furcht!«

Das mußte die Zuschauer ergreifen. So viele hatten doch einen Freund, einen Verwandten oder Hetairos, den sie wieder in der Stadt und wie früher geachtet sehen wollten, so vielen waren die neuen Demagogen verhaßt, die Anführer des Hafenpöbels. – Der Chor hatte der Sitte gemäß die Masken abgenommen und sprach diese Worte ohne Rücksicht auf das Theaterstück im Namen des Dichters.

Aristophanes meinte es gewiß gut, aber was er seinen Chor sprechen ließ, war nicht ganz richtig. Die Verbannten und viele der Athener Hetairien wünschten wohl den Frieden, so wie Aristophanes, aber sie wünschten ihn um den Preis einer völligen Niederlage ihrer Vaterstadt: die siegreichen Spartaner sollten ihnen die Herrschaft gewinnen helfen, die sie im Jahre 411 nur so kurz hatten behaupten können. Die Demagogen ließen sich aber nicht davon abbringen, den verlustreichen Krieg weiterzuführen; also griffen die Männer in Athen, die an

die Macht kommen wollten, zum letzten Mittel im politischen Kampf, zum Landesverrat.
Die athenische Flotte, das letzte große Aufgebot der Stadt, ankerte in der Mündung der Aigospotamoi (Ziegenflüsse) im Hellespont, den heutigen Dardanellen. Ihr gegenüber, auf der kleinasiatischen Seite der Meeresstraße, lauerte die spartanische Flotte unter dem klugen Lysandros. Auf athenischer Seite war ihm nur ein Mann ebenbürtig. Konon, aber der war nur einer von mehreren Strategen. Die Position der Athener war äußerst ungünstig, denn sie mußten ihre Lebensmittel von weit her holen, während Lysandros eine Stadt mit ihrem Hafen zur Verfügung hatte. So konnte er abwarten und seine Schiffe zurückhalten, während die Athener ihm täglich die Schlacht anboten. Er hielt sich nicht aus Feigheit zurück, sondern mit bestimmter Absicht. Das verstanden die Athener nicht, aber ein Verbannter, der dort in der Nähe lebte, der erfahrene Feldherr Alkibiades durchschaute den Plan der Feinde. Er ritt zum Ankerplatz der Athener hin und warnte die Strategen, doch diese wiesen ihn höhnisch ab: jetzt hätten sie, nicht er zu befehlen!
Einzelne der Strategen mochten aus Eigensinn, Trotz oder Dummheit die Warnung des überlegenen Mannes mißachtet haben; vielleicht hatte man sie auch mehr aus Parteigründen als ihrer Fähigkeit wegen auf diesen Posten gestellt. Aber es gab auch offensichtliche Verräter unter ihnen, und zu diesen zählte Adeimantos. Sein Verhalten zeigt einen neuen Zug im Bild der geheimen Bünde. Ursprünglich hatte er zur Hetairie des Alkibiades gehört, war mit ihm im Mysterienprozeß angeklagt und mit ihm acht Jahre später zum Strategen gewählt worden. Aber die Zeit der Zusammengehörigkeit lag lange zurück! Ehrgeiz, politische Bindung an die oligarchischen Verschwörer in Athen und vielleicht auch Bestechungsgeld ließen ihn zusammen mit der Heimat auch den alten Freund verraten.

So kam für die letzte athenische Flotte die Katastrophe, die Alkibiades vorausgesehen hatte. Als die Athener eines Abends ihre Schiffe verlassen und sich am Lande weithin zerstreut hatten, um Lebensmittel zu besorgen, wurden sie von den Spartanern überfallen. Nur der vorsichtige Konon hatte einen Teil seiner Leute beisammen behalten und entkam mit neun Schiffen. Er begab sich gar nicht mehr in die nun verlorene Heimatstadt zurück, sondern segelte nach dem befreundeten Cypern. Als er dann nach Jahren wieder nach Athen kam, soll er den Verräter Adeimantos vor Gericht gebracht haben.

Somit war nach fast drei Jahrzehnten des Krieges im Jahre 404 die Niederlage Athens besiegelt. Die Demagogen bemühten sich zwar noch, den Widerstand aufrechtzuerhalten, aber es war hoffnunglos. Während nun auch ein starkes spartanisches Landheer gegen Athen anrückte und die Stadt belagerte, bereiteten die Hetairien in Athen schon die Machtübernahme vor. Nach dem Muster der spartanischen Verfassung wählten sie ein Kollegium von fünf »Ephoroi«, um ihren politischen Manövern eine Oberleitung zu geben. Zunächst mußten diese Männer noch im geheimen wirken, aber sie hatten es nicht schwer, denn im Rate der Stadt stand die Mehrheit schon auf ihrer Seite; ferner konnten die künftigen Oligarchen wie immer auf einen guten Teil der Ritterschaft zählen, deren Unterbefehlshaber (bereits im Einverständnis mit den Verschwörern!) die Wachtposten der Stadt befehligten.

Noch fehlte den Verschwörern der rechte Rückhalt in der Bevölkerung, aber auch den wußten die fünf Ephoroi, die Leiter der oligarchischen Bewegung, sich bald zu verschaffen. Sie wandten sich an den einzig geeigneten Mann: Theramenes. Wie im Jahre 411, so sollte er auch diesmal wieder den Mittelstand, die große Menge der harmlosen, ruheliebenden Bürger, für eine Verfassungsänderung gewinnen. Daß ihm damals vor sieben Jahren die oligarchische Herrschaft der

Vierhundert bald zu radikal geworden war und er selbst zu ihrem Sturze beigetragen hatte, vergaß man für den Augenblick, denn man brauchte ihn.
Einen Mann, der offen von Kapitulation sprach, ließ der führende Demagog Kleophon ins Gefängnis werfen. Theramenes wünschte ja ebenso die Kapitulation Athens, aber er war schlauer. Im Vorjahr noch hatte er das Strategenamt, das er anstrebte, nicht erhalten, aber nun war sein Anhang so gewachsen, daß man ihn zum Gesandten mit allen Vollmachten wählte. Er ging zu den Spartenern ab, um Friedensverhandlungen einzuleiten, aber wartete mit seiner Rückkehr, bis das Volk durch den Hunger in der eingeschlossenen Stadt gefügiger und der Demagog Kleophon von den Hetairien beseitigt wäre. Dazu bedurfte es gar nicht der offenen Gewalt und eines politischen Mordes wie im Jahre 411, die Verschwörer konnten mit dem Anschein der Legalität vorgehen. Sie hatten im Kollegium, das die Gesetze zu revidieren hatte, einen Mann bestochen, eine Art von Archivar. Als sich Kleophon einmal ein Wort gegen den oligarchisch gesinnten Rat der Stadt erlaubte, klagte man ihn deswegen an, und der bestochene Archivar erfand rechtzeitig ein Gesetz, das dem Rat Einfluß auf das Gerichtswesen verschaffte. So wurde Kleophon zum Tode verurteilt, bevor er noch gegen das hochverräterische Treiben der Hetairien wirksam vorgehen konnte.
Nun durfte Theramenes zurückkehren. Zu den Friedensbedingungen der Spartaner, die er mitbrachte, zählte auch die Rückberufung *aller* Verbannten, also auch der politisch schwer Belasteten, die man bisher nicht amnestiert hatte. Sie waren natürlich die erbittertsten Oligarchen, sie rechneten auf Rache und verstärkten noch die Reihen der Verschwörer. Aber es gab von vornherein eine starke Gegenströmung, und nicht nur beim Volk und seinen Führern, sondern auch unter den Aristokraten aus den alten Feldherrngeschlechtern. Aus

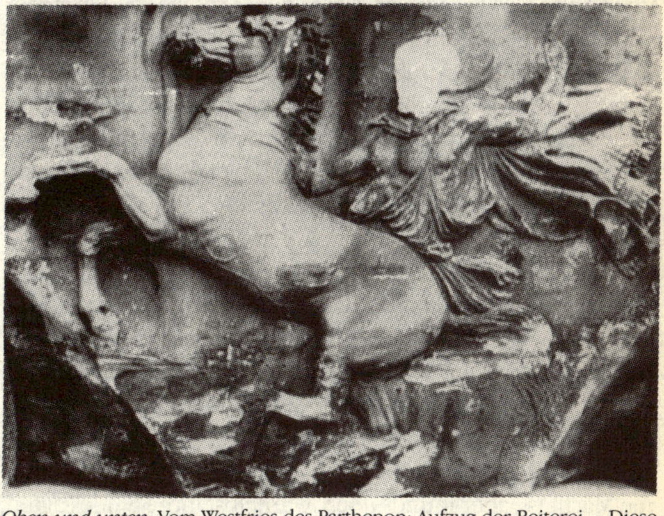

Oben und unten: Vom Westfries des Parthenon: Aufzug der Reiterei. – Diese jungen Ritter brachte Aristophanes auf die Bühne.

Patriotismus, ohne besonderes Parteiinteresse, widersetzten sie sich den harten Friedensbedingungen, denn diese verlangten auch, daß die Befestigungsmauern geschleift und alle Schiffe ausgeliefert würden; aber der Hunger zwang die Bürger, alle Bedingungen anzunehmen. Die Hetairien der Patrioten standen den Hetairien der Verschwörer entgegen, und dieser Kampf mußte ausgetragen werden, bevor noch an den endgültigen Staatsstreich zu denken war. Durch Bestechung und Verrat siegten die Verschwörer, sie konnten einige der Patrioten ergreifen und zum Tode verurteilen lassen. Das geschah zwar in einer Volksversammlung, aber die Ephoroi, das bereits erwähnte Aktionskomitee der Oligarchen, sorgten schon dafür, daß in ihrem Sinne entschieden wurde. Der Schwager eines der Ephoroi wollte zwei Angeklagte, die ihm nahestanden, vor dem Tode retten, wenn sie ihre Verbündeten verrieten; der eine tat es, der andere starb lieber.

Athen hatte also kapituliert. Unter dem Schutze der Spartaner wurde eine oligarchische Regierung von dreißig Männern eingesetzt. Zu ihnen zählten natürlich die fünf Ephoroi und manche andere, die schon an der Regierung der Vierhundert und vorher am Hermen- und Mysterienprozeß beteiligt gewesen waren, Angehörige des Rates der Stadt und auch ehemalige Schüler des Sokrates. Auch Theramenes war wieder unter den Oligarchen.

Die Regierung dieser »Dreißig Tyrannen« (wie sie die Athener schon damals nannten) bildet einen der Höhepunkte in der Geschichte der Geheimbünde: die Führer verschiedener Hetairien, jahrelang verfolgt, verbannt, zur Heimlichkeit gezwungen, sind nun teilweise mit Gewalt, mehr noch durch List und Verrat soweit gekommen, eine Stadt zu beherrschen, die im Augenblick zwar nur ein trauriges Schattenbild ihrer früheren Macht ist, aber immer noch, wie selbst ihre Feinde sagten, »eines der beiden Augen von Hellas«.

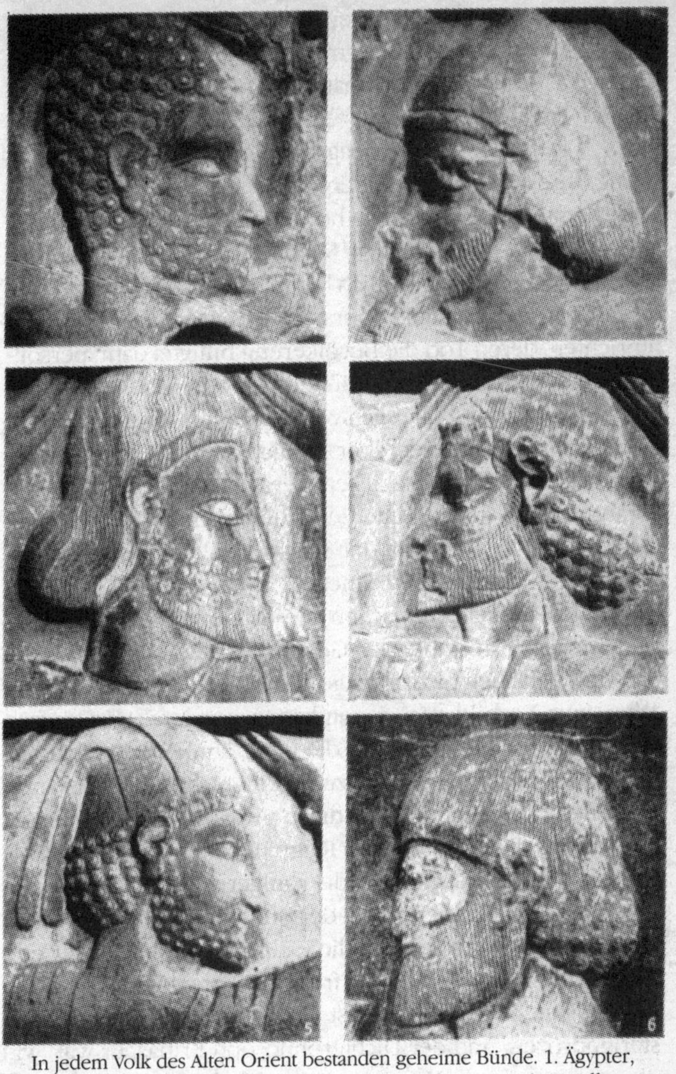

In jedem Volk des Alten Orient bestanden geheime Bünde. 1. Ägypter, 2. Skythe, 3. Lyder, 4. Araber, 5. Babylonier, 6. Kleinasiatischer Hellene.

Wie sie diese Herrschaft führten, ist aus der Geschichte hinreichend bekannt. Man könnte meinen, mancher ähnlich blutrünstige Gewaltherrscher späterer Epochen habe sie zum Vorbild erwählt, aber eines fehlt ihnen zum Vergleich mit ihren Nachfahren: die Propagandalüge. Sie bemühen sich wenig, ihre Untaten zu verbergen oder zu beschönigen, sie brauchen nicht den Anschein höheren Rechtes, denn das Maß aller Dinge sind sie, die Edlen, Schönen und Guten, die auf die anderen Menschen verächtlich herabblicken. – Sonst aber gibt es zahlreiche Parallelen: zuerst ließen sie einige Schurken hinrichten, deren Tod die Bevölkerung billigte, dann persönliche Feinde und aufrechte Männer, von denen sie Opposition befürchteten, und schließlich völlig harmlose Leute, die nicht das Bürgerrecht besaßen, aber so reich waren, daß ihr Vermögen lockte. Zum Schutz ihrer Herrschaft erbaten sich die Tyrannen eine spartanische Besatzung; von der Bürgerschaft sollten nur 3000 Mann an der Staatsverwaltung Anteil haben, die anderen wurden entwaffnet.
Derartige Parallelen zwischen dieser Gewaltherrschaft und allen späteren im Laufe der Geschichte sind kein Zufall; sie ergeben sich auch nicht daraus, daß spätere Tyrannen jene in Athen zum Vorbild genommen hätten, sondern ganz einfach aus der menschlichen Natur, die unter ähnlichen Verhältnissen auch ähnlich handelt. Dazu gehört auch der Machtkampf unter den Herrschenden und die Art, wie dieser Kampf ausgetragen wird. Die gemäßigtere Richtung, die noch an so etwas wie ein Staatsideal glaubte, die einigermaßen Vernünftigen unter den Regierenden wie in der Bürgerschaft vertrauten auf Theramenes. Ihnen standen die Radikalen und Fanatiker entgegen, unter denen zwei der früheren Ephoroi die führende Rolle spielten: Charikles, einst Untersuchungsrichter im Mysterienprozeß, und der Dichterphilosoph Kritias. Er war, wie übrigens auch sein Vater, einer der Vierhundert Oligarchen

des Jahres 411 gewesen, damals aber wenig hervorgetreten, sondern mit Alkibiades und Theramenes befreundet; aber er war ein kalter, rücksichtsloser, machtgieriger Mensch, der vor keiner Bluttat zurückscheute, Atheist und unerbittlicher Theoretiker, der weitaus Intelligenteste unter den Regierenden.

In einer Ratsversammlung prallten die Gegensätze aufeinander. Der Rat neigte schon dem maßvolleren politischen Konzept des Theramenes zu, da erzwang Kritias mit offener Gewalt die Verurteilung seines Gegners. Wieder einmal trat eine Einsatztruppe aus den Reihen der Hetairien bewaffnet auf: »Jünglinge, die ihnen die Verwegensten zu sein schienen« nennt sie Xenophon, der diese Vorgänge miterlebte, im zweiten Buch seines Geschichtswerkes. – So mußte Theramenes unterliegen. Er bewahrte bis zuletzt Haltung und erntete für sein tapferes Sterben bei der Nachwelt mehr Lob, als er für sein Leben verdient hatte.

Einer der drei Männer, die jene erste oligarchische Regierung 411 gestürzt hatten und auch dieser zweiten gefährlich werden konnten, war somit beseitigt. Der zweite war noch gefährlicher, denn wie so oft in Notlagen, blickten auch nun wieder viele Athener nach Alkibiades als Retter aus. Kritias hatte vergeblich versucht, ihn als Verbündeten zu gewinnen; also mußte er ihn fürchten und hetzte die Spartaner auf ihn. Alkibiades befand sich zu dieser Zeit in Kleinasien – sei es, weil er sich in Thrakien nicht mehr sicher fühlte, sei es, daß er zum Perserkönig reisen wollte, um persönlich von ihm Hilfe für Athen zu erbitten. In einem phrygischen Dorf erreichten ihn die Mörder. Alkibiades starb mit dem Schwert in der Hand; eine Hetäre bestattete ihn. Ihre und Alkibiades' Tochter soll Lais gewesen sein, die schönste Frau des Altertums.

Der dritte der einstigen Befreier Athens lebte noch: Thrasybulos. Da jede Opposition gegen eine Athener Regierung von den Boiotern unterstützt wurde, setzte er sich mit seinen Anhängern in einer kleinen Festung zwischen Athen und der boiotischen Hauptstadt Theben fest. Bei Ismenias, dem Führer einer thebanischen Hetairie, hatte er die erste Hilfe gefunden. Es sollen zunächst nur 30 Mann gewesen sein – vielleicht nur Hetairoi –, aber bald waren es 70, dann 700, und ihre Zahl vermehrte sich von Tag zu Tag. Gegen sie schickte Kritias die spartanische Besatzungstruppe und zwei Abteilungen der athenischen Reiterei aus – die Ritter, die stets auf der Seite der Oligarchen gestanden waren; doch jetzt brauchten ihre Hetairien nicht mehr geheime Politik zu planen, sie bildeten ja die Stütze der Regierung. Unter ihnen befanden sich wahrscheinlich auch der Historiker Xenophon und der Philosoph Platon, dessen Bruder in enger Beziehung zu Kritias stand: sie alle waren hochgebildete, verwöhnte, elegante junge Männer. Die Anhängerschaft Thrasybulos' dagegen bestand aus Flüchtlingen, Verbannten und Freiwilligen aus der ganzen Nachbarschaft, Männer, die auf alles gefaßt waren, harte Gesellen. Sie überfielen ihre Feinde im Morgengrauen und schlugen sie; einige der feinen Ritter hatten sie noch in den Betten angetroffen.

Diesmal hatten sich die Ritter nicht mit Ruhm bedeckt, aber als Kritias seine Herrschaft wanken fühlte, setzte er seine Garde noch einmal ein. Sie mußte ihm die Ortschaft Eleusis als Zufluchtsort für alle Fälle sichern und zu diesem Zweck alle männlichen Einwohner von Eleusis gefangennehmen; unter der Aufsicht der spartanischen Besatzung wurden die Unglücklichen zum Tode verurteilt. – Inzwischen war Thrasybulos' Anhang derart gewachsen, daß sie den Hafen von Athen besetzen und den Dreißig Tyrannen in offener Feldschlacht entgegentreten konnten. Kritias fiel im Kampfe. Zum zweiten Male binnen acht Jahren wurde die Gewaltherrschaft der Geheimbünde Athens gestürzt.

Um weiteren Bürgerzwist zu vermeiden, beschlossen die Athener ein großes Amnestiegesetz. Trotzdem fanden sich in den folgenden Jahren Möglichkeiten, alte Feindschaften auszutragen und Rache zu nehmen, denn die Athener waren ein prozeßfreudiges Volk und pflegten außerdem Tauglichkeit und Lebenswandel jeden Bürgers, der sich um ein Amt bewarb, in öffentlicher Verhandlung zu überprüfen; das bot genügend Gelegenheit, alte Vergehen wieder zur Sprache zu bringen.

Drei Männer vereinigten sich, nicht um einen Verräter, Denunzianten oder Henker vor Gericht zu bringen, sondern den greisen Philosophen Sokrates. Ihm schoben sie die Schuld an den Verirrungen der Jugend zu, denn es waren ja, wie wir erwähnten, in erster Linie die jungen Leute gewesen, die in den Hetairien und als Garde der Oligarchen die Waffen gegen die Demokratie geführt hatten; außerdem wußte jedermann in Athen, daß viele der führenden Oligarchen einst Sokrates' Schüler gewesen waren. Auch zwei der Ankläger, Anytos und Lykon, hatten selbst Söhne gehabt: der eine war im Trunk verkommen, der andere von den Dreißig Tyrannen getötet worden, aber beide hatten sie einst mit Sokrates verkehrt. Wie diese zwei Väter, so machten wohl auch andere Athener Sokrates dafür verantwortlich, daß ihre Söhne ihnen entfremdet worden seien; dabei war Anytos kein einfacher Bürger, sondern der Besitzer einer großen Gerberei, Politiker, sogar ehemaliger Stratege, und vor allem hatte er neben Thrasybulos eine wichtige Rolle beim Sturz der Tyrannen gespielt. – In Meletos, dem dritten Ankläger, können wir mit etlicher Wahrscheinlichkeit einen Hauptschuldigen des Hermenfrevels wiedererkennen. Er zog übrigens auch den damaligen Verräter Andokides vor Gericht; gegen Sokrates ging er offenbar aus gekränkter Eitelkeit vor, denn er war ein Dichter, und Sokrates hatte ihn nicht ernst genommen.

Sokrates ist einer der großen Lehrer der Menschheit, aber wie Zarathustra und Buddha, so hat auch er kein einziges geschriebenes Wort hinterlassen. Was wir von ihm wissen, verdanken wir hauptsächlich seinen schon vielfach genannten Schülern Platon und Xenophon. Beide schrieben Verteidigungsreden, jeder in seiner Art so, wie seiner Meinung nach Sokrates sich verantwortet haben könnte oder noch künftig gegen Unverstand und Anfeindung zu verteidigen sei. Uns darf in diesem Zusammenhang nur die politische Note des Prozesses beschäftigen; sie wird gewöhnlich wenig beachtet.
Hätte sich der Philosoph nur damit unbeliebt gemacht, daß er die Menschen auf der Straße aufhielt, sie in ein Gespräch verwickelte und ihnen nachwies, daß sie gar nicht so weise seien, wie sie meinten, und sich mehr um geistige Erkenntnis und ein sittliches Leben bemühen sollten, da hätte man ihn auslachen können oder als Sonderling unbeachtet lassen, wenn man ihn schon nicht anhören wollte; jedenfalls wären seine Lehren kein Grund für ein Todesurteil gewesen. Aber die Athener verurteilten ihn und glaubten sich dabei im Recht: es war ja ein Akt der Abrechnung mit den politischen Sünden der Vergangenheit! Platon sagt, naturgemäß hätten sich die Söhne der Reichen um Sokrates zusammengefunden, da sie über die meiste freie Zeit verfügten. Aber diese Jünglinge gehörten eben den oligarchischen Hetairien an, und was Sokrates sie lehrte, entsprach kaum dem politischen Ideal eines Thrasybulos oder Anytos. Zumindest urteilte sein bedeutendster Schüler (eben Platon) recht abfällig über die demokratische Staatsform, die eben unter großen Opfern wieder hergestellt worden war; der Idealstaat, den Platon entwirft, ist eine unnachsichtige Diktatur. Darin sollten die Besten herrschen, die Philosophen – aber der Tyrann Kritias war ja Philosoph gewesen, und die Oligarchen hatten sich stets für die besten Männer im Staate gehalten!

Einst war Damon vor Gericht gestanden, der Lehrer des Perikles, den nur ein Teil der Bevölkerung haßte, und man hatte ihn verbannt. Nun sollte über den Mann geurteilt werden, der viele der Oligarchen und Tyrannen zu seinen Schülern gezählt hatte, und er lehnte die Verbannung einfach ab! So kann das Todesurteil nicht sehr verwundern. Die Worte, mit denen Platon seinen Meister die Apologie schließen läßt, zeigen freilich die ganze Überlegenheit des Weisen über seine Richter: »Schon ist es Zeit wegzugehen – für mich, um zu sterben, für euch, um zu leben. Wer von uns aber dem Besseren zugeht, weiß niemand außer Gott.«

Das neue Jahrhundert, das nun anbricht, hat als strahlenden Mittelpunkt Alexander den Großen, den Königssohn eines halbbarbarischen Volkes. Athen tritt in den Hintergrund, und damit auch die Geschichte seiner Hetairien. Diese bestehen freilich weiter, nur hören wir viel weniger davon. Sie sind – hauptsächlich durch die Bluthherrschaft der Dreißig Tyrannen – in allen Demokratien zum Inbegriff des Staatsfeindlichen geworden; in verschiedenen Städten enthält der Bürgereid die Verpflichtung, keine Hetairie zu bilden noch einer bestehenden beizutreten. Aber die große Politik wird nicht mehr in Athen entschieden, statt oligarchisch-demokratisch lautet der neue Gegensatz »makedonisch-antimakedonisch«. Die eigene Politik tritt in den Hintergrund, die Hetairien finden größtenteils zu ihrem ursprünglichen Wesen zurück: sie sind wieder gesellige Zusammenkünfte, Vereinigungen junger Männer zur Unterhaltung und zum Trunk. Der Historiker sieht keinen Grund mehr, von ihnen zu berichten, der Spott der Komödie ist verstummt; statt der Hetairien kommen die Hetären auf die Bühne, statt politischer Tendenz Mythenparodien und Familienstücke. Nur vor Gericht spricht man noch von den Hetairien – natürlich von denen, die den Prozeßgegner unterstützen, falsche Zeugen besorgen, Meineide schwören und Wahlen beeinflussen. Doch solche Äußerungen eines Anwalts vor Gericht übertreiben naturgemäß. Betrachten wir indessen einige solcher Reden genauer, so finden wir zu unserer Überraschung doch noch Parallelen mit den Verhältnissen des fünften Jahrhunderts.

Wie seinerzeit die »Kakodaimonistai«, so gab es auch nun wieder in Athen Hetairien mit eigenartigen Namen. »Autolekythoi« nannten sich die einen: das war wahrscheinlich der Spottname für Leute, die aus Armut oder Geiz die Flasche mit dem Salböl selbst zur Ringschule trugen, statt sie einem Sklaven zu überlassen. Aber was hinter dieser Bezeichnung steckte, ist schwer zu erraten, denn es waren keine armen Leute, die dieser Hetairie angehörten, sondern lauter Söhne aus gutem Hause. – »Ithyphalloi«, der Name einer anderen Hetairie, ist ein eindeutiges Wort aus der Sphäre der Fruchtbarkeitsriten mit Kulttanz und Phallosprozession. In diesem Zusammenhang klingt es obszön – es war eben eine recht ausgelassene Gesellschaft. Wir wüßten von ihrer Existenz gar nichts, denn kein antiker Historiker kümmerte sich darum, keine Inschrift berichtet davon, und Sittengeschichten wurden noch nicht geschrieben. Aber diese jungen Leute zogen auch betrunken die Straßen entlang und mißhandelten einmal einen athenischen Bürger. Dieser nahm sich den besten Redner von Athen zum Anwalt, den berühmten Demosthenes, und aus dessen Anklagerede (der 54. in der langen Reihe seiner Reden) kennen wir den Fall. Zugleich erfahren wir noch mehr, denn Demosthenes griff nicht nur einige dieser lockeren Jünglinge an, die Söhne eines reichen, angesehenen Bürgers namens Konon, sondern auch ihn selbst. In seiner Jugendzeit hatte auch er einer Hetairie angehört; »Triballoi« nannte sich diese Gesellschaft, nach dem Namen eines barbarischen Volkes in Thrakien. Die Hetairoi dieser Runde benahmen sich auch in ihrem jugendlichen Übermut recht barbarisch: sie verzehrten Schweinehoden und die Opfermahlzeiten, die für die gespenstische Nachtgöttin Hekate aufgestellt waren. Dies erzählte Demosthenes vor Gericht, um die Glaubwürdigkeit seines Prozeßgegners Konon zu erschüttern: solche Mahlzeiten hätten die Angehörigen der Hetairie als religiöse Reinigung eingenommen, um sich dadurch vom Frevel des Meineides zu entsühnen. – Uns erscheint aber die Behauptung des Meineides weniger interessant als die gemeinsamen Mahlzeiten dieser Hetairie mit ihrem thrakischen Ritus. Wie im gegenseitigen Beistand vor Gericht, so könnte sich auch darin eine gewisse Tradition der Hetairien verkörpern.

Auch von anderen Hetairien lesen wir in Demosthenes' Reden und ebenso in denen seines politischen Gegners Aischines. Beide Männer hatten selbst ihre Hetairien um sich, beide verdächtigten – ob sie nun gegeneinander oder gegen andere Leute sprachen – die Zeugen der anderen Partei, nicht der Wahrheit entsprechend auszusagen, weil sie in einer Hetairie zusammengeschlossen seien. Wenn jemand in Athen als Redner vor Gericht oder in der Volksversammlung Mißerfolg hatte, schob er die Schuld auf eine feindliche Hetairie, und wenn eine Zeugenaussage glaubwürdig gemacht werden sollte, erklärte man ausdrücklich, der Zeuge sei kein gleichaltriger Freund.

Aber so sehr auch Meineid und falsche Zeugenaussage den Gesetzen widersprechen, um richtige Geheimbünde handelte es sich doch nicht mehr. Als Demosthenes den reichen Meidias anklagte, einen ehemaligen Reiterkommandanten, und dabei oft dessen Hetairie erwähnte, sprach er auch davon, daß diese Hetairie und andere reiche Männer in Athen eine oligarchische Herrschaft errichten könnten. Doch das war nur mehr eine rhetorische Wendung: die Zeit, da die Hetairien große

Politik machten, war (zumindest für Athen) vorbei; hinter Demosthenes' Gegner Aischines stand schon der Makedonenkönig. – Auch die fröhliche Geselligkeit blieb nicht mehr den Hetairien allein vorbehalten; Vereine der verschiedensten Arten, Kultverbände, wirtschaftliche Interessengemeinschaften übernahmen dieses Element der Jugendbünde.

Bevor wir Athen verlassen, das uns nun so lange beschäftigt hat, ist noch eine Frage zu klären. Wenn heute ein Geheimbund besteht, dem sorglose und übermütige junge Leute angehören, taucht leicht das üble Wort »Exklusivklub« auf und man vermutet allerlei Ausschweifung. Außerdem ist ja die Neigung zur Homosexualität im alten Hellas bekannt, und der Ausdruck »Hetairos« hat die weibliche Form »Hetaira« neben sich, von dem unser Begriff »Hetäre« kommt: so könnte man vermuten, die Hetairien seien nicht gesellige und politisch wirkende, sondern auch homosexuelle Geheimbünde gewesen, etwa so, wie in politischen Verschwörungen unseres Jahrhunderts eine derartige Verbundenheit mitgespielt hat.

Diese Frage läßt sich vom Standpunkt der Gegenwart aus nicht richtig beurteilen. Die Perversion des Geschlechtstriebes, die vom Christentum wie von den Gesetzen der meisten europäischen Staaten verurteilt wurde, erschien der Antike nicht grundsätzlich als Laster. Den Persern war die Knabenliebe durch ihre heiligen Bücher verboten, verbreitete sich aber (zumindest in den westlichen Gebieten) durch den Kontakt mit den Griechen. Also ist die Knabenliebe nicht, wie man gelegentlich annahm, aus dem Osten zu den Griechen gekommen. Ihre Wurzeln sind viel eher im Lagerleben zu finden, in der engen Kriegergemeinschaft, wo es keine Frauen gab, der adelige Vorkämpfer aber stets seine zarten Knappen um sich hatte.

Der Vergleich mit anderen Kriegsvölkern bestätigt diese Ansicht. Dieselbe Sitte – oder Unsitte – bestand nämlich bei den

Kelten. Von ihnen hieß es, sie hätten zwar die schönsten Frauen, teilten aber doch ihre Lagerstätte gelegentlich sogar mit zwei geliebten Knaben. Unter den Skythen war es bezeichnenderweise eine Eigenheit der Adelsgesellschaft – der Sage nach eine Strafe der Götter, weil sie bei einem Raubzug in Vorderasien das Heiligtum der Muttergottheit von Askalon geplündert hätten. So pflegten unter den Griechen auch der kriegerische dorische Stamm die Knabenliebe am meisten, die mehr für Handel, Kunst und Wissenschaft interessierten Jonier am wenigsten. Aber bei den adeligen Dorern auf Kreta und auch in Sparta war die Knabenliebe eine gesetzlich und religiös anerkannte Einrichtung. In Analogie zum urtümlichen Brautraub vieler Völker gab es dort einen Scheinraub der Knaben: die Eltern wurden vorher benachrichtigt; wenn es sich um eine standesgemäße Verbindung handelte, leisteten sie nur der Form halber ein wenig Widerstand. Der erwachsene Liebhaber entführte den etwa zwölfjährigen Knaben aufs Land, lebte dort zwei Monate lang mit ihm zusammen und unterwies ihn in der Jagd und allen anderen ritterlichen Übungen. Bei der Rückkehr in die Stadt schenkte er ihm ein Kriegsgewand, einen Becher und ein Rind, das der Knabe dann dem Zeus opferte.

So war die Knabenliebe im dorischen Bereich ein Teil der Erziehung. Es galt als Schande, sich den Liebling nach der Schönheit und nicht nach der Tüchtigkeit auszuwählen, und so wurde der Knabe verachtet, der keinen Liebhaber fand. Dieser war auch sein gesetzlicher Vormund, denn vor dem dreißigsten Lebensjahr durfte niemand vor Gericht oder auf der Agora auftreten; er war auch für Haltung und Tapferkeit des Knaben verantwortlich und wurde bestraft, wenn sich jener feig zeigte. Der Knabe kämpfte neben dem Liebhaber als Knappe und bewahrte ihm die Achtung auch über die Zeit der erotischen Verbundenheit hinaus. Die gegenseitige Treue und die Scheu, sich vor dem Meister oder vor dem Geliebten feige zu zeigen, verlieh solchen Heeren ungeheure Kampfkraft. Viele der berühmten Heldentaten spartanischer Truppen sind damit zu erklären.

Auch bei den Boiotern hatte die Knabenliebe nichts Anstößiges an sich. Die spottlustigen Athener erklärten dies damit, daß dieses Bauernvolk für heimliche Überredung und Liebeswerben ja viel zu stumpf sei und deshalb dem offenen Verlangen auch offen und einfach nachgeben müsse. Tatsächlich war es eine alte Sitte: in Theben empfingen die Liebesbünde religiöse Weihe, und der Liebhaber schenkte dem Knaben eine Rüstung; als Kern des Heeres bestand eine adelige Truppe, die sich nur aus Liebespaaren zusammengesetzt haben soll. Diese »Heilige Schar« wurde nie besiegt; als die Griechen den Makedonen unterlagen, blieb die ganze Heilige Schar tot auf dem Schlachtfeld von Chaironeia.

Die spartanische Staatsform, die dem Adel alle Vorrechte einräumte und die arbeitende Bevölkerung wie Sklaven behandelte, galt den Athener Adelskreisen als beneidenswertes Vorbild; so schätzten sie – in gewissem Maße, soweit es nicht unbequem war – spartanische Erziehung, ahmten die Haartracht nach und ergaben sich der Knabenliebe. In den Ringschulen, wo die Knaben nackt ihre Körper übten, fanden sich auch alle Männer ein, die sich zu ihnen hingezogen fühlten. Die Ruhepausen nach der Anstrengung dienten nicht nur philosophischen und politischen Gesprächen, sondern auch dazu, Liebesbeziehungen anzuknüpfen. Die schönsten Knaben und Jünglinge wurden viel umschwärmt, wurden verwöhnt und besungen.

Ausführlicher, vor allem aber schöner und viel tiefer als wir es vermöchten, hat Platon in seinem bereits erwähnten »Symposion« über dieses Thema geschrieben; den Kreisen, denen er angehörte, galt die Liebe zu Knaben als mindestens ebenso berechtigt wie die zu Frauen. Erst in seinem Spätwerk »Die Gesetze« verurteilte Platon die Knabenliebe als etwas Widernatürliches. Aber bis dahin gab es keinen ernsthaften Vorwurf, ja man deutete sogar viele Mythen in diesem Sinne aus. Zeus mit seiner Liebe zum schönen Ganymedes galt als Vorbild, auch Apollon und Admetos; das Grabmal von Herakles' Geliebten Iolaos war die heilige Stätte der thebanischen Liebesbünde, Oidipus' Vater Laios wurde als Erfinder der Knabenliebe angesehen, und der Tragödiendichter Aischylos erklärte mit einer solchen Bindung die Trauer des Achilleus um Patroklos. Viele Dichter bekannten sich wie Aischylos mitunter zur Knabenliebe, Theognis, Ibykos, Anakreon, Pindar, Sophokles.

Wenn wir die bekanntesten Liebhaber Athens nennen, begegnen wir noch einmal den Namen fast aller Männer, die in den Hetairien und mit ihnen in der Politik wirkten. Wie die literarische Überlieferung, so geben auch die schönen attischen Vasenbilder manchen Hinweis, denn die Künstler malten auf die Vasen die Namen der geliebten Knaben – auf Bestellung der Liebhaber oder einfach, weil es so verlangt wurde, denn die ganze Stadt freute sich an der Schönheit der jungen Leute. Da finden wir auf den Vasen oder andrerseits in der literarischen Überlieferung als Liebhaber oder als Geliebten Männer wie den weisen Solon genannt, den Tyrannen Hipparchos und seine Mörder Harmodios und Aristogeiton, die Strategen Aristeides und Themistokles (deren gegenseitige Feindschaft ja mit dem Streit um einen schönen Knaben begonnen haben soll) und Miltiades, den Sieger von Marathon; außerhalb Athens die Tyrannen Hieron von Syrakus, Aristodemos von Kyme, Polykrates von Samos und den Spartanerfeldherrn Lysandros.

Es waren in erster Linie die oligarchischen Kreise, die vornehmen und adeligen Bürger, die sich in den Gymnasien und

Ringschulen zusammenfanden. Auch die lange Reihe von Namen, die wir eben aufführten, bestätigt es, daß die Liebhaber edler Knaben den Hetairien angehörten, so wie die Knaben selbst schon in dieser Zeit oder zumindest wenige Jahre später ihre Hetairien bildeten. Dennoch war die Knabenliebe keine Einrichtung der Hetairien, kein Element ihres Bestandes, etwa in dem Sinne, daß die Angehörigen einer Hetairie durch Liebesverhältnisse aneinander gebunden gewesen wären: es gibt kein Zeugnis des Altertums dafür, der Sprachgebrauch des Wortes »Hetairos« ist frei von jedem erotischen Nebensinn.

Aber wenn auch diese Bindung in den Hetairien fehlte, so war es doch vielfach die gemeinsame Neigung, die einigen konnte wie gemeinsamer Haß gegen einen politischen Gegner. Man kannte einander, man war großzügig gegen die Fehler des anderen und kannte in dieser Hinsicht wenige Vorurteile. Bei den Gelagen der Hetairien erfreuten schöne Mädchen und ebenso auch schöne Knaben die Gäste, und nicht nur mit Wein und Speisen, die sie auftrugen, sondern auch später, in gelöster Stimmung, wenn die Trunkenheit anderes Verlangen erwachen ließ, mit den Reizen ihrer Körper. Das war leicht errungener Genuß, eine Beigabe zur Freude der Tafel; mehr mußte es noch locken, ihn sich erst mühsam zu verschaffen. So warben die Hetairoi in den Ringschulen um schöne Knaben – auch gemeinsam, wie einst die Freier um Penelope – oder verfolgten sie, unter Umständen sogar mit Gewalt. Solche Vorgänge boten den Gegnern der Hetairien natürlich willkommenen Anlaß, sie anzugreifen und zu verleumden. Das taten Demagogen wie der Athener Kleon, spottlustige Komödiendichter und feindliche Redner vor Gericht; andererseits verboten auch viele Tyrannen die Knabenliebe wie die Ringschulen überhaupt, um die gefährlichen Hetairien zu treffen.

Es gab auch Knabenbordelle und gewerbsmäßige Lustknaben, die Hurensteuer zahlten, aber sie waren ehrlos. Damit hat das Ideal des »Paidikos Eros«, der Sinn einer kriegerischen und traditionsgebundenen Erziehung bei den Spartanern und die Begeisterung für männliche Schönheit in Athen wenig gemeinsam. Irgendeine Geselligkeit mit Frauen oder Mädchen war ja auch unmöglich, es sei denn mit Hetären. Wenn eine Frau mit Männern verkehrte, wie Perikles' Gemahlin, die berühmte Aspasia es tat, so trug ihr das schwere Vorwürfe ein. Gedankenaustausch, gemeinsame geistige, künstlerische oder sportliche Interessen gab es nur unter Männern oder eben zwischen Männern und Knaben.

Als in Athen die Herrschaft der Hetairien gebrochen wurde, waren solche Bünde in anderen Städten Griechenlands noch mächtig. So war es zum Beispiel, gleich um die Wende zum vierten Jahrhundert, in Theben der Fall, der bekannten Hauptstadt Boiotiens, etwa fünfzig Kilometer nordwestlich von Athen. Dort hatten zwei Männer namens Ismenias und Leontiades die oberste Regierungsgewalt inne, doch sie waren miteinander verfeindet. Nicht nur die Hetairien dieser Männer kämpften gegeneinander, sondern alle Hetairien der Stadt waren an dem Gegensatz beteiligt. Ismenias hatte schon seinerzeit den Athener Thrasybulos in seinem Kampf gegen die Dreißig Tyrannen unterstützt; die Freundschaft zu Athen kostete Ismenias auch schließlich das Leben, als die Spartaner 383 v. Chr. – wieder im Krieg mit Athen – die Stadt Theben besetzten.

Keine zwei Jahrzehnte später herrschten, noch ganz im alten Stil, oligarchische Hetairien in Abydos. Diese Stadt lag an der engsten Stelle des Hellesponts auf der asiatischen Seite und besaß einen vorzüglichen Hafen. Von dort war einst der edle Jüngling Leander allnächtlich nach Europa hinübergeschwommen, wo seine Geliebte, die Priesterin Hero, auf ihn

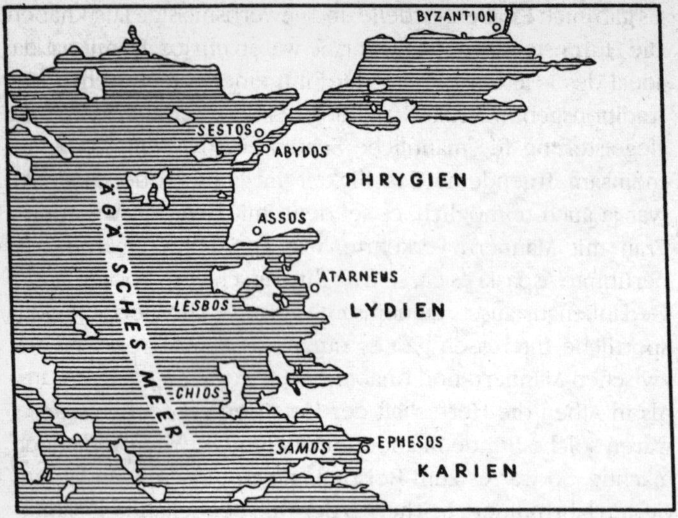

wartete. König Xerxes hatte von dort das Perserheer nach Europa übergesetzt, der Spartaner Lysandros von dort aus im Jahre 404 die athenische Flotte zerstört. Abydos war auch noch im Jahre 360 den Athenern feind – eben wegen seiner oligarchischen Verfassung. Wie diese schließlich zugrunde ging, erwähnt Aristoteles in seiner »Politik« (1306a 31) als Musterbeispiel eines solchen Vorganges: aus Mißtrauen gegeneinander hatten die Hetairien keinem ihrer Angehörigen den Befehl über das Heer anvertraut, sondern einen Befehlshaber bestellt, der keiner Parteirichtung angehörte. Aber mit Hilfe seiner Krieger machte sich dieser Mann zum Oberhaupt der Stadt und unterdrückte die Hetairien.

Ein drittes Mal – um nur die bekanntesten Beispiele zu nennen – hören wir von einem Staatsoberhaupt und seinen Hetairoi aus Atarneus. Diese Stadt lag in einer fruchtbaren Ebene an der Westküste Kleinasiens, von dreifachem Mauerring geschützt, rings um die Akropolis, die sich zweihundert Meter über dem Meer erhob. In einiger Entfernung, aber ebenfalls an der Küste, ebenfalls gegenüber der berühmten Insel Lesbos, lag die prachtvolle Stadt Assos, das schönste Beispiel griechischer Festungsbaukunst. Beide Städte standen um 360 v. Chr. unter der Herrschaft des Bithyniers Eubulos, und dieser wieder hatte einen Sklaven, einen Eunuchen namens Hermias, dem er sehr vertraute und schließlich seine Herrschaft vererbte.

Noch zu Lebzeiten seines Herrn war Hermias nach Athen gereist und dort ein Schüler Platons gewesen, der damals als hochgeehrter Greis in der Akademie lehrte. Hermias befreundete sich auch mit anderen Schülern des großen Philosophen, besonders mit einem, der mit den Meinungen seines Lehrers nicht völlig übereinstimmte: mit Aristoteles. Dieser kam auch nach Platons Tod nach Atarneus und fand an Hermias' Hofe Zeit, manchen Gedanken schriftlich niederzulegen und sein philosophisches System auszubauen.

Aus dieser Zeit ist eine interessante Inschrift erhalten, ein Bündnisvertrag der Stadt Erythrai, die mehrfach »Hermias und die Hetairoi« nennt. Es ist nun schwer glaublich, daß Hermias, der ehemalige Sklave, einer (doch in der Regel adeligen) Hetairie angehört habe. Hier hat das Wort »Hetairos« schon einen anderen Sinn. In gut sokratischer Tradition redeten die Philosophen dieser Zeit einander als »Hetairos« an, und Hermias hatte ja, wie Aristoteles, so auch manchen anderen Gefährten seiner Athener Zeit bei sich. Sie nahmen wohl an seiner Herrschaft teil, denn er gedachte, das platonische Ideal des Philosophen als Staatslenker zu erfüllen; ein Brief, den Platon in diesem Sinne an Hermias schrieb, ist sogar erhalten. Leider war Hermias' Macht nur begrenzt, das große Perserreich war zu nahe, und als Hermias mit den Makedonen Beziehungen anknüpfte, kostete ihn dieser Versuch selbstän-

diger Politik das Leben. Aristoteles rettete seine Nichte und nahm sie später zur Frau.
So haben wir einen interessanten Bedeutungswandel des Wortes »Hetairos« vor uns, vom homerischen Kampfgefährten zum Verschwörer und nun zum Philosophen…

Wie im homerischen Griechenland, so gab es auch im makedonischen Staat Hetairien als adelige Verbände. Der makedonische Hetairos war Waffengefährte und Gefolgsmann – und das nicht erst als gelehrte Nachahmung, seit die Führer dieses Hirtenkriegervolkes hellenische Bildung kennengelernt hatten und am makedonischen Königshof die homerischen Gesänge vorgetragen wurden; die makedonische Hetairie war wohl eine uralte Einrichtung. Allerdings stellte sich bei den Adeligen nunmehr ein Rangunterschied ein. Die Großgrundbesitzer, die in der Armee die Reiterei bildeten, führten auf Grund ihres Standes den Titel »Hetairoi«. Viele von ihnen verließen aber ihre Landsitze und lebten die meiste Zeit des Jahres am Königshof zu Pella in der engsten Umgebung ihres Herrschers: sie waren *seine* Hetairoi.
Dieselbe Bindung gleichen Alters und ungefähr gleicher Erziehung bestand naturgemäß zwischen dem makedonischen Thronfolger und den Söhnen der Adeligen. So hatte denn auch Alexander der Große seine Hetairoi um sich, einen fest geschlossenen Kreis von Gefährten. Sie kämpften an seiner Seite und bildeten seinen Rat, sie hatten gemeinsame Mahlzeiten und Gelage, wie die griechischen Hetairien des vorhergegangenen Jahrhunderts. Wie die griechischen Politiker jener Zeit, so verwendete auch Alexander seine Hetairoi als Helfer in der Politik, als Gesandte, Statthalter und Festungskommandanten. Sie folgten ihm auf seinem Siegeszug durch Asien, und als er im Frühjahr 324 zu Susa, der ehemaligen Winterresidenz der Perserkönige, eine Tochter und auch gleich eine Nichte

des letzten Perserkönigs heiratete, gab er auch seinen Hetairoi adelige Perserinnen zu Frauen. Zehntausend makedonische Krieger sollen damals ihrem Beispiel gefolgt sein und sich mit Perserinnen verheiratet haben.
Doch trotz dieses Aktes der Völkerverbindung gab es zwischen den Makedonen und den neuen Untertanen Alexanders viel Eifersucht. Die Hetairoi konnten sich wie die anderen Makedonen nur schwer entschließen, ihren Jugendgespielen und Waffengefährten als Gottessohn und Großkönig fußfällig zu verehren. Schon vor jener großen Hochzeit hatte es Verschwörungen gegeben. – Philotas gehörte als Hetairos zur engsten Umgebung Alexanders, so wie sein Vater zu den Hetairoi von Alexanders Vater gehört hatte. Aber als im Sommer 330 v. Chr. der Plan zu einem Attentat auf Alexander entdeckt wurde, hielt dieser seinen alten Freund Philotas für mitschuldig, ließ ihn auf der Folter zum Geständnis zwingen und hinrichten. Philotas hatte die makedonische Reiterei befehligt; einen seiner Nachfolger in diesem Amt, den altbewährten Hetairos Kleitos, tötete Alexander bald darauf mit eigener Hand.
Das geschah zwar im Jähzorn, und ob Philotas damals tatsächlich an der Verschwörung beteiligt gewesen war, ist umstritten. Aber eine weitere gefährliche Verschwörung ging wieder von einem Kreis gleichaltriger Gefährten aus. Diesmal waren es nicht Alexanders eigene Hetairoi, sondern schon eine andere Generation: die Pagen des Königs, die ihn auf dem großen Feldzug begleitet hatten. Einer von ihnen war so unvorsichtig, auf der Jagd ein Wildschwein zu töten, das Alexander selbst erlegen wollte. Dafür wurde er in Gegenwart der anderen Pagen geprügelt und seines Pferdes beraubt. Um sich für diese Schmach zu rächen, wollte er Alexander töten und verschwor sich dazu mit anderen Pagen.
Keine der genannten Verschwörungen ist eigentlich ein Ge-

heimbund zu nennen, denn wenn auch alle anderen Voraussetzungen dazu vorhanden waren, fehlte ihnen doch die Dauer. Hätte Alexander länger gelebt, hätte auch die Opposition gegen ihn festere Formen angenommen. Der Widerstand, der zweimal in ähnlichem Kreis zu plötzlicher Tat drängte, hätte sich vielleicht zu einer national-makedonischen Gruppe gegen die Weltreichsidee Alexanders zusammengeschlossen. Aus der Hetairie, der Schar alter Waffengefährten, wäre vielleicht auch hier ein Geheimbund geworden.

RUND UM DAS MITTELMEER

Rauschtrank und Ekstase / Haschisch bei den Skythen / Dagegen sprach Zarathustra / Dareios und die Magier / Söldnerführer aus der Wüste / Libyer im Delta / Sippenbünde in Karthago / Die Flöte des Verrats / Pythagoras und seine Jünger / Zu Dionys, dem Tyrannen, schlich... / Die Söhne der Verbannten

Verschwörungen können über Nacht entstehen, der Plan dazu kann in einer einzigen Stunde gefaßt werden, wie in jener, da Alexander der Große seinen voreiligen Pagen geißeln ließ. Richtige Geheimbünde tauchen jedoch nicht so plötzlich auf, wenigstens nicht im Altertum. Da ist meistens ein langer Weg zu verfolgen, eine historische Entwicklung, die den schon bestehenden Bund außerhalb der Gesetze stellt und damit zur Heimlichkeit zwingt. So war es auch bei den Persern und – nur leider zum guten Teil unserer Kenntnis entzogen – anderen arischen Völkern. Wieder handelte es sich um die waffenfähige Jugend, um die Jungmannschaft eines Stammes im Gegensatz zu den älteren, verheirateten Männern, den Trägern der Stammes- und Staatsgemeinschaft, und wieder war es vor allem die adelige Jugend.

Das Element, das sie von ihren Stammesgenossen schied, war die Ekstase, das Außersichsein, die Verzückung, Entrückung. Dieser Zustand höchster Begeisterung kann sich in einem Augenblick übermächtigen Erlebens einstellen, aber wenn er öfter wiederkehren soll, bedarf es künstlicher Mittel. Askese und Fasten, Alkohol, Tabak und Drogen, Tanz und Musik vermögen heute noch den Menschen aus seiner Person, aus

seinen alltäglichen Gedanken und Vorstellungen heraustreten zu lassen oder herauszureißen, von allen Hemmungen und Bindungen der Sitte und auch des Gewissens zu lösen. Die Boogie-Woogie-Ekstase moderner Tanzsäle besitzt keinen religiösen Zusammenhang; bei orientalischen Derwischen aber und in geheimen Sekten der farbigen Bevölkerung Südamerikas zeigt sich die Tanzekstase noch deutlich in ihrem religiösen Sinn. Es ist also keine moderne Entartung, kein Laster der Neuzeit, sondern nur ein Rückfall in uralte Sitte: schon vor vielen Jahrtausenden suchte der Mensch, seine Seele für eine gewisse Zeit vom Körper zu lösen und sie übersinnlichen Mächten zu verbinden. Es geschah in vielerlei Form und Abwandlung, im Berserkertum der Germanen, in den dionysischen Mysterien der Griechen und auch bei den barbarischen Reitervölkern, die von der Ostsee bis ins Hochland von Pamir und zum Arabischen Meer als Nomaden oder Halbnomaden lebten, in Wohnwagen oder Zelten, zuweilen auch als Ackerbauer in Dörfern oder in den Städten unterworfener Völker. Sie alle waren harte Krieger, gefährliche Feinde der zivilisierten Welt und doch mit ihr in Kontakt, als Rohstofflieferanten und Söldner, als Räuber und Pfadfinder und Gastfreunde der durchziehenden Händler, selbst als Vermittler chinesischer Güter in die Mittelmeerwelt und von hier nach dem Osten. Fast geschichtslos lebten sie, schwer zu unterscheiden, von den alten Kulturvölkern mit vielerlei Namen genannt, untereinander verwandt und verfeindet. Immer wieder brach ein Stamm in die Kulturwelt ein, plünderte, mordete, wurde endlich aufgerieben oder siedelte sich an und wurde ein Teil der historischen Kulturwelt, der sich nun selbst gegen die wilden Reiter der Steppe zur Wehr setzte.
Sie alle glaubten an Dämonen und überirdische Mächte. Der Kontakt mit diesen Mächten vollzog sich in einer Form, die Nordasien und überhaupt das Nordpolargebiet noch in unse-

ren Tagen kennt. Wie die Schamanen der sibirischen Völker Kranke zu heilen versuchen, indem sie Geister anrufen oder austreiben oder sich untertan machen, so fanden auch die Priester der erwähnten Reitervölker des Altertums den Weg zu den Geistern, und nicht nur sie allein, sondern auch der Kreis von Männern, in dem und mit dem sie handelten. Als Mittel zum Heraustreten aus der irdischen und zum Übertritt in die Geisterwelt dienten den Skythen die Dämpfe von heißem Hanf. Herodot, der griechische Historiker des fünften Jahrhunderts, berichtet im vierten Buch des Geschichtswerkes – bezeichnenderweise als letzten Akt einer Bestattungszeremonie –, daß die Skythen Zelte errichteten und darin Gefäße aufstellten, in die sie erhitzte Steine legten. Dann sagt er (cap. 75) weiter: »Die Skythen nehmen die Samen des Hanfes, kriechen in diese Filzzelte und werfen dann die Samen auf die Steine, die vom Feuer glühen. Das raucht und ergibt stärkeren Dampf als jedes griechische Dampfbad. Die Skythen freuen sich über die Dämpfe und schreien laut.« Herodot, der vernünftige Grieche, hielt diesen Vorgang für eine Art von Bad, aber es war wohl ein Rausch, der die Skythen ergriff: aus Hanf wird ja das bekannte Rauschgift Haschisch gewonnen.
Die Skythen lebten nördlich des Schwarzen Meeres und noch weiter in den Steppen, auch am Kaspischen Meer und nordöstlich des Aralsees. Ihre südlichen Nachbarn am Aralsee waren die Massageten, ein ähnlich kriegerisches Nomadenvolk mit wilden Sitten, das seine Weiber gemeinsam besaß und seine Greise opferte. Sie waren mit den Skythen verwandt und kannten auch eine ähnliche Form religiöser Ekstase. Wieder verdanken wir die Nachricht Herodot; im 202. Kapitel des ersten Buches erzählt er von ihnen: »Sie haben Bäume entdeckt, die gewisse Früchte tragen. Wenn sie in Gruppen zusammmengekommen sind und Feuer angezündet haben, sitzen sie im Kreis herum und werfen diese Früchte in das

Feuer. Sie riechen die verbrannten Früchte und berauschen sich an dem Geruch wie die Hellenen am Wein. Je mehr Früchte sie hineinwerfen, desto stärker werden sie berauscht, bis sie sich zum Tanz erheben und schließlich singen.«

Dieser Bericht ergänzt nicht nur die vorhin angeführte Schilderung der Rausch-Ekstase bei den Skythen, er ergibt noch ein zweites wichtiges Moment: die Art der Zusammenkunft zur Feier. »In Gruppen« übersetzten wir einfach; das ist ungenau wie ja fast jede Übersetzung. Herodot verwendet den Ausdruck »Ile«, und dieser bezeichnet gewöhnlich keine beliebige Schar, sondern eine bestimmte Abteilung, eine Schar von Jünglingen (vielleicht sogar eine Hetairie!) oder auch einen militärischen Truppenverband. So können wir in diesen Feiern der Massageten mit etlicher Wahrscheinlichkeit die Versammlung von Kultverbänden erblicken, von Männerbünden, deren Tätigkeit sich naturgemäß nicht auf das religiöse Be-

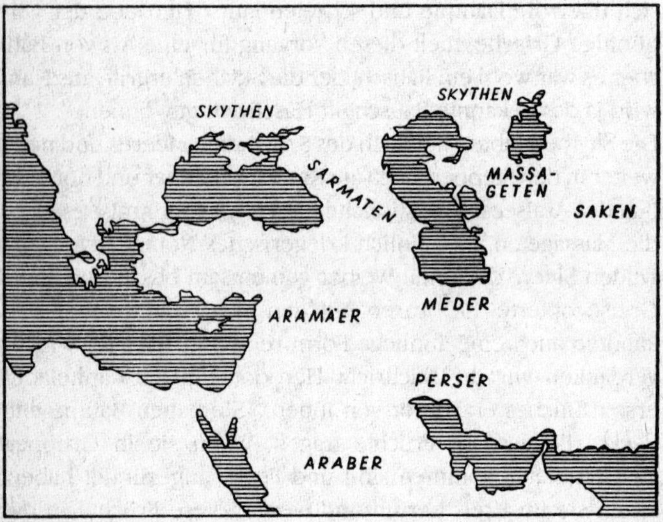

reich beschränkte. Ob sie je zu Geheimbünden wurden, wissen wir bei Skythen und Massageten nicht.
Aber Skythen und Massageten sind nicht das einzige Beispiel solcher Rauschekstase. Was ihnen Dünste von verbrennenden Hanfsamen und Früchten waren, bedeutete für andere arische Völker ein gegorener Pflanzensaft. »Soma« hieß er bei den Indern; für sie war es ein heiliger Opfertrank, den ein Adler vom Himmel oder von einem Berg herabgeholt haben sollte. Den Iraniern galt Ihr »Haoma« als Unsterblichkeitstrank. Es war der Saft einer Pflanze, die wir heute nicht mehr zu identifizieren vermögen.
Der Haomatrunk an einem heiligen Platz, Gesang von Hymnen, Tanz, Rausch mit Trance und ekstatischer Schau der Gottheit bildeten eine Art Mysterienfeier. Es war ein uralter religiöser Vorgang, doch einmal trat gewaltsam ein neues Element dazu. Bei einem ostiranischen Stamm von Viehzüchtern wurde die Mysterienfeier zur Orgie, deren wesentlicher Bestandteil die rituelle Schlachtung von Stieren war: das Fleisch des heiligen Tieres sollte durch seine göttliche Natur die Wirkung des Haoma unterstützen, die Ekstase noch verstärken. Der Stamm, bei dem dies geschah, verehrte nicht den Schöpfergott und Weltenrichter Ahura Mazdah, sondern Mithra, den uralten arischen Gott des Opfers, den strafenden Gott und Herrn des Krieges. Er galt in manchen Teilen Irans als Sonnengott, aber ursprünglich war er der Gott des gestirnten Nachthimmels – und jene Haomarauschorgien mit dem Stieropfer wurden bei Nacht gefeiert.
Dagegen nun erhob sich, wie in Indien die Abwehr des Buddhismus, so im Iran die des Ahura Mazdah-Glaubens und seiner Ordnung. Soziale Gründe mögen mitgespielt haben, denn der nächtliche Rausch machte die jungen Leute am nächsten Tag untauglich zur Arbeit, und das Stieropfer schädigte, wenn es zu oft vollzogen wurde, den Viehbestand, die

Lebensgrundlage des Stammes. Aber das Hauptmotiv war religiöser Art: das Rind war heilig. Es sollte mit Milch und Dung dem normalen Leben dienen, sollte seine göttliche Kraft auf herkömmliche, normale Weise, nicht in wilder Orgie den Menschen vermitteln. Der Mann, der diesen Widerstand leitete, war Zarathustra. Wir wissen nicht, wann er gelebt hat, die Meinungen schwanken zwischen 1000 und 500 v. Chr. Sicher ist nur: vor 485, denn in diesem Jahre wurde auf Grund des Zoroastrismus, der von Zarathustra begründeten Religion, ein neuer Kalender eingeführt.

Indessen war er, der Stifter einer heute noch bestehenden Religion, kein grundsätzlicher Neuerer. Er berief sich gegen die Mithragemeinde auf Ahura Mazdah, er verteidigte diese Religion und die bisherige Lebensform sowie die heilige Ekstase, das Mysterium der Berührung mit dem Göttlichen. Seine Worte bilden die ältesten Bestandteile des Avesta, der heiligen Bücher der Perser. In ihnen läßt sich der Verlauf von Zarathustras Kampf im eigenen Stamm und seiner Mission bei anderen Stämmen verfolgen, die Wandlung seiner Lehre und die schließliche Versöhnung mit dem Mithrakult. Zarathustra bezog auch andere Elemente in seine Religion ein und duldete sogar das Haoma. Aber da hatte sich viel gewandelt. Der rituell zubereitete Haomatrank enthielt Pflanzensäfte, Wasser, Granatäpfel, frische Milch, hatte jedoch nichts mit Gärung und Rausch zu tun: aus der Orgie war ein Sakrament geworden.

So geschah es bei den Stämmen, die Zarathustras Religion annahmen, auch bei vielen ehemaligen Mithragemeinden; allerdings nicht bei allen. Wir können uns leicht denken, daß – wie bei den Massageten, wo von »Ile« (kriegerischen Scharen) die Rede war – auch bei den anderen arabischen Völkern nicht der ganze Stamm an den Haomafeiern teilnahm, sondern nur die Jungmannschaft. Es war ja ein Fruchtbarkeitszauber, der besonders für die Jünglinge bedeutsam war, wenn sie in feierlicher Initiation für reif erklärt wurden, am Geschlechtsleben teilzunehmen: also eine Schar gleichaltriger Jünglinge, wie wir sie in anderem Zusammenhang schon bei den Griechen fanden. Durch die gemeinsame Initiation gehörten sie zusammen; sie bestanden als kriegerische Organisation und als Bund zur Verehrung der Toten. Sie standen den dunklen und dämonischen Mächten nahe. Das Haoma war ihr Unsterblichkeitstrank: nachdem sie beim Eintritt in den Bund symbolisch getötet worden waren, belebte er sie neu, und in der Einheit mit den Seelen der Verstorbenen waren sie unsterblich. Aber sie standen nun im Gegensatz zur Ordnung und Religion der anderen, und das bedeutete mehr als der rein politische Gegensatz der griechischen Hetairien zur Demokratie. Die iranische Religion war auf dem großen dualistischen Prinzip Gut und Böse, Wahrheit und Lüge aufgebaut, und Zarathustra hatte das noch mehr betont. Die Jungmännerbünde, die am Stieropfer festhielten, gehörten somit in die Welt des Bösen und der schädlichen Dämonen. »Mairya« ist im Avesta das Schimpfwort für die Angehörigen dieser Bünde; ursprünglich bedeutete es einfach »Mann«, »marianni« hieß der arische Feudaladel des Reiches von Mitanni. Ähnlich, wie wir es beim griechischen Hetairos feststellen konnten, hatte hier ein gutes altes Wort üblen Klang bekommen, weil es den Angehörigen eines verhaßten Geheimbundes bezeichnete.

Das Vendidad, eines der heiligen Bücher der Perser, ist in erster Linie ein priesterliches Gesetzbuch. Sein erstes Kapitel enthält eine Liste der Landschaften, nach ihrem Wert geordnet, und gibt an, von welcher Gegenschöpfung der bösen Mächte sie heimgesucht werden, wie von langem Winter, der Viehfliege und der religiös verbotenen Totenklage. Die Landschaft Bachdhi (heute ein Teil von Afghanistan) heißt »das schöne, mit erhobenem Banner«. Das Banner ist aber keine Auszeichnung, es gehört den feindlichen Heeren, jenen militärischen

Organisationen, mit denen der Zoroastrismus Krieg zu führen hatte. Bachdhi und die westliche Nachbarlandschaft, das alte Kerngebiet der Mithraverehrung, waren die Heimstätte jener Männerbünde und ihres blutigen Kultes. Ihr Kultsymbol war neben dem Banner die »blutige Keule«, das Gegenstück zur dämonenzerschmetternden Keule des rechten Glaubens. (Bei den Freimaurern wird uns die Keule noch einmal als Symbol eines Bundes begegnen.) Wie ihr Tun, so war auch ihr Glauben dem Zoroastrismus verhaßt, und ihre Götter galten gegenüber dem einen großen Ahura Mazdah als Dämonen – auch wenn sie einst angesehene Götter gewesen waren und es bei anderen arischen Völkern auch blieben, bei den Indern, zum Teil bei den Medern und einst im Reich von Mitanni, das damals freilich nicht mehr bestand, aber seinerzeit Indra und Mithra gekannt hatte. Indra, der Kriegergott, ferner die Göttin des Hanf-Rausches und die der Orakel im Trance-Zustand wurden im Zoroastrismus zu Dämonen gestempelt: Sie zählten also zu den Göttern der verfolgten und verhaßten Bünde. So zeigen sich diese Bünde im Bild ihrer Feinde. Wenn wir sie uns genauer vorstellen wollen, sind wir noch mehr als bisher auf Vermutung und Kombination angewiesen. Waren sie vielleicht gar keine religiösen Fanatiker, sondern nur lustige, lebensfrohe junge Männer? Jedenfalls war ihr Haomarausch ein richtiger alkoholischer Rausch mit aller Freude, die dieser gewährt. Aber sie betranken sich nicht nur in geselligem Gelage wie die Hetairoi zu Athen; ihr Treiben hatte besonderen Sinn. Rudra, eine ihrer Götter – eine Sturmgottheit, die später unter dem Namen Shiva ein Hauptgott der Inder wurde – hatte viele Söhne, die Maruts: Totenseelen, Fruchtbarkeits- und Windgötter, die alle zusammen geboren worden und einander ähnlich waren wie die Speichen eines Rades. Diese tanzlustige, waffenfrohe (und gleichaltrige!) Gefolgschaft des Kriegsgottes Indra und des Sturmgottes Rudra war das rechte

Vorbild für die Jungmännerbünde. Wenn diese ebenso waffenfrohen und tanzlustigen, kriegerischen jungen Leute den Stier grausam geschlachtet hatten und im Haomarausch sich selbst vergaßen, aus sich heraustraten, fühlten sie sich in der Ekstase als die Maruts – nicht als irdisches Abbild der Götter, sondern als die Götter selbst.

Im Mythos erscheinen die Maruts auch als rächende, gefährliche Götter, die Unrecht und Verfehlungen der Menschen bestrafen. So taten es auch die Männerbünde. Gewaltsam setzten sie durch, was sie für recht hielten, übten Feme und Lynchjustiz. Das heilige indische Buch Rigveda, das ins zweite vorchristliche Jahrtausend zurückreichen dürfte, nennt die Maruts »Herrenmacher« und verleiht ihnen die Bezeichnung »einen König hervorbringend«; so griffen offenbar die Bünde in die Politik einzelner Stämme ein. Heute noch genießen auf den Südseeinseln und in Westafrika Geheimbünde hohes Ansehen und können nachhaltig wirken, da man ihnen die Verbindung mit Geistern und Totenseelen zutraut; Ähnliches dürfen wir für das alte Iran annehmen. Und wenn der Glauben an die göttliche Macht der Männerbünde nicht genügte, sorgten ihre Waffen für Gehorsam… Auf verschiedene Art kann sich ein Geheimbund dem Stammeshaupt gegenüber verhalten: er kann es kontrollieren und sich selbst unabhängig halten, er kann mit seinen Führern selbst die Gewalt ausüben und, wenn ein Mann aus den eigenen Reihen die oberste Gewalt innehat, sich ihm als Leibgarde unterordnen; schließlich kann er in Opposition stehen und zur terroristischen Organisation werden. Beispiele für alle diese Möglichkeiten haben wir in der griechischen Geschichte zur Genüge gesehen, da dort genaue historische Berichte vorliegen. Für das alte Iran müssen wir uns damit begnügen, die allgemeine Linie anzudeuten.

Als Parallelen für die Rauschekstase des Haomakultes haben

wir ähnliche Erscheinungen bei Skythen und Massageten angeführt. Die Massageten werden auch als ein Stamm der Saken gerechnet – diese Völker voneinander abzugrenzen ist ja äußerst schwierig –; als Nachbarn, Feinde, auch Verbündete und Vasallen der Perser sind sie in der Geschichte bekannt. Um sie von anderen Sakenstämmen zu unterscheiden, führten sie den Beinamen »tigrakhauda«, das heißt »die Spitzhelmigen«, nach der Form ihrer Ledermützen, die oben mäßig spitz waren und einen Nackenschutz besaßen, dazu Wangenklappen, die unter dem Kinn zusammengebunden wurden. Ein anderer Sakenstamm mit dem Beinamen »haumavarka« lebte östlich von ihnen am Jaxartes (dem heutigen Syr Darja), der in den Aralsee mündet. Das Wort »haumavarka« wurde verschieden gedeutet. Die Übersetzung »Haoma-Bereiter« würde es schon rechtfertigen, dieses Volk hier zu erwähnen; die neuere Deutung als »Haoma-Wölfe« gibt – wenn sie zutrifft – ein noch viel interessanteres Bild: wenn die Saken im Rausch außer sich gerieten, fühlten sie sich als Wölfe – auch das im kultischen Sinne, als Ahnengeister und Vereinigung mit einem tiergestaltigen totemistischen Ahnherrn oder Urmenschen.
Diese ekstatische Grundlage der Werwolf-Vorstellung und des Berserkertums wird uns noch bei den germanischen und slawischen Völkern beschäftigen; hier sei nur auf die Analogie hingewiesen, die jene Deutung des Wortes haumavarka schon zu stützen vermöchte, selbst wenn wir kein weiteres Zeugnis besäßen. Tatsächlich gibt es aber noch eine bestätigende Nachricht – wieder bei Herodot (IV, 105). Er erzählt von den Neuren, den Vorfahren der Balten und Slawen: »Diese Menschen scheinen aber Zauberer zu sein. Die Skythen und die im Skythenland wohnenden Hellenen erzählen nämlich von ihnen, daß einmal jährlich jeder der Neuren für wenige Tage zum Wolf wird und sich nachher wieder zurückverwandelt.« Herodot, den überkritische Gelehrte nicht »Vater der Ge-

schichte« nennen, wie es ihm zusteht, sondern »Vater der Geschichtchen«, glaubt indessen nicht so leicht alles, was seine Gewährsmänner ihm berichten. Also äußert er zu dieser Stelle: »Mit dieser Behauptung überzeugen sie mich nicht, sie sagen es aber trotzdem und beschwören es sogar.« Wir brauchen seinen Zweifel nicht zu teilen und auch nicht – wie ein französischer Gelehrter des vorigen Jahrhunderts – anzunehmen, es habe sich nur um Kriegsmäntel aus Wolfsfell gehandelt. Wenn die Neuren ihre Wolfsfelle anlegten, fühlten sie sich auch als Wölfe; Voraussetzung dafür wäre eben ein ekstatischer Kult. Diesen hatten sie offenbar, und zwar mit dem skythischen Hanfrausch als Grundlage, denn Herodot sagt an derselben Stelle, daß sie skythische Sitte und Lebensart hätten. Mehr als dieses Problem eines noch wenig erforschten Volkes muß uns eine andere Frage beschäftigen. In dem Maße, wie der Zoroastrismus sich ausbreitete, mußten die erwähnten Männerbünde des Haomarausches und Stieropfers weichen und immer mehr zu Geheimbünden werden. Haben sie da nie in größerem Stile gewirkt, hat es in der persischen Geschichte kein Ereignis gegeben, das mit dem Hermenfrevel oder der Diktatur der Hetairien, mit den Dreißig Tyrannen in Athen zu vergleichen wäre?
Noch für das sechste vorchristliche Jahrhunderrt fehlen genauere Anhaltspunkte. Kyros, der zweite Herrscher dieses Namens, brach die Macht des medischen Stammes, errang für seinen persischen Stamm die Vormacht und erweiterte noch gewaltig die Grenzen des Mederreiches. Sein Sohn Kambyses eroberte Ägypten, doch noch vor seinem Tode revoltierte ein medischer Priester (Magier) namens Gaumata (522 v. Chr.). Das ließe sich bei oberflächlicher Betrachtung mit dem verbinden, was wir über die religiösen Gegensätze in Iran gesagt haben. Die Magier waren die alte medische Priesterschaft, die das Haoma bereitete (und sogar verkaufte); im Namen Gau-

mata steckt das Wort »gav« (Stier): wenn man noch dazu hört, daß Gaumata die von den Perserkönigen errichteten Heiligtümer zerstörte, könnte man an ein Nachwirken des ekstatischen Stieropferkultes denken. Aber wir dürfen nicht in den Fehler verfallen, eine einmal gewonnene Erkenntnis übermäßig zu betonen und ihre Wirkung überall finden zu wollen. Die Magier, die an dem Aufstand teilnahmen, waren wahrscheinlich zum guten Teil bereits Zoroastrier, und ob überhaupt das persische Königsgeschlecht der Achaimeniden dieser Religion angehörte, ist recht umstritten. Natürlich gab es bei diesem Aufstand auch religiöse Beweggründe, wie stets im alten Orient, und besonders dann, wenn Priester beteiligt waren. Aber sie waren weniger wichtig als das Streben der Meder, die alte Machtstellung wieder zu erringen. Den Geheimbünden, von denen die Rede war, können wir nur lokale Bedeutung zuschreiben; für ihre Teilnahme an jenem großen Machtkampf fehlt jeder festere Anhaltspunkt. Eher könnte man vermuten, die persische Reaktion auf die Revolte des Gaumata sei von einem Geheimbund getragen worden – wenn es sich nicht um eine bloße Verschwörung gehandelt hat. Sieben persische Adelige drangen in die medische Festung Sikaiauvatis ein, wo sich Gaumata befand, töteten ihn, und einer von ihnen wurde durch Gottesurteil König. Es war Dareios I., der aus einer Nebenlinie der Achaimeniden stammte, eine der großen Herrschergestalten des Altertums. Wie er das Gottesurteil gelenkt haben soll, ist eine der vielen reizvollen Erzählungen des Orients; sie ist bei Herodot III, 84 ff. zu finden.

Als Ramses II. in der berühmten Schlacht bei Kadesch am syrischen Fluß Orontes (1296 v. Chr.) die Hethiter besiegte, führte er neben seinen einheimischen Truppen Amoriter und Schardana, während im Hofdienst um diese Zeit viele Syrer anzutreffen waren. Söldner aus dem Stamm der Schardana

und die aus der Bibel bekannten Philister kämpften auch etwa ein Jahrhundert später im Dienste Ägyptens gegen die westlichen Nachbarn, die Libyer. Diese Söldner waren wahrscheinlich einzelne abenteuernde Scharen, Teile der Jungmannschaft, die sich von ihrem ursprünglichen Stammesverband losgelöst hatten. Die übrigen Angehörigen ihrer Stämme gehörten zu den gefährlichen Feinden des Pharaonenreiches, zu jener ungeheuren Wanderbewegung, die um 1200 v. Chr. mit ihren Seeräuberschiffen die Küsten des östlichen Mittelmeeres brandschatzte und zu Lande mit Weibern und Kindern auf Karren daherzog. Sie wurden von den Grenzen Ägyptens zurückgeworfen, zerstörten das Hethiterreich in Kleinasien, siedelten sich weithin an und gaben bekannten Ländern ihren Namen: Sardinien, Sizilien, Palästina; die Etrusker gehörten ebenfalls dazu, vielleicht auch Achäer und Danaer. Nur von jenen Söldnern im Dienste der Ägypter hörte man nichts mehr, und das kann unsere Vermutung bestätigen, es habe sich um losgelöste Teile der Jungmannschaft, um bloße Kriegerverbände gehandelt. Sie konnten nicht für sich weiterbestehen; die den Krieg überlebten, vermischten sich mit der einheimischen Bevölkerung.
Anders erging es einer zweiten Gruppe von Söldnern dieser Zeit, den Libyern. Ihre Stämme waren von Westen her gegen Ägypten herangezogen und ebenfalls zurückgeworfen worden, aber als Söldner hatten Libyer schon viel früher, schon unter Echnaton in Ägypten gedient, und so taten sie es auch weiterhin. Wir kennen sie von vielen ägyptischen Abbildungen: sie hatten hellere Hautfarbe als die Einheimischen, waren zum Teil tätowiert, mit etwa europäischem Gesichtsschnitt, bartlos oder mit vorn spitz zulaufendem Kinnbart. Ihre Augen waren blau, die Haare braun, blond oder rot, in langen Strähnen, auf dem Scheitel mit Straußenfedern geschmückt. Sie lebten auf ihren Wanderzügen in Zelten aus Tierfellen,

noch häufiger in Hütten aus Ästen und Laubwerk, ihre Waffen waren Bogen, Wurfspieß und Bronzeschwert. So können wir uns die Wüstensöhne gut vorstellen, manches veränderte sich in ihrem Leben bis ins vorige Jahrhundert nicht – nur darf nicht zu viel an Gegenwartsbildern in jene Zeit getragen werden: sie wanderten oft zu Fuß, als Reit- und Tragtier diente der Esel. Das Pferd verbreitete sich unter ihnen erst allmählich von Ägypten her und wurde noch nicht im Kriege verwendet, und das Kamel, das wir uns aus der Wüste kaum wegzudenken vermögen, war damals in Nordafrika noch unbekannt.

Die Libyer siedelten sich im Deltagebiet an und bildeten dort bald ein starkes Bevölkerungselement – im Gegensatz, wie gesagt, zu Schardana und Philistern. Vielleicht waren sie schon anfangs zahlreicher gewesen als jene; aber vor allem konnten sie sich mit kriegsgefangenen Frauen ihres Stammes verbinden und erhielten regelmäßig Zuzug aus ihrer Heimat. Es gelang ihnen, wie vordem den Semiten in Mesopotamien, in einzelnen Städten die Macht zu erringen. Ihr einheimischer Fürstentitel war als Bezeichnung für Statthalter nordägyptischer Städte oder gar Gaue durchaus üblich. Den Weg zu dieser Stellung errangen sie zum Teil einzeln entsprechend ihrer Bewährung im Dienste, zum Teil auch geschlossen in ihren Kriegerbünden. Wie sie schließlich die höchste Macht errangen, läßt sich nach dem Beispiel eines Pharao Eje, Haremheb und Ramses I. vorstellen. Um das Jahr 950 v. Chr. bestieg ein libyscher Söldnerführer den Thron der Pharaonen; seine Herrrschaft und die seiner Nachfolger wird bereits als die XXII. Dynastie gezählt.

Unter diesen Libyern war wie unter den Söldnern früherer Jahrhunderte der Kriegsdienst in den Familien erblich, wie jene lebten sie den Truppenkörpern entsprechend dorfweise angesiedelt, und innerhalb der Dorfgemeinschaften gab es – schon mit Rücksicht auf den Militärdienst – die Gruppen der

Gleichaltrigen. Ob das die einzige Form ihres Zusammenschlusses war, wissen wir nicht, aber jedenfalls gab es Vereinigungen und Bünde, die um so mehr Rücksicht auf ihre Interessen verlangen konnten, je wichtiger sie als Krieger für den Staat waren. Da ihre Bünde sich mitunter eindeutig gegen die Staatsgewalt richteten, können wir sie unter die Geheimbünde zählen, auch wenn über ihre Organisation nicht viel bekannt ist. Mit ihren Ansprüchen wurden sie den Pharaonen lästig und blieben es in den folgenden Jahrhunderten, so viel sich auch sonst in Ägypten wandelte. Aber Psammetich I. von Sais, der letzte Einiger seines Landes, stützte sich auf griechische und karische Söldner. Bei ihnen fand er willkommenes Gegengewicht zu den anmaßenden Libyern, und Psammetich II. (594–588 v. Chr.) gestattete sogar griechischen Handelsleuten, sich im Deltagebiet anzusiedeln. Von nun an bestand dauernde Rivalität zwischen Libyern und Griechen; im Jahre 569 mußten der Pharao Apries mit griechischen und karischen Truppen gegen seinen eigenen General Amasis kämpfen, den die aufständischen Libyer zum Gegenkönig erhoben hatten. Amasis siegte und wurde Herrscher; als guter Diplomat suchte er jedoch selbst Verbindung mit den Griechen; wir kennen ihn als Freund des Tyrannen Polykrates von Samos.

In welchen Formen der griechisch-libysche Gegensatz gewöhnlich ausgetragen wurde, wissen wir nicht im einzelnen. Wir brauchen da auch nicht nach Spuren von Geheimbünden zu suchen: von griechischen Bünden haben wir schon genug gehört; für die Libyer fehlen hier die Quellen, doch wir finden Ersatz dafür, wenn wir weiter nach Westen gehen, woher sie ja einst nach Ägypten gekommen waren. Ihre Heimat war eigentlich ganz Nordafrika, vom Niltal bis zum Atlantischen Ozean. »Weißafrika« heißt dieses Gebiet im Gegensatz zum übrigen »Schwarzen Kontinent«, denn die Libyer, wie die Griechen, oder Berber, wie die Araber sie später benannten, gehören ja zur weißen Rasse und bildeten einst auch einen Teil der Bevölkerung Südeuropas.

In der Weltgeschichte spielen sie keine große Rolle, sie brachten nur wenige selbständige Staaten zustande, aber im Atlasgebiet, wo die arabisch-islamitische Überlagerung weniger stark ist, hat sich manche alte Sitte erhalten, die Rückschlüsse auf frühere Jahrhunderte erlaubt.

Von allen Berbern sind die Kabylen am wenigsten von Islam und Arabertum beeinflußt: sie kennen noch die alte patriarchalische Sippengliederung, die ihrerseits wieder in Altersklassen zerfällt. Beides aber, der Zusammenschluß der Männer einer Sippe und der etwa gleichaltrigen Männer, gewährt die Voraussetzungen dafür, daß Bünde entstehen können. Eine weitere Voraussetzung liegt im Volkscharakter, der das Geheimnisvolle und Verborgene liebt. Bei den Frauen lebt sich diese Neigung in Liebesabenteuern aus, bei den Männern in der Politik. Bis zum Beginn des 19. Jahrhunderts bestanden große Geheimbünde, deren Leitung eine erbliche Würde war, eben im Sinne der Sippenverbände, und noch weit in jenes Jahrhundert hinein bestanden Privatverbindungen, die die persönlichen Interessen ihrer Mitglieder schützten und oft über viele Stämme hin verzweigt waren. Heute sind an ihre Stelle politische Parteien getreten, doch die Tradition besteht fort und ebenso die alte Rivalität. Nicht aus weltanschaulichen Gründen gehört man einer Partei an, sondern weil eine Sippe, mit der man seit jeher verfeindet ist, sich der anderen Partei angeschlossen hat. Es ist ein uralter Gegensatz, der sich in jedem Dorfe findet, und nicht nur bei den Kabylen; er ist auch für die Libyer in Ägypten denkbar, so weit deren Zeit auch zurückliegt.

Andrerseits hinderte dieser stete Gegensatz zwischen den einzelnen Sippen und Bünden die Berber, als einiges Volk eines Staates in der Weltgeschichte aufzutreten. Sie kannten nicht einmal größere Städte. Die ersten bedeutenderen Ansiedlungen in Nordafrika außerhalb Ägyptens waren phönikische Kolonien: Handelsfaktoreien und Stützpunkte für die Seefahrt nach Spanien. Unter ihnen nahm Karthago den wichtigsten Platz ein, eine semitische Handelsstadt inmitten von Berbervölkern, die selbst kein geordnetes Staatswesen kannten.

Karthago war eine Adelsrepublik, in der die reichen und vornehmen Geschlechter über eine teilweise unterworfene und stammesfremde, vielfach rechtlose Bevölkerung geboten. Ähnliche Verhältnisse hatten wir in Sparta und im dorischen Kreta kennengelernt. Dieser Vergleich zwischen so Verschiedenen Bereichen (hier semitische Händler, dort »nordische« Krieger) mag auf den ersten Blick überraschen, er trifft aber zu und wurde auch nicht erst von uns konstruiert: er stammt aus dem vierten Jahrhundert vor Christus, vom besten Kenner antiken Staatswesens, von Aristoteles. In seiner »Politik« (1272b 24) sagt er: »Aber auch die Karthager scheinen den Staat ordentlich zu verwalten, in vielem den anderen überlegen, in einigem den Lakonern (= Spartanern) sehr ähnlich. Denn diese drei Verfassungen sind untereinander gewissermaßen verwandt und unterscheiden sich viel von den anderen: die kretische, die lakonische und die der Karthager.« – Die innere Ruhe ohne Aufstände oder Tyrannenherrschaften ist für Aristoteles ein Beweis, wie gut das Staatswesen der Karthager geordnet sei. Gleich anschließend nennt er eine weitere, für uns äußerst interessante Parallele. Die dorischen Griechen bewahrten noch die alte Tradition gemeinsamer Mahlzeiten der männlichen Bevölkerung (Phiditia). Die einzelnen Tischgenossenschaften bildeten auch militärische und politische Einheiten – oder umgekehrt, die einzelnen Verbände speisten gemeinsam in aller Öffentlichkeit. Wir sprachen

davon schon zu Anfang dieses Buches, denn diese Mahlzeiten zählten ja zu den wichtigsten Grundlagen der Männerbünde. Mit diesen Phiditia der Dorer vergleicht Aristoteles gewisse öffentliche – kultische oder nur traditionelle – Mahlzeiten in Karthago und nennt sie »Mahlzeiten der Hetairien«.
Damit hat der große Grieche den Historikern unseres 19. und 20. Jahrhunderts ein schweres Rätsel aufgegeben. Ihre Ansichten über den Charakter der karthagischen Hetairien gehen weit auseinander, nur in einem Punkt sind sie sich einig, und dem schließen auch wir uns an: diese Hetairien sind nicht ohne weiteres mit jenen von Athen gleichzusetzen, die wir als bestimmende Mächte der Politik im fünften vorchristlichen Jahrhundert kennengelernt haben. Wir stehen hier nicht – wie in Athen – auf dem Höhepunkt, sondern an der Grundlage der geheimen Bünde. Primär sind die Vereinigungen adeliger oder zumindest vollbürtiger Männer; daß sie im verborgenen wirken, ergibt sich dann aus den politischen Verhältnissen. Als verbindendes Element haben wir auch in Karthago die gemeinsamen Mahlzeiten, aber ob die Angehörigen einer Tischgenossenschaft untereinander gleich alt waren oder ob sie sich sippenweise zusammenfanden, sagt Aristoteles nicht.
Wir finden in allen Parteikämpfen der Karthager jahrhundertelang immer wieder die gleichen Namen Mago, Hanno, Hannibal, Hasdrubal, Hamilkar, Gisko, also vermutlich Vertreter der gleichen Familien; neben ihrem persönlichen Haß hat gewiß auch die Rivalität der Handelshäuser mitgespielt. Aber es gab noch eine andere Form der Verbindungen, obwohl wir erst in einem späten Abschnitt der karthagischen Geschichte davon hören, erst als der große Krieg gegen Rom (der Zweite Punische Krieg 218–201) bereits verloren war. Hannibal, der große Feldherr dieses Krieges, war den Römern und der feindlichen Partei in seiner Vaterstadt unterlegen. Er lebte in der Verbannung, ließ aber von seinen Plänen gegen Rom nicht

ab, trieb den mächtigen Syrerkönig Antiochos III. zum Kriege und wollte auch Karthago mit hineinziehen. Dazu entsandte er einen Mann namens Ariston. »Er gab ihm die Namen derer an, mit denen Ariston zusammenkommen müsse«, berichtet der römische Historiker Livius, »und versah ihn auch mit geheimen Zeichen, an denen jene Leute unzweifelhaft erkennen würden, daß es seine Aufträge seien. Als sich dieser Ariston in Karthago zeigte, erkannten die Freunde Hannibals nicht früher als die Feinde, weshalb er gekommen sei. Zunächst wurde die Angelegenheit in Gesellschaften und bei Gastmählern besprochen...« Hier muß man freilich an die Gastmähler der Hetairien denken, von denen Aristoteles sprach, und daraus ergibt sich, daß Hannibals Botschaft keine zeitlich begrenzte Verschwörung schaffen sollte (dazu wäre Ariston auch kaum geeignet gewesen): die Hetairien waren Gruppen von Menschen (vermutlich Adeligen) mit gemeinsamen Interessen, die sich bei gemeinsamen Mählern trafen. Ob es nun eine Kultgenossenschaft, ein Zirkel von Politikern oder ehemaligen Offizieren oder schließlich nur ein Freundeskreis war, durch die politische Lage in der Stadt waren sie zu Geheimbünden geworden. Hannibal wandte sich selbstverständlich nur an bestimmte unter den vielen Hetairien von Karthago, andere waren ihm feindlich gesinnt. Hätte er sich zum Monarchen von Karthago gemacht (und es gab Zeitpunkte, wo es ihm möglich gewesen wäre), so hätten jene anderen Hetairien zu Geheimbünden werden müssen...

Der Gegensatz zwischen Rom und Karthago hatte begonnen, als die Interessen der jungen Militärmacht und der alten Handelsstadt in Süditalien und Sizilien aufeinanderstießen. Vorher aber hatten die Griechen in diesen Gebieten geherrscht und jahrhundertelang den Kampf gegen Karthago geführt. Eine ihrer bedeutendsten Städte, ebenso reich wie die sizilischen, ebenso verrufen für ihren raffinierten Luxus, war das schöne Sybaris, das im sechsten Jahrhundert vor Christus über fünfundzwanzig Städte und vier einheimische Völker gebot. Dort gab es eine Ritterschaft, vornehme Leute, die über dem Brustpanzer kostbare safrangefärbte Gewänder trugen. Gewiß hatten sie auch ihre geselligen Vereinigungen; sie feierten Feste zusammen, und wenn die Hitze in der Stadt zu arg wurde, suchten die jungen Leute ihre Sommervillen auf, wo frischer Wind von den Bergen herab ein wenig Kühlung brachte. Solange niemand ihren Frieden störte, bestand für sie kein Grund zur Heimlichkeit, doch als sich die Partei des ärmeren Volkes gegen die Reichen erhob und ein Tyrann die Macht an sich riß, mußten die verwöhnten Ritter plötzlich an anderes denken als an ihre Pferde und Hunde, gefällige Mädchen, Dampfbad, Sport und köstlichen Wein. Ein Teil der Adeligen flüchtete oder wurde verbannt, ein Teil blieb in der Stadt und diente wie bisher als Reiter innerhalb des städtischen Heeresaufgebotes. Aber ihre geselligen Zusammenkünfte erhielten nun einen besonderen Sinn: die heimliche Opposition gegen den Tyrannen. Wie Telys – so hieß der Tyrann – über sie dachte, wissen wir nicht, denn in Sybaris gab es weder einen Komödiendichter wie Aristophanes noch einen Historiker wie Thukydides; wir besitzen keinen zeitgenössischen Bericht. Die Pläne der sybaritischen Ritter blieben dem Tyrannen verborgen; als die Verbannten mit der großen Heeresmacht der feindlichen Nachbarstadt Kroton heranzogen, führte Telys mit seinen übrigen Truppen auch die Ritter in den Kampf. Er kannte vielleicht kein warnendes Beispiel der Geschichte: es war das Jahr 511 oder 510 v. Chr., und die Schlacht bei Tanagra, an die wir unwillkürlich denken müssen, wurde erst über ein halbes Jahrhundert später geschlagen. Damals sympathisierten viele Adelige im athenischen Heer – wie wir schon erzählt haben – heimlich mit den Gegnern, manche waren schon zu ihnen geflüchtet. So war es ja auch in Sybaris der Fall. Die athenischen Befehlshaber bei Tanagra hatten Grund genug, einen Verrat zu befürchten, sie trafen Gegenmaßnahmen, und dennoch ging während der Schlacht ihre thessalische Reiterei zu den Feinden über. Ob Telys von Sybaris sich in acht genommen hatte, wissen wir nicht; jedenfalls verließ auch ihn seine Reiterei. Es gibt eine eigenartige Anekdote: nicht die sybaritischen Ritter seien zum Feind übergegangen, sondern ihre Pferde! Sie hätten gelernt, zu Flötenmusik im Tanzschritt zu gehen, die Krotoniaten hätten vor dem Reiterangriff ihrer Gegner Flöten erklingen lassen, da hätten die Pferde zu tanzen begonnen und seien zur Musik hingelaufen. Diese List habe ein Flüchtling aus Sybaris den Krotoniaten geraten.

So unglaubwürdig das klingt, ein wahrer Kern mag enthalten sein: ein Flötensignal war für die Ritter von Sybaris das Zeichen, den Tyrannen zu verlassen und sich mit ihren Freunden zu vereinigen, die schon vorher bei den Aristokraten von Kroton Zuflucht gefunden hatten. Vielleicht erweckte die Flötenmelodie bei ihnen auch Erinnerungen an die gemeinsamen schönen Feste vor der Zeit der Tyrannis, denn Flöten waren in vielen griechischen Städten beliebte Instrumente der Festmusik, besonders in den Hetairien. Wir wissen das von den Athenern Alkibiades, Kallias, Kritias und auch von der Hetairie, die Aristophanes in seiner Komödie »Daitaleis« (»Die Schmausbrüder«) auf die Bühne brachte. Schließlich läßt sich die Flötenmusik im Heer der Stadt Kroton auch ganz einfach erklären: auf ihrer Seite kämpften spartanische Truppen, die sich nach einem vergeblichen Unternehmen in Nordafrika zur Verfügung gestellt hatten, und die Spartaner benützten als Marschmusik und Kampfsignal Flöten, wie andere Völker Hörner und Trompeten.

So könnten wir für Sybaris, die reiche, lebensfrohe Griechen-

stadt in Süditalien, Geheimbünde ganz in der Art annehmen, wie wir sie in Athen kennengelernt haben: geheim nicht von vornherein, etwa als okkulte, lichtscheue Gesellschaft, sondern nur in der Folge politischer Umwälzungen. Es gab aber höchstwahrscheinlich noch eine zweite geheime Bindung zwischen den Rittern von Sybaris und der Stadt Kroton.
Kroton war zu jener Zeit das Zentrum der Pythagoreer, und dieser Bund galt ebenfalls als eine Hetairie, nur waren seine Mitglieder noch viel enger untereinander verbunden, als es sonst üblich war. Sie bildeten eine philosophisch-religiöse Gemeinschaft, ihr Stifter, Pythagoras, wurde schon zu Lebzeiten göttlich verehrt. Um seine Person rankte sich frühzeitig ein Kranz von Legenden, so daß es schwerfällt, das wirklich Historische herauszuschälen. Er hatte jedenfalls schon als Jüngling seine Heimat Samos verlassen, weil ihm die Herrschaft des Tyrannen Polykrates unerträglich schien, hatte Ägypten und Babylon bereist und sich schließlich in Unteritalien angesiedelt. In Kroton sammelte sich ein Kreis von Schülern um ihn und entwickelte sich allmählich zu einer nach strengen Regeln fest organisierten Gemeinschaft. Es bestanden wohl auch geheime Beziehungen nach Sybaris: zunächst hatten die Krotoniaten die vertriebenen Aristokraten aus der Nachbarstadt nicht aufnehmen wollen; sie taten es erst, als Pythagoras für die Unglücklichen eintrat. Der Philosoph mag aus bloßer Menschlichkeit so gehandelt haben, oder aber, weil einzelne der Flüchtlinge aus Sybaris ihm als seine Schüler nahestanden. Vielleicht waren es diese, die dann die Fahnenflucht der übrigen sybaritischen Ritter vorbereiteten. Auch Milon, der das Heeresaufgebot der Krotoniaten befehligte, gehörte dem Kreis der Pythagoreer an, und damit ergibt sich eine weitere Möglichkeit, das Flötensignal vor dem Reiterangriff in der Schlacht zu erklären, denn die Flöte wurde als Musikinstrument im pythagoreischen Bunde sehr geschätzt.

Der Meister legte seine Lehren nicht schriftlich nieder, denn sie waren nicht für die Öffentlichkeit bestimmt und wären auch nicht allgemein verstanden worden. »Akusmata« hießen sie, das bedeutet einfach »das Gehörte«, aber jede Regel, jeder Lehrsatz hatte tieferen Sinn und symbolischen Gehalt, der den Außenstehenden noch jahrhundertelang als Rätsel erschien. Die Jugend strömte ihm zu, und zwar mit voller Zustimmung der Eltern. Wie fast ein Jahrhundert später in Athen bei Sokrates, so waren es damals in Kroton vor allem die Söhne der vornehmen Familien, die sich um Pythagoras scharten und ihm auch weiterhin anhingen, als sie im Laufe der Zeit selbst Familienväter wurden und die Politik ihrer Stadt lenkten. Gegen dreihundert sollen es gewesen sein; sie hielten untereinander fest zusammen, wie eine der Hetairien in Athen oder Theben, und so wurde die Stadt Kroton ihrer Regierungsform nach noch mehr eine Aristokratie, als sie es schon bisher gewesen war. Das erklärt auch ihren Gegensatz zur Tyrannenherrschaft des Telys von Sybaris, ganz abgesehen von der Rivalität der beiden Städte im Seehandel. Der Sieg über Sybaris verstärkte naturgemäß den Einfluß der Pythagoreer in den anderen Städten Süditaliens, und Kroton gewann allmählich eine führende Stellung, ohne viel Gewalt anwenden zu müssen. Allgemein betrachtete man Pythagoras' Anhängerschaft als Hetairie, obwohl bei ihr statt des politischen oder rein geselligen Elements anderer Hetairien das ethisch-religiöse vorherrschte und ihre Abgeschlossenheit von der Umwelt weniger in politischer Geheimhaltung als in der streng esoterischen Lehre begründet war. In Kroton gab es zwar keinen eifersüchtigen Demagogen vom Schlage des Atheners Kleon, aber eine Opposition war doch vorhanden; sie ging von anderen Hetairien aus, die sich durch den Einfluß der Pythagoreer in den Schatten gestellt sahen. Aber eben durch die Pythagoreer wurde Kroton zum Zentrum einer gewissermaßen internationalen Politik. Indessen handelte es sich um kein festes Reich, um keine geschlossene Herrschaft der Pythagoreer. Ihre Hetairie oder Sekte, wie man sie nennen mag, bemühte sich durch ihre philosophische und religiöse Haltung mehr um eine moralische Erneuerung. Die politische Vormacht in Süditalien, die doch vorhanden war, ergab sich daraus, daß in vielen Städten Pythagoreer die leitenden Stellen innehatten, aber sie hatten diese Stellen nicht etwa als Statthalter von Kroton inne oder weil sie Pythagoreer waren, sondern als ehemalige Schüler hingen sie nun, da sie zu Staatsmännern geworden waren, weiterhin der Lehre ihres Meisters an und suchten seine Prinzipien zu verwirklichen. Professor von Fritz, der sich mit diesem Problem eingehend beschäftigt hat, vergleicht ihre Rolle mit jener der Freimaurer im 18. Jahrhundert n. Chr.: ein Friedrich der Große kam nicht auf den preußischen Thron, weil er Freimaurer war, sondern als Sohn des vorigen Königs, so legal, wie viele Pythagoreer des 5. Jahrhunderts v. Chr. ihre Herrschaft antraten.

Die Opposition, von der wir sprachen, soll schon wirksam geworden sein, als Pythagoras noch lebte. Er nahm nicht jeden Aristokraten, der sich darum bewarb, in seinen Bund auf, und der vornehme Kylon aus Kroton soll sich für eine Zurückweisung bitter gerächt haben. Die Berichte über die Sprengung des pythagoreischen Bundes widersprachen einander schon im Altertum, die Meinungen darüber sind auch heute noch geteilt. Die sogenannten »kyloneischen Männer« verfolgten Pythagoras und seine Hetairoi: es war offenbar ein richtiger Kampf unter den Hetairien von Kroton. Der Philosoph mußte die Stadt verlassen und sich nach Metapontion im tarentinischen Golf zurückziehen, doch das war nur der erste Abschnitt der großen Auseinandersetzung. In dieser Zeit war die Stadt Kroton noch mächtig, ihr Einflußgebiet erstreckte sich über 9000 Quadratkilometer, also etwa das Vierfache der Fläche

von Attika; erst um 460 v. Chr. trat die Katastrophe ein. Aus dem inneren Kampf in der Stadt war eine große Bewegung geworden; vielleicht zersetzte sich der Bund selbst, vielleicht lehnte sich die Bevölkerung gegen die aristokratische Herrschaft auf. Die Überlieferung erzählt von einem Angriff der Kyloneer in Kroton: als die Pythagoreer zusammensaßen und über politische Fragen berieten, wurde das Haus angezündet, nur die zwei Jüngsten und Kräftigsten konnten sich durchschlagen. Damit war nun nicht nur der Kontakt zwischen Kroton und den verbündeten Städten erschüttert und ein großer Machtfaktor der politischen Geschichte Süditaliens ausgeschaltet, sondern der Bund selbst hatte auch seinen Hauptsitz verloren. Eine Zeitlang war noch Rhegion (heute Reggio di Calabria) ein neues Zentrum, aber die Leitung war weniger fest als früher. An ihre Stelle trat eine freie Zusammenarbeit der einzelnen Gruppen, soweit sie überhaupt die Gegenbewegung überstanden hatten und in ihren Städten neuen Einfluß gewinnen konnten. Zum Teil näherten sie sich sogar den demokratischen Prinzipien, die sie früher verurteilt hatten, denn die Demokratie erschien ihnen doch das geringere Übel gegenüber einer Tyrannenherrschaft, wie sie Dionysios der Jüngere (ab 367 v. Chr.) in Syrakus ausübte.
Schließlich verließen die Pythagoreer Italien, bis auf den Mathematiker Archytas. Auch er kann uns als Beispiel dienen, wie die »Pythagoreerherrschaft« in Süditalien beschaffen war. Es war ein ähnlicher Fall wie mit Platons Schülern Dion in Syrakus, Erastos und Koriskos in Assos und Hermias, der in Atarneus herrschte: auch Hermias war ja, wie schon früher erwähnt, als Erbe seines Vorgängers, nicht wegen seiner Zugehörigkeit zu Platons Schülerkreis Herrscher geworden. Einst soll Pythagoras versucht haben, den Tyrannen der sizilischen Stadt Kentoripa zu bekehren; so versuchte es Platon mit Dionysios d. J. von Syrakus: es handelte sich immer wieder um

das philosophische Konzept des Idealstaates, zu dessen Verwirklichung die Philosophen Herrscher und die Herrscher Philosophen sein müßten. – Als Platon in Süditalien weilte, verkehrte er auch mit Archytas. Dieser Philosoph war nicht Stratege von Tarent geworden, weil eine pythagoreische Herrschaft bestand, sondern die Politik der Stadt wurde pythagoreisch, weil er, der legal (höchstens mit Hilfe einer Hetairie, der er angehörte) gewählte Stratege, jenen Lehren anhing. Als Feldherr wurde er nie geschlagen, als Philosoph begründete er die wissenschaftliche Mechanik und stellte eine hölzerne Taube her, die fliegen konnte; er war Musiktheoretiker und fand die Lehre von der Harmonik.

Die anderen Pythagoreer begaben sich ins griechische Mutterland. Wir brauchen ihren weiteren Weg nicht mehr zu verfolgen; sie haben uns schon fast alle Elemente, die wir bisher in den Geheimbünden des Altertums feststellen konnten, in ihrem einen großen Bunde vereinigt gezeigt. In ihrer Politik sind sie mit den Hetairien von Athen zu vergleichen oder mit denen von Theben, wo bald ein neues pythagoreisches Zentrum entstand, nur daß sie weniger gewalttätig waren. Wie bei den Männerbünden des Iran, so wirkte auch bei ihnen eine religiöse Bindung. Die religiöse Ekstase war zwar weniger für die Pythagoreer als für die in mancher Hinsicht verwandten orphischen Mystiker wichtig, aber eines hatten die Pythagoreer mit allen Mysterien gemeinsam, und von ihnen lernten es viele spätere Geheimbünde: auch wenn jemand für würdig befunden wurde, an der Lehre teilzuhaben, und das Prüfungsstadium bestanden hatte, wurde er nicht gleich vollgültiges Mitglied. Während der ersten Zeit des Lernens hatte der »Akustikós« völlig zu schweigen; er durfte nicht einmal nachfragen, wenn er etwas zu wenig verstanden hatte, oder gar seine Meinung äußern. Dies dauerte mindestens zwei Jahre und wurde verlängert, wenn es nötig schien. Erst wenn er zu schweigen und zu hören, also das Schwierigste, gelernt hatte, durfte er auch fragen, das Gehörte niederschreiben und eigene Vermutungen aussprechen: er hatte den Rang des »Mathematikós« erreicht. Geometrie, Astronomie und Musik waren die Grundlagen des Lernens, von denen er schließlich als »Physikós« zur Betrachtung der Welt, der Naturgesetze und ihres Ursprungs aufstieg. Es war also ein fester Bildungsgang, der abgesehen von der gleichen Gesinnung auch durch Kameradschaft verband, die Schüler lebten ja zusammen und verzichteten für diese Zeit auf Privatbesitz. Somit können wir die Pythagoreer als einen Orden bezeichnen.

Das gleiche Alter der Angehörigen, das für so viele Bünde wichtig ist, ergab sich bei den Pythagoreern von selbst bei jeder Schülergeneration, die dann allmählich zu Staatsmännern heranwuchs. Nur die Sippenbindung der Berber und Karthager fehlte bei ihnen; sie ersetzten die körperliche Verwandtschaft durch eine geistige, an die Stelle der Sippenhaftung für einen Verschwörer, wie sie bei Hethitern und Karthagern bestand, trat die Bürgschaft des Hetairos. Ein Beispiel dafür kennt jeder Schuljunge; die antike Überlieferung davon ist allerdings nicht eindeutig, sie erzählt die Geschichte in verschiedener Form und mit verschiedenen Namen.

»Zu Dionys, dem Tyrannen...« beginnt Schillers Ballade: nach Cicero war es der ältere der beiden Tyrannen dieses Namens, nach den anderen Berichten sein Sohn. Der Mann, der mit dem Dolch im Gewande zu ihm schlich, hieß Phintias, und Damon war der Freund, der für ihn bürgte. Die Treue der beiden Männer, daß einer sich für den Todgeweihten einkerkern ließ und der andere nach der Gnadenfrist zur Hinrichtung eilte, um den Freund zu erlösen, das war keine bloße Freundestreue, sondern die Verbundenheit im Orden: beide waren sie pythagoreische Philosophen. Eine ähnliche Geschichte wird über Moiros und Selinuntios erzählt, etwas variiert noch mit anderen Namen. Eine weitere Version besagt, es sei gar kein Attentat geplant gewesen, sondern man habe im Freundeskreis des Tyrannen nur gezweifelt, ob die berühmte Pythagoreerfreundschaft sich auch angesichts des Todes bewähre; um dies zu erproben, sei Phintias unter falscher Beschuldigung verurteilt worden. Die Treue der Freunde beeindruckte Dionysios so sehr, daß er selbst bat, in den pythagoreischen Orden aufgenommen zu werden, doch das verweigerte man ihm.

Diese Version dürfte am ehesten den historischen Ereignissen entsprechen. Die Pythagoreer waren keine Tyrannenmörder, auch Pythagoras selbst hatte sich in seiner Heimat Samos an keiner Verschwörung gegen Polykrates beteiligt, sondern lieber die Insel verlassen. Sein Orden erschien als etwas Neuartiges im griechischen Bereich, besonders in Sizilien, und sollte eben auf die Probe gestellt werden. Wir können uns gut vorstellen, wie die Angehörigen anderer Hetairien an der Hinrichtungsstätte gespannt warteten, ob der Verurteilte doch noch kommen werde. Hetairien gab es ja genug in Syrakus wie in den anderen Griechenstädten. Eine bezeichnende Szene ist uns überliefert.

Ein kluger und politisch erfahrener Mann namens Hermokrates warnte seine Vaterstadt, als im Jahre 415 (nach dem Hermenfrevel) die athenische Flotte gegen Sizilien fuhr. Um in der augenblicklichen Gefahr die innere Ruhe in der Stadt zu erhalten, wandte sich Hermokrates an die vornehmen Jünglinge, die Angehörigen der Hetairien, und mahnte sie, sich von politischen Umtrieben zurückzuhalten und ihren Ehrgeiz zu bezähmen.

Wie Hermokrates' Persönlichkeit, so fügt sich auch sein Schicksal in das Bild, das wir vom Griechenland des fünften Jahrhunderts in seiner Größe und Härte schon gewonnen haben. Hermokrates hatte auch selbst seine Hetairoi, auf der

Gelage gehörten zum Leben der Vornehmen, frohe Geselligkeit entsprach dem Wesen der Bünde, auch bei den Etruskern. (Wandgemälde in Tarquinia, Tomba dei Leopardi)

Flotte, die er im Verlaufe des Krieges gegen Athen befehligte, wie in der Stadt. Als er von seinem Amt als Flottenführer abgesetzt wurde, wirkte er als Politiker und Kriegsmann auf eigene Faust weiter, doch weder mit Gewalt noch durch seine Verdienste um seine Vaterstadt konnte er es erreichen, daß man ihn zurückberief. Wie Alkibiades (dem er in seinen Fähigkeiten fast ebenbürtig, moralisch jedenfalls überlegen war) den Athenern, so schien er den Syrakusiern zu groß, als daß er in eine Demokratie gepaßt hätte. Demagogen und feindliche Hetairien verdächtigten ihn, nach der Tyrannis zu streben, und so wurde trotz seiner Siege über die Karthager, die Erbfeinde aller sizilischen Griechen, seine Verbannung nicht aufgehoben. Im Frühjahr 407 v. Chr. wollten ihm seine Hetairoi die Rückkehr in die Stadt mit Waffengewalt ermöglichen, doch im Straßenkampf fiel Hermokrates. Viele seiner Anhänger starben mit ihm; unter den Verwundeten befand sich Dionysios der Ältere, der später Hermokrates' Tochter heiratete und Tyrann von Syrakus wurde.

Damals war Syrakus unbestritten die mächtigste Griechenstadt des Westens. Zu Anfang desselben Jahrhunderts aber hatte eine andere Stadt diesen Rang inne: Kyme in Campanien, die Stadt, von der die Völker Italiens das Alphabet lernten; unter den Römern hieß sie dann Cumae, durch die Grotte der Sibylle im Felsen der Stadtburg ist sie berühmt. Dort finden wir noch ein Beispiel für den Kampf der Hetairien.

Der edle Aristodemos zeichnete sich im Kampf gegen die Etrusker aus, zusammen mit gleichaltrigen Jünglingen – also offenbar seiner Hetairie, und tötete sogar den Anführer der Feinde. Nach dem Sieg wollte das Volk ihm den Ehrenpreis für den tapfersten Krieger zusprechen, doch die Adeligen stimmten für den Reiterführer Hippomedon. Seitdem haßten die beiden Männer einander. Vielleicht aus gekränktem Ehrgeiz wurde Aristodemos zum Führer des Volkes gegen seine Stan-

Thrakische Krieger lauschen verzückt, da Orpheus spielt. – Nach dem Sänger benannte sich eine Mysteriengemeinschaft, die an Erbsünde, Hölle und Seelenwanderung glaubte.

Mänaden (»Rasende«) tanzen im ekstatischen, orgiastischen Kult des Dionysos.

desgenossen, wie es noch viele Adelige nach ihm wurden. Nach einem weiteren Sieg über die Etrusker (505 v. Chr.) war er mächtig genug, die Adelsherrschaft seiner Vaterstadt stürzen zu können: er wurde Tyrann von Kyme. – Als er Jahre später einmal die umliegenden Dörfer besuchte, sah er dort die Kinder seiner Feinde aufwachsen, eine stattliche Jungmannschaft, und beschloß, zu seiner eigenen Sicherheit jene zu vernichten. Aber sie flüchteten in die Berge und schlossen sich mit den Kindern anderer Verbannter zusammen, um den Tyrannen zu stürzen. Ihr Sieg über Aristodemos wird in verschiedenen Versionen erzählt, doch darauf kommt es nicht an. Es ist an sich ein typischer Vorgang, dergleichen hat sich in der griechischen Geschichte und in anderen Abschnitten der Weltgeschichte oft genug zugetragen. Ganz folgerichtig waren es nicht beliebige Abenteurer, die sich gegen die Tyrannen zusammengefunden hatten, sondern wieder Hetairien: die Hetairien der nächsten Generation. Auch die Söhne des Hippomedon gehörten dem Bündnis an.

So wird das Bild, das wir von den Hetairien des griechischen Mutterlandes gewonnen haben, in den Griechenstädten des Westens bestätigt und ergänzt. Ihre nächsten Nachbarn waren die Etrusker; zu ihnen kommen wir nun, wenn wir die geographische Ordnung beibehalten, und wir müssen sie auch erwähnen, da wir auf den historischen Zusammenhang der Ereignisse nicht verzichten können.

ROM IM KAMPF GEGEN DIE BÜNDE

Etruskische Inschriften / Die Könige von Rom / Ver Sacrum / Der Tod in Capua / Die Bacchusorgien / Catilina stirbt als Held / Die Villa der Mysterien / Der Lehrer der Gerechtigkeit / Fluchtafeln in Ägypten / Der Kaiser schließt die Weinschenken / Feuerwehr und Christen sind verdächtig / Totenkult am Ende der Steinzeit / Druidenzauber wird verboten / Werwölfe und Berserker / Haberfeldtreiben / Das bunte Bild der Jahrtausende

Die Etrusker waren zur See die dritte Macht neben Griechen und Karthagern, zu Lande herrschten sie von den Alpen bis zum Tiber, vereinzelt auch bis Süditalien. Es handelte sich um kein einiges Reich, sondern um Adelsherrschaften. Als Handelsherren, Bergwerks- und Großgrundbesitzer, Künstler und Kunsthandwerker lebten sie in den Städten, die einheimische Landbevölkerung war ihnen untertan. Sie wurden von den Griechen wie von den anderen Völkern der Alten Welt als etwas völlig Fremdes empfunden. Ihre Sprache ist bis heute noch nicht enträtselt, obwohl sie sich einer Form der griechischen Schrift bedienten. Dies erschwert unsere Suche nach geheimen Bünden außerordentlich, wir sind fast nur auf Vermutungen angewiesen, die wir an ganz wenige Anhaltspunkte knüpfen können. Dazu gehören etruskische Grabinschriften, die schon verschiedenartig und widersprechend gedeutet wurden.

Der Titel »zil«, »zilc« oder »zilath«, der sich bei verschiedenen Namen findet, bezeichnet die oberste oder eine der obersten Amtswürden als Heerführer und Richter, aus der sich dann das Amt des römischen Praetors entwickelte. In einer Inschrift von Viterbo (70 km nördlich von Rom) finden wir einen »zilath eterav« genannt, bei der alten, durch ihre prachtvollen Wandgemälde berühmten Etruskerstadt Tarquinii einen »zil eteraias«. Dieser Titel kann – wir äußern es als Vermutung – dem Führer der kriegerischen Jungmannschaft zugestanden haben. Vielleicht waren es die zweiten Söhne der Adelsfamilien; sie mußten den älteren Brüdern das Erbe überlassen und folgten ihrem Heerführer, der sie auf irgendeinem Kriegszug zu Ruhm und Beute führte oder sogar ein eigenes Herrschaftsgebiet errang. Bis zum Ende des sechsten Jahrhunderts vor Christus, also fast bis zu den Kriegen gegen Aristodemos von Kyme, kämpften sie auf Streitwagen, später als Reiter. Sie kämpften im Interesse ihrer Stadt, ihrer Sippen, oder im Solde eines anderen Stadtfürsten: schon Romulus, der sagenhafte Gründer Roms, soll solche Verbände als Hilfstruppen benützt haben.

Nicht nur bei den Ägyptern konnten Söldnerführer die Königswürde erlangen; auch im Rom des sechsten Jahrhunderts v. Chr. ereignete es sich. Damals lebten die etruskischen Nationalhelden, die Brüder Caile und Avle Vipinas und ihr Hetairos Macstrna. Sie waren bekannte Söldnerführer, aber sie befehligten nicht zusammengewürfelte Haufen wie später die italienischen Condottieri und die deutschen Landsknechtsführer, sondern die Verbände besitzloser junger Adeliger. Der etruskische Herrscher von Rom, Tarquinius Priscus, so berichtet eine Sage, nahm Caile Vipinas gefangen; lateinisch hieß dieser Mann Caeles Vibenna, und einer der sieben Hügel Roms, der Mons Caelius, soll ihm seinen Namen verdanken. Doch Macstrna führte ein Heer gegen Rom, befreite den Freund und wurde König in der eroberten Stadt; als der gute König Servius Tullius lebt er in der Erinnerung fort. Diese Identifizierung mag überraschen; sie stammt von dem letzten

Kenner der etruskischen Sprache und Geschichte, dem römischen Kaiser Claudius (41–54 n. Chr.). Doch wahrscheinlich war Macstrna gar kein Name (es ist ja auch kein dazugehöriger Vorname bekannt), sondern nur ein Titel – ebenso des Führers der adeligen Reiterei, wie er im lateinischen »Magister equitum« fortlebte. In der Sage mag indessen Wahres enthalten sein, denn gerade von Servius Tullius berichtet die römische Überlieferung nicht viel mehr als seine politischen Maßnahmen, Heereseinteilung und Mauerbau, was recht gut zu einem Manne paßt, der als Krieger den Thron bestieg. Seine Etrusker, die ihm den Sieg erfochten hatten, blieben als Garde bei ihm. Einer solchen etruskischen Kriegerschar (nur welcher, darüber waren sich die römischen Geschichtsschreiber nicht einig) verdankte auch der Vicus Tuscus (die »Etruskergasse«) an der Westseite des Palatin seinen Namen.

Der Mangel einer eigenen etruskischen Überlieferung hat uns nach Rom geführt, das zunächst ja nur einen geringen Marktflecken am Rande des etruskischen Herrschaftsbereiches darstellte. In den großen Etruskerstädten mag sich Bedeutenderes zugetragen haben, doch wir müssen uns mit dem begnügen, was sich aus der Erzählung der römischen Historiker von der Frühzeit ihrer Stadt für jene Adelsbünde erkennen läßt.

Wie die vornehmen Jünglinge anderer Länder, so vertrieben sich die Söhne der etruskischen Herrenschicht Roms die Zeit mit gemeinsamen Mählern, Waffenspiel und Pferdesport, und die Söhne der vornehmsten einheimischen Familien, Latiner und Sabiner, folgten wohl ihrem Beispiel. Noch bestand kein Grund zur Heimlichkeit, ihre Väter waren ja die Herren der Stadt. Doch dann kam die bekannte Palastrevolution des Jahres 510 v. Chr.: der König Tarquinius Superbus (Servius Tullius' Nachfolger) wurde gestürzt. Schon dabei kann man, wenn man will, die Andeutung geheimer Jugendbünde finden, denn vor allem die Jugend wurde aufgeboten, um die

Tarquinier zu vertreiben, und Brutus, der Führer der Bewegung, war Kommandant der Leibwache des Königs, also vermutlich einer Schar junger Adeliger oder etruskischer Söldner, wie wir sie schon kennenlernten. Aber wir haben auch verläßlichere Anhaltspunkte, sie sind in der römischen Überlieferung leicht erkennbar. Viele Söhne vornehmer Familien bedauerten den Sturz der Königsherrschaft, denn sie hatten mit den Prinzen zusammen fröhlich und ausgelassen gelebt. Gemeinsame Mähler und gleiches Alter hatten sie verbunden: dadurch können wir sie mit den athenischen Hetairien vergleichen. Wie jene nach dem Sturz der Peisistratiden, der auch in dieselbe Epoche gehört, so suchten diese nun, die alte Herrschaft wieder aufzurichten, und damit wurde aus ihrem Bund ein Geheimbund. Auch Brutus' Söhne sollen unter ihnen gewesen und, als der Plan entdeckt worden war, mit den anderen hingerichtet worden sein.

Sobald die Siedlungen in Italien zu sehr bevölkert waren, so daß der Lebensunterhalt nicht mehr reichte, oder Mißernten oder sonst ein böses Geschick die Städte traf, so daß es wünschenswert schien, die Zahl der Bewohner zu verringern, weihten sie die jungen Leute, die in einem Jahr geboren worden waren, einem der Götter, rüsteten sie mit Waffen aus und schickten sie außer Landes. Die Auswanderer führten dann den Namen dieses Gottes und suchten unter seinem Schutz eine neue Heimat. Auch die süditalische Griechenstadt Rhegion (Reggio di Calabria) soll auf diese Art gegründet worden sein, aber es war in erster Linie ein italischer Brauch. Als die Sabiner in langen Kriegen mit den Umbriern viel Mißgeschick erlitten hatten, so erzählt eine Sage, gelobten sie, den Ertrag eines Jahres den Göttern zu opfern. Daraufhin siegten sie zwar, doch dann trat eine Mißernte ein, denn sie hätten nicht nur Vieh und Früchte, sondern auch die in diesem

Jahr geborenen Kinder den Göttern weihen müssen. Die Sabiner fügten sich und weihten die Knaben dieses Jahrganges dem Kriegsgott, und als sie herangereift waren, wurden sie ausgesandt, eine Siedlung zu gründen – aber nicht irgendwo im Lande, sondern dort, wo es der Gott raten würde: ein Stier ging ihrem Zug voran und wies den Weg.

Diese Sage erinnert an uralte mediterrane Religion und ist doch fast als historischer Bericht zu bezeichnen, so glaubhaft klingt sie. In ähnlicher Form wird sie von verschiedenen Völkern erzählt. Im Vordergrund stand stets der Gedanke der Sühne, durch ein Opfer Unheil abzuwenden. Ob zugleich mit dem Vieh des nächsten Frühlings jemals auch die zu dieser Zeit geborenen Kinder geopfert wurden, läßt sich nicht sagen (die Karthager kannten in höchster Not tatsächlich Kinderopfer); in einigermaßen historischer Zeit finden wir nur diese Art der Weihung an den Gott, aber in den Jahren zwischen dem Gelübde und der Auswanderung waren die Kinder Eigentum des Gottes (»tabu«) und wurden verhüllt über die Grenze des Landes geführt.

Naturgemäß weihte man sie meistens dem Kriegsgott. Seinen Namen führten die Stämme der Marser und der Mamertiner wohl als Nachkommen eines solchen VER SACRVM, eines »Weihefrühlings«. Auch der Name der Picenter dürfte darauf zurückgehen, denn der Specht (picus) war dem Mars heilig. Die Stadt Bovianum hat ihren Namen von dem Rind (bos) der vorhin erzählten Sage, der samnitische Stamm der Hirpiner benannte sich nach einem Wolf (samnitisch »hirpu«), der – ebenfalls als heiliges Tier des Kriegsgottes Mars – ihre Auswanderung geleitet haben soll. Wenn wir uns erinnern, daß Romulus als Sohn des Mars galt und von einer Wölfin gesäugt wurde, können wir auch in diesem Falle ein Ver sacrum als Anlaß der neuen Stadtgründung für möglich halten.

Es kam jedoch vor, daß sich die Auswanderer ihre neue

Heimat in fruchtbarem Gebiet suchten, das sich schon in festen Händen befand. Wenn sie als neue Bürger einer schon bestehenden Stadt nicht den Zusammenhalt verlieren wollten, mußten sie eine Art von Bund bilden, und dieser mußte geheim sein, wenn er sich gegen die Herren der Stadt richtete. Die Auswanderer waren ja alle im gleichen Jahr geboren, durch die Weihung an den Gott und auch durch den reinen Selbsterhaltungstrieb fest aneinander gebunden, somit waren alle Voraussetzungen für einen Bund der schon bekannten Form gegeben. Wie oft es der Fall war, wissen wir nicht, doch ein Beispiel einer gemeinsamen, geheim vorbereiteten und in ihrem Ablauf fürchterlichen Tat solcher Zuwanderer ist bekannt. Es waren Samniten, die sich in Campanien, einem der schönsten und fruchtbarsten Gebiete Italiens eingefunden hatten; die Stadt Capua, in der sie lebten, wurde von Etruskern beherrscht. In einer Nacht des Jahres 424 v. Chr., als die Etrusker ein Fest gefeiert hatten und trunken schliefen, griffen die samnitischen Neubürger zu den Waffen. Sie ermordeten die Etrusker und machten sich zu Herren der Stadt.

Während des Zweiten Punischen Krieges bestanden in Capua adelige Männerbünde. Wir vermögen nicht zu sagen, ob sie in irgendeiner Form die Tradition des ersten Samnitenbundes fortsetzten, ob die zwei Jahrhunderte hindurch, die sie von der Mordnacht trennen, solche Bünde in der campanischen Stadt bestanden haben. Als Kern der romfreundlichen und der romfeindlichen Partei in Capua und in Campanien überhaupt sind feste Bünde wahrscheinlich – oder, genauer gesagt: es gab offenbar dieselben ererbten Gegensätze, Eifersucht und Rivalität zwischen einzelnen Sippen und Bünden, wie dies aus vielen anderen Städten bekannt ist, manche Familien waren mit römischen Familien verschwägert und wurden so zu Freunden Roms, während andere aus Feindschaft gegen sie auch zu Feinden Roms wurden. Die politische Lage bestimmte, welche der beiden Parteien zur Heimlichkeit gezwungen wurde. Solange das Bündnis mit Rom bestand, mußte die Partei, die man vielleicht als »campanisch« bezeichnen kann, im verborgenen wirken; als man Rom verriet und die punischen Truppen heranrückten, als Hannibal in Capua einzog, mußten sich die Rom treu ergebenen Bürger still verhalten, doch ein adeliger Jüngling plante ein Attentat auf Hannibal. Fünf Jahre später mußte sich Capua den belagernden Römern ergeben. Am Vorabend der Kapitulation versammelten sich 27 Ratsherren in einem Privathause, speisten und tranken mit dem Gastgeber Vibius Virrius und nahmen dann Gift; einige wünschten sogar, auf einem gemeinsamen Scheiterhaufen verbrannt zu werden. Diese Männer können wir unmittelbar mit einer griechischen Hetairie vergleichen: das Wesen ihres Bundes lag nicht in der Verborgenheit, sondern in der Gemeinschaft als Männer gleichen Standes und gleicher Anschauungen. Wie sie zusammen gelebt und gewirkt hatten, so starben sie gemeinsam, bei einem Mahl, in stolzer Haltung bis zuletzt.

Die Stadt Rom dieser Zeit war ungemein konservativ. Die uralte Sitte des Ver sacrum war noch während des Krieges gegen Hannibal bekannt: was der Frühling an Ferkeln, Zicklein, Lämmern und Kälbern bringen würde, sollte Jupiter geopfert werden. Nur der Auszug der Menschen unterblieb, denn Menschenopfer hatte der Krieg schon überreichlich gefordert. Im Jahre 217 wurde das Ver sacrum gelobt, nach dem Kriege ausgeführt und sogar im folgenden Jahre (194 v. Chr.) wiederholt, weil beim ersten Mal nicht alles richtig geschehen war. Zu dieser Zeit aber bestand in Rom bereits ein Geheimbund, der dann bei seiner Entdeckung die ganze Stadt mit Entsetzen erfüllte. Für uns bedeutet er eine interessante Verbindung Italiens mit dem Osten.

Der Bericht des römischen Historikers Livius, der sonst zuweilen als trocken gilt, liest sich spannend wie ein Kriminalroman.

Eines Tages kam zu einem der beiden Consuln des Jahres 186 v. Chr. der junge Aebutius, der Sohn eines verstorbenen römischen Ritters, bat um eine Unterredung ohne Zeugen und klagte dem Consul sein Leid: seine Mutter und sein Stiefvater hätten ihn aus dem Hause gewiesen, weil er sich geweigert hatte, einer geheimen religiösen Gemeinschaft beizutreten. Nun lebe er bei seiner Tante, und diese habe ihm geraten, sich an den Consul zu wenden.

Begreiflicherweise wollte der Consul erst einmal wissen, mit wem er es da zu tun habe. Er forderte Aebutius auf, nach drei Tagen wiederzukommen, und wandte sich inzwischen an eine verläßliche Auskunftsstelle: seine eigene Schwiegermutter. Zum Glück kannte sie die Tante des Aebutius, die auf dem Aventin lebte, schätzte sie als eine wohlanständige Frau vom guten alten Schlag und lud sie zu sich ein. Als die beiden Frauen begonnen hatten, sich zu unterhalten, kam der Consul wie zufällig vorbei, plauderte mit und brachte das Gespräch bald auf den jungen Aebutius. Da erfuhr er genug, um die Sache nicht mehr leicht zu nehmen. Um ihm weitere Informationen zu verschaffen, mußte seine Schwiegermutter nun die Geliebte des Aebutius einladen, denn sie war es gewesen, die ihn vom Eintritt in die Geheimgesellschaft zurückgehalten hatte. Hispala (so hieß sie) war von der Einladung zu der würdigen Dame sehr überrascht, denn sie selbst war nur eine ehemalige Sklavin; als sie dann das Gefolge des Consuls im Hause und schließlich den Consul selbst erblickte, zitterte sie vor Angst. Noch mehr erschrak sie über die Frage des Consuls: sie solle erzählen, was bei den nächtlichen Feiern der Geheimgesellschaft im Hain der Semele in der Nähe des Aventin zu geschehen pflege. Viel Zureden war nötig, bis sie offen zu sprechen wagte, doch ihre Aussagen ergaben dann ein klares Bild.

»Bacchanalien« hießen die Feiern, Bacchus war der Gott des Mysterienkultes, Wein und Tanz die Mittel des Rausches, der zur religiösen Ekstase und durch sie zu übernatürlichen Erkenntnissen und schließlich zur Seligkeit in der mystischen Vereinigung mit dem Gott führen sollte. Von Griechenland war dieser Kult nach Etrurien und nach Süditalien, von dort nach Rom gebracht worden. Wie viele andere religiöse Feiern und durchaus geachtete Kulte war auch dieser vorerst nur eine Frauenangelegenheit gewesen, doch eine aus Campanien stammende Priesterin hatte – auf Mahnung der Götter, wie sie sagte – den gesamten Ritus geändert. Bis dahin waren nur ehrbare Frauen zu Priesterinnen für bestimmte Zeit gewählt worden, die Feiern hatten an drei Tagen des Jahres stattgefunden. Nun wurden auch Männer aufgenommen (die Söhne der campanischen Priesterin machten den Anfang), die Feiern wurden fünfmal monatlich, und zwar bei Nacht abgehalten. Die Dunkelheit und der Wein beseitigten die Hemmungen, es kam zu Orgien mit freier Liebe und wüsten Perversitäten. Wer vor der ärgsten Ausschweifung zurückschreckte, wurde als Opfer geschlachtet oder »von den Göttern entrückt« – das heißt, im Laufe einer Feier verschwanden diejenigen, die ihren Körper nicht mißbrauchen ließen oder an keinem Verbrechen teilnehmen wollten. Das rituelle Element blieb erhalten, in ekstatischen Zuckungen verkündeten Männer Orakelsprüche, liefen Frauen mit gelösten Haaren und brennenden Fackeln umher. Kultische Rufe und Geheul, der Lärm von Pauken, Tamburinen und Cymbeln übertönten das Geschrei der Vergewaltigten und Ermordeten. So war es keine religiöse Gemeinschaft mehr, der Mord nicht rituell begründet, und die ersten Verstöße gegen die Sitte waren nur der Beginn zu anderen Verbrechen gewesen. Man leistete einander falsche Zeugenaussagen und jeden anderen Beistand vor Gericht, man fälschte Testamente, denn es gab manchen jungen Mann in der Gesellschaft, der schon auf sein väterliches Erbe wartete; man verschaffte Gift und half beim Mord.

Hispala, die all dies aussagte, war selbst als Mädchen mit ihrer Herrin zusammen in die Mysterien eingeweiht worden, hatte aber nach ihrer Freilassung aus dem Sklavenstand nichts mehr damit zu tun gehabt, bis ihr jugendlicher Geliebter erzählte, er solle an den Bacchanalien teilnehmen. Sie argwöhnte gleich, der Stiefvater wolle ihn auf diese Art aus dem Weg räumen; sie warnte und war so schließlich der Anlaß, daß die ganze Angelegenheit den Behörden bekannt wurde. Der Consul nahm sie und Aebutius in Schutzhaft, um sie vor der Rache der Angezeigten zu bewahren.

Als der Consul dem Senat berichtete, war der Schrecken groß. Mancher Senator war besorgt, einer seiner Verwandten könnte mitschuldig sein, aber vor allem befürchtete der Senat politische Gefahren. So traf er alle Vorsichtsmaßregeln, stellte Wachen auf, verbot alle Versammlungen des Bacchusdienstes, ließ die Mysterienpriester verhaften, setzte Untersuchungsausschüsse ein und bestimmte Belohnungen für weitere Anzeigen. In der folgenden Nacht wurden an den Stadttoren Flüchtlinge festgenommen, mancher Bürger nahm sich das Leben. Über 7000 Männer und Frauen sollen in diesen Kult eingeweiht gewesen sein; die weniger Schuldigen wurden eingekerkert, die Teilnehmer an Verbrechen hingerichtet, der Bacchusdienst im ganzen römischen Machtbereich verboten. Der römische Senat betrachtete den Mysterienbund wie eine Verschwörung, das Volk teilte diese Ansicht; die große Zahl der Beteiligten und die vornehmen Namen, die Stellung einzelner Schuldiger erregten peinliches Aufsehen. Die Art der Unterdrückung wurde noch über ein Jahrhundert später als Musterbeispiel altväterischer Strenge gerühmt. Für uns ergeben sich interessante Vergleiche. Die religiöse Grundlage des ekstatischen Ritus verbindet die Bacchanalien mit den Stieropferbünden, der Weinrausch mit dem Haoma-, Soma- und Haschischrausch bei Iraniern, Indern, Skythen und Saken. Auch gemeinsame Verbrechen haben wir als verbindendes Element schon kennengelernt, das gleiche Alter der Mitglieder ist auch hier nachzuweisen, zumindest in den letzten Jahren des Bestandes, denn da wurden nur mehr Leute unter dem zwanzigsten Lebensjahr in die Bacchanalien eingeweiht. Nur politische Motive hatten diesem Bunde gefehlt. Erst etwa 120 Jahre später fand sich ein Mann, der – allerdings ohne religiösen Vorwand – die verkommenen Elemente der Jugend Roms an sich band. Auch er bot ihnen Gelegenheit zu Ausschweifungen und Unzucht, beriet und unterstützte sie bei verbrecherischen Plänen und Taten. Auch in seiner Anhängerschaft gab es verschuldete Lebejünglinge, die auf eine Erbschaft warteten, weiteren Kredit, falsche Zeugen und korrigierte Testamente brauchten, sogar Gift und Dolch vorbereiteten. Dem Manne, der ihnen all dies versprach, hingen sie blindlings an. Und auch ihn verriet eine Frau.

Lucius Sergius Catilina entstammte einer angesehenen Adelsfamilie, war körperlich ungemein kräftig und leistungsfähig, geistig hochbegabt, tollkühn, redegewandt, in jeder Verstellung und Täuschung geübt, zügellos in seinen Leidenschaften; in den fürchterlichen Bürgerkriegen, die in seinen Jugendjahren Rom erschütterten, hatte er sich bald an Bluttaten gewöhnt. Wir kennen ihn nur aus der Schilderung seiner Gegner; seine Persönlichkeit genauer zu studieren, die Hintergründe seiner Verschwörung und die Beziehungen zu großen Männern der Geschichte wie Caesar und Crassus darzulegen, das wurde schon oft unternommen und könnte auch uns locken, doch wir müßten dazu die innere Geschichte

Roms in der ersten Hälfte des Jahrhunderts vor Christi Geburt aufrollen. Begnügen wir uns festzustellen, daß Catilinas Tätigkeit mehr enthielt als eine rein politische Verschwörung. In seiner Bewegung – mag man sie nun als anarchistisch, nihilistisch, sozialrevolutionär, fortschrittlich bezeichnen oder mißverstehen – ist auch etwas wie ein Bund entarteter junger Adeliger zu erkennen, ehrgeizige, verwöhnte, vielfach verderbte Gesellen, aber keine gewöhnlichen Halunken. Erinnern wir uns an die Schlacht bei Tanagra, wo Kimons Hetairoi fielen, an die Vernichtung der »Heiligen Schar« Thebens in der Schlacht bei Chaironeia, an den Tod der Ratsherren von Capua: wenn es dem Wesen eines Bundes entspricht, gemeinsam sterben zu können, dann erfüllte dies auch Catilinas engste Anhängerschaft, alte Soldaten und junge Adelige, die bei ihm ausharrten, während Abenteurer und Glücksritter sich längst wieder verlaufen hatten. In der Schlacht bei Pistoria in Etrurien floh niemand, niemand wurde gefangen; mit Catilina fielen seine Anhänger in tapferem Kampfe bis auf den letzten Mann. Auch auf der Gegenseite, im Lager der Konservativen und Staatstreuen, waren Bünde junger Männer tätig. Cicero, der Consul des Jahres 63 v. Chr., fand nicht gleich genügend Rückhalt im Senat, um die ganze Macht des Staates gegen Catilina mobilisieren zu können; zunächst mußte er die Verschwörung mit eigenen Mitteln bekämpfen. Von Catilina wurde er als Mann aus der Provinz verspottet; das war er auch und nützte es aus. Aus den Kleinstädten Mittelitaliens stießen junge Leute zu ihm, die er als Garde und Einsatztruppe verwendete.

Zu Catilinas Verbündeten, die sich vorsichtig im Hintergrund hielten, zählte Publius Sulla, der als Führer römischer Ansiedler nach Pompei gekommen war. In dieser schönen und wohlhabenden campanischen Handelsstadt bestanden – wie in den anderen Städten Italiens – gesellige Bünde der männlichen Jugend, die sich in den Ringschulen zu Sport, Spiel und Waffenübung zusammenfanden. Der Gegensatz zwischen der einheimischen samnitischen Bevölkerung und den aus Rom Zugewanderten dürfte auch auf diese Bünde weitergewirkt haben und war in den Aufstandsplänen Catilinas mitberechnet, doch es kam nicht dazu, daß irgendeine Gruppe nachweisbar als Geheimbund gewirkt hätte.

Was einige Einwohner der Stadt Pompei von ihren Mitbürgern schied, war nicht die Politik, sondern wieder die Religion: ein den Außenstehenden verschlossener Mysterienkult. Um ihn hatte sich vermutlich gar kein Geheimbund gebildet; wir nennen ihn nur, weil er vorhin Erwähntes ergänzt und illustriert: der Gott dieser Mysterien war nämlich wieder Bacchus. Aus Campanien war ja die Priesterin gekommen, die den Mysterienfeiern in Rom ihre verhängnisvolle Form gegeben hatte, in Süditalien hatten sich auch nach dem Verbot des Jahres 186 v. Chr. noch Reste des Kultes gezeigt, und das ist nicht verwunderlich. Bacchus oder Dionysos, der ursprünglich thrakische Fruchtbarkeitsgott, war der Mittelpunkt verschiedener Mysterienkulte in Griechenland. Hier in Süditalien lebte griechische Tradition fort, und in Pompei ist der Kult, der in Rom so schauderhaft entartet war, in seiner alten reinen Form erhalten geblieben oder neu aufgelebt.

Um die Mitte des Jahrhunderts, als Caesar bereits Alleinherrscher war, malte ein campanischer Künstler prachtvolle Bilder aus der religiösen Welt der Dionysosmysterien. Aber sie schmückten keinen verborgenen Kultraum mit unterirdischem Eingang, sondern einen Saal, der ganz offen von einer Porticus (einer Säulenhalle oder Loggia) aus zu betreten war. Allerdings befand sich der Saal in einer Privatvilla, die ein reicher Patrizier von Pompei außerhalb der Stadt besaß, also doch vor dem Zutritt Fremder gesichert, und an der anderen Seite des Saales lag das Schlafgemach der Hausherrin. Ob die

Wandgemälde nur eine Art »Glaubensbekenntnis« dieser Herrin darstellten oder doch den Rahmen für religiöse Feiern bildeten, ist schwer zu entscheiden. Sie zeigen in einer Reihe von Szenen die Kulthandlungen, vom nackten Kind, das den Text des Rituals verliest, über Opfergaben, Gestalten aus dem Dionysosmythos, Enthüllung des Kultsymbols und rituelle Geißelung bis zum ekstatischen Tanz, und in der Mitte der Bilderreihe lehnt Dionysos, in überirdischer Seligkeit gelöst, im Schoße der zur himmlischen Gemahlin erhobenen Ariadne. – Selbst wenn in diesem Saal Kulthandlungen vollzogen wurden, hielten sie sich ganz in privater Sphäre und brauchten das Verbot, das im Senatsbeschluß des Jahres 186 v. Chr. ausgesprochen war, nicht ernstlich zu scheuen.

Eine andere religiöse Gemeinschaft mußte etwa zur selben Zeit harte Verfolgung erleiden. Dies spielte sich allerdings außerhalb des römischen Reiches ab, und der religiöse Gegensatz zwischen den Verfolgten und der obersten religiösen Autorität des Landes wirkte sich auch politisch aus. Es war in Palästina, wo die Familie der Hasmonäer das Hohepriesteramt und die Königswürde innehatte. Als Freunde griechischer Bildung waren sie mit der national-konservativen Partei der Pharisäer verfeindet: das kostete im Laufe der Zeit Tausenden, ja angeblich Zehntausenden das Leben.
Neben diesen beiden großen Mächten gab es noch eine Gemeinschaft, die Essener oder Essäer (zu deutsch »Die Frommen«), die in verschiedene Sekten gespalten war.
Einer dieser Sekten verdanken wir die berühmten Schriften vom Toten Meer, die seit dem ersten Fund im Jahre 1947 die wissenschaftliche Forschung beschäftigt und in der Öffentlichkeit mehr Aufsehen erregt haben, als es archäologisch-theologischen Fragen gewöhnlich beschieden ist. – Ob jener Beduine vom Stamm der Taamire ein verlorenes Schaf gesucht hatte

oder ob er, einem anderen Bericht zufolge, mit seinem warenbeladenen Esel unterwegs war und im Schatten der Ruinen von Khirbet Qumran bei der Quelle Ain-Feshka rasten wollte – jedenfalls schenkte ihm der Zufall den Fund, der danach die Gelehrten und die Journalisten dreier Kontinente in Atem hielt. Worum es sich dabei überhaupt handelte, ist hinreichend bekannt. Am Boden einer Felshöhle nahe einem antiken Friedhof, etwa 12 km nördlich von Jericho am Nordwestufer des Toten Meeres, lagen Scherben und irdene Krüge, und in diesen meist beschädigten Krügen fanden sich in Stoff gehüllte und mit Wachs und Erdharz verklebte Lederrollen. 20 palästinensische Pfund verlangte der Beduine dafür von einem Antiquitätenhändler, dieser fand die Forderung zu hoch: zwei Jahre später wurde nur ein Teil des Fundes auf eine Million Dollar geschätzt. Ihr weiteres Schicksal würde es rechtfertigen, einen Roman darüber zu schreiben, und dieser wäre gewiß spannend: Professor Sukenik von der Universität Jerusalem konnte nur einen Teil der Schriftrollen erwerben, der Palästinakrieg hinderte weitere Nachforschungen, einige Rollen kamen an ein syrisches Kloster, von dort nach Amerika. Sie lagen in der Kongreßbibliothek zu Washington und kamen doch wieder in private Hände; israelische, jordanische, amerikanische, englische und französische Gelehrte bemühten sich um ihre Deutung. Weitere Schriftrollen tauchten auf, und noch weitere Funde sind zu erhoffen. Zwei Rollen aus Kupfer und Bronze waren zu sehr oxydiert und spröde, als daß sie gleich geöffnet werden konnten; nun sollen sie die Verstecke von großen Gold- und Silberschätzen verraten haben. Doch so bedeutend deren Wert auch sein mag, er ist nicht wichtiger als die Kenntnis der Männer, von denen alle diese Schriften stammen. So kehren wir zurück ins alte Jerusalem mit seinen religiösen und politischen Kämpfen.

Eine der erwähnten essenischen Sekten bezeichnete den

Hohenpriester als »Frevelpriester« und den bekanntesten Führer der Pharisäer als »Lügenmann«; sich selbst nannten sie die »Gemeinschaft des Neuen Bundes« und hingen einem Manne an, den sie »Moreh haz zedeq« (»Lehrer der Gerechtigkeit«) nannten. – In Jerusalem, der reichen und großen Stadt, dem politischen, wirtschaftlichen und religiösen Zentrum eines fleißigen, aber unduldsamen Volkes, unter Priestern und Schriftgelehrten, Händlern und Handwerkern, Pilgern und Soldaten, unter Gerechten und Ungerechten, Weltbürgern und Eiferern die Gerechtigkeit zu lehren, Einfachheit, Keuschheit und Verachtung des Reichtums zu predigen, das war gefährlich. Seine Anhänger hielten den Meister für den erwarteten letzten Propheten des messianischen Zeitalters oder für den »Messias von Aaron und Israel« und umgaben ihn mit so gläubiger Verehrung, daß sie – wie die Schüler des Pythagoras fast ein halbes Jahrtausend früher – nicht einmal seinen Namen auszusprechen wagten. Seine Gegner aber waren die höchsten Männer des Staates, und das brachte ihm den Tod. Seine Anhänger mußten nach Damaskus fliehen, doch viele warteten auf seine Auferstehung und Wiederkehr.
Ob die Verfolgung des Neuen Bundes und der Essener überhaupt mehr politische oder mehr religiöse Ursachen hatte, ist schwer zu sagen. Jedenfalls wurde wieder einmal eine Gemeinschaft gezwungen, sich in die Heimlichkeit zu flüchten, in die Stille oder ins Exil. Aber sie war auch bereit, sich zur Wehr zu setzen. Die Regeln, nach denen dies geschehen sollte, waren seit langem im »Buch der Kriege der Söhne des Lichtes gegen die Söhne der Finsternis« niedergelegt. Ihre Armee war in Vorposten, Linientruppen und Reiterei geteilt, es gab Offiziere, Verpflegungsbeamte, Krankenträger, Feldzeichen und genormte Bewaffnung; Kriegstaktik aus den Kämpfen der Nachfolger Alexanders des Großen verband sich mit dem Geist des Alten Testaments. Zwischen den Kämpfern hatten

Ein Mädchen bringt Opfergaben für die heilige Handlung der Dionysosmysterien. (Ausschnitt aus dem Fries der Mysterienvilla zu Pompei)

Priester und Leviten zu stehen, von ihren Trompeten erwartete man übernatürliche Wirkung wie einst beim Fall der Mauern von Jericho. Jede Handlung war im magischen Sinne vorgeschrieben: sieben Steinwürfe, sieben Speerwürfe gegen den Feind... Solche Regeln sind nicht lächerlich, sie entsprachen dem heiligen Charakter aller jüdischen Kriege und führten im Kampf gegen Ungläubige zu tragischen Situationen: die Frommen ließen sich lieber zu Tausenden niedermetzeln, als am heiligen Sabbat die Waffen zu führen.

Den Sabbat heiligte ja auch das biblische Gesetz, aber die Essener hielten dies wie die meisten anderen Gesetze noch strenger ein: sie durften Vieh, das in eine Grube oder in einen Brunnen gestürzt war, an diesem Tage nicht herausziehen, ja selbst einem Menschen dazu keine Leiter bringen! Wer dies nicht beachtete – also der größere Teil ihres Volkes und die griechischer Kultur zugewandte Oberschicht –, erschien ihnen als Sünder; von ihnen schlossen sie sich streng ab, vermieden jede Berührung, ja führten nicht einmal theologische Streitgespräche mit Außenstehenden. Ihre Auslegung der Bücher Moses hielten sie geheim wie ihre eigenen Schriften, denn sie lernten daraus auch Wurzeln, die Krankheiten bannen konnten, und die Eigenschaften der Steine kennen, sie glaubten sogar, die Zukunft voraussagen zu können.

Viele Essener lebten mit ihren Familien zusammen, als kleine Gemeinschaft auf dem Lande und in den Städten. Dem asketischen Charakter ihrer Sekte entsprach aber eher das mönchische Leben in der Wüste, einzeln oder in Klöstern versammelt. Neue Mitglieder nahmen sie nicht leicht auf, sie prüften streng Intelligenz, Wissen und Willensstärke. Im ersten Jahr, während er noch über seinen Privatbesitz verfügte, durfte der Novize weder an der rituellen Waschung noch am gemeinsamen sakralen Mahl teilnehmen, im zweiten Jahr unterstand sein Vermögen der Kontrolle, erst im dritten wurde er in die

Gütergemeinschaft des Ordens aufgenommen, aber jedes Mitglied wurde weiterhin jährlich überprüft, jeder Verstoß gegen das mosaische Gesetz oder eine Regel des Bundes fand harte Strafe. Überall im Lande besaßen sie ihre Ordensniederlassungen, wo die Mitglieder Verpflegung und Quartier fanden, so daß sie auf Reisen nichts mitzunehmen hatten außer Waffen gegen Straßenräuber. Der religiöse, geistige und auch organisatorische Mittelpunkt aller Essener war das Lehr- und Gebetshaus auf einer der öden Höhen am Toten Meer, bei dem antiken En Gedi (in der Nähe des heute berühmten Khirbet Qumran), ein festungsähnlicher Bau mit dicken Mauern aus gewaltigen Steinblöcken, mit Versammlungsraum und Schreibstube, Lebensmittelmagazinen, Zisternen und Tausenden sorgfältig angelegter Gräber.
Unter römischer Herrschaft, wohl in den ersten Jahrzehnten nach Christi Geburt, war die Sekte des Neuen Bundes aus dem Exil nach Palästina zurückgekehrt. Am großen jüdischen Aufstand gegen die Römer waren der fest geschlossene, wehrhafte Bund und die Essener insgesamt führend beteiligt, und als die römischen Truppen schließlich im Jahre 70 n. Chr. Jerusalem zerstörten, wurde auch das Kloster am Toten Meer verlassen. In Tongefäßen geborgen, die in Felsspalten und ehemaligen Wohnhöhlen versteckt wurden, blieben zahllose Schriftrollen zurück. Dort lagen sie als Zeugen des Ordens und waren vergessen, bis im Jahre 1947 der erwähnte Beduine zufällig die ersten Rollen entdeckte. Seitdem hat die wissenschaftliche Forschung nicht aufgehört, sich mit der Sekte des Neuen Bundes und ihren Schriften zu befassen, doch vieles ist noch ungeklärt, vieles wird heftig diskutiert. Nicht einmal der Name des »Lehrers der Gerechtigkeit« steht fest, nicht das Datum seines Todes: vielleicht starb er im Jahre 65 v. Chr., kurz bevor die römischen Truppen zum ersten Mal in Jerusalem einzogen (was seine Anhänger dann als gottgesandte Strafe

ansahen), vielleicht einige Jahre früher; nach anderer, inzwischen wohl überholter Ansicht, hatte er schon zu Beginn des zweiten Jahrhunderts vor Christus gewirkt. Wie sich die Essener zum Neuen Bund verhielten, ob diese Gemeinschaft überhaupt erst im Exil von Damaskus oder gar erst nach der Zerstörung von Jerusalem geschlossen wurde, das alles ist noch umstritten. Eine weltbekannte Persönlichkeit dürfte aber ziemlich sicher aus dem Kreis der Essener gekommen sein: Johannes der Täufer – obwohl seine Art der Taufe nicht essenischem Ritus entsprach.

Vielleicht ist die Sekte des Neuen Bundes und die der Essener nicht völlig ausgestorben. Es besteht die Vermutung, daß ihre Reste in der Gemeinschaft der Qaraiten aufgingen, die heute noch in Palästina, Arabien und Rußland weiterleben. Ihr »Lehrer der Gerechtigkeit« aber wurde vergessen, denn nach ihm, dem »Messias von Aaron und Israel« aus dem alten Priesterstamme Levi, kam *der* Messias aus dem Hause David, der Heiland aller Welt, der nicht als strenger Asket jede Berührung mit Sündern als Verunreinigung empfand, sondern sich den Sündern zuneigte und ihnen verzieh. Aber auch seine Anhänger wurden verfolgt und auch sie bildeten zunächst eine Art Geheimbund. Damit waren sie der Staatsgewalt, das heißt zu jener Zeit: den römischen Statthaltern, von vornherein verdächtig, so wie die vielen anderen Geheimbünde von lokaler Bedeutung, die in allen Teilen des Reiches bestanden. Wenn wir einige von ihnen betrachten – die Quellen sind wie immer spärlich –, finden wir viel bereits Bekanntes, zum Teil aus Tradition, zum Teil als allen Bünden grundsätzlich gemeinsame Erscheinung.

In Alexandreia bestanden in den wohlhabenden Kreisen seit langem gesellige Vereinigungen. Die reiche, glänzende Stadt am Nil hatte schon im 3. Jahrhundert v. Chr. unter dem Herr-

Eine der schwierig zu deutenden Szenen aus dem Ablauf der Dionysosmysterien: Ein Silen läßt einen Satyr trinken. Die Handlung ist symbolhaft wie die Schreckmaske, die der zweite Satyr hält.

scher Ptolemaios Philadelphos Vergnügungsvereine aufblühen gesehen, zu Ende desselben Jahrhunderts brachte Ptolemaios Philopator sein Leben bei Frauen und Gelagen, mit Festzügen und im Kreise fröhlicher Gesellen zu. Diesem Beispiel folgte dann der Römer Marcus Antonius. Er gründete in Alexandreia einen Verein, dessen Namen sich deutsch etwa als »die Brüder vom unnachahmlichen Leben« wiedergeben läßt, und der dann doch den alten Gedanken des gemeinsamen Todes wieder aufklingen ließ: »Verein der Todgeweihten« soll er geheißen haben, als Antonius nach der Niederlage bei Actium das Ende seiner Herrlichkeit voraussehen mußte. Vereinigungen dieser Art waren wohl keine vereinzelten Erscheinungen in der Stadt, die zu den größten, aber auch verderbtesten ihrer Zeit zählte. Hier strömte der Reichtum des fruchtbaren Landes am Nil zusammen, hier wurde er auch wieder ausgegeben; man verstand, sich des Daseins zu freuen. Als dann nach dem Tode des Antonius und der Kleopatra römische Statthalter das Land regierten, war die politische Lage natürlich völlig verändert. Die Parteien der Ptolemäerzeit gruppierten sich um, Bünde verschwanden, andere tauchten auf. Viele Vereine bewahrten nur die Tradition der Geselligkeit, doch bald drang wieder politische Agitation in die fröhlichen Runden, denn die Bewohner, besonders die führenden Kreise der einst so mächtigen Residenzstadt konnten sich nur schwer damit abfinden, nur noch Bürger einer Provinzstadt zu sein. Die Unzufriedenheit spiegelte sich in den Bünden wider, denn deren Mitglieder zählten ja gewöhnlich zu den vermögenden und politisch interessierten Männern der Stadt.
Die Bünde hatten nur geringe politische Bedeutung besessen, solange sie voneinander unabhängig bestanden hatten. Aber um die Mitte des 1. Jahrhunderts nach Christus lebte in Alexandreia ein reicher Mann namens Isidoros, der das angesehene, mit hohen Ausgaben verbundene Amt eines Gymnasiarchen

bekleidete: er war nicht nur Vorstand des Gymnasiums als Bildungsstätte und Turnplatz, sondern auch Spielleiter und Festordner, denn der Prachtbau mit seinen weiten Säulenhallen diente auch als staatlicher Festplatz. Hier wurden zu feierlichen Anlässen die Bürger bewirtet, hier trafen sich die vornehmen Leute zu Gesprächen und Unterhaltung, und Isidoros fand hinreichend Gelegenheit, mit allen Vereinen seiner Stadt Fühlung zu bekommen. Während er in einer Runde das Amt eines Vorsitzenden innehatte, war er in anderen Mitglied, bei wieder anderen regelmäßiger Gast. Überall hatte er Freunde und benützte sie auch: sie mußten bei Wahlen für ihn werben, erhielten bei Gelagen seine Weisungen und erstatteten Bericht. Was vorerst als geschäftiges Leben und bloßer Geltungsdrang des Isidoros erschienen war, erwies sich bald als politische Wühlarbeit: mit einigen Freunden trieb er den römischen Statthalter Avillius Flaccus zur Verfolgung der Juden und wirkte dabei selbst mit allen Kräften mit. Als er meinte, der Statthalter begünstige ihn nicht mehr genug, richtete er seine geheime Agitation gegen ihn und hetzte überall. Er wurde zum Tode verurteilt und mußte fliehen, aber als Kaiser Caligula im Jahre 38 n. Chr. seinen Statthalter verhaften ließ, trat Isidoros als Ankläger auf.
Die jüdische Gemeinde von Alexandreia war damals schon so angewachsen, daß von den fünf Stadtteilen zwei vorwiegend jüdisch waren, aber auch in den anderen viele Juden lebten. Überall bestanden Synagogen – und der Haß zwischen Juden und Heiden (vor allem den Griechen) war groß. Der Kampf wurde bald vor Gericht, bald mit offener Gewalt geführt, mit Boykott, Pogrom, gegenseitiger Verleumdung und verhetztem Pöbel, oft auch nur im geheimen – dieser Kampf in Alexandreia erinnert vielleicht an ähnliche Erscheinungen unseres Jahrhunderts. Uns gewährt er einen Einblick in die Art, wie gesellige Bünde politisch und geheim zu wirken begannen.

Neben den eben genannten, leider noch nicht überholten Methoden des Kampfes zwischen verschiedenen Elementen einer Bürgerschaft gab es damals noch ein besonderes Mittel: Die Magie. Man übte Schadenzauber und verfluchte den Gegner, doch nicht im Zorn des Augenblicks, sondern gut überlegt und formgerecht. Die jüdischen Flüche jener Zeit sind zum Teil heute noch üblich; auch die heidnischen sind erhalten, denn sie wurden auf Papyrusrollen oder Bleitafeln aufgeschrieben und ihr Wortlaut immer wieder gebraucht. In vielen Tempeln lagen neben Zauberrezepten auch Fluchformulare auf! Sie waren griechisch oder ägyptisch (demotisch) geschrieben, nie lateinisch: die lateinische Sprache besaß dort keine Zauberkraft, die Römer galten als Barbaren. Sie bemühten sich auch sehr, das Zauberunwesen zu unterdrücken.

Rom begann im ersten nachchristlichen Jahrhundert endlich auch in Schönheit, Reichtum und Zahl der Einwohner die Weltstadt zu werden, die es durch seine politische Bedeutung längst war. Noch waren die Straßen eng und winkelig, die Häuser unregelmäßig gebaut, oft armselig, aber schon strahlten die Prachtbauten der Kaiserzeit in einzelnen Stadtteilen, Tempel, Markthallen, Bäder, Bibliotheken. Menschen aus allen Gegenden der bekannten Welt trafen sich hier, Sarmaten und Berber, Gallier und Ägypter, Syrer, Iberer, Nubier. Im Stadtteil zwischen dem Tiber und dem Abhang des Janiculus (dem heutigen Trastevere) lebten die meisten Juden. Ihre Religion und die Kultgebräuche ließen sie den Heiden fremdartig erscheinen, lächerlich und unheimlich zugleich. Als nach Kaiser Caligulas Tod im Jahre 41 n. Chr. sein Onkel Claudius den Thron bestieg, hielt er es gleich für zweckmäßig, Vorsichtsmaßregeln gegen die Juden zu ergreifen: er vertrieb sie zwar nicht aus der Stadt, verbot ihnen aber, sich zu versammeln.

Gleichzeitig löste Kaiser Claudius andere Vereinigungen auf, die sein Vorgänger zugelassen hatte. Der Historiker Dio Cassius, dem wir diese Nachricht entnehmen, schrieb griechisch und bezeichnete sie mit dem bekannten Wort »Hetairien«. Wahrscheinlich waren es nur Berufsvereinigungen oder Genossenschaften, doch das alte gesellige Element, aus dem so viele Geheimbünde entstanden, spielte auch bei ihnen noch eine große Rolle, denn um sein Verbot wirksam zu machen, ließ der Kaiser auch die Schenken schließen, in denen die Mitglieder der Hetairien einander getroffen hatten, um gemeinsam zu trinken. Künftig durfte dort weder ein Fleischgericht noch heißes Wasser (zur Glühweinbereitung) verkauft werden. Einige Leute, die das Verbot übertraten, wurden bestraft.

Überall hatte die Regierung mit geheimen Bünden zu rechnen, denn es war unmöglich, die verschiedenartigen Vereinigungen in allen Teilen des Reiches zu überblicken. Selbst die römischen Soldaten schlossen sich außer Dienst zusammen, bildeten Kultvereine und Landsmannschaften, um im Ausland den Zusammenhalt zu pflegen und ihre gemeinsamen Interessen zu schützen. In Syrien hatte es schon lange vor der Römerherrschaft Tischgesellschaften, richtige Schmausvereine gegeben – und wie das Beispiel von Alexandreia lehrte, war keine Männerrunde grundsätzlich harmlos. Jeder Bund konnte politische Schwierigkeiten machen; noch unter Claudius' Herrschaft wurde in Kibyra, einer Stadt im Südwesten Kleinasiens, eine große Verschwörung aufgedeckt. Die Parteikämpfe in den einzelnen Städten bedienten sich jeder Art von Vereinigung, und besonders die Berufsverbände neigten dazu, politische Ziele zu verfolgen.

In der Stadt Magnesia am Fluß Maiandros (Westkleinasien) schlossen sich die Bäckermeister zu einer Hetairie zusammen und traten in Streik, um die Preise zu steigern. Eine solche

Gemeinschaft, für die das Wort »hetaeria« als Fachausdruck in die lateinische Sprache übernommen wurde, hat recht wenig mit den adeligen Männerbünden zu tun, die wir unter demselben Namen kennengelernt haben. Nur das eine ist ihnen gemeinsam: der Widerstand gegen die Staatsgewalt, der sie zwang, im geheimen zu wirken. Das erklärt uns auch das Mißtrauen des Staates gegen jede Art von Vereinigungen in den Provinzstädten.

Nikomedia, die Hauptstadt des einstigen Königreiches Bithynien im Nordwesten von Kleinasien, war durch einen Brand zerstört worden, der römische Statthalter wollte dort im Jahre 112 n. Chr. eine Feuerwehr aufstellen, doch Kaiser Trajan gestattete es nicht: aus jeder Gemeinschaft würden Hetairien entstehen, schrieb er dem Statthalter. Dieser Mann war übrigens ein bekannter Literat und Anwalt, der Neffe des großen Gelehrten, der beim Vesuvausbruch des Jahres 79 v. Chr. umgekommen war: Gaius Plinius Caecilius Secundus. Er bemühte sich redlich, das kaiserliche Verbot aller Hetairien durchzusetzen, und dabei stieß er auf die Christengemeinde seiner Provinz.

Plinius hatte noch nie an Untersuchungen gegen Christen teilgenommen und wußte nicht recht, was an ihnen zu bestrafen sei, das Glaubensbekenntnis an sich oder nur Verbrechen, die damit verbunden wären. Nach dem, was die ersten Verhöre ergaben, mußte ihm die Gemeinde als Geheimbund erscheinen: die Mitglieder kamen an bestimmten Tagen (dem Sabbat) vor Sonnenaufgang zusammen, waren durch einen Eid verbunden und nahmen gemeinsame Mahlzeiten ein. Plinius konnte keine Verbrechen feststellen, fand aber – wie er dem Kaiser berichtete – »verschrobenen und maßlosen Aberglauben«. Besonders die große Zahl der Christen, Männer und Frauen jeglichen Alters und Standes, ließ ihm die Sache ernst erscheinen, und ähnliche Ansichten gewannen zu jener Zeit

viele Außenstehende über die junge Glaubensgemeinschaft: die Christen verpflichteten sich zu sittenstrengem Lebenswandel durch einen heiligen Eid – aber ein Eid und dazu noch die heimlichen Zusammenkünfte und gemeinsamen Mahlzeiten mußten den Verdacht einer Verschwörung erwecken.
Die Christen lehnten den römischen Staatskult ab und verweigerten häufig den Kriegsdienst. Das brachte sie in Gegensatz zum Staat, und insofern sind ihre Gemeinden für jene Zeit als Geheimbund zu bezeichnen. Dies gilt indessen nicht für die anderen exklusiven Religionsgemeinschaften, die vielen Mysterienkulte, die im ganzen römischen Reich bestanden. Der Begriff »Mysterien« trug nichts von Heimlichkeit an sich, die religiösen Feiern waren allgemein bekannt und wurden von den Behörden begünstigt. Der Gottesdienst bedeutete ein einigendes Band, das um so fester war, je weiter sich die Gemeinde von der Heimat entfernt inmitten einer barbarischen Umwelt befand. Am Don oder am Asowschen Meer bedeutete die Teilnahme am Mysteriendienst zugleich: Verbindung mit Italien.
In Ägypten hatte sich der Kult des einheimischen Gottes Thot mit dem des griechischen Hermes und verschiedenen semitischen, sogar iranischen Elementen verbunden. Auf ihn, der nun Hermes Trismegistos (»der dreimalgrößte Hermes«) hieß, bezogen sich Mysterienkulte, wie solche in lokalen Spielarten schon längst üblich gewesen waren, und eine ganze Reihe religiöser Offenbarungsschriften, die auf Freimaurer, Anthroposophen und Traumbücher bis in unsere Gegenwart weitergewirkt haben.
In vielen Teilen des römischen Reiches, in Gallien, Italien und Nordafrika, am Rhein und an der Donau bestanden Gemeinden des persischen Lichtgottes Mithras: sie versammelten sich in unterirdischen Räumen, kannten Taufe, Abendmahl und verschiedene Grade der Einweihung. Aber als selbst der einst

verbotene Bacchusdienst wieder auflebte und an den Mysterienfeiern auch Barbaren teilnahmen, wie z.B. in der dacischen Stadt Napoca (Klausenburg in Siebenbürgen, rumänisch Cluj), mußte niemand fürchten, für seine Zugehörigkeit zur Mysteriengemeinschaft bestraft zu werden.

Anders verhielt es sich jedoch mit den nationalen Religionen unterworfener Stämme: wenn sie der Herd dauernder Unruhen waren, mußte sie der Staat aus politischen Gründen verfolgen. Derartiges hatte sich im Nordwesten, am anderen Ende des römischen Reiches zugetragen; zur Zeit Kaiser Trajans waren die Gegenmaßnahmen der Staatsgewalt bereits abgeschlossen. Die Grundlagen dieser Religion gehen aber viel weiter zurück, bis zur Wende von der Jungsteinzeit zur Bronzezeit. Aus dieser Epoche stammen nämlich die eigenartigen Grabbauten, die man ihrer großen Steine wegen als Megalith- (das heißt eben »Großstein«-)bauten bezeichnet. Ähnliche Bauten finden sich von Skandinavien bis Syrien und Indien. Es liegt nahe, nach den kühnen Männern zu fragen, die so weite Strecken mit ihren Schiffen befahren haben (falls diese Bauten überhaupt auf ein einziges Volk und nicht auf eine große religiöse Bewegung zurückgehen), doch für unseren Zusammenhang müssen wir uns begnügen festzuhalten: alles, was wir an großartigen Denkmälern aus dieser Zeit besitzen – längliche, aufrecht stehende Steine mit einer Höhe von fünf Meter und darüber, die als Sitz der Seele des Verstorbenen anzusehen sind (»Menhir«), Steinkammern als Kern künstlicher Grabhügel (»Dolmen«), unterirdische Grabkammern und ganze Steinalleen und Steinkreise (»Cromlech«) – all das gehört zum Totenkult, auch wenn man die bekanntesten dieser Anlagen, die von Stonehenge und Avebury in England, als Sonnenheiligtümer gedeutet hat.

Totenkult als Grundlage kriegerischer und zum Teil geheimnisvoller religiöser Bünde ist uns schon mehrfach begegnet.

Dazu braucht man an keine völkische Verwandtschaft zu denken, sondern einfach an die allgemeine Vorstellung, daß aus dem unterirdischen Bereich das Wachstum kommt und die Ahnengeister den Lebenden beistehen, wenn darum gebetet und dafür geopfert wird. Schon in den ältesten Kunstwerken der Menschheit, den berühmten Höhlenmalereien Spaniens und Südfrankreichs, ist der Zauberer in Tierverkleidung und die magische Ekstase zu erkennen; wie im alten Iran, so läßt sich auch in Spanien, der Bretagne, in Britannien und Irland eine Art des Fruchtbarkeitskultes mit Rauschekstase vermuten. Zumindest spielten in den megalithischen Kulturen dieser Gebiete die Trinkbecher eine so große Rolle, daß sie gewiß kultischen Zwecken gedient haben.

Als dann im Laufe des ersten Jahrtausends vor Christus Kelten in die Gebiete der alten Megalithkultur vordrangen, setzten sie zwar nicht die Art des Totenkultes unmittelbar fort, errichteten sie auch keine Menhirs und Cromlechs, aber sie benützten die vorhandenen Heiligtümer und übernahmen einzelne Elemente dieser Religion.

Kelten lebten in Gallien, in Britannien und Irland, auf der Iberischen Halbinsel, an der Donau, am Po und selbst in Kleinasien, aber nie hatten sie es vermocht, ein einiges großes Reich zu bilden. Die bekannte Erscheinung der rivalisierenden Parteien, die bei so vielen Völkern der Mittelmeerwelt zu verfolgen ist (wir erwähnten sie bei Berbern und Karthagern), war auch ihr Nationalübel. In fast jedem Gehöft, in Sippe, Gau, Clan, Stamm, in Stammesbünden, überall bestanden zwei Parteien, zwei miteinander um die Macht ringende Gruppen. Wenn ein Feudalaufgebot gegen das andere kämpfte, wenn die Grundbesitzer als Ritterheer und ihre Hörigen als Fußvolk gegeneinander in den Kampf zogen, brannten und mordeten, war doch eine Gruppe von Menschen ausgenommen: die Druiden, die als Wahrsager, Magier, Priester, Ärzte und Lehrer einen eigenen Stand bildeten. Ursprünglich waren sie vielleicht selbst ein Clan gewesen, der sich der Religion besonders widmete und Elemente des megalithischen Kultes übernahm, wenn nicht in ihnen überhaupt vorkeltisches Erbe weiterlebt. Für einen solchen Ursprung des Druidentums spricht auch, daß es bei den übrigen Kelten nicht nachgewiesen ist, in Gallien, Britannien und Irland aber eine große Rolle spielte. Ob dort die Stammessitten und -einrichtungen von den Druiden bestimmt oder ihnen nur gerade günstig waren, sie ermöglichten es ihnen jedenfalls, als Geheimgesellschaft ungeheure Macht zu erringen und zuweilen sogar die eigentliche Herrschergewalt in Händen zu halten, da die Könige ihrem Willen folgen mußten.

In Irland wurden die Knaben eines Clans gemeinsam im Männerhaus erzogen oder – ebenfalls außerhalb der Familie – bei einem Nährvater, der oft unter den Verwandten der Mutter gewählt wurde. Darin sind Reste mutterrechtlicher Sitte zu erkennen, die große Bedeutung gewannen, denn als Ziehvater suchte man begreiflicherweise einen Mann, von dem der Knabe viel lernen konnte, nicht nur das Waffenhandwerk, sondern auch Zaubersprüche und anderes geheimes Wissen. So fanden sich viele Knaben bei den Druiden zusammen, daneben auch bei den Filid, die als Gelehrte und Dichter einen ähnlich bevorrechteten, zum Teil die Druiden ergänzenden, zum Teil mit ihnen rivalisierenden Stand bildeten.

Aus Gallien begaben sich viele Leute hinüber nach Britannien, wo die Wissenschaft der Druiden am genauesten weitergegeben wurde. Dies führte zu einer Art Schulsystem, das den Einfluß des Druidentums weiter stärkte. Übrigens entstand auf diese Art mancher Treuebund junger Adeliger, die gemeinsam erzogen worden waren und auch später einander beistanden. Die irische Heldensage kennt Beispiele dafür und erzählt, daß der Spielplatz der Knaben unter besonderem Banne stand, den kein Außenstehender durchbrechen durfte. Wir haben schon gesehen, wie in anderen Ländern solche Bünde die Politik lenkten; auch bei den Kelten können wir es vermuten. Adelsverschwörungen gab es oft genug, heimliche Umtriebe und offenes Streben nach der Macht. Wir brauchen auf dergleichen zeitlich und örtlich begrenzte Ereignisse nicht näher einzugehen.

Indessen war die Ausbildung junger Adeliger, die solche Bünde vielfach begründete, nur ein Teil des Unterrichts, den die Druiden erteilten. Wie im Mittelalter neben den äußeren, für die Adeligen bestimmten Klosterschulen, die inneren bestanden, in denen nur Geistliche erzogen wurden, so bildeten sich die Druiden ihren Nachwuchs selbst heran. Es war ein langwieriger Vorgang mit Initiation, Vorbereitungszeit und verschiedenen Graden der Einweihung. Zwanzig Jahre konnte es dauern, bis der Druide über alles nötige Wissen verfügte, und dieses wurde nur mündlich in Form von langen Gesängen und Lehrgedichten überliefert. Sie lernten – und lehrten dann weiter: Von Gestirnen und Ländern, Bäumen und Steinen, von der Kraft und dem Willen der Götter, Deutung der Zukunft und Magie, dazu das komplizierte Ritual, Gesetze, Recht und Gesittung, und auch die Seelenwanderung nach dem Tode.

Solche Berührung mit der Lehre der Pythagoreer mußte schon die Antike verblüffen. Zweifellos besteht ein Zusammenhang, ob man ihn nun aus gemeinsamem Ursprung oder aus viel jüngerer Beeinflussung der Kelten durch griechische Händler und Reisende oder durch ihren Kontakt mit den griechischen Kolonien in Südgallien erklären will. Das ist durchaus möglich, denn die Gallier benützten für den profanen Verkehr die griechische Schrift; ihre Runen waren nur Zauberzeichen und stammen erst aus verhältnismäßig später Zeit. Die Parallelen mit bereits bekannten Bünden gehen aber noch weiter. Das Stieropfer kann bei Völkern, die von Ackerbau und Viehzucht leben, an sich nicht überraschen, aber wie für die Iraner der mit dem Stieropfer verbundene Rauschtrank Haoma besondere magische Kraft besaß, wie die Massageten zum selben Zweck gewisse Früchte benützten, so schreibt die irische Sage den Beeren einer bestimmten, von einem Riesen bewachten Eberesche übernatürliche Wirkung zu: sie gewähre ewige Gesundheit, verjünge und, was uns hier interessiert, sie berausche wie Wein oder Met. Auch die Zeit, da die heilige Mispel gepflückt wurde, war mit dem Stieropfer verbunden. Ferner war der Haselstrauch heilig und die Eiche, auf der die Mispel wuchs. Eicheln sollten zukunftsdeutende Kraft verleihen, doch die Opfer, die zu demselben Zweck dargebracht wurden, übersteigen an Grausigkeit alles, was beim iranischen Stieropfer vorkam: aus den Zuckungen getöteter Gefangener weissagten die Druiden die Zukunft.

Die Druiden von Irland bildeten eine eigene Gruppe, die von Britannien hatten ihr weiterhin geachtetes zentrales Heiligtum auf der Insel Mona (Anglesey). Beide benützten auch die großartigen Monumente des alten Toten- (oder Sonnen-)kultes der Megalithvölker weiter; bei ihnen muß der Einfluß jenes vorkeltischen Bevölkerungselements und seiner Tradition auch besonders stark gewesen sein. Die Druiden Galliens waren sich ebenfalls der Einheit mit jenen britannischen bewußt, besaßen aber ihr eigenes zentrales Heiligtum in der Mitte ihres Landes im Gebiete der Carnuten, wo sie sich einmal jährlich zu bestimmter Zeit versammelten. Wenn sich beim Tode ihres Oberhauptes niemand fand, der die anderen eindeutig überragte, stimmten sie über die Nachfolge ab, oder die Bewerber traten zum Kampf gegeneinander an – denn wenn die Druiden auch vom Kriegsdienst befreit waren, so wußten sie doch ritterlich zu kämpfen, sie entstammten ja zumeist der Adelsschicht.

Die Druiden hatten auch das Richteramt inne, Einzelpersonen und ganze Stämme unterwarfen sich ihrem Urteil. Wer dagegen aufzubegehren wagte, wurde aus der religiösen Gemeinschaft ausgeschlossen und für unrein erklärt. Dies erhöhte ihre Macht noch mehr als Gelehrsamkeit und Zauberwissen. Die meisten Stammesfürsten hatten Druiden als Ratgeber, und diese verstanden es wieder, ihre Schüler an die Macht zu bringen.

Nicht nur aus Berufsinteresse, wie es jeder Wahrsager und Medizinmann tut, umgaben die Druiden sich persönlich, ihren Bund und ihre Lehre mit Geheimnis: sie mußten sich und den Bund auch gegen die Eifersucht der Adeligen schützen, wenn sie in die Politik der Stämme eingriffen. Überdies wirkten politische Maßnahmen viel stärker, wenn sie als göttliches Gebot hingestellt wurden. Hatte die Verbindung der Druiden von Stamm zu Stamm Nachrichten übermittelt, sicherer und rascher, als es Außenstehenden möglich erschien, so galt es als göttliche Eingebung; wenn in den dauernden Stammesfehden einmal rechtzeitig Hilfstruppen auftauchten, wenn eine schwierige Situation gelöst, ein Waffenstillstand vermittelt, Gefangene freigegeben wurden, wenn die Beute groß und die Ernte reichlich war, konnten die Druiden das Verdienst sich zuschreiben, ihrem Wissen und ihrer Macht.

Als die Sweben, der mächtigste Stamm unter den Westgermanen, seine Jungmannschaft über den Rhein schickte, um dort Beute zu machen und neue Wohnsitze zu erobern (sie waren in der üblichen Art zunächst als Söldner gekommen), störte dies das Gleichgewicht der Kräfte in Gallien sehr. Ein angesehener Druide namens Diviciacus machte sich auf die Reise, um Hilfe gegen die Germanen zu suchen. In Rom wurde er Gastfreund des großen Cicero und erzählte ihm von der Naturwissenschaft und Zukunftsdeutung der Druiden. Der Senat schlug zwar die Bitte um Intervention in Gallien ab, aber der Druide gab sich damit nicht zufrieden. Hatte wenige Jahre vorher schon Catilina sich eines gallischen Stammes als Verbündeter für seine Machtpläne bedienen wollen, so unternahm es nun Julius Caesar (der Catilina nicht ganz fern gestanden war), ganz Gallien zu erobern. Einer seiner ersten Verbündeten war der Druide Diviciacus, einer seiner ersten Gegner (im Sinne der Rivalität innerhalb der Familien!) dessen Bruder Dumnorix, der einem Adelsbund angehörte. Er befehligte die Reiterei, die sein Stamm Caesar zur Verfügung gestellt hatte, und führte den Widerstand gegen die Römer jahrelang zäh und geschickt im geheimen; erst im fünften Kriegsjahr wurde er getötet. Diviciacus aber leistete Caesar manchen wertvollen Dienst und erwirkte es, daß das Volk der Bellowaker (zwischen Seine und Somme) nach einem Aufstand geschont wurde – ein Meisterstück druidischer Diplomatie.

Das alles ereignete sich aber erst nach Caesars Sieg über die Germanen. Zunächst waren die Römer wie Diviciacus sowohl auch vielen anderen Druiden als das kleinere von beiden Übeln erschienen (wobei wir freilich nicht behaupten wollen, die gesamte Politik der gallischen Stämme sei von den Druiden gelenkt worden). Aber dies änderte sich bald: die Römer blieben im Lande und mußten nun das Druidentum bekämpfen, nicht nur um die abscheulichen Menschenopfer zu unterbinden, sondern aus politischen Gründen, um die eigene Herrschaft zu festigen.

Der Druidenbund, der bisher doch vielfach ganz offen gewirkt hatte, leitete nun als Geheimbund den nationalen Kampf, und dieser erlangte religiösen Sinn und Inhalt. Dies zeigte sich besonders deutlich, als über ein Jahrhundert später römische Truppen bereits in Britannien standen und von dort gegen die Insel Mona mit ihrem zentralen Heiligtum vorstießen. Den schmalen Kanal zwischen Britannien und Mona übersetzte das

Fußvolk auf flach gebauten Schiffen, die Reiterei auf einer Furt oder mit den Pferden schwimmend. Drüben am Ufer stand die feindliche Schlachtordnung. Männer in Waffen waren den römischen Soldaten vertraut, aber dort liefen Frauen in Trauergewändern zwischen den Kriegern umher, mit wallenden Haaren und brennenden Fackeln wie in religiöser Ekstase. Druiden erhoben die Arme zum Himmel und sprachen feierliche Flüche. Tatsächlich wirkte dies: die Römer hielten verblüfft und erschrocken inne und ließen sich verwunden, bis die Stimme ihres Anführers und gegenseitiger Zuruf den Bann brach. Disziplin siegte über Zauberei, und nach dem Siege fällte man die heiligen Haine der Kelten, in denen die Altäre mit dem Blute Gefangener benetzt und aus menschlichen Eingeweiden der Wille der Götter erkundet worden war.
Wie in der ganzen Geschichte des Druidentums war hier Politisches mit der Religion verbunden, und dabei traten Frauen auf, ob sie nun der religiösen Ekstase besonders zugänglich oder selbst Priesterinnen waren. Ebenso verkündeten Frauen als Priesterinnen oder Medien in ekstatischer Raserei das Ende der Römerherrschaft in Britannien, als das Standbild der Siegesgöttin in Camulodunum (Colchester) aus einer den Römern (vielleicht nicht den Druiden!) unbekannten Ursache umstürzte. Ähnliches ereignete sich im Jahre 70, als während der Wirren im ganzen Imperium das Capitolium in Rom in Flammen aufging: damals erklärten die Druiden, die Vormacht Roms sei gebrochen, die Zeit keltischer Weltherrschaft breche an.
Insgeheim betätigten sich die Druiden noch lange als Wahrsager und Zeichendeuter, auch als ihr politischer Einfluß bereits sehr gesunken war, als Ärzte und sogar noch als Priester. In Irland (wohin die Römer ja nicht vordrangen) blieben sie mächtig, bis das Christentum den Kampf gegen sie aufnahm. Da mußten sie freilich weichen, doch der zweite große Bund

Irlands, die erwähnten Filid, die den Druiden in mancher Hinsicht ähnlich waren, blieben bestehen; als Dichter und Gelehrte redigierten sie die irische Literatur und die Gesetze.

Mit ihrer geheimen und gewissermaßen überstaatlichen Politik, ihrem weitreichenden und doch schwer überschaubaren Einfluß verkörpern die Druiden so recht das, was man gewöhnlich von einem Geheimbund erwartet; daneben mußten die adeligen Kriegerbünde Galliens in unserer Betrachtung ein wenig zurücktreten. Von diesen ist auch tatsächlich nicht viel zu sagen; viel deutlicher sind Kriegerbünde bei den Germanen nachzuweisen, und zwar nicht als eine besondere Erscheinung dieses Volkes, sondern mit allen uralten religiösen Zusammenhängen, die wir bei den Völkern des alten Iran feststellen konnten. An manches, was wir dort erwähnten, können wir hier anknüpfen.

Bei den Bünden der Germanen handelte es sich ursprünglich um kultische Verbände der waffenfähigen Jugend. Jeder Jüngling gehörte ihnen an, vom Austritt aus der Kindheit bis zur Ehe und zum eigenen Hausstand. Ihr Führer und Schutzherr war Wodan, der Gott des Sturmes und der Ernten, des Krieges, der Runen und des Zaubers, der Tücke, der Masken und der Menschenopfer, der Herr der Dichtkunst und der ekstatischen Wut. Er führte das Totenheer an – und dem Totenkult (auch den damit verbundenen Fruchtbarkeitsriten) dienten mit Masken und Vermummung die Kriegerbünde.

Vielleicht hatten die Jünglinge den Bären oder Wolf selbst erlegen müssen, in dessen Fell sie sich bei den kultischen Feiern hüllten; vielleicht war diese erste Tat Vorbedingung für die Aufnahme in den Bund, eine Art Mutprobe im Rahmen der Initiation. Oder traten die Jünglinge durch diese ihre erste Bluttat nun in Verbindung mit den unterirdischen Mächten, oder lebt in der Tierverkleidung ein Rest von uraltem Totemismus oder ein bestimmter Zauber fort: jedenfalls ist diese Tierverkleidung eine ähnliche Grundlage der Werwolfvorstellung, wie wir sie aus dem erwähnten Bericht Herodots bei dem Volk der Neuren kennenlernten. Mit diesem Kult verband sich auch eine ähnliche Ekstase wie bei den Skythen, Massageten und Iranern, und wie jene Völker, so kannten auch die Germanen den kultischen Rausch. Ihr Trank kann als Beweis für uralten gemeinsamen Ursprung dieses Kultes gelten: es war der Met, das Getränk aus gegorenem Honigwasser, das auch die Griechen (mit Milch vermischt) noch im Totenkult und zur Totenbeschwörung verwendeten. Bei den Indern soll ein Falke den heiligen Somatrank, bei den Iranern ein mythischer Vogel das Haoma zur Götterburg gebracht haben, im deutschen Volksmärchen holen Raben den Lebenstrank; so soll bei den Germanen Odin-Wodan selbst in Adlergestalt den Trank der begeisterten Dichter nach Asgard gebracht haben. Durch diesen Met, durch körperliche Verwilderung und dazu durch gemeinsamen Gesang erreichten die Germanen eine Art religiöser Verzückung, die sie derart erfüllte, daß sie gegen Hitze und Kälte, Stoß und Schlag unempfindlich wurden. Ein ganzes Heer konnte sich in solcher Ekstase auf den Feind stürzen und ihn niederhauen, wie es die römischen Legionen mehrmals mitmachten – aber eben nur im ersten Anprall, unter dem Eindruck einer Kampfekstase, die nur selten ein längeres Gefecht durchhielt.

Wenn sich ekstatische Kampfeswut im Angriff eines ganzes Heeres widerspiegeln konnte, so noch viel mehr dort, wo es sich um die Kämpfe von Kerntruppen, von besonderen Kriegerbünden handelte. Die Harier waren ein eigener Stamm oder ein Kriegerverband der Lugier am Oberlauf der Weichsel; sie führten schwarzbemalte Schilde und bemalten sich die Körper, griffen gern in finsteren Nächten an und erregten Schrecken (so sagt Tacitus im 43. Kapitel seiner berühmten

»Germania«) wie ein Totenheer – wie die Wilde Jagd, die Wodan im Sturmwind anführte. Es gibt noch mehr Beispiele dieser Art, wir brauchen sie nicht alle anzuführen. Begnügen wir uns mit der Tatsache kultischer Kriegerbünde, die eine ganze Altersklasse umfassen oder eine besondere Auslese bilden konnten. Die schweren Proben, die der Aufnahme vorausgingen, sollten vielleicht nicht nur Mut, Kraft und Standhaftigkeit des Jünglings erweisen, sondern auch seine Fähigkeit zu echter Ekstase, die ihn jede Furcht, jede Schmerzempfindung, jede Hemmung verlieren ließ. Daher kam dann die Vorstellung von Berserkern, von rasenden, unverwundbaren Kriegern, die sich in Bären oder Wölfe verwandeln konnten: in ihrer Raserei glaubten diese Leute selbst, Bären oder Wölfe zu sein, sie tranken Blut und aßen rohes Fleisch, aber in der Erschöpfung nach der Ekstase verloren sie alle Kraft.

Bünde oder Kultgemeinschaften, die mit diesen vergleichbar wären, gab es (und gibt es noch) bei verschiedenen Naturvölkern, die wir ja nicht näher betrachten wollen. Auch bei den Germanen müssen wir innehalten: mögen diese Verbände auch an sich interessant sein, Geheimbünde im Sinne unserer Betrachtung waren sie nicht. Sie wurden es erst viel später, in christlicher Zeit, da ihr Zauberspuk verboten war. Noch im 16., sogar im 17. Jahrhundert gab es Werwolfbünde im Baltikum: in wüsten Scharen durchzogen sie zur Weihnachtszeit das Land, raubten Lebensmittel und tranken alles Bier aus, das sie vorfanden (wie die Wilde Jagd es im alten Volksglauben tat und Goethe es in der Ballade vom getreuen Eckart schildert). Bünde ähnlicher Art soll es noch im 19. Jahrhundert auf dem Balkan und in Rußland gegeben haben; in Schweden bestanden noch 1845 Bünde junger Männer, die ihre Mitglieder nur nach einer Kraftprobe aufnahmen und sie durch Eid verpflichteten, füreinander Rache zu nehmen, und Zeugenaussagen gegeneinander vor Gericht zu verweigern.

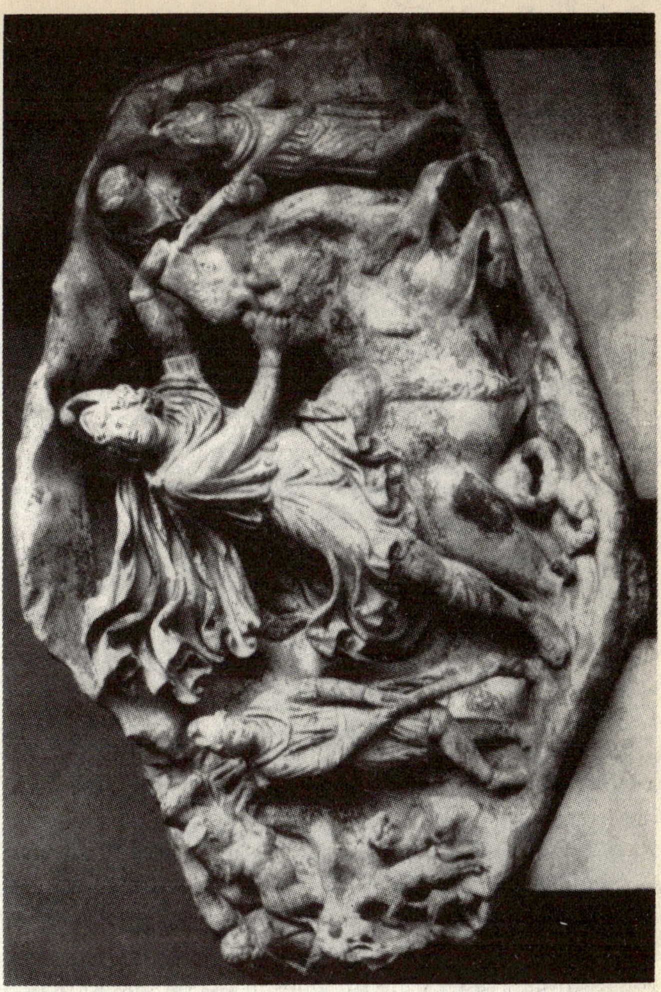

Kultbild der Mithrasmysterien: Das Stieropfer, das Zarathustra einst bekämpft hatte, wird hier als Weltschöpfungs- und Erlösungsakt vom Gott selbst vollzogen. (Relief aus Aquileia im Kunsthistorischen Museum Wien)

Es würde zu weit führen und wäre auch nicht ganz berechtigt, die berühmten Femegerichte des deutschen Mittelalters in diesen Zusammenhang einzubeziehen, wohl aber ist eine in gewissem Sinne verwandte Erscheinung hier zu nennen, das »Haberfeldtreiben«, das in einem geheimen Bund begründet war. Wie dieser organisiert war, bleibt zweifelhaft, denn die Mitglieder waren durch Eid zu unverbrüchlichem Schweigen verpflichtet. Immerhin ergeben die gerichtlichen Aussagen von Leuten, die nur am Rande damit zu tun hatten, ein ungefähres Bild.
Gleich der Feme berief sich der »Habererbund« darauf, von Karl dem Großen eingesetzt zu sein, wurde aber erst im 17. Jahrhundert wirksam, als jene schon erloschen war, und beschränkte seine Tätigkeit im wesentlichen auf Oberbayern, zuletzt im 19. Jahrhundert auf die Gegend zwischen der Mangfall, der Isar und dem Inn. »Es soll im Gebirge zwölf Haberfeldmeister gegeben haben«, heißt es in einem Bericht aus dem Jahre 1876, »vielleicht auch noch geben, von denen aber jeder nur die in seinem Bezirke ansässigen Mitglieder kennt, die er von einem beschlossenen Trieb insgeheim in Kenntnis setzt.«
Es handelte sich um eine Art Volksjustiz, die Fälle richtete, gegen die das Gesetz nichts unternahm oder unternehmen konnte, besonders Geiz, Wucher, Erbschleicherei oder etwa die unstandesgemäße Liebesbeziehung einer Bauerntochter zu einem der allgemein verhaßten Jäger. Zuerst wurde der Beschuldigte brieflich gewarnt. Wenn er sich nicht besserte, versammelten sich in einer dunklen Nacht die Haberfeldtreiber, bis zu hundert Mann oder noch mehr, vermummt und mit rußgeschwärzten Gesichtern, um sein Gehöft und forderten ihn auf, zur Haustür zu kommen. Er durfte sie nicht überschreiten, aber auch niemand drang zu ihm ein, bewaffnete Posten sperrten nur die Wege ab. Der Haberfeldmeister rief

Der Baal von Doliche (Syrien)
war als Jupiter Dolichenus ein beliebter Soldatengott.
In seinem Heiligtum gab es Räume für kultische
Mahlzeiten. (Museum Carnuntinum)

die Decknamen der Treiber auf: »Herr Landrichter von Tegernsee!« »Herr Amtmann von Fischbachau!« Jeder antwortete mit »Hier!«, und wenn nur einer fehlte, mußten sie wieder auseinandergehen. Waren sie aber vollzählig, trat der Haberfeldmeister vor und verlas ein Gedicht, das in Knittelversen die Sünden des Beschuldigten nannte. Nach jeder Strophe erklang greuliche Katzenmusik, begleitet von Gejohle und Gelächter. Danach erloschen die Laternen, auf einen Pfiff hin verschwand die ganze Schar so plötzlich, wie sie gekommen war. Der Schuldige hatte nur die Schande erlebt, aber keinen leiblichen oder materiellen Schaden erlitten.

Dennoch schritt die bayerische Regierung dagegen ein. Das letzte Haberfeldtreiben war im Jahre 1867 in der Nähe von Rosenheim angesetzt, aber irgendwie vorher bekannt geworden. Die Landwehr wurde aufgeboten, rückte aus und mußte ein kurzes Feuergefecht gegen die Posten, dann ein längeres Handgemenge mit den Haberfeldtreibern bestehen, bis diese der Übermacht wichen und den Platz räumten.

Die rügenden Verse des Haberfeldmeisters erinnern an den bitteren Spott der altattischen Komödie, die Heimlichkeit und den Widerstand gegen die Staatsgewalt haben die bayerischen »Haberer« mit den Athener Hetairien gemeinsam, aber von einer Tradition über zweieinhalb Jahrtausende hinweg kann keine Rede sein, es handelt sich lediglich um parallele Erscheinungen. Reste von Jungmännerbünden sind bis in die unmittelbare Gegenwart festzustellen, das gleiche Alter und die gemeinsamen Mahlzeiten haben sich erhalten, doch ihr politischer Einfluß reicht bestenfalls bis zur Wahl des Bürgermeisters – und vor allem brauchen sie nicht geheim zu sein. Es ist gewiß interessant, sich mit ihnen zu befassen, aber das ist nicht unsere Aufgabe, sondern die der Volkskunde.

Das Bild, das wir gewinnen konnten, ist ohnehin reichhaltig und bunt genug. Jahrtausende haben beigesteuert, viele Völ-

ker, viele Kulturbereiche dreier Kontinente. Rufen wir uns noch einmal die wichtigsten Linien dieses Bildes ins Gedächtnis, bevor wir das Altertum verlassen.
Kaum einer dieser Bünde ist grundsätzlich und von vornherein gegen den Staat gerichtet. Jünglinge oder Männer schließen sich zusammen, zufällig, der Sitte entsprechend oder in bestimmter Absicht. Selten sind Frauen anzutreffen, denn deren Bereich ist eher Heim und Familie als die Freundschaft. Man hat seine gemeinsamen Interessen, Freude an Wein, Essen und Gesang, oder man dient einer bestimmten Gottheit auf bestimmte Art. Wenn sich ein solcher Bund von der Außenwelt abschließt, tut er es nicht aus Furcht oder aus Hang zur Heimlichkeit, sondern nur, um ungestört zu bleiben. Erst wenn ein Bund dadurch verdächtig wird und die Staatsgewalt fürchtet, oder wenn er selbst versucht, den Staat nach seinen Anschauungen zu formen, kommt es zum feindlichen Gegensatz. Überdies kann es geschehen, daß jemand die Treue und Verschwiegenheit, die Kraft der Gemeinschaft für seine politischen Pläne zu gebrauchen versteht. Eine Gemeinschaft muß sich selbst behaupten, als Söldner, Siedler, Vertreter eines Standes, einer Tradition, einer Religion; sie wird zum Machtfaktor im Staat. Treue und Verrat, Fröhlichkeit und Fanatismus, Übermut und heiliger Ernst, Ekstase, Demut, Grausamkeit, alles spiegelt sich wider. Verschieden wie die Schicksale einzelner Menschen sind auch die Schicksale der Bünde, ergreifend, abschreckend, lehrreich, vielfältig gefärbt und gestaltet vom Charakter der Völker, vom Einfluß ihrer Sitten, vom Zwang der Ereignisse wie von der Kraft einzelner Führer; Höhen und Tiefen sind verständlich, denn es sind Bünde von Menschen, die so handeln, wie sie es für richtig halten.

DRITTES BUCH

Geheimbünde der neueren Zeit

DIE ROSENKREUTZER

Weltuntergangsstimmung in Deutschland / Andreä und die geheimen Gesellschaften / Die mystische Hochzeit / Das Symbol vom Rosenkreuz / Prager Mystik / Jakob Böhme, der Schusterphilosoph / Kuhlmanns Feuertod in Moskau / Advokat Gichtel und die Engelsbrüder / Das Logeninnere / Schroepfers Himmelfahrt / Rosenkreutzer als Minister / Die schöne Gräfin Cosel / Duchanteau erzeugt den Stein der Weisen

Wir vermögen uns heute kaum mehr vorzustellen, daß die Einführung eines neuen Kalenders, eine bloße Kalenderreform, vor etwa fünfhundert Jahren genügt hat, um allerorten Weltuntergangsstimmung zu schaffen und düstersten Prophezeiungen weite Verbreitung in Mitteleuropa zu ermöglichen. Man schrieb das Jahr 1582, als der Gregorianische Kalender mit den Schaltjahren eingeführt wurde. Herzog Alba kämpfte in den Niederlanden, Albrecht von Wallenstein war noch nicht geboren. Die Welt hatte sich erregend geweitet: emsig fuhren die Schiffe zwischen den neuen Landen jenseits des Ozeans und dem alten Europa hin und her, und nun war sogar eine Gesandtschaft aus Japan beim Papst in Rom angelangt.

In Mitteleuropa aber duckte die Menschheit sich angsterfüllt und vom Religionshader ratlos gemacht unter der Knute finsterer Vorhersagen. Zwar war die Sintflut nicht eingetroffen, die Johann Stoffler für das Jahr 1524 angekündigt hatte (und an die man so fest geglaubt hatte, daß da und dort Archen gebaut worden waren), nun aber hatte kein Geringerer als Cyprianus Leovitius, der Hofmathematiker des Kurfürsten

Otto Heinrich von der Pfalz, aus den Sternen den Weltuntergang für das Jahr 1584 vorhergesagt. Ein Dichter namens Georg Heckhel gab der allgemeinen Unruhe in folgenden Versen Ausdruck:

> Darumb ir werden Christen leuht
> Lassend uns anheben auf heut
> Ein Gottseliges Leben frumb.
> Last unns von Sünnden wenden umb.
> Der Tag des Herrn ist nit weyt,
> Beweisen die Zeichen unnd Zeyt,
> So täglich vor Augen geschehn;
> Ein jedes thu mit Vleis aufsehn.
> Vollg den Klugen Junckhfrowen nach,
> Auf des Breutigams Zukunfft wach,
> Wellicher heist Herr Jesu Christ.
> Sein Zukunfft warlich nahent ist.

Ein Landgraf, also ein Mann in Macht und Ansehen, sagt jedem, der es wissen will, daß eine Kalenderreform noch jedesmal eine Änderung der Herrschaftsverhältnisse gebracht habe, und daß noch vor dem Frühlingsanfang des Jahres 1584 die Welt vergehen werde. Die Protestanten aber sind so gut wie alle davon überzeugt, daß die Kalenderreform schon deswegen überflüssig gewesen sei, weil die Welt ohnedies nicht mehr lange bestehen werde.

Man rechnete und rechnete, wie es bis auf den heutigen Tag noch so manche Sekten tun: der Prophet Daniel hatte von tausendzweihundertneunzig Tagen gesprochen. »Und von der Zeit an, wenn das tägliche Opfer abgetan wird und ein Greuel der Verwüstung aufgerichtet, sind tausendzweihundertneunzig Tage.« Da nun nach allgemeiner Auffassung ein Tag der Propheten ein Jahr der Weltgeschichte ausmache,

ginge es nur noch darum, einen Beginn dieser Zeitrechnung, also ein Datum zu finden, das man als Ausgangspunkt des Kirchenverfalles ansehen konnte. Man wählte sich dieses oder jenes Jahr aus der Zeit Konstantins, mit der in den Augen vieler das Ende des freien Urchristentums gekommen war, und gelangte somit zu verschiedenen Jahreszahlen am Ende des sechzehnten Jahrhunderts.
Zahlreiche Flugblätter mit Mahnungen und Warnungen sind uns erhalten.

Wer im 85. Jahr nit wird verderben
und im 86. nit tut sterben,
im 87. nit wird erschlagen
und im 88. nit wird vergraben
der mag wohl im 89. Jahr von guten Tagen sagen.

Das bedenklichste Jahr aber war das Jahr 1588, was seinen Grund in astrologischen Spekulationen hatte. Das von der schleichenden Inflation beunruhigte Volk kannte schon seit Jahren den Spruch:

Das Jahr achtzig acht
ist, das ich betracht.
Geht dann die Welt nicht under,
so geschieht doch sonst groß Wunder.

Am 17. August 1587 wurde zu Herrenberg in Württemberg der Mann geboren, der, ohne es zu wollen, ja beinahe wider seinen Willen, den dunklen und unsicheren Sehnsüchten dieser bedrängten Zeit sein Wort lieh.
Johann Valentin Andreä, Enkel des tatkräftigen lutherischen Theologen Jakob Andreä, studierte in Tübingen Theologie und ist in den folgenden Jahren für damalige Verhältnisse

außerordentlich weit gereist: Straßburg, Genf, Paris, Zürich und Basel lernt er schon früh kennen, 1612 reist er dann nach Österreich, Venedig und Rom und kehrt über Trient zurück. Er wurde schließlich Hofprediger und 1650 Abt, aber seine wahre Bedeutung liegt in der Rolle, die er in jenen Gesellschaften spielt, die sich zu Beginn des siebzehnten Jahrhunderts da und dort in Deutschland um eine Erneuerung und Durchgeistigung des Lebens bemühten.

Aber weder die *Societas Solis*, die er mit Freunden ins Leben zu rufen versuchte, noch der Palmenorden, dem er noch als Sechzigjähriger beitrat, erlangten jene Bedeutung, die Andreä dadurch errang, daß er in dem satirischen Roman von der »Chymischen Hochzeit des Christiani Rosenkreuz« gegen das Alchimistenunwesen und die Geheimbündelei spottlustig zu Felde zog.

Die allgemeine Ratlosigkeit war zu tief, die alte religiöse Ordnung durchbrochen, die Luft voll von Gerüchten, Verheißungen und apokalyptischer Drohung. 1597, nach manchen Quellen erst 1605, hatten schon Versammlungen eines alchimistischen Geheimbundes stattgefunden, die ohne Ausstrahlung und ohne geistige Bedeutung geblieben waren. Nur das Wort Rosenkreuz erlangte rasch eine so seltsame Anziehungskraft, daß eine 1614 anonym erschienene Schrift von der »Allgemeinen Umgestaltung der Welt« eine *Fama fraternitatis r. cr.* mit aufnehmen konnte, in der dieser Begriff *rosae crucis* oder Rosenkreuz gar nicht ausgeschrieben werden mußte und dennoch verstanden wurde. Ein weiteres, ein Jahr darauf ebenso anonym erschienenes kleines Werk, die sogenannte *Confessio* bringt nach der Verfassung dann die Darlegung der Ziele dieses Ordens:

Danach sei die Rosenkreutzerei eine verfeinerte Alchimie, in der an die Stelle der aussichtslosen Suche nach dem Stein der Weisen ein höheres Ziel trete: das Auftun des geistigen Auges, durch das der Mensch befähigt werde, die Welt und ihre Geheimnisse tiefer zu erkennen. Innere Erleuchtung und Selbstversenkung werde dann zur wahren Erkenntnis führen. Das Seltsame geschah, daß die aus mittelalterlichen alchimistischen Strömungen gespeiste, durch die geistige Not der Zeit erstarkte allgemeine Bereitschaft zu geheimer Organisation und Erneuerung durch Andreäs satirischen Roman erst Gestalt gewann.

Der Held des Romans ist jener Christian Rosenkreuz, den schon die *Fama* erfunden hatte (wie ja jeder Geheimbund die Tendenz hat, sich auf möglichst frühe Ursprünge zu berufen). Dieser Deutsche habe schon im vierzehnten Jahrhundert das Morgenland bereist, dort die »Erhabene Wissenschaft« gelernt und im Jahre 1378 in Arabien viele geheime Künste erfahren, darunter auch die der Verlängerung des Lebens. Er sei dann nach Deutschland zurückgekehrt, wo sich immer mehr Menschen zu ihm bekannten, bis er im Alter von hundertfünfzig Jahren aus Lebensüberdruß freiwillig aus dem Leben geschieden sei.

Andreä hat in seinem Roman den Namen der erfundenen Stifterfigur beibehalten, doch ist sein Christian Rosenkreuz schon alt und zur Liebe unfähig, weswegen für ihn die Hochzeit eben nur »chymisch« sein kann. Aber er ist hochgelehrt und kennt viele Geheimnisse und möchte noch immer mehr wissen. Diese Wißbegierde wird ihm zum Verhängnis: Als Gast des Königspaares dringt er in eine Kammer ein, in der Frau Venus schläft. Als er nachher mit anderen Hochzeitsgästen zum Ritter des Goldenen Steines geschlagen wird und gemäß den Satzungen dieses Ordens aller Unzucht abschwören soll, wird sein Vergehen offenbar. Die anderen gehen als Ritter des neuen Ordens nach Hause, er jedoch muß als Türhüter dableiben, zur Strafe dafür, daß er Frau Venus aufgedeckt hat. Andreä hatte, indem er sich über die Geheimbündelei und das Alchi-

mistenunwesen lustig machte, dank seiner scharfsinnigen Kritik soviel Positives über jenen neuen Orden gesagt, daß damit die Ritterschaft vom Goldenen Stein beinahe schon – wenn auch nur literarisch – existierte. Der Goldene Stein ist natürlich nichts anderes als der Stein der Weisen, der in der Alchimie und in den geheimen Wissenschaften ja seit jeher eine große Rolle spielt. Die Zusammenkunft der aus allen Weltgegenden herbeieilenden Hochzeitsgäste und ihre Verbindung in einem neuen Orden mag Andreäs Wunsch veranschaulichen, die verschiedenen Bestrebungen zu vereinen, die sich um die Wende des sechzehnten zum siebzehnten Jahrhundert um Erneuerung des geistigen Lebens bemühten und auf das suggestive Symbol vom Rosenkreuz beriefen; Andreä trat damit in die Fußstapfen seines Großvaters, der mittels der Konkordienformel von 1577 als erster eine gewisse Ordnung in das evangelische Kirchenwesen in Deutschland gebracht hatte.
Das Symbol vom Rosenkreuz kann tatsächlich suggestiv genannt werden und entsprach den Sehnsüchten dieser Jahrzehnte in mehr als einer Hinsicht. Die Beziehung zu Luthers Wappen war nicht von der Hand zu weisen, aber auch in das Wappen des Paracelsus war sie hineinzudeuten, und Andreä hatte seinen Christian Rosenkreuz mit jenen vier Rosen auf dem Hute ausziehen lassen, die – seit Jakob Andreä – das Wappen der Andreäs schmückten.
Robert Fludd (1574–1637), der erste namhafte Rosenkreutzer in England (da Francis Bacons Mitgliedschaft doch wohl nur Legende ist) deutete den Namen des Bundes durch einen Hinweis auf das Blut Christi auf dem Kreuze von Golgatha. Die mystisch im Begriff der Rose mitschwingende Erinnerung an die Farbe des Blutes, an die blutigritzenden Dornen, hat sicherlich dazu beigetragen, dem Wort tiefere Anziehungskraft zu sichern; denken wir nur an Oscar Wildes tieftrauriges

Märchen von der Nachtigall und der Rose, wo ein kleiner Vogel sein Herzblut gibt, um die Blume zu färben. Andere Rosenkreutzer haben in ihrem Zeichen ein Symbol der Verschwiegenheit erblickt und wieder andere ein chemisches (alchimistisches) Symbol.

Das Wesentliche war jedoch die Vieldeutigkeit, die zu Geraune und Vermutungen Anlaß gab, da sie offenbar ein Geheimnis bewahrte.

Andreä, dem zahlreiche Briefe und Flugschriften zeigten, welch unerwartete Wirkung seine Satire gehabt hatte, erwachte in den folgenden Jahren zur Tat. Er unternahm Reisen und hatte in verschiedenen Städten Zusammenkünfte meist mit Adeligen, deren Zweck die Begründung von Rosenkreutzer-Logen war. Diese Logen standen ursprünglich nur Protestanten offen; bald aber erhielten auch Katholiken Zutritt, und damit vermochten sie nicht mehr der Ausbreitung des Protestantismus zu dienen, was Andreä ursprünglich wohl beabsichtigt hatte. Eine verwandte Gründung Andreäs in Österreich hieß »Brüderschaft Christi« und wurde schon wenige Jahre nach ihrer Gründung von der Regierung verboten. Immerhin hatten diese Logen so starken Zulauf und so großen Einfluß, daß der Papst im Orden vom Blauen Kreuz eine katholische Gegengründung ermutigte. Erst unter Kaiser Joseph II. kam es zu einer neuen Blüte des Rosenkreutzertums, das selbst in Kreisen der Hofgesellschaft so überhandnahm, daß sich der Kaiser schließlich genötigt sah, alle Geheimgesellschaften zu verbieten. Einzig die Freimaurer wurden von diesem Verbot ausgenommen, was viele Rosenkreutzer dazu bewegte, Freimaurer zu werden. Von da an lassen sich Rosenkreutzerei und Freimaurerei (wenn überhaupt) nur noch schwer trennen. Ehe es aber so weit kommt, erlangt das Rosenkreutzertum als Kristallisationsform der mystischen Reformationsbestrebungen eine geistige Bedeutung wie kaum

eine andere der geheimen Gesellschaften auf deutschem Boden.
Zahllose Linien führen von den drei erwähnten Rosenkreutzer-Schriften und der Flut ihrer Nachfolgeliteratur zu den großen mystischen Geistern des siebzehnten Jahrhunderts. Eine führt über Prag, wo der Habsburgerkaiser Rudolf II., ehe er in die Nacht seiner Geisteskrankheit versank, Alchimie und Mystik förderte und die Geheimwissenschaften begünstigte. Sein Leibarzt, der den alltäglichen Namen Michael Maier trug, war ein großer Alchimist. Er las die anonymen Schriften, die *Fama* und die *Confessio*, die mit seinen Ansichten darin übereinstimmten, daß unsere Sinne nicht zureichten, die Geheimnisse der Natur zu entschleiern. Als Alchimist wußte er von jahrhunderte-, ja jahrtausendealtem Wirken geheimer Brüderschaften, geheimer Bünde, und so setzte er sich denn selbst an eine Rosenkreutzerschrift, die unter dem Titel *Themis aurea* ein Gesetzbuch des geheimen Bundes wurde. Freilich gilt dem Alchimisten Maier das Gold noch mindestens ebensoviel wie die Weisheit, die Wissenschaft selbst. In seinem Werke mündet das Spätmittelalter in das Reformstreben der Rosenkreutzer. Aber Maier saß in Prag und wirkte in Prag, das damals ein Zentrum zwischen Schlesien und Wien bildete, durch das viele wanderten, die auf der Suche waren.
In Prag, wo der grüblerisch-mystische Geist bis herauf zu Kafka, Meyrink und Rilkes »Stundenbuch« nicht mehr erloschen ist, mag Jakob Böhme mit dem Gedankengut der Rosenkreutzer in Berührung geraten sein. In seinen Schriften finden sich zahlreiche Übereinstimmungen sowohl mit der *Fama* als auch mit der *Confessio*, und der für seine Hinneigung zu den Rosenkreutzern bekannte Balthasar Walter, der wie ein richtiger Christian Rosenkreuz in den Orient reiste, um die Geheimwissenschaften »an Ort und Stelle« kennenzulernen, verbrachte einige Jahre darauf drei Monate bei dem Görlitzer

Schuster Jakob Böhme, von dem er erst die wahre Vertiefung erfuhr. Balthasar Walter aber war wiederum der Leibarzt des Fürsten Ludwig von Anhalt, des Gründers der Fruchtbringenden Gesellschaft, die sich auch Palmenorden nannte und der nach Opitz und Logau später auch der Große Kurfürst, Friedrich Wilhelm I. von Preußen, angehörte.
Wir sehen, wie die Gesellschaften – geheime und nicht geheime – in jenen Jahren zusammenhängen, miteinander in Verbindung stehen, weil das Bedürfnis nach geistiger Hilfe allgemein ist und kaum einen Unterschied der Stände kennt.
Andreä hat geholfen, die Rosenkreutzer zu einem Bund zu schmieden, aber erst der Görlitzer Schuster Jakob Böhme gibt dem gestaltlos-wuchernden mystischen Gehalt des Bundes jene Vertiefung und Ausprägung, die weiterwirkt und weiterzeugt. Nur wenige Denker vor und nach Böhme hatten das Glück, so stark wie er durch Jünger zu wirken. Nicht nur die Schriften waren es, die andere Schriften befruchteten, sondern sie wurden, wie es dem Charakter bündischer Geheimlehren entspricht, die Grundlage für neue Gründungen oder doch Gründungsversuche. Aus Jakob Böhme und durch ihn lebten und leben mehr geheime Bünde, Sekten und Schwarmideen, als durch irgendeinen anderen deutschen Denker.
Es sind so viele, daß wir ihren Geschicken nicht nachgehen können, auch waren sie ja keineswegs alle Keimzellen neuer Bünde oder auch nur Logen. Tragisch war das Schicksal Quirinus Kuhlmanns, der Böhme nur aus seinen Werken kannte, aber so von seinem Gedankengut ergriffen wurde, daß er sich berufen fühlte, ein neues geistiges Reich zu begründen, einen Bund, der alle vereinigen sollte, die sich zum Kuhlmannstum bekannten. Seine Schwärmerei, die sich in vielen das Barocke tragikomisch übersteigernden Dichtungen äußerte, bekam dem Armen schlecht. Der Patriarch von Moskau, wohin Kuhlmann von seiner Unruhe getrieben worden

war, hatte kein Verständnis für den Sendboten eines neuen Bundes Wissender und ließ Quirinus Kuhlmann am 4. Oktober 1689 verbrennen.
Jane Leade, die wie Böhme Visionen hatte und aus seinen Schriften seinen Geist als verwandt erkannte, begründete 1670 in England die Philadelphische Sozietät. Ihre kleine Gemeinde hatte, so ungefährlich sie war und so geheim sie ihre Bestrebungen zeitweise hielt, viele Verfolgungen zu erdulden. Cromwell und die englische Geistlichkeit machten den arglosen Mitgliedern des Bundes das Leben schwer, konnten aber nicht verhindern, daß die Gedankengänge Jane Leades auch in Deutschland und Holland Anhänger fanden.
Der Regensburger Advokat Johann Georg Gichtel entzündete sich an Böhmes Schriften (die er als erster vollständig herausgab), übersteigerte den mystischen Gehalt jedoch in einer Weise, die weder Böhme entsprach noch im Sinne jenes tatkräftigen Rosenkreutzertums gelegen war, das Andreä ins Leben gerufen hatte. Nach Gichtel müsse man einzig und allein auf Gottes Stimme im eigenen Ich hören. Das Leben selbst und seine Bedürfnisse lenkten nur von der Gottversenkung ab. Obwohl Gichtel diese Gedanken lange Zeit nur an die Mitglieder eines kleinen Kreises weitergab, der sich heimlich traf, entstanden bald Zerwürfnisse in den betroffenen Familien. Die Arbeitsscheu der allzueifrigen Adepten verursachte weitere Mißhelligkeiten, für die der Rat der Stadt Regensburg den Advokaten verantwortlich machte, an den Pranger stellte und sogar einkerkerte. Wie so mancher vor und nach ihm ging Gichtel nach Holland, wo sein Bund aufblühte. Seine Mitglieder nannten sich Engelsbrüder, obwohl sie von Außenstehenden ziemlich respektlos nur Gichtelianer genannt wurden. Die eifrigsten unter ihnen hofften, sich bis zur Reinheit der Engel zu erheben. Sie enthielten sich sogar des ehelichen Verkehrs und übten keinen Beruf mehr aus, son-

dern nährten sich von freiwilligen Gaben, wofür sie dann den Ehrennamen Melchisedeksche Priester erhielten. Obwohl – wie man sich denken kann – sich dieses Treiben nur schwer mit dem Leben in einer festgefügten Gemeinschaft vereinbaren ließ, haben sich Splittergruppen der Gichtelianer oder Engelsbrüder in Holland und Norddeutschland bis ins neunzehnte Jahrhundert erhalten.

Da unzählige Verbindungslinien vom Wirkungszentrum Jakob Böhme zu Zeitgenossen und Späteren führen, beschränken wir uns hier notgedrungen auf jene, die uns wieder zum Rosenkreutzertum zurückbringen, nachdem es die Befruchtung durch Böhme aufgenommen und weitergetragen hat.

Der Görlitzer Pfarrer Martin Moller war ein Rosenkreutzer, und seine *Praxis Evangeliorum* zählt zu den wichtigsten Schriftdenkmälern praktischen Rosenkreutzertums. Auf ihn gehen viele »Erweckungen« zurück, ein Begriff, der allen religiösen Geheimbünden vertraut ist und hier nicht mehr näher erläutert zu werden braucht. Auch Jakob Böhme ist einer der von Moller Erweckten, und über Abraham von Franckenberg, den hingebungsvollsten Böhme-Jünger, schloß sich der Ring zu den Rosenkreutzern wieder.

Franckenberg war durch Böhme verwandelt worden und in die spezifisch rosenkreutzerische Sehnsucht verfallen, »Gott wahrhaft zu begreifen«; er war zu der Überzeugung gelangt, die heimliche Weisheit sei die höchste aller Wissenschaften. Auch er hatte ein unstetes Leben, war wie Böhme und mancher andere seiner Jünger Verfolgungen ausgesetzt gewesen, hatte das Elend in der Fremde kennengelernt und war müde und kurz vor seinem Tode heimgekehrt. Aber da er kein armer Schuster war wie Böhme, sondern ein Adeliger, wurde ihm wenigstens ein christliches Begräbnis zuteil.

Durch Franckenbergs Schriften und seine Bemühungen um Böhmes Schriften, die er in Holland erscheinen ließ, erhielt die schon 1622 im Haag gegründete Rosenkreutzer-Gesellschaft neuen Auftrieb. Die nächsten Logen entstanden in Nürnberg, Hamburg, Danzig, ja auch in Italien, wo vor allem Mantua und Venedig zu Rosenkreutzer-Zentren wurden.

Die Ausbreitung des Bundes beeinflußte auch seine Gedankenwelt. Die Erneuerung des Christentums durch eine tief innerliche Reformation und Reinigung des Lebens hatten die deutschen Keimzellen des Rosenkreutzertums angestrebt. Mit den fremden Ländern und der Ausbreitung des Bundes strömten durch neue Mitglieder jene Elemente ein, die sich an die meisten Geheimbünde heften wie Muscheln an einen Schiffsrumpf: jenes mystifizierende Beiwerk, das schließlich überwuchert und die Fortbewegung, die Erreichung der eigentlichen Ziele hindert.

Die ursprünglichen Tendenzen der Rosenkreutzer waren, soweit sie über die Reformationsbestrebungen hinausgingen, vor allem auf Vertiefung des Wissens vom Leben und von der Natur gerichtet. Insbesondere sollten – hierin wirkte Paracelsus nach – die medizinischen Kenntnisse vertieft und Kranke unentgeltlich gepflegt und geheilt werden. Sich selbst wollten die Rosenkreutzer dahin erziehen, daß äußerer Prunk und Reichtum keine Gewalt über die Seele mehr gewinnen könnte. Die Geheimwissenschaften sollten neu belebt und weiterbetrieben werden, damit der Bund den Mächtigen dieser Erde, den Königen und Fürsten, die Geldmittel zu einer Umgestaltung der Gesellschaft und einer Linderung des Massenelends zur Verfügung stellen könne.

So formuliert wirken die Grundsätze und Ziele des Bundes von heute aus gesehen naiver, als sie es wirklich waren. Für eine zentrale, öffentliche Abhilfe wie etwa durch die Gewerkschaften, die Krankenkassen, die Sozialversicherungen, fehlten in fast allen Staaten die organisatorischen Voraussetzungen, man vermochte ja nicht einmal die Bevölkerungsentwicklung zu überblicken und die Masse der kleinen Leute namentlich zu erfassen. Man konnte, wenn man die Welt verbessern wollte, noch nicht viel anderes tun, als an einem Endchen beginnen, und somit waren die ersten Rosenkreutzer und die Logen im Auslande wohl guten Glaubens, etwas Ernsthaftes, Positives und Sinnvolles zu tun.

Es fehlte darum auch nicht an Rosenkreutzerschriften, die solch einen neuen, geordneten Staat skizzierten. Die wertvollsten verdanken wir wiederum dem deutschen Pastor Johann Valentin Andreä. Sein lehrhaftes Epos »*Christianopolis*« entwickelt das Bild eines christlichen Zukunfts- und Wohlfahrtsstaates und steht an Konsequenz der Gedankenführung hinter den Utopien des Morus oder Augustinus kaum zurück.

Eine in England 1646 ins Leben gerufene Loge setzte sich die Verwirklichung von Bacons Utopie zum Ziele, wie der große englische Denker sie in seinem Buch *Nova Atlantis* entwickelt hatte.

Um diese Zeit aber beginnen schon phantastische Erfindungen eine Rolle im Leben des Bundes zu spielen. Immer häufiger werden die Schriften, die einen uralten Ursprung der Rosenkreutzer zu konstruieren versuchen.

Will man diesen Ursprung früh ansetzen, so kann man sagen, daß eine gewisse Verwandtschaft zwischen Rosenkreutzern und Albigensern insofern besteht, als beide scharfe Gegner der katholischen Kirche waren und in der erzwungenen Verborgenheit zu verwandten Formen des bündischen Lebens gelangten.

Begründeter ist jedoch die Auffassung, daß die Rosenkreutzer eine Weiterentwicklung der Alchimisten-Brüderschaften darstellen. Die Alchimie als solche war am Ende des Mittelalters teils in der Spekulation erstarrt, teils zur Scharlatanerie herabgesunken. Die positiven Elemente: Wissensdrang, Naturerforschung, Versenkung in das Geheimnis des Lebens und der

Umwandlungen, wurden durch das Rosenkreutzertum auf eine neue geistige Ebene gehoben, die freilich die Gefahr des Verströmens ins Gestaltlose barg.
All das aber genügte den Rosenkreutzern bald nicht mehr. Die neuen Mitglieder, die den Bund schon vorgefunden hatten und denen es daher mehr um die Bedeutung des Bundes als um seine Ziele ging, forschten den Symbolen Kreuz und Rose bis in die indische Götterlehre nach oder trieben die Naturerkenntnis so weit wie der italienische Rosenkreutzer Francesco Borri, der, von der Inquisition lebenslänglich eingekerkert, im Jahre 1695 im Gefängnis starb. Er vertrat die Ansicht, daß der Mensch inmitten der Natur von allerlei ihm freundlich gesinnten Wesen – Luftgeistern, Nymphen und Gnomen – umgeben sei, die sich ihm dienstbar erweisen wollten. Die Fernwirkungen solcher Lehren, die in dem berühmt gewordenen Buch »Schlüssel zum Kabinett Borris« niedergelegt waren, finden sich etwa in der »Undine« des deutschen Romantikers Fouqué und in der Dichtung »Der Lockenraub« des Engländers Pope, der den englischen Logen nahestand.
In dem Maße, als die reformatorischen Bestrebungen zurücktraten, gewann der neo-alchimistische Charakter des Bundes die Oberhand. Der Stein der Weisen und das Gold spielen in den späteren Rosenkreutzer-Verfassungen eine große Rolle. Die Satzungen wurden ebenso abenteuerlich wie es die Riten inzwischen geworden waren.
Um die Mitte des achtzehnten Jahrhunderts war es soweit, daß die Versammlungen der Logenmitglieder nur noch in eigens zu diesem Zwecke eingerichteten Räumen stattfanden. Ein grüner Teppich lag auf dem Boden. Auf einem siebenstufigen Gestell ruhte eine in eine helle und eine dunkle Hälfte geteilte Glaskugel, in der wir wohl eine Huldigung an Jakob Böhmes Schusterkugel erblicken dürfen. Armleuchter, Gläser und anderes Gerät waren in bestimmter Anzahl vorhanden, wobei

jede der Zahlen ihren symbolischen Charakter hatte; auch rote Stricke, ein nacktes Schwert, eine Kohlenpfanne, ein Zirkel und ähnliches fehlten nicht, und die größte Bedeutung hatte jene *Tabella mystica*, deren neun senkrechte und dreizehn waagrechte Abteilungen die Grade der Logenmitglieder von den Juniores bis zu den Magi und Magistri veranschaulichte.
Seltsamerweise stießen gerade in diesem Stadium einige Persönlichkeiten zu den Rosenkreutzern, die zwar nicht die geistige Bedeutung eines Andreä, Böhme, Franckenberg oder Michael Maier, aber dafür Macht und Ansehen hatten.
In diesem Zusammenhang sei an eine tragische Gestalt unter den zahlreichen Schwärmern und Schwindlern erinnert, die seltsamerweise gerade im Jahrhundert der Aufklärung in Deutschland, Frankreich, Österreich und Italien ihr Wesen trieben: an den Kellner und späteren Kaffeesieder Johann Georg Schroepfer, der seinem Namen denn auch alle Ehre machte.
Schroepfer hatte aus gewissen Bräuchen in den französischen Rosenkreutzerlogen strikter Observanz die Anregung zu Geisterbeschwörungen und spiritistischen Séancen empfangen und ließ davon auch nicht ab, als die Leipziger Loge ihm solches Treiben verbot. Er berief sich dabei auf den Herzog Christian Joseph Karl von Kurland, einen Sohn Friedrich August II., des Königs von Polen und Kurfürsten von Sachsen. Der Herzog, der Schroepfer gar nicht kannte, erfuhr davon, hielt eine Züchtigung für angebracht und entsandte zwei Offiziere nach Leipzig, die Schroepfer auf eine Wachstube brachten und ihn dort prügeln ließen. Eine Quittung, die der vorlaute Kaffeesieder dort für empfangene Stockschläge ausstellen mußte, ist noch erhalten.
Im Grunde aber handelte es sich bei dieser Aktion um einen Übergriff, und der Herzog, der zwar jähzornig und aufbrausend, aber ein guter Mensch war, bemühte sich, die Sache

gütlich beizulegen; Schroepfer jedoch hatte nun, was er für seine Schwindeleien brauchte: eine wenn auch noch so seltsame Verbindung zu einer sehr hochstehenden Persönlichkeit. Seine Geisterbeschwörungen setzte Schroepfer so geschickt in Szene, daß der Konferenzminister Graf Hohenthal noch nach Schroepfers Entlarvung fest an sie glaubte, während der Kammerherr von Heynitz von dem Schauspiel dermaßen angegriffen wurde, daß man für seinen Verstand fürchtete.
Einträglicher jedoch war Schroepfers Bekanntschaft mit dem reichen Seidenwarenhändler Du Bosc, einem eifrigen Mitglied der Rosenkreutzerloge. Diesem verstand Schroepfer weiszumachen, daß die Jesuiten ausgerechnet bei ihm einen Teil ihrer unermeßlichen Schätze versteckt hätten. Diese Gelder wolle er zum Besten des Vaterlandes verwenden und einen ausgesuchten Kreis edler Geister an ihnen teilhaben lassen. Du Bosc ließ sich fangen und gab Schroepfer Empfehlungsbriefe, denen Ferber, der Schwager des Seidenhändlers, zwar nicht glaubte, dafür aber der Minister von Wurmb und schließlich auch der Herzog von Kurland mit seinem ganzen Hofstaat. Den Kammerherrn von Brüggen, der sich von dem Schroepferschen Treiben fernhielt, bestrafte der Herzog durch offensichtliche Ungnade (!). Schroepfer manipulierte geschickt mit einem großen Paket, das den Schatz in Wertpapieren enthalten sollte, hielt seine Gläubiger immer wieder hin, räucherte und spiegelte und betrog allein den Seidenhändler um runde fünftausend Taler, eine Summe, die der Kaufkraft nach mindestens 25000 DM gleichzusetzen ist.
Aber die Gläubiger drängten, Schroepfer mußte einen Termin nennen, zu dem er das Paket mit dem angeblichen Jesuitenschatz öffnen würde, und der von seinen Geistern verlassene Kaffeesieder sah schließlich keinen Ausweg mehr.
Zur Herbstmesse 1774 trieb das ganze Gaukelspiel seiner Entscheidung zu. Am 7. Oktober, einem der letzten Messetage,

lud Schroepfer einige seiner Freunde und Logenbrüder zum Abendessen zu sich. »Diese Nacht legen wir uns nicht zu Bette«, sagte er nach zeitgenössischen Berichten zu ihnen, »denn morgen mit dem Frühesten, noch vor Sonnenaufgang, sollen Sie ein ganz neues Schauspiel zu sehen bekommen. Bis jetzt habe ich Ihnen Verstorbene gezeigt, die ins Leben zurückgerufen wurden; morgen aber sollen Sie einen Lebenden sehen, den Sie für tot halten werden.«
Nach dieser rätselhaften Mitteilung schlief Schroepfer unbekümmert um seine Gäste einige Stunden so fest auf einem Sofa, daß die anderen ihn schnarchen hörten. Um fünf Uhr erhob er sich mit den Worten: »Nun, meine Herren, ist es Zeit, daß wir gehen.«
Man begab sich in das sogenannte Rosental. Schroepfer zeigte keinerlei Zeichen von Aufregung, wies dann, als er an einem bestimmten Platze angekommen war, seine Begleiter an, wo sie Aufstellung nehmen sollten, und sagte:
»Rühren Sie sich nicht von der Stelle, bis ich Sie rufen werde; ich gehe jetzt in dieses Gebüsch, wo Sie bald eine wunderbare Erscheinung sehen sollen.«
Er entfernte sich, und bald darauf fiel ein Schuß, den die Herren nicht sogleich mit Schroepfer in Zusammenhang brachten. Erst als sie einige Zeit vergeblich gewartet hatten, teilten sie suchend die Zweige des Strauches und sahen ihren Propheten tot auf dem Boden liegen. Das Paket enthielt natürlich weder den Jesuitenschatz, noch andere Wertpapiere, sondern einen Stoß weißen Papieres und einige dunkel gehaltene Hinweise auf andere Fundorte von Schätzen.
Das Bezeichnende an der für die Jahrhundert-Stimmung typischen Angelegenheit ist die Tatsache, daß die Rosenkreutzer aus einer den Geist und die Wissenschaften fördernden Haltung zu einer Gesellschaft geworden waren, die der Aufklärung und dem Rationalismus offensichtlich feindlich gegen-

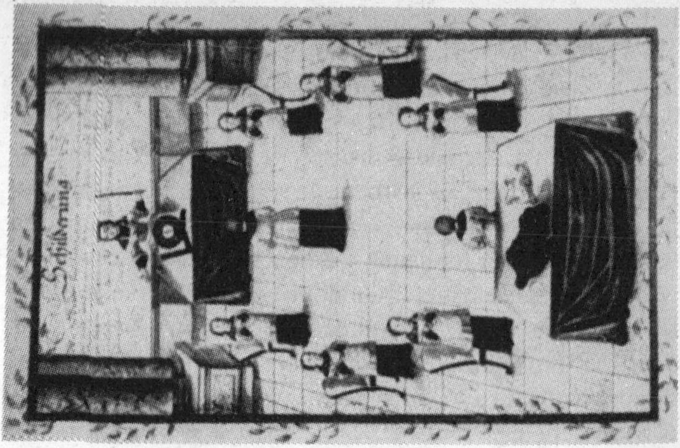

Oben: »Reception« (Aufnahme) in den Bund.
Unten: »Prüfungskabinett« der Rosenkreutzer.

Der Freimaurermeister der Justizloge Nr. 753 in New York mit den Abzeichen seines Ranges, silberner Kelle, Schurz und Winkelmaß.

überstand. Sowohl die französischen als auch viele deutsche Rosenkreutzerlogen huldigten den Geheimwissenschaften auf eine Weise, die an gewollter Dunkelheit und unbestreitbarer Anrüchigkeit hinter der alchimistischen Scharlatanerie kaum zurückstand.
Dennoch erfreuten sich die Rosenkreutzer noch eines großen Rufes. Die Beispiele verdienter Männer aus dem siebzehnten Jahrhundert und die Teilnahme hoher Adelskreise ermöglichten es vielen Schwindlern, den Kredit, den die Logen genossen, und die Geheimnistuerei als solche für ihre persönlichen Zwecke auszunützen.
Als geschichtliche Tatsache muß hier das Wirken des preußischen Ministers Wöllner zumindest erwähnt werden.
Johann Christoph Wöllner war am 19. Mai 1732 als Sohn eines evangelischen Predigers geboren worden, studierte Theologie, wurde Hofmeister bei einem General von Itzenplitz und heiratete dessen einzige Tochter. Während Friedrich II. ihm die Aufnahme in den Adelsstand verweigert hatte, stieg er unter Friedrich Wilhelm II. von Amt zu Amt auf und wurde schließlich 1788 Staats- und Justizminister und Chef des geistlichen Departements.
Schon als Friedrich Wilhelm noch Kronprinz war, hatte Wöllner mit dem Schroepfer-Förderer Bischoffwerder eine Rosenkreutzerloge in Berlin gegründet, in die der Kronprinz aufgenommen wurde. Durch Séancen und Trinkgelage machten die beiden Männer sich den Prinzen und späteren König gefügig und brachten ihn soweit, daß er dem berüchtigten Wöllnerschen Religionsedikt zustimmte, durch das so gut wie alle Freiheiten wieder hinfällig wurden, die der große Friedrich gemäß seinem Grundsatz: Jeder solle nach seiner Façon selig werden, seinen Untertanen eingeräumt hatte.
Johann Rudolf von Bischoffwerder war acht Jahre jünger als Wöllner, weswegen sein Aufstieg beinahe noch steiler genannt

werden muß. Er wurde Generaladjutant des Königs, preußischer Gesandter und Generalmajor, nahm auf die Politik soviel Einfluß, daß er für Preußens Haltung gegenüber Österreich und Frankreich bestimmend wurde, und verstand es, sich bei der zweiten Teilung Polens noch große Güterkomplexe schenken zu lassen.

Dieses Treiben erregte selbst bei anderen Rosenkreutzern soviel Unwillen, daß einer, der sich »Meister Pianco« nannte, im Jahre 1782 eine Enthüllungsschrift herausgab, in der er sich als ehemaliges Mitglied der Berliner Loge bekannte. Die Schrift trug den Titel »Der Rosenkreutzer in seiner Nacktheit«, tat ihre Wirkung aber erst, als Friedrich Wilhelm II. im Jahre 1797 starb. Wöllner mußte seinen Abschied nehmen und lebte fortan auf einem seiner Güter in Brandenburg.

Von diesen Tatsachen aus gesehen, erscheint uns das Rosenkreutzertum als eine rechte Männersache, in die Politik, Krieg und Geldmanöver hineinspielten. Aber es war doch nicht ganz so. Zwar blieben die Frauen in Freimaurer- und Rosenkreutzerkreisen stets eine seltene Erscheinung, aber man weiß doch, wie sehr zum Beispiel Cagliostro von den holländischen Logen bedrängt wurde, eine Damenloge unter dem Vorsitz seiner hübschen Frau Lorenza, der Tochter eines Lederarbeiters, zu gründen, und die kluge Elisa von der Recke bekannte in einem berühmt gewordenen Buch über Cagliostro, daß auch sie dem sizilianischen Abenteurer verfallen gewesen war. Fast kann man es nicht für möglich halten, wenn man sich die bläßlich-frommen Gedichte der hochgeborenen Dame vergegenwärtigt, die den Hof ihrer Schwester, der Herzogin von Kurland, zu einem Musenhof gemacht hatte und sich als Reisegefährtin des Urania-Tiedge einen Platz in der Literaturgeschichte eroberte. Aus der Schusterstube und den Pfarrhäusern war die Rosenkreutzerei an die glänzenden deutschen Fürstenhöfe übergesiedelt, und je größer der Glanz war, desto

näher war seltsamerweise die Umkehr zur Versponnenheit des Rosenkreutzertums.
Die Gegensätze des achtzehnten Jahrhunderts vermögen uns auch heute noch zu faszinieren. Auf der einen Seite standen Voltaire, Diderot und Friedrich der Große, auf der anderen jener Sizilianer Balsamo, der sich Graf Cagliostro nannte, der Kaffeesieder Schroepfer und der Teufelsaustreiber Gassner. Während manche Rosenkreutzerlogen zu der Ansicht gelangten, man müsse allem Reichtum entsagen und lediglich der Verinnerlichung leben, fand jene Frau, die man als besonders verschwenderische Mätresse König Augusts des Starken von Sachsen kennt, zur rosenkreutzerischen Mystik und erkannte diese für sich als den wahren Weg zur Weisheit.
Anna Constantia von Brockdorf wurde am 17. Oktober 1680 geboren und als Neunzehnjährige an den Grafen Adolph Magnus von Hoym verheiratet. Der Graf, der die Stimmung am sächsischen Hofe kannte, hielt seine wunderschöne und junge Gattin auf seinem Gute verborgen. Aber man wußte von dem Schatz, den der Graf für sich zu behalten wünschte, und verleitete ihn zu einer Wette, die nur durch die Anwesenheit der Gräfin entschieden werden konnte. Damit nahm das Schicksal seinen Lauf: Zwar gewann Hoym die Wette und Fürst Egon von Fürstenberg zahlte ihm tausend blanke Dukaten auf den Tisch, aber August II. bewarb sich sogleich so ungestüm um die Gunst Anna Constantias, daß an seinem Erfolg kaum zu zweifeln war. Die junge Gräfin trug auch keine Bedenken, sich dem König zu ergeben, sie feilschte nur noch einige Zeit um den Preis.
Als August schließlich versprach, seiner bisherigen Mätresse, der Fürstin von Teschen, für immer zu entsagen, und zugleich Anna Constantia eine jährliche Pension von 100000 Talern aussetzte, gab sie seinen Wünschen nach. In den folgenden Jahren erhielt sie außer einem Palast und einem Sommer-

palais, die der König für sie hatte bauen lassen, noch die Herrschaft Pillnitz als Geschenk.

Hätte sich die zu einer Gräfin Cosel gewordene, geschiedene Gräfin Hoym, geborene Brockdorf, mit all dem genügen lassen, so wäre ihr vermutlich ein äußerst angenehmer Lebensabend beschieden gewesen. Aber sie hatte damit nicht genug; sie nahm auf die Staatsgeschäfte Einfluß und brachte schließlich einige von Augusts Ministern und Ratgebern, vor allem Flemming und Vitzthum, gegen sich auf, die daraufhin dem König empfahlen, neben der sächsischen Mätresse aus Staatsräson noch eine polnische zu halten (!). Das ließ sich der König nicht zweimal sagen: zwei Mätressen waren ihm allzeit lieber gewesen als eine. Außerdem hatten die beiden Minister offenbar keine schlechte Wahl getroffen, denn August hielt an der Tochter des Großmarschalls Casimir Ludwig Grafen Bielinski trotz aller nicht geringen Schwierigkeiten fest, die ihm von der Gräfin Cosel dessentwegen gemacht wurden.

Vor der Ankunft der Nachfolgerin wandte sich die Gräfin, da sie die Haft und vielleicht Schlimmeres fürchtete, zunächst nach Berlin und dann nach Halle, von wo der preußische Hof sie August in die Hände spielte, der sie auf die Bergfestung Stolpen bringen ließ.

Anna Constantia war zu diesem Zeitpunkt sechsunddreißig Jahre alt. Während des kurzen Aufenthaltes der Gräfin in Halle sah Johann Michael von Loen die schöne Frau. Goethes Großoheim, der Oheim aus den »Bekenntnissen einer schönen Seele«, der in »Dichtung und Wahrheit« genannte Weltmann und Schriftsteller, war damals wohl erst Student, aber er vermittelt uns dennoch ein sprechendes Bild, wenn er Anna Constantia wie folgt schildert:

»Die Gräfin Cosel sah ich als Student in Halle, wo sie als eine vom Hofe verwiesene Liebhaberin des Königs sich hingeflüchtet hatte; sie hielt sich daselbst ganz verborgen in einer abgelegenen Straße bei einem Bürger unweit dem Ballhause auf. Ich ging fast täglich zu einem guten Freunde, der gleich nebenbei wohnte. Das Gerücht breitete sich aus, daß sich daselbst eine fremde Schönheit aufhalte, die ganz geheim lebe. Das Studentenvolk ist vorwitzig. Ich sah sie etlichemale mit gen Himmel aufgeschlagenen Augen in tiefen Gedanken hinter dem Fenster stehen; sobald sie aber gewahr wurde, daß man sie belausche, trat sie erschrocken zurück. Außer den Leuten, die ihr das Essen über die Straße brachten, sah man niemand als einen wohlgekleideten Menschen bei ihr aus- und eingehen, den man für ihren Liebhaber hielt. Man konnte keine schönere und erhabenere Bildung sehen. Der Kummer, der sie verzehrt, hatte ihr Angesicht blaß gemacht; sie gehörte unter die schmachtenden braunen Schönen, sie hatte große, schwarze, lebhafte Augen, ein weißes Fell *(sic)*, einen schönen Mund und eine feingeschnitzte Nase. Ihre ganze Gestalt war einnehmend und zeigte etwas Großes und Erhabenes.«

Wenn ein Mann wie von Loen, weitgereist, ungemein reich und vielerfahren, in seinen Erinnerungen so von der Gräfin spricht und trotz ihrer merkwürdigen gesellschaftlichen Position »Großes und Erhabenes« an ihr findet, so darf man wohl auch jenen zeitgenössischen Stimmen glauben, die sie nicht nur eine der schönsten, sondern auch eine der geistvollsten Frauen ihrer Zeit und ihres Landes nennen.

Dieser Frau nun widerfuhr das grausame Schicksal, nach annähernd zwei Jahrzehnten glanzvollen Lebens, nach vielen Jahren, in denen sie eine gefeierte Schönheit und in mächtiger Position gewesen war, nun fünfundvierzig Jahre in den Turmgemächern einer halbverfallenen Bergfestung hausen zu müssen. Nach anfänglichen Versuchen, den Sinn des Monarchen umzustimmen, stellte sie sich seelisch auf ihre Einsamkeit ein, wandte sich aber nicht der Religion zu, sondern den geheimen Wissenschaften. Aus den Erinnerungen eines alten Apothekers in Erlangen, einem halbverschollenen Buch, wissen wir, daß sie den später berühmt gewordenen Orientalisten Bodenschatz wiederholt mit der Übersetzung jüdischer und arabischer Schriften beauftragte und ihm auch Modelle des Salomonischen Tempels abkaufte, der in den Traditionen der Rosenkreutzer ja eine große Rolle spielt. Die Gräfin empfing Bodenschatz auch gelegentlich persönlich, wobei sie einmal völlig wie ein jüdischer Hohepriester aus der Zeit des Alten Testaments gekleidet war. Schließlich stellte Bodenschatz die einträglichen Besuche jedoch ein, weil die schöne Dame (wie der Apotheker zu berichten weiß), »allerlei Dinge aufs Tapet brachte, so daß er entrüstet beschloß, sich von ihr zurückzuziehen. Überdies fing auch seine gute Frau, die Pfarrerin zu Uttenreuth an, eine so gefährliche Person mit eifersüchtigen Augen zu betrachten. Sie fürchtete, daß die Dame auch den Pfarrherrn verführen könnte. Und so war er denn froh, endlich der vornehmen Hohepriesterin Valet sagen und reichlich beschenkt in sein stilles Dorf zurückkehren zu können.«

Nach dem Tod Augusts II. bot man der Gräfin Cosel die Freiheit an, aber sie erklärte, in ihrem Turm bleiben zu wollen. Sie bedang sich nur aus, daß man sie dereinst gegenüber dem Turm begrabe. Im Lande vergaß man sie bald. Nur gerüchtweise hörte man noch von ihrem geheimnisvollen Treiben und von den Schätzen, die sie in den halbverfallenen Gängen des Schlosses verborgen haben soll.

Sie starb, völlig eingesponnen in ihre rosenkreutzerische Mystik, in tiefer Zurückgezogenheit am 31. März 1765. Neun Jahre vorher aber erlangte die alte Feste unheilvolle Bedeutung dadurch, daß vor ihren Mauern der erste Schuß des Siebenjährigen Krieges fiel, der hier auch sein erstes Opfer forderte.

Wie das Beispiel der Wöllner und Bischoffwerder, aber auch der Erfolg eines Scharlatans wie Schroepfer zeigt, erfreute sich die Maurerei rosenkreutzerischen Gepräges des Interesses und der Förderung höchster Kreise, die damit wohl den von Westen her einströmenden rationalistischen Aufklärungsgedanken entgegenwirken wollten. Das mag da und dort bewußter, bei anderen – wie etwa der Gräfin Cosel – eher unbewußt gewesen sein. Tatsache bleibt, daß seit dem Mittelalter kaum ein Jahrhundert so voll von Schwärmern und Schwindlern, Sektierern und geheimen Gesellschaften war, wie eben das achtzehnte, das Jahrhundert der Aufklärung und der Französischen Revolution.

Ehe dieser blutige Sturm losbrach, trieb das Rosenkreutzertum, das in Alchimistenstuben und Pfarrhöfen geboren worden war, in den Salons des Ancien Régime noch manche wunderliche Blüte.

Logen entstanden allerorten, sogar auf den Mauritius-Inseln. Waite teilt in seinem Buch »The real history of the Rosicrucians« ein Dokument mit, in dem ein Doktor Bacstrom bei seiner Aufnahme in die Vereinigung verspricht, »die ihm mitzuteilenden geheimen Kenntnisse nie zu verraten, würdige Personen einzuführen und das große Werk möglichst bald zu beginnen«, ferner: »das gegorene metallische Umwandlungsmittel niemandem zu geben, es sei denn, einem Rosenkreutzer.«

Die Urkunde trägt das Rosenkreutzer-Siegel: einen aufrecht stehenden Mann, von allerlei kabbalistischen Zeichen umgeben und von einem Dreieck umzogen, um das noch ein Quadrat und schließlich ein Kreis beschrieben ist.

Während zum Beispiel die Loge von Mauritius auch Frauen aufnahm, die Kreuzschwestern genannt wurden, beschränkten die meisten deutschen Logen gemäß der Breslauer Verfassung von 1714 die Mitgliedschaft auf unverheiratete Männer.

Wollte ein Mitglied heiraten, so mußte es sich verpflichten, mit seiner Frau nur »philosophisch« zu leben.
Elemente der jüdischen Mystik flossen in dem Maße ein, als die Reformationsgedanken der protestantischen Kreise um Andreä zurückgedrängt wurden.
Die Gräfin Cosel war der Meinung gewesen, man müsse Jude sein, um in alle Mysterien der jüdischen Geheimlehren eingeweiht zu werden. Ob sie tatsächlich zum Judentum übergetreten ist, muß auf Grund der zeitgenössischen Berichte bezweifelt werden.
Ein anderer jedoch tat den Schritt: der Alchimist Duchanteau, von dem der Baron von Gleichen in seinen lesenswerten »Denkwürdigkeiten« zu berichten weiß, daß er sich lange mit dem Hebräischen und mit der Kabbalah beschäftigte. Er ließ sich in Amsterdam beschneiden und entwarf eine eigene Methode, den Stein der Weisen zu finden.
Aus alten Rosenkreutzerschriften wollte er entnommen haben, daß alle Methoden, diesen Stein zu bereiten, darin bestünden, das Untere mit dem Oberen zu vereinen, wobei das Feuer, das Gefäß und der Urstoff sich in demselben Subjekt finden müßten. »Dieses geheimnisvolle Subjekt«, sagte sich Duchanteau, »bin ich selbst, und jeder Mann, der eine gesunde Konstitution hat, ist von seinem zwanzigsten bis zum fünfzigsten Lebensjahr imstande, den Stein der Weisen zuzubereiten, ohne irgend etwas außer sich zu brauchen. Man lasse mich nackt in ein Zimmer gehen und schließe mich darin ein, oder bewache mich, ohne mir das geringste zu essen und zu trinken zu geben, und ich will nach Ablauf von vierzig Tagen mit dem Stein der Weisen aus dem Zimmer hervorgehen.«
Duchanteau unternahm diesen Versuch auch tatsächlich in der Pariser Loge, die sich »Loge der vereinigten Freunde« nannte. Die Brüder bewachten ihn abwechselnd. Den Berichten nach

litt er in den ersten Tagen stark an Hunger, vor allem aber an Durst. Seine geistigen Kräfte hingegen scheinen sich gesteigert zu haben oder waren doch zumindest stark angeregt. Da sich aber schließlich Fieber einstellte, wurde der Logenrat besorgt und man fragte sich, was es denn für Folgen für die »Vereinigten Freunde« haben würde, wenn Duchanteau bei seinem Versuche stürbe. Man drang in ihn, den Versuch abzubrechen, was er am sechsundzwanzigsten Tage denn auch schließlich tat. Während der ganzen Zeit hatte er nichts anderes zu sich genommen als »das Untere«, seinen Urin, der sich zuletzt bis zum Inhalt einer halben Tasse täglich verringert hatte. Nach den Berichten der Logenbrüder war er der Konsistenz nach dick und klebrig, aber von balsamischem Geruch und dunkelrot gefärbt. Er wurde in den Archiven der Loge aufbewahrt, bis die Revolution – wie der Baron von Gleichen sich ausdrückt – »mit so vielen anderen kostbaren Schätzen auch diesen verschleudert« hat, so daß heute »niemand weiß, wo er hingekommen ist«.

Bei einem zweiten Versuch hielt Duchanteau nur bis zum sechzehnten Tage aus, erholte sich aber nicht mehr von den Entbehrungen, sondern starb bald darauf.

Die englischen Rosenkreutzer bewiesen solchen Auswüchsen gegenüber die ihrem Volkscharakter eigene Mäßigung. Man interessierte sich in England schon sehr früh für Andreä und seine Veröffentlichungen, zu einer fester gefügten rosenkreutzerischen Vereinigung kam es jedoch erst 1836. Die Mitglieder dieses Bundes kamen viermal im Jahre zusammen und ein fünftes Mal zu einem gemeinsamen Essen. Jeder Neueintretende wählte sich einen lateinischen Merkspruch, den er im schriftlichen Verkehr mit anderen Mitgliedern des Ordens seiner Unterschrift hinzuzufügen hatte. Der höchste Magus des Ordens trug ein Ebenholzkreuz mit goldenen Rosen und einer goldenen Krone an einem roten Samtband um den Hals, auf dem Mitgliedsabzeichen der niederen Grade war an Stelle der Krone das Wort »LUX« zu lesen. Die englische Vereinigung gab elf Jahre lang eine geheime Vierteljahresschrift heraus, stellte gegen Ende des neunzehnten Jahrhunderts ihre Tätigkeit aber praktisch ein.

DIE FREIMAURER

Die Makkaroni-Loge von Florenz / Adams Maurerschurz / Entstehung aus dem Templerorden? / Die Verbrennung der Ritter / Die innere Hütte / Der Höhepunkt / Goethe und Cagliostro / Die »Ägyptische« Maurerei / Das zweischneidige Geheimnis / Freimaurerische Klassiker / Goethe und die geheimen Gesellschaften / Die Judenfrage / Freimaurerei und Revolution / Littré als Suchender / Der allmächtige Baumeister der Welt / Schwarzenfrage und Freimaurerei / Die Freimaurer unter der Diktatur / Der Prozeß des Generals Capello / Teufelskult und sexuelle Riten

Zur Zeit der italienischen Hochrenaissance, inmitten der so reichen Jahre, die einen Michelangelo neben Raffael, einen Giorgione neben Bramante wirken sahen, traf sich in der glänzenden Stadt Florenz eine seltsame Gesellschaft. Gelehrte trippelten im dunklen Habit neben Künstlern, die mit raumgreifenden Schritten dem Treffpunkt zueilten, alle aber waren sie von merkwürdigen Grillen besessen: Kaum waren sie in dem verborgenen Raum angelangt, in dem ihre Zusammenkünfte stattfanden, so vertauschten sie ihre Straßenkleider mit den Schürzen von Maurern und Bauarbeitern und begannen mit eifrigen Händen, ein Bauwerk aufzuführen. Freilich verwendeten sie dazu weder Ziegel noch Mörtel, sondern – da ja alles in Italien vor sich ging – Makkaroni und Parmesan, auch Gewürze und als Zierat Oliven oder Zwiebeln. Waren sie ihres Tuns müde, so erklärten sie: »es regnet« und stellten die Arbeit kurzerhand ein. Sie bildeten sich dann ein, Proserpina, die Göttin der Unterwelt, lade sie in ihr Reich ein, und folgten ihr an schwarzgedeckte Tische, auf denen Aas und allerlei Unrat auf großen Schüsseln serviert wurde. Bald jedoch verschwand der Spuk, und die Pseudomaurer setzten sich fröhlich zu einer reichgedeckten, hell erleuchteten Tafel. Die ganze Vereinigung nannte sich »Die Kelle« und bestand von ihrer Gründung im Jahre 1512 ununterbrochen, wenn auch wiederholt verboten und vielfach angefeindet, bis 1737. Natürlich ist nicht anzunehmen, daß von dieser Vereinigung, die kaum weit über Florenz hinaus bekannt geworden sein mag, so starke Wirkungen ausgingen, daß man in ihr die Wiege der europäischen Freimaurerei erblicken muß. Aber eher könnte man wohl die Freimaurerei aus der »Kelle« oder dem Templerorden herleiten (von dem noch die Rede sein wird), als etwa von Adam, dessen Feigenblatt eine vorausgeahnte Maurerschürze und dessen Sohn Kain der erste Maurer gewesen sein soll.

Schon aus diesen Andeutungen ist zu ersehen, wie weit Tradition und Geschichte der Freimaurerei auseinanderklaffen. Die besonnenen Historiker der Freimaurerei, wie etwa Lennhoff, geben jedoch unumwunden zu, daß die weitausgreifenden Entstehungs-Legenden der Freimaurerei, die Geschichten von König Salomon, seinem Baumeister Hiram und Balkis, der Königin von Saba, dem Wunsche entsprungen sind, der Vereinigung die Aura hohen Alters und ruhmvoller Herkunft aus geheimnisvollem Ursprung zu geben. Uneingestanden verbindet sich mit den Hinweisen auf König Salomon, seinen Tempel und den alten, vorgeschichtlichen Orient die Absicht, die seltsamen, oft kindisch anmutenden Riten-Spielereien, das überwuchernde Beiwerk der Bräuche und des Pomps zu rechtfertigen, die ernstzunehmen den Freimaurern selbst von Jahr zu Jahr schwerer fällt.

Aus dem Vergleich der ernsthaften Darstellungen ergibt sich

als erstes sicheres Datum in der Geschichte der europäischen Freimaurerei der 24. Juni 1717. An diesem Tage, dem Johannistag, vereinigten sich die vier damals in London unabhängig voneinander wirkenden Logen zu einem »Mittelpunkt von Eintracht und Harmonie«, womit eine Großloge und damit die organisierte Freimaurerei geschaffen war.

Mit der Organisationsform in Logen und Logenverbänden war aber über das Wesen der Freimaurerei noch keine Klarheit gegeben, und die Freimaurer haben es bis heute verstanden, um ihren Bund so manches Geheimnis walten zu lassen.

Schon das Wort »Freimaurer« oder kurz »Maurer« unterliegt zahlreichen Deutungen, von denen wieder jede auf einen anderen Sinn der Vereinigung zielt. Es ist zwar viel einfacher als der Begriff Rosenkreutzer, in dem von vornherein mystische Rätsel mitschwingen, aber eine schlüssige Deutung des Begriffes Maurerei ist bis heute in keiner Sprache gelungen.

In der sogenannten Charta von Köln, in der wir – wenn sie echt ist – eines der ältesten Dokumente der europäischen Freimaurerei erblicken dürfen, wird eine Verbindung der Freimaurerei mit dem Templerorden ausdrücklich geleugnet. Dennoch ist sie nicht ganz von der Hand zu weisen und scheint in Frühzeiten des Bundes von Bedeutung gewesen zu sein.

Der geistliche Ritterorden der Templarii oder Tempelherren entstand zur Zeit der Kreuzzüge in Palästina. Neun französische Ritter taten sich zusammen, um mönchische und ritterliche Tugenden zu vereinen, das Heilige Land zu beschirmen und die Pilger sicher zu den heiligen Stätten zu geleiten. Balduin II., König von Jerusalem, stiftete dem neugegründeten Orden jenen Teil seiner Residenz, der auf dem Platze des ehemaligen salomonischen Tempels lag. Der salomonische Tempel aber spielt – das wissen wir – in den Entstehungs-Legenden der Freimaurer wie der Rosenkreutzer eine ebenso große Rolle wie in ihrem Ritual.

Die Templer stiegen durch Schenkungen und Erbschaften bald zu großer Macht und gewaltigem Reichtum auf, und dieser war es wohl, der ihnen hochstehende Feindschaft schuf. Der geldbedürftige König Philipp IV., der Schöne, konstruierte eine Anklage gegen den Orden, und Papst Bonifatius VIII., dem die selbstherrlichen Tempelritter zu mächtig geworden waren, stimmte nach einigem Zaudern zu: Am 12. Mai 1310 wurden nicht weniger als vierundfünfzig Ritter aus der Blüte des französischen Adels als Ketzer verbrannt, da sie auch auf der Folter nicht gestanden hatten, und zwei Jahre darauf verbrannte man den Großmeister des Ordens, Jakob von Molay, den achtzigjährigen Großprior Guido von der Normandie und mehrere andere Ritter auf einer der kleinen Inseln in der Seine am langsamen Feuer; die Güter des Ordens wurden in allen Ländern eingezogen oder – wie zum Beispiel in Deutschland – anderen Orden übergeben.
Die Männer, die den Templerorden neu bauten, den Tempel neu aufmauerten, seien die Maurer, behauptete jene alte Erklärung, und der im achtzehnten Jahrhundert in Frankreich gegründete neue Templerorden schien durch seine enge Verbindung von Freimaurertum und christlichem Geist dieser Deutung recht zu geben.
Die Charta von Köln, in der die Freimaurer stets Johannisbrüder (Brüder vom Johannesevangelium) genannt werden, erklärt das Wort daraus, daß die Brüder in der flandrischen Provinz Hainault freiwillig Krankenhäuser gebaut hätten, die dazu bestimmt waren, die zahlreichen vom Veitstanz Befallenen aufzunehmen.
Das französische Wort *maçon* für Maurer wurde zu *maison* (= Haus), aber auch zu *massa* = Keule in Beziehung gesetzt. Diese Keule ermögliche es dem Türsteher, unbefugte Eindringlinge und Neugierige von den geheimen Zusammenkünften fernzuhalten.

Lessing, einer der Klassiker nicht nur der deutschen Literatur, sondern auch der Freimaurerei, führt das Wort *masonry* (Maurerei) auf eine ungenaue Überlieferung zurück. Ursprünglich habe das altenglische Wort *mase* (= mess = Tafelrunde) den Begriff bestimmt. Solch eine Tischgesellschaft oder Tafelrunde nach dem großen Vorbild der Tafelrunde des Königs Artus habe es – schreibt Lessing – auch im siebzehnten Jahrhundert in London noch gegeben. Sie habe sich in der Nähe der berühmten Sankt-Pauls-Kathedrale versammelt, und da Sir Christopher Wren, der Erbauer dieser Kathedrale, Mitglied dieser Runde gewesen sei, habe man angenommen, daß es sich um eine Bauhütte, um eine Verbindung von Baumeistern und Gewerken handle – daher dann der Begriff *masonry* = Maurerei.

Ob Lessing mit seiner Worterklärung recht hat, kann hier nicht entschieden werden. Sicher jedoch ist, daß nicht nur in England eine enge Verbindung zum Bauhandwerk bestand. In dieser frühen Phase vor der eigentlichen Logenbildung ist kaum von Freimaurern in unserem Sinne zu sprechen, vor allem aber kann man die Freimaurerei jener Zeit nicht als einen Geheimbund bezeichnen. Das geheimnisvolle »Frei« vor dem Wort Maurer bezieht sich nur auf das in allen Zünften übliche Freisprechen des jungen Mannes, der das Handwerk erlernt hat, und erlangte erst viel später die übertragene Bedeutung: der Freimaurer sei ein Wissender, einer, der an geheimem Wissen teilhat.

Die Bauherren der großen gotischen Dome, mit denen die europäische Baukunst im Hochmittelalter so mächtig aufblühte, waren Priester: waren die Kirche, meist ihre Bischöfe. Mönche waren es, die den Bauvorgang selbst zu leiten hatten und die Laien als Gehilfen anlernten. Diese Gehilfen bildeten eine Gemeinschaft, die gewissen Regeln zu gehorchen hatte, die freilich bei weitem nicht so streng waren wie die Ordensregeln. Aber sie waren doch alle, was immer sie auch taten, an einem großen, Gott wohlgefälligen Werk beteiligt. Die himmelaufstrebenden Dome der Gotik konnten nicht von unreinen, nicht von niedrig denkenden Menschen erbaut werden. Die Steinmetzen, die an Pfeilern und Wänden gestaltend arbeiteten, deren Gesichte in Stein gemeißelt die Jahrhunderte überdauerten, sie alle gehörten einer Gemeinschaft an, die nicht gesalbt und nicht vereidigt war und dennoch einem Höheren diente.

An allen Orten wurde gebaut, an allen Orten entstanden Bauhütten. Auf dem Steinmetzentag in Regensburg im Jahre 1459 waren neunzehn Meister aus allen Teilen Deutschlands und viele Gesellen beteiligt, und alle Bauhütten hatten dreierlei: ein Buch, in das die Grundgesetze der Konstruktion eingetragen wurden, eine Ordnung, wie die Brüder der Bauhütte sich nach Sitte und Trachten zu verhalten hatten, und ein Geheimnis, die sogenannte innere Hütte.

Dieses Geheimnis, um das es immer gehen wird, wenn von Freimaurerei die Rede ist, war ursprünglich wohl nichts anderes als jene Legitimation, an der ein Mitglied der Steinmetzenbruderschaft ein anderes erkannte. Damals wanderten doch die Handwerksburschen noch! Damals zogen englische Kirchenbauer nach Deutschland, schwäbische Steinmetzen an die Donau und solche von der Donau an den Rhein. Sie erkannten einander an einem Frage-und-Antwort-Spiel, das dem Außenstehenden kabbalistisch erscheinen, dem Kundigen aber Gewißheit geben mußte, und das Ganze ist nicht geheimer und nicht tiefgründiger als etwa die Regeln, die Hans Sachs dem Ritter Stolzing mitteilt: die Mitglieder einer Zunft, einer Gilde, einer Brüderschaft schützen sich durch bestimmte Regeln gegen das Eindringen fremder und fremdartiger Elemente.

Jeder Meister hatte sein Zeichen, das er an seiner Arbeit

anbrachte, und alle Steinmetzen erkannten einander an einem Losungswort und einer besonderen Hand- oder Fingerhaltung, wenn sie einander die Hand reichten.
Aus der beruflichen Praxis, dem Bauhandwerk, gingen zahlreiche Zeichen und Symbole in die Steinmetzen-Brüderschaft ein. Die Meister und Gesellen waren ja mit ihren Werkzeugen geschickter als mit dem Griffel oder gar mit Tinte und Feder: sie behalfen sich also mit allerlei Zeichen, deren Bedeutung ursprünglich schlicht und unmißverständlich war. Als dann in späteren Jahrhunderten auch Nicht-Steinmetzen in die Brüderschaften aufgenommen wurden, verschwand der ursprüngliche handwerkliche Bezug, die Zeichen und Symbole aber blieben.
Aber auch in den ersten Zunftniederschriften – eine englische aus dem Jahre 1400 ist sogar in ungefügen Versen gehalten – findet sich schon die Berufung auf den uralten Ursprung, auf das Altertum und auf Vorläufer der Kunst in früheren Jahrhunderten. Der Zug ist durchaus verständlich: innerhalb der feudalen Gesellschaft, in der die Herkunft schon einen Rang bedeutete, suchten natürlich auch die bürgerlichen Handwerker und ihre Arbeiter sich ein Ansehen und ihrem Beruf eine »Ehre« zu geben, indem sie mangels eigener Ahnen von Stand die Vorläufer des Handwerks beschworen.
Im Laufe der Jahre gewannen die »angenommenen« Mitglieder die Oberhand, die Nicht-Steinmetzen, die Nicht-Maurer verloren die Verbindung zu den Meistern und Gesellen des alten Handwerks und wurden schließlich zu jener großen Brüderschaft, die heute unter dem Namen Freimaurer die Gemüter noch immer beschäftigt.
Lennhoff, der sich im Vorwort seiner großen Gesamtdarstellung der Freimaurerei selbst als Freimaurer bekennt und seinem Gegenstand somit naturgemäß wohlwollend gegenübersteht, gibt unumwunden zu, daß die Freimaurerei »kein

praktisches Programm« hat, das allen Gliedern gemeinsam wäre.

Im »Allgemeinen Handbuch der Freimaurerei« findet sich folgende Definition, die an Klarheit zwar nichts zu wünschen übrig läßt, aber zweifellos nicht alle Aspekte des Freimaurertums erschöpft:

»Freimaurerei ist die Tätigkeit engverbundener Männer, die unter Anwendung sinnbildlicher, größtenteils dem Maurerhandwerk und der Baukunst entlehnter Formen für das Wohl der Menschheit wirken, indem sie sich und andere sittlich zu veredeln suchen, um dadurch einen allgemeinen Menschheitsbund herbeizuführen, den sie unter sich im kleinen bereits darstellen wollen.«

Zweifellos ist die Freimaurerei diesem hohen Ziele in bestimmten Phasen ihrer Entwicklung bereits näher gewesen als heute. Ein Bund von der Art der Freimaurer ist stets das, was seine Mitglieder aus ihm zu machen verstehen, und im Grunde ebensoviel wert wie die Männer, die den Bund und seine Logen bilden.

In diesem Sinne hat die Freimaurerei ihre stärkste Geltung und geistige Ausstrahlung etwa hundert Jahre nach jenem Junitage erreicht, an dem die bisher in vier verschiedenen Londoner Gaststätten zusammengekommenen Logen sich zu einer Großloge vereinigten: in der Zeit der deutschen Klassik und Romantik. Auf dem Weg zu diesem Höhepunkt aber war jenes achtzehnte Jahrhundert zu durchmessen, das in seltsamer Gegensätzlichkeit sowohl von rationalistischen und Aufklärungsideen als auch von Schwärmern und Scharlatanen erfüllt war. Der berühmteste unter ihnen bediente sich mit außerordentlichem Geschick der aufstrebenden Freimaurerei und nutzte sie virtuos für seine Zwecke: jener Joseph Balsamo, der sich einen Grafen Cagliostro nannte. Goethe und Cagliostro sind die bezeichnenden Extreme, zwischen denen die Freimaurerei im achtzehnten und an der Wende zum neunzehnten Jahrhundert sich bald schillernd, bald glänzend erstreckt: Der umfassende Geist, die bedeutende Persönlichkeit auf der einen, der gleißende Schwindler und geniale Scharlatan auf der anderen Seite. Cagliostro (1743–1795) und Goethe (1749–1832) sind beinahe Zeitgenossen; seltsamerweise aber ist der große Geist viel stärker von dem Abenteurer angezogen, als etwa Cagliostro von Goethe, der doch auch schon ziemlich früh von sich reden machte.

Goethes in die Italienische Reise aufgenommener Bericht über seinen Besuch bei den armen, ehrlichen Verwandten des großen Cagliostro ist zu bekannt geworden, als daß wir ihn hier nacherzählen müßten. Bezeichnend ist nur das Interesse, das Goethe an der ganzen Angelegenheit nahm: er scheute keine Mühe, die braven Leutchen aufzustöbern, und gab sich sogar als Engländer aus, der ihnen Nachricht von Giuseppe Balsamo bringe, damit sie ihn ohne Scheu aufnähmen. Schon in Rom entwarf Goethe den Plan zu einer Cagliostro-Oper »Die Mystifizierten«. Nach seiner Heimkehr aber hielt Goethe nicht nur in der vornehmen Weimarer Freitagsgesellschaft einen Vortrag über Cagliostros Stammbaum, sondern schrieb schließlich das Lustspiel »Der Groß-Kophta«, dessen Hauptfigur, obwohl sie stets nur »der Graf« genannt wird, von Zeitgenossen und Späteren unschwer als Cagliostro erkannt wurde.

Groß-Kophta ließ Cagliostro sich nämlich gerne selbst nennen, denn so hieß der höchste Grad jener »ägyptischen« Freimaurerei, in die Cagliostro tiefer eingeweiht war als irgendein anderer Mensch, denn schließlich hatte er sie ja selbst erfunden.

Zwei Umstände scheinen seinen raschen Aufstieg und die Einführung seiner ägyptischen Maurerei besonders begünstigt zu haben: der Hang zum Mysteriösen, der die Damen der

Eine Freimaurerausstellung sollte in Frankreich die »Weltverschwörung« enthüllen.

Amerikanische Freimaurer mit Kultgegenständen.

europäischen Gesellschaft auch dann beseelte, wenn die Gatten im Lager der Aufklärung standen, und die Schönheit seiner Frau Lorenza Feliziani, die etwaige Bedenken der Männer zum Schweigen brachte.
Cagliostro hat in seinem kurzen Leben auf geradezu wunderbare Weise eine Unzahl von Abenteuern untergebracht, aber er war wohl nicht nur, wie Goethe ihn zeichnete, eine dämonische Erscheinung, sondern selbst von seinem Unruhedämon besessen, sonst hätte er bei seinen Gaben wohl kaum im Kerker enden müssen. Als ihn einmal ein reicher Engländer aus Mitleid ein Landhaus ausmalen ließ, hatte der Sizilianer nichts Eiligeres zu tun, als die Tochter des Biedermannes zu verführen, und als er allen Verfolgungen entgangen und in Italien als Marchese Pellegrini ein wenig zur Ruhe gekommen war, stach ihn der Hafer, und er reiste nach seiner Geburtsstadt Palermo, wo ihn jedes Kind als Dokumentenfälscher, Kuppler und Betrüger kannte. Er lebte jahrelang von der Schönheit seiner Frau, von der Berechnung von Lotteriegewinnen für andere (was er, wenn man das könnte, bestimmt zunächst für sich selbst getan hätte), von der Verfertigung von Schönheitswässerchen und der Gewinnung von Gold aus Quecksilber, bis ihn die Wiege der Freimaurerei, nämlich London, auf die einträglichste Spekulation seines Lebens brachte.
Seit der Aufnahme in die Londoner Großloge bewegte Cagliostro sich nur noch in den besten Kreisen, trieb fürstlichen Aufwand und errang außerordentliche Macht über die Gemüter der Frauen und weicher Männer. Man malte sein Porträt und das der schönen Lorenza auf Ringe, Medaillons und Fächer, und die Marmorbüsten mit der Unterschrift *Divo Cagliostro* (Cagliostro, der Göttliche) standen hoch im Kurs.
Das Verfahren des Sizilianers war dabei verblüffend einfach. Er blieb an keinem Ort lang genug, um die Aufdeckung

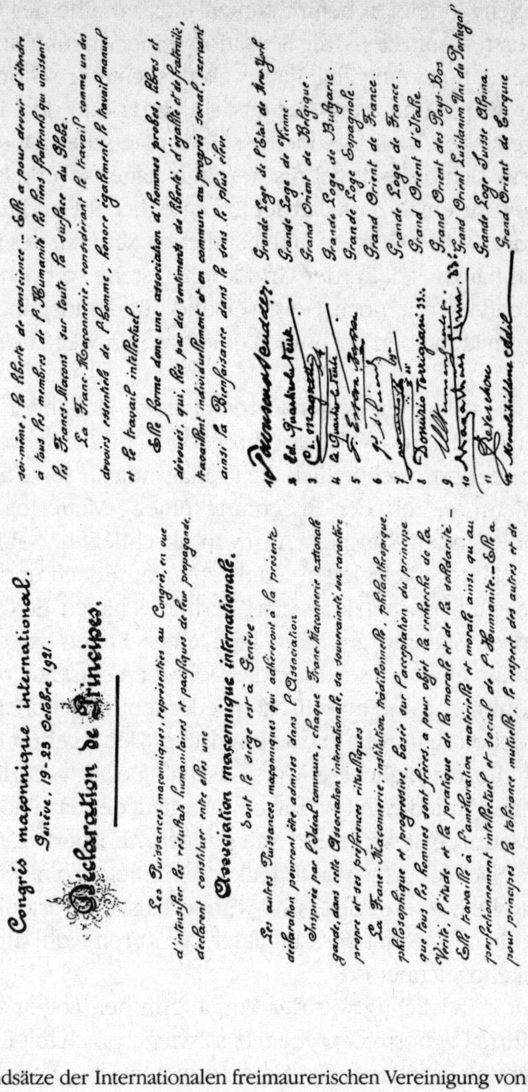
Congrès maçonnique international.

Genève, 19-23 Octobre 1921.

Déclaration de Principes.

Les Puissances maçonniques, représentées au Congrès, en vue d'intensifier les résultats humanitaires et pacifiques de leur propagande, déclarent constituer entre elles une

Association maçonnique internationale.

dont le siège est à Genève.

Les autres Puissances maçonniques qui adhéreront à la présente déclaration pourront être admises dans l'Association.

Inspirée par l'Idéal commun, chaque Franc-Maçonnerie nationale garde, dans cette Association internationale, sa souveraineté, son caractère propre et ses préférences rituelliques.

La Franc-Maçonnerie, institution traditionnelle, philanthropique, philosophique et progressive, basée sur l'acceptation du principe que tous les hommes sont frères, a pour objet la recherche de la Vérité, l'étude et la pratique de la morale et de la solidarité. — Elle travaille à l'amélioration matérielle et morale ainsi qu'au perfectionnement intellectuel et social de l'Humanité. — Elle a pour principes la tolérance mutuelle, le respect des autres et de soi-même, la liberté de conscience. — Elle a pour devoir d'étendre à tous les membres de l'Humanité les liens fraternels qui unissent les Francs-Maçons sur toute la surface du Globe.

La Franc-Maçonnerie, considérant le travail comme un des devoirs essentiels de l'homme, honore également le travail manuel et le travail intellectuel.

Elle forme donc une association d'hommes probes, libres et dévoués, qui, liés par des sentiments de liberté, d'égalité et de fraternité, travaillent individuellement et en commun au progrès social, exerçant ainsi la Bienfaisance dans le sens le plus élevé.

1 Townsend Scudder. — Grande Loge de l'État de New-York
2 Ed. Quartier-la-Tente — Grande Loge de Vienne.
3 Ch. Magnette — Grand Orient de Belgique.
4 [illegible] — Grande Loge de Bulgarie.
5 [illegible] — Grande Loge Espagnole.
6 [illegible] — Grand Orient de France.
7 [illegible] — Grande Loge de France.
8 Domizio Torrigiani 33∴ — Grand Orient d'Italie.
9 [illegible] — Grand Orient des Pays-Bas
10 Magalhães Lima. 33∴ — Grand Orient Lusitanien Uni du Portugal
11 Reverchon — Grande Loge Suisse Alpina.
12 Mouhiddine Adil — Grand Orient de Turquie

Grundsätze der Internationalen freimaurerischen Vereinigung von 1921.

seiner Schwindeleien befürchten zu müssen. Ehe der Glanz seines ersten Auftretens, die Sensation seiner Ankunft und die allgemeine Spannung abgeflaut waren, suchte er schon wieder das Weite, und wurde er tatsächlich da und dort in die Enge getrieben, weil irgendeine seiner magischen Operationen kein sichtbares Ergebnis gezeitigt hatte, so erklärte er nach bewährtem Rezept, daß der Erfolg jeglicher Handlung im freimaurerischen Geiste von der sittlichen Reinheit des Beteiligten abhängig sei. Er, der Großkophta, stehe so hoch über allem, daß er nur noch Geist sei und sündenlos, aber die anderen hätten eben doch noch einen weiten Weg zurückzulegen.
Selbst die vorsichtigen, genau rechnenden Holländer anerkannten Cagliostro als Visitator ihrer Logen, und im Jahre 1784 konnte Cagliostro schließlich die Propaganda für seine ägyptische Maurerei mit der Errichtung einer »Mutterloge zur triumphierenden Weisheit« in Lyon abschließen. Sein freimaurerisches System leitete Cagliostro von Enoch und Elias her, die es ägyptischen Priestern übermittelt hätten. Er, Cagliostro selbst, stamme aus der Liebe eines Engels zu einem Menschenweibe und sei unter die Menschen entsandt, um sie durch physische und moralische Wiedergeburt zu hoher Vollkommenheit zu führen. Da die physische Wiedergeburt naturgemäß die einträglichere war, beschäftigte sich Cagliostro vorwiegend mit dieser und mit dem Verkauf der dazu notwendigen Mixturen, Rezepte und Anleitungen. Abortierte Lämmer und die Nachgeburten von Judenknaben spielten eine ebenso große Rolle wie rote Pulver und Wunderbalsame, Fastenkuren und ähnliches, womit der Charakter der Kuren wohl hinlänglich gekennzeichnet ist.
Weniger durchsichtig war der Vorgang in den Logen selbst. Hier führte Cagliostro vor allem das Zwiegespräch mit Engeln und mit den Propheten des Alten Testaments ein. Er soll sich

zu diesem Zwecke Knaben ausgebildet, auf Reisen aber auch gelegentlich das erste beste Kind von der Straße hereingeholt haben. Diesem Kind legte er seine Hand auf den Kopf, salbte es mit dem Öl der Weisheit und ließ es dann vor den versammelten Brüdern berichten, was es in einer Schüssel Wasser erblicke. Die Versammlung betete inzwischen inbrünstig und tatsächlich sah das Kind, wenn Cagliostro selbst anwesend war, in seiner Richtung stets einen Propheten oder einen Engel. Das Kind und die »Erscheinung« besprachen sich dann lange miteinander, und viele dieser Gespräche wurden protokolliert.

Cagliostro selbst gelangen diese Experimente auch mit unvorbereiteten Kindern immer, seinen Abgesandten häufig, so daß man wohl mit Hypnose rechnen muß. Lorenza bekannte, daß sie zu dieser Art Beeinflussung nie fähig gewesen sei.

Im übrigen verhielt Cagliostro sich ungemein klug und vorsichtig. Er beließ es bei den Symbolen der Freimaurerei, weil er wußte, daß er zu einer gründlichen Reform des Bundes denn doch zu schwach sei, vermehrte jedoch die Zahl der Grade und gewährte den Juden Zutritt. Weniger psychologischen Takt bewies er in seinem Verhältnis zu Preußen: Um in Berlin Fuß zu fassen, erklärte er, Alexander der Große lebe noch in Ägypten als Oberhaupt einer Loge kriegskundiger Magier, die zum Beispiel Friedrich dem Großen zu seinen Siegen verholfen hätte. Diese Erklärung des preußischen Schlachtenruhms brachte Cagliostro wenig Sympathien ein, und er wandte sich an den schon erwähnten Musenhof der Dichterin Elisa von der Recke in Mitau, wo man ihn über das Berliner Mißgeschick liebevoll tröstete.

Als Cagliostro bald darauf – dies eine Mal unschuldig – in den Prozeß um Marie Antoinettes berühmtes Halsband verwickelt und kurze Zeit später eingesperrt wurde, feierten seine Anhänger die schließliche Befreiung ihres Abgottes, indem sie

ihre Wohnungen beleuchteten und Feste für ihn veranstalteten. Und als er sich in Boulogne einschiffte, um das ungerechte Frankreich zu verlassen, erflehte eine nach Tausenden zählende Menschenmenge am Strand seinen Segen…
Am 20. Februar 1786 veröffentlichte Cagliostro ein prophetisches Sendschreiben über die Zerstörung der Bastille und die Abschaffung der willkürlichen Verhaftungen, auf das er sich wenige Jahre später berief, als die Revolution seine Prophezeiungen wahrmachte. Bei dieser Gelegenheit erbat er sich die Rückkehr nach Frankreich, da er sich um die Befreiung des französischen Volkes Verdienste erworben habe.
Dann aber neigte sich sein Stern. Ein sonst unbedeutender Mann namens Morand, Redakteur am *Courrier de l'Europe*, veröffentlichte sehr belastendes Material gegen den falschen Grafen, und Elisa von der Recke bekannte in einem offenherzigen Buch den Irrtum ihrer Verehrung für Cagliostro. Obwohl gerade dieses Werk durch seine unanzweifelbare Aufrichtigkeit und seinen vornehmen Ton zu einer gefährlichen Waffe gegen Cagliostro wurde, gelang es ihm noch, in Basel eine Mutterloge der ägyptischen Maurerei zu gründen; dann aber hetzten ihn die Behörden über Biel, Turin, Rovereto und Trient nach Rom, wo Cagliostro in der »Loge zur Wiedervereinigung aufrichtiger Brüder« verhaftet und am 27. November 1789 auf die Engelsburg gebracht wurde.
Die von der Inquisition über Cagliostro verhängte Todesstrafe verwandelte Papst Pius VI. in lebenslängliche Haft. Lorenza wurde in ein Strafkloster gebracht.
Die Legende, die sich Cagliostros Gestalt ja schon bei Lebzeiten bemächtigt hatte, wollte wissen, daß er seinen Beichtvater erwürgt habe und in dessen Kutte entsprungen sei. Aber das ist eine Fabel: Cagliostro starb 1795 in einem geräumigen Kerker des Forts San Leo.
Manches Rätsel bleibt, das uns diesen Mann nicht als einfachen

Schwindler erscheinen läßt, so wie er die Freimaurerei wohl auch nur nutzen konnte, weil sie keine Vereinigung wie andere, sondern eine Gemeinschaft mit tieferen Bindungen war und ist. Was vor allem zu denken gibt, sind seine Kuren, seine unbestreitbaren Heilerfolge. Sein medizinisches Wissen konnte nur rudimentär sein: als er in seinem dreizehnten Lebensjahr in den Convent der Barmherzigen Brüder zu Cartagirone gekommen war, hatte sich der wißbegierige Junge vor allem an den Bruder Apotheker angeschlossen; dazu mag noch das eine oder andere kommen, was er sich auf seiner Orientreise mit einem Griechen namens Altotas angeeignet hatte – das war alles. Mit diesen geringen Kenntnissen war er ein stets williger Arzt, der keine Mühe scheute, wenn man seine Hilfe verlangte, und brachte Hilfe in einer Reihe von Fällen, wo die Wissenschaft seiner Zeit vor einem Rätsel stand. Honorar verlangte er niemals, sondern überließ die Bemessung seiner Entschädigung dem Patienten.

Dieser Umstand hat den Einblick in Cagliostros Geldverhältnisse ziemlich erschwert, um so mehr, als der »Graf« sehr oft Schmuck, wertvolle Dosen und ähnliches anstelle von Geld erhielt, das manche ihm nicht zu geben wagten und das er da und dort wohl auch ablehnen mußte. Alle von der Forschung erschlossenen Geldquellen Cagliostros reichen jedoch bei weitem nicht zu, seinen außerordentlichen Aufwand zu erklären. Er reiste nie anders als per Extrapost und wechselte die Kutschen, so oft es ihm beliebte. Er gab glänzende Feste und überhäufte seine Frau mit Schmuck.

Wie sah nun jener Mann aus, der angesichts des christlichen Europa erklären konnte, Moses, Enoch und Christus seien die größten Freimaurer gewesen, und an dessen Seite ein Dienstmädchen zur meistgefeierten Dame der adeligen Gesellschaft wurde?

Cagliostro-Balsamo war klein und hatte eine ziemlich dunkle

Hautfarbe, wie die meisten Sizilianer. Nach manchen war er häßlich, ja abstoßend, nach anderen wieder von eindrucksvoller Gesichtsbildung. In späteren Jahren wurde er dann dick und soll geschielt haben. Den sizilianischen Dialekt vermochte er zeitlebens nicht ganz aus seiner Redeweise zu verbannen, doch wird ihm geschickte Konversation nachgerühmt. Nur seine Frau erklärte bei der schließlichen Untersuchung unumwunden, sie habe stets alles, was er vor seinen Verehrern vorbrachte, für leeres Geschwätz und wohlklingenden Galimathias gehalten, was man ihr allerdings nicht verübeln kann. Der Mann, der Europa täuschte und anführte, war vor der eigenen Gattin eben doch nur jener Giuseppe Balsamo, der in den engen Gassen Palermos aufgewachsen war und nicht etwa, wie er gerne erzählte, als Sohn einer Prinzessin von Trapezunt…

Genug von Cagliostro. Seine Erscheinung, sein Aufstieg, seine Rolle in der Gesellschaft des achtzehnten Jahrhunderts zeigen, wie leicht sich das Geheimnis gegen jene kehren kann, die es ursprünglich als Schutz betrachteten. Der wandernde Steinmetz, der Rätselfragen und Rätselantworten ohne Stocken herzusagen wußte und alle geheimgehaltenen Bräuche kannte, wurde in die Bauhütte aufgenommen. Was man bis dahin noch nicht von ihm wußte, sah man dann, wenn er den Meißel in die Hand nahm. Den »angenommenen« Maurern, jenen, die in der Freimaurerei den Geheimbund gesucht hatten, konnte jeder zum Verhängnis werden, der sich noch geheimnisvoller gab. Ein Geheimnis übertrumpfte das andere, und die exklusiven englischen Freimaurer, die bürgerstolzen Holländer nahmen mit offenen Armen den Abenteurer auf, der an die Stelle der einfachen Freimaurerei die »ägyptische« setzte. So blieb denn Cagliostro nicht der einzige: ein gewinnender Mann, der sich von Johnson nannte, nützte die Loge von Halle an der Saale weidlich aus, indem er sich als »Ritter vom großen Löwen des Hohen Ordens der Tempelherren zu Jerusalem« ausgab, wurde sächsischer Rittmeister und nach kurzer Haft wieder freigelassen, wurde preußischer Rittmeister und erschien 1763 mit einem Hofstaat von ganzen vier Personen als »Groß-Prior und Abgesandter des wahren Tempelordens« in Jena, wo er gegen gutes Gold Leichtgläubige zu Rittern schlug, bis man ihn schließlich auf der Wartburg endgültig gefangensetzte.

Ein protestantischer Theologe, der sich Rosa nannte, aber Dietrich Schuhmacher hieß, gewann den Meister der berühmten Berliner Loge »Zu den drei Weltkugeln« für sich, gab sich nach bewährtem Muster astrologisch-mystisch-alchimistisch und nützte ebenfalls die Hallenser Loge »Philadelphia« weidlich aus. Der Freiherr von Gugomos wagte es sogar, im Jahre 1776 einen freimaurerischen Konvent nach Wiesbaden einzuberufen, auf dem er sich den zahlreichen Männern, die der Einladung Folge geleistet hatten, als zutiefst Eingeweihter vorstellte und ihnen Belehrung in den höheren Wissenschaften verhieß, sie zu Rittern schlug und Weihegefäße aus Zypern heranzuholen versprach.

Die Aufzählung ließe sich fortsetzen, aber die hier und im Rosenkreutzer-Kapitel angeführten Fälle mögen als Beweis genügen. Im achtzehnten Jahrhundert waren Rosenkreutzer, Freimaurer und der Templerorden die Zuflucht jener Abenteurer, die etwas zu verschweigen hatten und es darum vorzogen, auf zudringliche Fragen geheimnisvoll-bedeutsam den Finger an den Mund zu legen. Im neunzehnten Jahrhundert spielten die politischen Geheimbünde eine ähnliche Rolle, und im zwanzigsten Jahrhundert scheinen die Geheimdienste der großen Nationen ein Sammelbecken solcher Elemente zu werden – nur daß man heute statt Gold schweres Wasser und statt dem Stein der Weisen ferngelenkte Raketen produziert.

Aber so wie die Rosenkreutzer durch Andreä und Jakob

Böhme in anderem Licht erscheinen als durch einen Schroepfer oder die Gräfin Cosel, wäre es auch verfehlt, die Freimaurer in ihrem großen Jahrhundert lediglich als Folie für Cagliostro, Johnson und Rosa anzusehen. Goethe stand mit seinem Interesse für die Freimaurerei keineswegs allein: die glänzendsten Namen seiner Zeit waren Freimaurer oder hatten doch enge Verbindung zu den Logen: Lessing vor allem, aber auch Wieland, der ebenso wie Lessing und Goethe in seinen Schriften davon Zeugnis gab, der griesgrämige Oberkonsistorialrat Herder und der feurige Balladendichter Gottfried August Bürger, der stille Matthias Claudius und der Idyllendichter und Homer-Übersetzer Johann Heinrich Voß, ja selbst Politiker wie der Freiherr von Stein und sein zeitweiliger Widersacher, der preußische Staatsmann Fürst Hardenberg.

Lessing war entsprechend seiner ganzen Geisteshaltung wohl vor allem von der Toleranzidee der Freimaurer angezogen. Für ihre Geheimniskrämerei hatte er weniger Verständnis und kehrte sich auch nicht an das Verbot, über die Freimaurerei außerhalb des Brüderkreises zu sprechen oder zu schreiben. In seinen Freimaurer-Dialogen (»Ernst und Falk«, 1775 bis 1780) steht manches, was er in seinem großen Toleranz-Schauspiel von »Nathan dem Weisen« in poetischer Form wiederholt hat, vor allem aber der prophetische Ruf nach Männern, »die über die Vorurteile der Völkerschaft hinweg wären und genau wüßten, wo Patriotismus Tugend zu sein aufhört… Männer… die dem Vorurteil ihrer angeborenen Religion nicht unterlägen, nicht glaubten, daß alles notwendig gut und wahr sein müsse, was sie für gut und wahr erkennen… Männer, welche bürgerliche Hoheit nicht blendet und bürgerliche Geringfügigkeit nicht ekelt.«

Schon vor Lessing, der 1771 in die Hamburger Loge »Zu den drei Rosen« aufgenommen wurde, war Herder Freimaurer geworden; die Rigaer Loge »Zum Schwert« machte den jun-

gen Feuergeist zu ihrem Sekretär und vermittelte ihm manche Anregung. Dennoch war es zweifellos nicht so, daß – wie manche Forscher behaupten – Herders gesamtes Werk »spezifisch freimaurerisches Erzeugnis« gewesen ist, und die Einflüsse, die ihm zukamen: die Antike, Winckelmann, Hamann, Kant entstammten nicht freimaurerischem Gedankengut. Die Freimaurerei hat mehr von Herder empfangen als er von ihr. War Lessing von der Toleranzidee angezogen, so mühte sich Herder in seinen Arbeiten um die Entwicklung des Humanitätsgedankens aus der Menschheitsgeschichte. Einige der Herderschen Grundgedanken fassen allgemeingültig, was die Freimaurerei zu ihren positiven Forderungen erhoben hat:
»Die gegenseitig-wohltätigste Einwirkung eines Menschen auf den andern jedem Individuum zu verschaffen und zu erleichtern, nur dies kann der Zweck aller menschlichen Vereinigung sein. Was ihn stört, hindert oder aufhebt, ist unmenschlich. Lebe der Mensch kurz oder lange in diesem oder jenem Stande: er soll seine Existenz genießen und das Beste davon andern mitteilen; dazu soll ihm die Gesellschaft, zu der er sich vereinigt hat, helfen.«
Der Freimaurergedanke, daß die Maurerei eine Kunst sei und das wahre Leben der steten Vervollkommnung somit auch, klingt bei Herder an, wenn er in den »Briefen zur Beförderung der Humanität« ausdrücklich schreibt: »Denn die Natur des Menschen ist Kunst. Alles, wozu eine Anlage in seinem Dasein ist, kann und muß mit der Zeit Kunst werden.«
Geradezu freimaurerisches Gleichnis aber ist der Satz »Es ist nur *ein Bau*, der fortgeführt werden soll, der simpelste, größte; er erstreckt sich über alle Jahrhunderte und Nationen. Wie physisch, so ist auch moralisch und politisch die Menschheit im ewigen Fortgang und Streben.«
An einer anderen Stelle des gleichen Werkes setzt Herder vollendend hinzu: »Die Perfektibilität (Vervollkommnung) ist

also keine Täuschung; sie ist Mittel und Endzweck zur Ausbildung alles dessen, was der Charakter unsres Geschlechts: *Humanität*, verlangt und gewährt.«
Wie Lessing war natürlich auch Herder von dem mystisch-alchimistischen Beiwerk und dem geheimnisvollen Formelkram der Freimaurerei höchst unangenehm berührt, um nicht zu sagen angewidert, und man geht wohl nicht fehl in der Auffassung, daß beide eher von ihren eigenen philosophischen Ideen ausgehend zur Freimaurerei gelangten, als umgekehrt; sie sahen in der Freimaurerei bestenfalls ein der Läuterung zugängliches Instrument, durch das sie ihre Gedanken der Verwirklichung näherbringen konnten.
Im Gegensatz zu diesen beiden Denkern scheint Goethes mehr zum Mystischen neigende Natur, sein mit fortschreitendem Alter immer stärker vom Geheimnis der Natur und der Welt angezogener Geist, spezifisch freimaurerischen Ideen zugänglicher. Der durch seine Gespräche mit Goethe unsterblich gewordene weimarische Staatsmann Friedrich von Müller, allen Goethe-Lesern als der »Kanzler« Müller bekannt, war selbst ein wichtiges Mitglied des Weimarer Freimaurerkreises und schrieb die für Goethes Verhältnis zur Freimaurerei klassische Charakteristik: »Wenn der edelste Zweck des Freimaurerbundes Erweckung und Verbreitung rein menschlicher Gesinnung, harmonische Entfaltung und Veredlung geistiger Kräfte, mit einem Worte Humanität ist – wer hat wohl diesen Zweck folgenreicher gefördert, wer diese Aufgabe meisterhafter gelöst als Goethe?«
Es ist klar, daß bei einer Persönlichkeit wie Goethe nicht das übliche Verhältnis des einzelnen zur Bruderschaft eintreten konnte. Goethe war nie ein Freimaurer im üblichen Sinne, aber in seiner Lebensführung, der Gedankenwelt seiner Reifezeit und seinem Streben nach Weisheit und Entwicklung der Persönlichkeit ein Vorbild für alle Freimaurer.

Hugo Wernekke, der mit seiner Studie »Goethe und die Königliche Kunst« diese Fragen erschöpfend behandelt hat, stellt in diesem Zusammenhang fest, daß Goethe wohl als Vorbild gelten konnte, nicht aber als vorbildlicher Freimaurer: eine ganze Anzahl freimaurerischer Forderungen ließ Goethe unbeachtet und unerfüllt, so vor allem die nach reger persönlicher Förderung der Bundeseinrichtungen, nach innigem Verkehr mit den Brüdern und fleißiger Beteiligung an ihren Versammlungen. Auch für die Entwicklung des zeitgenössischen Logenlebens und der Loge, der er selbst angehörte, brachte Goethe wenig Verständnis auf; Goethe hatte, von Lavater angeregt, aber »allein durch sein geselliges Gefühl getrieben« im Februar 1780 seine Aufnahme in die Loge Anna Amalia in Weimar angestrebt. Er wurde im Juni 1780 als Lehrling aufgenommen, ein Jahr darauf zum Gesellen befördert (!) und am 1. März 1782 gleichzeitig mit seinem Freunde, dem Herzog Karl August von Sachsen-Weimar, auf die Stufe eines Meisters erhoben. Von da an ruhte jedoch die Logentätigkeit so gut wie völlig, bis Karl August im Jahre 1808 F. L. Schröder und Herder zu Reformen und einer Neubelebung der Weimarer Loge ermunterte. Goethe gab wiederholt wenig günstige Urteile über die Freimaurerei ab und blieb den Versammlungen fern, obwohl zahlreiche seiner Freunde, wie Bertuch und Wieland, aktive Mitglieder waren. Nur die Totenfeier für Wieland, die Aufnahme von Goethes Sohn in die Loge und Goethes eigenes fünfzigjähriges Maurerjubiläum stellten gelegentliche Berührungen dar. Nach Goethes Tod veranstaltete jedoch die Loge Amalia in Weimar eine Totenfeier, an der auch die Logenschwestern teilnehmen durften und bei der Kanzler Friedrich von Müller die Gedächtnisrede hielt.

Hier muß der Vollständigkeit halber noch ein Wort über Goethes Verhältnis zu anderen geheimen Gesellschaften gesagt werden, da er nun einmal jener Wende vom achtzehnten zum neunzehnten Jahrhundert den Stempel seiner Persönlichkeit aufgedrückt, ja den Namen Goethe-Zeit gegeben hat. An ihm und seiner Teilnahme an gewissen geheim-gesellschaftlichen Bestrebungen erweist sich die Bedeutung der ganzen Strömung, durch ihn und seinen Kreis wirkt sie in die deutsche und europäische Geistesgeschichte.

In seiner Straßburger Zeit gehörte Goethe einem bramarbasierenden, geheimnisvoll auftretenden Bund von Studenten an, der sich »die kleine akademische Horde« nannte, zu anderen Geheimbünden keine nennenswerten Verbindungen unterhielt, aber immerhin ein Losungswort gewählt hatte (und zwar aus dem »Urfaust«). In Wetzlar stieß Goethe, wohl auch nur seiner geselligen Natur wegen, zu der »Rittertafel«, einem mehr mystisch als philosophisch orientierten Orden, dessen *spiritus rector* ein Freiherr von Goué war. Danach folgte die Freimaurerzeit in Weimar und schließlich, im Jahre 1783, Goethes Aufnahme in den Illuminaten-Orden, einen erst sechs Jahre zuvor von Adam Weishaupt in Ingolstadt gegründeten Geheimbund, der »die menschliche Gesellschaft zu einem Meisterstück der Vernunft« gestalten wollte und am Weimarer Hofe durch den Freiherrn Adolf von Knigge – den Verfasser des berühmten Buches »Über den Umgang mit Menschen« –, durch Johann Joachim Cristoph Bode und andere besonders stark vertreten war. Unter den Illuminaten trug Goethe den Ordensnamen Abaris und erhielt durch das Los das Amt eines Zensors des Weimarer Minerva-Tempels (von dem jedoch sonst nichts bekannt ist, so daß sich die Frage ergibt, ob er überhaupt je in Tätigkeit trat).

In einem seiner unvollendeten Werke, der 1784 nach Goethes eigenen Worten »zu groß angefangenen Dichtung« *Die Geheimnisse*, beschäftigte sich Goethe mit einer geheimen Gesellschaft, die rosenkreutzerische Züge aufweist, während die aus dem »Wilhelm Meister« bekannt gewordene geheime

»Gesellschaft des Turms« durch ihre Einwirkung auf den Helden eine durchaus positive Rolle spielt. Goethe verleiht auch diesem Bund geheimnisvolle Riten und tiefbedeutsame Lehren und seinen Mitgliedern verschiedene Grade des Wissens, wollte aber wohl kaum die Freimaurer selbst darstellen, von denen er ja nicht sehr viel hielt. Die insgeheim aus dem Hintergrund auf den Helden einwirkenden Gesellschaften und Mächte finden sich in so vielen Romanen dieser Zeit, daß eine spezielle Beziehung des »Wilhelm Meister« zum Freimaurertum nicht angenommen werden muß.

So brachte die Goethe-Zeit zumindest der deutschen Freimaurerei nicht nur ihren geistigen Höhepunkt, sondern auch jene Phase ihrer Entwicklung, wo sie ihren Aufgaben und Zielen am stärksten gerecht wurde. Die bürgerliche Bildung und die gesellschaftliche Kultur waren den Organisationsformen des öffentlichen Lebens weit voraus; daher war eine Organisation wie die Freimaurer, ein Bund von Männern, die tieferes Wissen und Wollen vereinte, in jedem Sinne berechtigt: die private Initiative eilte der öffentlichen voraus. Das erklärt wohl auch den Umstand, daß so viele der geistigen Führer jener Zeit der Freimaurerei anhingen wie kaum je zuvor und seither.

Diese Zeit war aber auch die gesündeste Phase der Freimaurerei: da die praktischen Aufgaben und die Voraussetzungen zu ernster Arbeit gegeben waren, erklärten sich gerade die bedeutenden Freimaurer gegen die Geheimtümelei, die Überspitzung der Rituale und Zeremonien und gegen die Legendenbildung.

»Ein sogenannter Suchender«, sagte der geistvolle Christoph Martin Wieland, der Dichter des »Oberon«, »wird, auch wenn er tausend Jahre sucht, nichts bei uns finden, was des Suchens wert ist, wofern er nicht die Anlage zu dem, was den wesentlichen Charakter und die Tugenden des echten Freimaurers ausmacht, schon bei seinem ersten Eintritt in den Tempel mit sich bringt. Ohne diese Bedingungen wird es ihm ergehen wie jenem, der eine Brille kaufte, um lesen zu können und sich nicht wenig darüber wundert, als er erfährt, man müsse schon lesen können, wenn die Brille zu etwas helfen soll.«

Zumindest in jener Zeit dient die Wahrung des Freimaurer-Geheimnisses kaum einem anderen Zweck, als es vor der Profanierung zu schützen, im Sinne des bekannt gewordenen Goethe-Wortes, daß man »gewissen Geheimnissen, und wenn sie offenbar wären«, »durch Verhüllung und Schweigen Achtung erweisen« müsse.

In dieser Zeit nähern sich die deutschen Freimaurerorganisationen, die aktivsten der deutschen Logen, dem unausgesprochen angestrebten Charakter eines Mysterienbundes: durch die Einweihung, die Vervollkommnung der Persönlichkeit im stufenweise Fortschreiten, durch die Idee der Verbrüderung und die Treue zur Brüderschaft.

Gegenüber diesem Höhepunkt weist das neunzehnte Jahrhundert nur noch zwei Marksteine in der Geschichte der Freimaurerei auf.

Als den ersten kann man die Zulassung der Juden ansprechen, weil die meisten deutschen Logen erklärtermaßen oder ihrer Tradition folgend auf dem Standpunkt standen, daß nur Christen Mitglieder des Ordens werden könnten. Die von Cagliostro verfügte Zulassung der Juden hatte sich schon seiner umstrittenen Person wegen in Deutschland nicht auswirken können. Erst als Deutsche jüdischen Glaubens in Frankreich in den Freimaurerbund aufgenommen wurden und schließlich im Verein mit deutschen Protestanten eine Loge in Frankfurt am Main gründeten, war die Abwehrfront gegen das Judentum und damit der Grundsatz von der christlichen Basis der Freimaurerei durchbrochen.

Die Frankfurter Loge »Zur aufgehenden Morgenröte« machte durch starke Persönlichkeiten wie Berthold Auerbach und

Ludwig Börne bald von sich reden, und da kaum jemand schönere Worte für die Freimaurerei gefunden hat, als eben Ludwig Börne, erschien die Judenfrage bald im Sinne der allgemeinen freimaurerischen Toleranz gelöst.

Der nächste Schritt zur Emanzipierung vom Christentum erfolgte ebenfalls von Frankreich aus.

Angesichts der Mißstände und der Mätressenwirtschaft am Königshof wurden die ersten freimaurerischen Zirkel vom Adel gebildet, der sich verantwortlich fühlte und eine Möglichkeit suchte, den Übelständen zu steuern. Die spezifisch-freimaurerische Arbeit blieb angesichts solcher Verhältnisse in den Anfängen stecken, die Versammlungen fanden bald da und bald dort, meist in den kleinen Gaststätten statt, eigene Räume wagte man nicht zu beziehen. Im Jahre 1737 wurde die Freimaurerei verboten und jeder Gastwirt, der solchen Versammlungen Unterschlupf gewähren sollte, mit schweren Strafen bedroht.

Dennoch arbeiteten die Freimaurer weiter. Ein Weinhändler, bei dem eine Loge entdeckt wurde, mußte eine hohe Geldstrafe zahlen, seinen Ausschank auf sechs Monate schließen und das Portal seines Hauses vermauern lassen (!). Polizei und Kirche schlossen sich zur Verfolgung der Freimaurer zusammen, als hätten sie geahnt, daß der Freimaurer Diderot mit seiner großen Enzyklopädie die geistige Grundlage für die große französische Revolution schaffen würde. Eine anonyme Schrift jener Zeit, die in Brüssel in französischer Sprache erschien, bezeichnet als hervorstechendes Merkmal der Freimaurer, daß sie »ohne Unterschied die Großen und die Kleinen« aufnehmen und alle »auf das gleiche Niveau stellen«, was für die Mitte des achtzehnten Jahrhunderts und eine höfische Gesellschaft wie die französische zweifellos ebenso sensationell wie umstürzend war.

Trotz der Verwirrung, die durch diesen oder jenen Ritterorden entstand, der den Ehrgeiz hatte, mit Freimaurerei verwechselt zu werden, entwickelte sich die französische Freimaurerei durch den Zustrom starker Persönlichkeiten auch aus dem bürgerlichen Lager zu einer echten Triebfeder des Fortschritts in Frankreich und damit in Europa.

Nach Denis Diderot und Claude Adrien Helvetius (dessen Hauptwerk »De l'Esprit« als religions- und staatsgefährdendes Erzeugnis öffentlich verbrannt wurde) stießen die berühmtesten französischen Gelehrten wie der Astronom Lalande, der Mathematiker Condorcet und der Naturforscher Lacepède zu den Pariser Logen, aber auch der Enzyklopädist d'Alembert und jener Doktor Guillotin, dem das schaurige Sinnbild der Französischen Revolution seinen Namen verdankt.

Die Liste großer französischer Freimaurer jener Zeit liest sich beinahe wie eine Geistesgeschichte und kann hier weder wiedergegeben noch kommentiert werden. Der Bildhauer Houdon und der Maler Greuze, der Dichter André Chenier und der Politiker Danton fehlen auf ihr ebensowenig wie Beaumarchais, der Autor von »Figaros Hochzeit«, der Graf Mirabeau und der zwielichtig schimmernde Talleyrand, der noch heute das Lieblingsthema jener ist, die politisch etwas auf dem Kerbholz haben.

Selbst der greise Voltaire, als Geist und Persönlichkeit ebenso vorbildhaft über der französischen Freimaurerei stehend, wie Goethe über der deutschen, ließ sich im Jahre 1778 in feierlicher Sitzung in den Bund aufnehmen. Benjamin Franklin geleitete den großen Spötter in die Runde der Gläubigen, wo Voltaire mit dem Maurerschurz des kurz zuvor verstorbenen Philosophen und Soziologen Helvetius bekleidet wurde.

Bei Voltaires berühmten Interventionen in die Prozesse des unschuldigen Calas und im Falle der Familie Sirven hatte der Dichter den Freimaurer Elie de Beaumont als Rechtsbeistand zur Seite, und der Freimaurer Dupaty erreichte unter dem

Einfluß der Schriften Voltaires die Reform des grausamen französischen Strafrechts, die Milderung der Strafen und die Aufhebung der Folter.

Angesichts dieser Entwicklung darf es uns nicht wundernehmen, daß die französischen Freimaurer in der Anwendung der maurerischen Prinzipien weitergingen als ihre Brüder in England und Deutschland, und schließlich zu jener Folgerung gelangten, die zwar durchaus auf der Linie des französischen Rationalismus lag, für die Welteinheit des Freimaurertums aber die unheilvollsten Folgen hatte: der Großorient von Frankreich strich aus den freimaurerischen Bekenntnissätzen die Wendung vom »allmächtigen Baumeister aller Welten« und begründete dies damit, daß die unbedingte Gewissensfreiheit der Freimaurer es unmöglich mache, den Brüdern die Annahme Gottes oder den Glauben an ihn vorzuschreiben. Man sprach sich nicht gegen Gott oder gegen seine Existenz aus, man verlangte nur nicht mehr, daß ein Suchender daran glaube. Ein berühmter »Suchender«, der große Sprachwissenschaftler, Systematiker und Positivist Emile Littré, mag den Anlaß dazu gegeben haben. Als er – der so viele Ehrungen standhaft abgelehnt hatte, der Barrikadenkämpfer von 1830 und Abgeordnete der Stadt Paris – spät genug in die Académie Française gewählt wurde, nahm sein erbitterter Gegner, Erzbischof Dupanloup, dies zum Anlaß, um auf seinen Sitz in der Akademie zu verzichten. Daraufhin meldete sich Littré noch im Alter von vierundsiebzig Jahren als Suchender beim Grand Orient de France. Auf die übliche Frage, ob er an die Existenz Gottes glaube, soll er geantwortet haben:

»Einem Weisen des Altertums stellte einst ein König die gleiche Frage; der Weise dachte Tag um Tag darüber nach, fühlte sich aber niemals imstande, darauf zu antworten. Darum bitte ich Sie, von mir weder eine Bejahung noch eine Verneinung dieser Frage zu begehren. Wer mit Entschiedenheit behauptet, an Gott zu glauben oder Gott zu leugnen, beweist damit nur, daß er das große Werden und Vergehen aller Dinge nicht zu erfassen imstande ist.«

Die Streichung der Formel vom allmächtigen Baumeister der Welt hat zwischen England, dem Mutterland der Freimaurerei, und seinem Nachbarland Frankreich Zwietracht gesät und damit zwei der größten Freimaurerländer gegeneinandergestellt. Diese Gegensätze erschweren bis auf den heutigen Tag die internationale Zusammenarbeit der Logen (die von dem Gegner der Freimaurerei oft überschätzt wird: es ergeht der Freimaurer-Internationale nicht anders als den übrigen Nationen, die sich über ihre Grenzen hinwegzusetzen trachten...).

Diese beiden Ereignisse: die Begründung der Frankfurter Loge, die Israeliten aufnahm, und die konsequente, auch den christlichen Standpunkt verlassende Toleranz des wichtigen Großorients von Frankreich, kennzeichnen die Entwicklung der Freimaurerei im neunzehnten Jahrhundert. An die Stelle der Aufklärung, der geistigen Entwicklung, traten Imperialismus und Kolonialismus, anstelle der großen Dichter und Denker figurierten bald Kronprinzen und regierende Häupter in den Logen:

Karl VI., der Vater Maria Theresias, war schon 1731 in Holland Freimaurer geworden und hatte dann der Wiener Loge »Zu den drei Kanonen« angehört, obwohl seine Tochter eine der eifrigsten Gegnerinnen der Freimaurer war (die Frauen ja bekanntlich von ihren Zusammenkünften ausschließen). Joseph II. lehnte wiederholte Einladungen, Freimaurer zu werden, freundlich und ermunternd ab. Hingegen wurde Prinz Friedrich Wilhelm von Preußen, der spätere Kaiser Friedrich, Freimaurer, da sein Vater schon 1840 noch als Prinz in den Bund eingetreten war und sein Freimaureramt eines Protektors der drei altpreußischen Großlogen auch als König und Kaiser beibehalten hatte.

Die deutschen Logen folgten nach und nach mit wenigen Ausnahmen dem Beispiel der Frankfurter Loge, Israeliten aufzunehmen; Hamburg schloß sich als erste an. Als im Laufe des neunzehnten Jahrhunderts in Amerika Schwarzen-Großlogen entstanden, waren die deutschen Freimaurer unter den ersten, die den Grundsatz verkündeten, daß die Hautfarbe der Brüder keine Rolle spiele: kein Suchender dürfe seiner Rasse wegen abgewiesen werden.

Zur Farbigen-Frage schrieb der amerikanische Schwarze Abraham Wolfe im Mai 1956 an eine angesehene deutsche Wochenschrift: »Es wird Sie interessieren, daß die europäische und insbesondere die deutsche Freimaurerei hervorragende Verdienste gehabt haben, um die Gleichberechtigung der schwarzen Bürger in den Vereinigten Staaten voranzutreiben.«

Zum erstenmal überhaupt tauchte ein Farbiger in einer Loge weißer Freimaurer im Österreich Josephs II., in der Wiener Loge »Zur wahren Eintracht«, auf. Es war der Schwarze Angelo Soliman, der Leibmohr des Fürsten Lobkowitz. Durch Einheirat in österreichische Adelsfamilien wurde Soliman der Großvater des Dichters Ernst Freiherr von Feuchtersleben. Nach Solimans Tod wurde auf Wunsch Franz' II. die Leiche abgehäutet, ausgestopft und in den kaiserlichen Schausammlungen als Repräsentant des Menschengeschlechts aufgestellt.

Im Jahre 1784 erhielt eine erste Schwarzenloge in den USA die Gründungserlaubnis durch die Großloge von England. Die weißen Großlogen Amerikas weigerten sich jedoch, ihre schwarzen Brüder als gleichberechtigt anzuerkennen. 1857 wurde die Frage der Zulassung von Schwarzen der Großloge von Massachusetts zur prinzipiellen Entscheidung vorgelegt. Großsekretär Moore lehnte den Vorschlag ab, da seiner Auffassung nach die Zulassung von Schwarzen wie eine Brandfackel in der amerikanischen Freimaurerei wirken würde.

Jetzt trat die Großloge von Hamburg in einem Rundschreiben an die maurerischen Großbehörden für die Menschenrechte der Schwarzen ein, was zu erheblichen Auseinandersetzungen mit der weißen Großloge von New York führte. 1867 hob die Großloge von Illinois auf Antrag einer deutschen, ihr unterstehenden Loge das Logenverbot für Schwarze auf. Auch der Verein deutsch-amerikanischer Freimaurer in New York setzte sich aktiv für die Gleichberechtigung der Schwarzen ein und geriet damit in Gegensatz zu den weißen Logenbünden in den Südstaaten.

Der deutsche freimaurerische Publizist Gabriel Findel aus Leipzig wurde dann 1871 für seine Verdienste um die Förderung farbiger Logenbrüder zum Ehrengroßmeister der African Grand Lodge in Boston und zum Generalfreundschaftsbürger der amerikanischen Schwarzen-Freimaurer bei den europäischen Großbehörden ernannt. 1875 beschlossen die deutschen Großlogen, die farbige Prince Hall Großloge anzuerkennen, womit den Schwarzen offiziell die Tore der Logen in Deutschland geöffnet wurden. Durch die rastlose Tätigkeit deutscher Freimaurer für die Rassenemanzipation mußte dann endlich 1898 die Großloge des Staates Washington anerkennen: »Die Hautfarbe ist keine Schranke für die Freimaurerei.«

»Wir amerikanischen Bürger schwarzer Hautfarbe werden diesen Kampf der deutschen Freimaurer um die Sache der Gerechtigkeit nie vergessen.«

Die oben skizzierte Entwicklung in Frankreich und Deutschland hatte den Freimaurern das Mißtrauen, wenn nicht gar die Feindschaft der katholischen Kreise eingetragen, aber auch die Abneigung des nationalen und antisemitischen Lagers. Diese Gegensätze ließen das zwanzigste Jahrhundert zu einer schweren Zeit für die europäischen Logen werden. Das Kes-

seltreiben gegen die Freimaurer begann damit, daß man ihnen die Schüsse von Sarajewo zur Last legte, als ob alle Geheimbünde, nationale revolutionäre Organisationen wie die »Schwarze Hand« und übernationale humanitäre Gründungen wie die Freimaurerlogen, in einen Topf geworfen werden könnten. Tankosic und Kazimirovic, die geistigen Väter des Attentats, sollen, nach manchen Quellen, ebenso Freimaurer gewesen sein wie der Geldgeber Ciganovic, der auch die Bomben beschaffte.
Die amtlichen Unterlagen bieten keinen Anhaltspunkt dafür, daß Gavrilo Princip oder die Mehrzahl seiner Hintermänner Freimaurer gewesen wären oder daß die Freimaurerei das Mordkomplott angeregt habe. Die Mörder selbst waren jedenfalls so jung, daß sie von kaum einer Freimaurerloge aufgenommen worden wären. Deutsche, österreichische, vor allem aber englische Publikationen vertraten die These jedoch hartnäckig, daß ein Schatten des Verdachtes insbesondere auf dem Grand-Orient de France haften bleiben wird, so unwahrscheinlich die behaupteten Zusammenhänge auch sind.
Noch übler erging es der Freimaurerei unter den faschistischen Systemen, die ihrer ganzen Natur nach dem Toleranzgedanken ebenso feindlich gegenüberstanden wie den humanitären Ideen. Für den deutschen wie den italienischen Faschismus waren die Freimaurer nichts anderes als ein oppositioneller Geheimbund, eine konterrevolutionäre Organisation, die darum auch unnachsichtig bekämpft wurde.
Der erste massive Zusammenstoß zwischen freimaurerischem Gedankengut und faschistischen Methoden ergab sich naturgemäß in Italien, wo Mussolini ja schon im Oktober 1922 zur Macht gelangt war. Kaum vier Monate später, im Februar 1923, beschloß der große Faschistenrat, daß Faschisten nicht mehr Freimaurer sein dürften und daß alle ehemaligen Freimaurer unter den Faschisten ihrer Bewegung ungesäumt und rück-

haltlos Informationen über die Freimaurer zu geben hätten. Der nächste Schritt war die Plünderung der Logen und ihrer Archive durch bewaffnete Schwarzhemden-Trupps; die Freimaurertempel in Pistoja und in Prato wurden verwüstet, die wertvolle Bibliothek der Loge »Ernesto Nathan« in Termoli vernichtet; in Lucca, San Severo, Turin und an vielen anderen Orten kam es zu ähnlichen Ausschreitungen, gegen die weder Staatsgewalt noch Polizei etwas unternahmen.

Vergeblich wandten sich die Freimaurer an den Justizminister, vergeblich beriefen sie sich auf große Freimaurer, die zugleich hervorragende italienische Patrioten gewesen waren, wie Aurelio Saffi, Carducci, De Meis. Die Gewaltakte gingen in Mailand, Bologna, Venedig, Livorno, Perugia u.v.a. Städten weiter, und im Januar 1925 erging schließlich das von der faschistischen Presse begeistert begrüßte Anti-Freimaurer-Gesetz. Es bereitete dem jungen Faschismus bemerkenswerte Schwierigkeiten, das Gesetz in beiden Kammern durchzubringen, wofür sich die Schwarzhemden durch neue Prügelaktionen, vor allem in Florenz, rächten, wo ein halbes Hundert Logenbrüder blutig geschlagen wurden, während der Eisenbahner Neciolini, der frühere Abgeordnete Pilati, der Rechtsanwalt Console und fünfzehn weitere Freimaurer getötet wurden.

Der Großmeister des Orients von Italien, der seinen Sitz im Palazzo Giustiniani zu Rom hatte, erklärte daraufhin, daß die italienische Freimaurerei ihre Arbeit einstelle, um Leib und Leben ihrer Bundesbrüder zu schützen.

Das hätte das Ende der Verfolgungen bedeuten können. Aber am 5. November 1925 veröffentlichte die *Agenzia Stefani* ein Communiqué, das mitteilte, der Sozialist Zaniboni habe auf Anstiftung von Freimaurern, insbesondere durch den General Capello und den Großorient von Italien, ein Attentat auf den Duce vorbereitet.

Der Tempel des 4. Grades der Andreas-Maurerei gleicht einem Grabgewölbe. So zeigte es das Museum, das im Auftrage Hitlers im ehemaligen Logenhaus zu Nürnberg eingerichtet war.

Zeremonie der Aufnahme in den Freimaurerbund.

Der Mann, der das angebliche Attentat angezeigt hatte, ein Journalist namens Quaglia, spielte in dem nun anhebenden Prozeß etwa die Rolle, die van der Lubbe im Reichstagsbrandprozeß zu spielen hatte. Auch im italienischen Vorbildfalle erreichten die Faschisten schließlich, was sie bezweckt hatten: auch die zweite Kammer, der Senat, nahm unter dem Eindruck der Pressekampagne und der sie begleitenden neuen Ausschreitungen gegen die Freimaurer das Anti-Freimaurer-Gesetz an. Erst der Prozeß gegen den General Capello, einen der namhaftesten italienischen Armeekommandanten im Ersten Weltkrieg, erbrachte den Beweis, daß Quaglia als bezahlter Lockspitzel bestellte Arbeit geleistet hatte.
Obwohl ein Vorsitzender als von der Unschuld Capellos überzeugt sein Amt niederlegte, obwohl der Polizeipräsident von Rom zugab, daß Quaglia ein polizeibekannter Spitzel sei, obwohl Capello und sein Verteidiger alle Beschuldigungen widerlegen konnten, wurde der alte General zu dreißig Jahren Zuchthaus verurteilt, von denen die ersten sechs Jahre Einzelhaft sein sollten; angesichts der Tatsache, daß Capello 68 Jahre alt war, ein glatter Justizmord. Torrigiani, der Großmeister des italienischen Großorients, wurde ohne Verhandlung für fünf Jahre auf die Liparischen Inseln verbannt.
Der Nationalsozialismus übernahm die von den italienischen Faschisten unermüdlich vorgebrachten Anklagen gegen die Freimaurerei, weil ein totalitäres Regime nun einmal keine Gemeinschaft eigener Gesetzlichkeit in seinen Grenzen dulden kann. Die Jahre, in denen die Freimaurer praktisch keine Möglichkeit der publizistischen Gegenwehr hatten, haben in der mitteleuropäischen Öffentlichkeit alle jene Gerüchte wiederaufleben lassen, die von einer freimaurerisch-jüdischen Weltverschwörung, einem straff organisierten, internationalen Freimaurerbund und ungeheurem politischen Einfluß der Freimaurer wissen wollen.

Bei dieser und anderen Gelegenheiten griff man auch immer wieder auf jene Kontroverse zurück, die den Geschichtsschreibern der Freimaurerei als der sogenannte Taxil-Schwindel bekannt ist. Auf ihn gehen auch die meisten der heute in Wochenblättern und Illustrierten kolportierten phantastischen Gerüchte und Behauptungen über sexuelle Riten, Frauenlogen usw. zurück, weswegen hier kurz davon die Rede sein muß.

Der Franzose Leo Taxil (mit seinem richtigen Namen Gabriel J. Pagès) war nach Jahren in einer jesuitischen Erziehungsanstalt Freidenker und schließlich Freimaurer geworden, im Jahre 1885 aber öffentlich zur katholischen Kirche zurückgekehrt. Von nun an ließ er in rascher Folge antifreimaurerische Schriften erscheinen, deren Behauptungen etwa dem entsprachen, was sich die schwüle Fin-de-siècle-Stimmung der europäischen Salons unter einer Geheimgesellschaft vorstellte. Sind die Titel seiner Bücher auch längst vergessen, so halten sich die von ihm in Umlauf gesetzten Schilderungen über den Teufelskult der Freimaurer, die Schwarzen Messen und die Vorgänge in den Frauenlogen doch um so hartnäckiger, als ja in jeder Millionenstadt hin und wieder einer jener exklusiven Zirkel ausgehoben wird, in denen tatsächlich das vor sich geht, was Taxil den Freimaurern in die Schuhe schob.

Besonders eingehend schildert Taxil den sogenannten Palladismus, den »Teufelskult der Hochfreimaurerei«, dessen Kennzeichen der unbedingte Gehorsam ist, den männliche und weibliche Logenmitglieder zu beachten haben und durch den sie mit Leib und Seele den Ordensoberen hörig werden. Es versteht sich, daß Taxil, wie die meisten Schriften dieser Art, mit Wendungen tiefsten Abscheus bis ins einzelne gehende Schilderungen von den *Soeurs maçonnes* gab, Schilderungen, die Tag für Tag in einer Unzahl von Erbauungsblättchen mit frommem Eifer nachgedruckt wurden...

Die besonnenen Gegner der Freimaurerei, wie etwa der Jesuitenpater und Schriftsteller Hermann Gruber, hatten beizeiten davor gewarnt, den Kampf gegen die Freimaurerei mit solchen Methoden zu führen, die denn auch, als Leo Taxil im Jahre 1897 seinen Schwindel selbst einbekannte, auf alle antifreimaurerischen Bestrebungen zurückfielen und den Freimaurern einen großen moralischen Gewinn brachten.

Die Frauen haben – dies sei bei dieser Gelegenheit bemerkt – im Rahmen der Freimaurerei nie eine große Rolle gespielt, schon gar nicht aber die von Taxil behauptete. Zwar war die Freimaurerei nur gelegentlich und nur in einzelnen Logen frauenfeindlich eingestellt, aber sie blieb doch stets ein Bund von Männern. Das Paar Handschuhe, das dem Aufgenommenen für die liebste Dame überreicht wird, soll zweifellos als versöhnliche Geste verstanden werden. Viele Frauen aber, wie Elisabeth I. von England und Maria Theresia, blieben gleichwohl als Ausgeschlossene zeitlebens feindselig gegenüber der Freimaurerei eingestellt, ja, Maria Theresia ließ, wie man weiß, sogar einmal die Wiener Loge »Zu den drei Kanonen« mit einem respektablen Militäraufgebot ausheben und soll – nach einer Wiener Lokalüberlieferung – einmal in Männerkleidung einer Logensitzung beigewohnt haben.

So weiß man denn auch von nur wenigen Frauen in den Reihen der Freimaurer: die erste soll eine Irin gewesen sein, die Tochter eines Viscounts Doneraile, die man aufnahm, weil sie über die Logenarbeit ihres Vaters schon soviel erfahren hatte, daß man vorzog, sie unter Schweigepflicht zu nehmen. Madame Xaintrailles, die Gattin des napoleonischen Generals und vom Kaiser zum Rittmeister gemacht, um ihrem Gatten als Adjutant dienen zu können, verkehrte in der Loge *Les Artistes* in Paris, und die Gräfin Helene Hadik-Barkoczy in der Freimaurerloge von Ungvar; ihre Aufnahme wurde allerdings von der Budapester Großloge niemals anerkannt.

Im übrigen aber mußten sich die interessierten Damen mit den sogenannten, nie als gleichwertig empfunden Adoptionslogen begnügen und sich Ersatzzirkel gründen wie jenen Mops-Orden, über den in ganz Europa, und wohl nicht mit Unrecht, weidlich gelacht wurde.

Die moderne Wirklichkeit der Freimaurerbewegung sieht wie so oft weit unromantischer aus, als die Vorstellung von der Freimaurerei, die nach einigen Jahrhunderten (oft übertriebener) Geheimniskrämerei in so manchen Gehirnen spukt. Das gilt auch hinsichtlich der immer wiederkehrenden Behauptung einer jüdisch-freimaurerischen Weltverschwörung (da Juden und Freimaurer nun einmal die Internationalität gemeinsam haben). Die Juden waren in den meist konservativ orientierten deutschen Logen nie so heimisch geworden wie etwa in der französischen Freimaurerei. Die Logen selbst blieben dadurch, daß ihre Mitglieder meist höheren sozialen Schichten angehörten, ohne Kontakt mit dem arbeitenden Volk und jenen Massen, die allein einen wirklichen Umsturz herbeiführen könnten. Die Politik unserer Zeit vollzieht sich viel öffentlicher als etwa im achtzehnten oder auch noch im neunzehnten Jahrhundert, und ein Minister, mag er noch so eifriger Freimaurer sein, muß sich doch vor seiner Partei, seinem Parlament und der Presse verantworten – nicht etwa vor seinen Logenbrüdern. Es ist wohl noch so, daß die Zugehörigkeit zum Freimaurerbund, eben weil sie nicht leicht zu erlangen ist, das persönliche Prestige des einzelnen in manchen Ländern erhöht. Von einem ins Allgemeine gehende politischen Einfluß der Freimaurer kann man in der Gegenwart jedoch kaum sprechen. Wirtschaftliche Interessen, Parteipolitik und weltpolitische Konstellationen, Kolonialprobleme und die Lage auf dem Arbeitsmarkt sind so zwingende Faktoren heutigen Regierens geworden, daß geheime Logenbefehle, selbst wenn sie erteilt würden, sich bei weitem nicht mehr

Nachbildung eines Logenhauses in Italien mit Symbolen der Freimaurer: Kreuz und Zionsstern, siebenarmiger Leuchter, Tierkreiszeichen, Sphingen und geflügelte Dämonen.

Gott Baphomet – wie er nach den Lügenberichten des abtrünnigen Freimaurers Leo Taxil in den Logen verehrt wurde. Die gleiche Abgötterei hatte man schon den Tempelrittern nachgesagt.

so auswirken könnten, wie im Zeitalter des Absolutismus, wo der einzelne Politik machte.

Zahlenmäßig ist die Freimaurerei stark angewachsen und über die ganze Welt, ausgenommen nur die Staaten des einstigen Ostblocks, verbreitet. Ihre Ziele sind seit den Läuterungsbestrebungen des 18. Jahrhunderts etwa die gleichen geblieben und auf maßvollen Fortschritt in der Richtung der Humanitätsgedanken und der Menschenrechtsresolution gerichtet. Revolutionärer Schwung oder Kraft zu einem Umsturz gehen dem Freimaurerbund jedoch schon deswegen ab, weil er keine geschlossene Weltorganisation aufzubauen imstande war. Die Gegensätze zwischen den nationalen Logen Frankreichs, Englands und anderer Länder sind beträchtlich. Die amerikanischen Logen nehmen keine Schwarzen, die englischen Logen keine Atheisten und Materialisten auf. Das Beste, was die Freimaurer heute zu bewirken vermögen, ist die Vereinigung jener Menschen, die über ihren Beruf hinaus danach streben, mit ihren Geistesgaben und Seelenkräften an sich selbst zu arbeiten und über den Zwang des Tages hinaus zu einer Existenz zu gelangen, die schon im Diesseits sinnvoll ist.

ITALIENISCHE GEHEIMBÜNDE

Die Köhler organisieren sich / Der sächsische Prinzenraub / Der Wald und die wilden Tiere / Christus, der gute Vetter / Ein Nachfahre der großen Abenteurer / Die Köhlerinnen / Die Gefängnisse der Zeit und ihre Schrecken / Ein sadistischer Hofrat / Die Decisi / Mörder aus verlorener Ehre / Briefliche Todesurteile / Die Camorra / Das Gefängnis als Vorschule / Altersversicherung für verdiente Einbrecher / Verbrecherbund als Bürgerwehr / Die Mafia / Die Höhlenstadt bei Cefalù / Erpressung an der Fürstin von Monaco / Salvatore Giuliano

In dem Bestreben, sich einen möglichst frühen Ursprung zuzuschreiben, ist schon so mancher Geheimbund erstaunlich inkonsequent geworden. Die Freimaurer, die keine Frauen in ihren Logen dulden, haben in vielen ihrer Versammlungsräume Bilder aufgehängt, auf denen zu sehen ist, wie die Königin von Saba ausgesehen haben könnte – nur, weil die rätselhafte Wüstenkönigin von jenem König Salomo verehrt wurde, der den Tempel der Weisheit erbauen ließ. Ähnlich hielten es die Carbonari, die ihre Mitglieder den unnachsichtigen Kampf gegen alle Regierungen beschwören ließen und allen Königen den Tod wünschten: sie leiteten ihren Bund von König Philipp von Makedonien ab, dem Vater des großen Alexander.

Vermutlich aber entstanden sie wohl ähnlich wie die Freimaurer aus einer zweckhaften Vereinigung. Das Mittelalter mit seinen zahlreichen Kriegen und Landesfehden, mit umherziehenden Rotten, marodierenden Landsknechten und nur schwer zu bekämpfenden Räuberbanden machte eine Selbstschutzorganisation all jener Berufe notwendig, die in Einöden und Wäldern angesiedelt waren. So taten sich denn auch die Köhler zusammen, um einander im Notfall Hilfe zu bringen, und da es unter Umständen schwer gewesen sein mag, einen Köhler von einem Räuber zu unterscheiden, mußten auch hier Geheimzeichen und Losungsworte, verschwiegene Übereinkünfte und mysteriöse Formeln als Erkennungszeichen eingeführt werden, an denen die Mitglieder der Köhlergemeinschaft einander erkannten. Carbonari ist ein italienisches Wort, weil die Köhler nirgendwo in Europa die Bedeutung erlangten wie eben in Italien, aber es ist sicher, daß es auch in Deutschland und in Frankreich solche Bünde gab, wobei die französischen Bünde nicht nach den Köhlern, sondern den Holzfällern *les Fendeurs* (die Spalter) hießen. Die erste historische Tat der deutschen Köhler war die Vereitelung jenes Prinzenraubs, den zahlreiche Dramatiker zwischen dem sechzehnten und zwanzigsten Jahrhundert darstellten, ohne daß einer von ihnen mit diesem Stoff berühmt geworden wäre: Ritter Kunz von Kauffungen hatte Friedrich dem Sanftmütigen, Kurfürsten von Sachsen, Waffenhilfe geleistet und dafür Ländereien bei Meißen erhalten. Als der fünfjährige Krieg beendet war und der Kurfürst keine Waffenhilfe mehr brauchte, holte er sich die schönen Güter wieder zurück, und Kunz, der als schlichter Ritter mit seinen Ansprüchen nicht durchdrang, entführte die beiden Söhne Friedrichs aus dem Altenburger Schloß. Kurz vor der Grenze jedoch, in den böhmischen Wäldern, trat ihm ein Köhler entgegen, der Georg Schmidt geheißen haben soll. Dieser rief auf geheimnisvolle Weise andere Köhler heran, nahm Kunz gefangen und brachte die Prinzen zurück. Kunz von Kauffungen wurde am 14. Juli 1455 zu Freiberg in Sachsen enthauptet, der Köhler Schmidt jedoch mit einem Freigut bei Zwickau beschenkt und geadelt.

Die Carbonari – die italienischen Köhler – erwiesen sich in ihrer geschichtlichen Rolle weit weniger loyal als ihre deutschen Vorfahren.
Der Köhlerbund, die Carbonaria, entstand in Italien wohl durch rückwandernde Flüchtlinge, die in Frankreich oder in der Schweiz von den *Fendeurs* gehört hatten oder gar Mitglied dieses Bundes gewesen waren, der vor allem in den Jahren 1770–1790 großen Einfluß und zahlreiche Mitglieder hatte. Im Jahre 1807 mußte sich der neapolitanische Polizeiminister Salicetti mit einer Verschwörung beschäftigen, die er »carbonaristisch« nannte. Daraus geht hervor, daß zumindest Polizei- und Militärkreise den Begriff damals schon kannten. Im Jahre 1809 war es schließlich soweit, daß die verstreuten Gruppen der Carbonari sich in einer ersten Hauptloge zusammenschließen konnten, die sie *vendita* (soviel wie Verkaufsraum) nannten und die ihren Sitz in Capua hatte.
Ein Baron Bartholdi, der lange Zeit russischer Gesandter beim Heiligen Stuhl war, hat uns in seiner halbverschollenen »Geschichte der süditalienischen Geheimgesellschaften« berichtet, wie eine solche Vendita aus der Frühzeit der Carbonari den Ort ihrer Zusammenkünfte ausstattete.
Es handelte sich um einen großen Raum, den man heute seiner Kahlheit wegen wohl als Hangar oder Garage verwenden würde. Der Boden war mit Ziegeln gepflastert, womit die armen Köhler den Mosaikboden der französischen oder deutschen Freimaurertempel nachzuahmen suchten. Es gab weder Stühle noch Tische, sondern nur Schemel und einen auf drei Beinen ruhenden Holzblock, an dem der Großmeister saß. Auf diesem Block befanden sich verschiedene Gegenstände von symbolischer oder doch ritueller Bedeutung: Ein Kreuz, an das man den Tyrannen schlagen wollte, eine Dornenkrone, die ihm vorher aufgesetzt werden sollte, Nägel, um ihm Hände und Füße zu durchbohren (diese wurden manch-

mal auch durch einfache Blätter symbolisch dargestellt), eine Axt, um ihm den Kopf vom Rumpf zu trennen, und Salz, damit dieser Kopf nicht verwese, sondern als abschreckendes Mahnmal erhalten bleibe. Ferner stand eine Schale mit Wasser auf dem Block, in der die Verschwörer ihre Hände reinigen wollten, die sie sodann mit dem Leintuch abwischen würden, das den Block bedeckte.

Es versteht sich, daß der Neueingeführte von der Bedeutung all dieser Gegenstände nichts erfuhr: für ihn handelte es sich eben um rituelle Einzelheiten, deren Sinn im Dunkel blieb. Erst die Eingeweihten des vierten Grades, die Großmeister genannt wurden, wußten um den in der Symbolbedeutung sich offenbarenden Zweck der geheimen Arbeit.

Weniger blutig und leichter zu durchschauen ist das Symbolsystem der niedrigeren Grade, in dessen Mittelpunkt ein Ofen steht; er bedeutet das gemeinsame Ziel, dem sich der Bund geweiht hat. Das Feuer ist naturgemäß das Feuer der Freiheit, es muß geschürt werden, damit die Flamme hochlodere im Augenblick der Aktion. Bis dahin glost es wie in den Meilern im Wald. Der Wald mit allem unheimlichen Getier ist seinerseits wieder ein Symbol für Italien, das Land, in dem sich die vielen fremden Unheilbringer ganz so bewegen, als ob sie zu Hause wären.

Man sieht, daß religiöse Vorstellungen und Carbonari-Anliegen eng miteinander verquickt sind, was nur den wundern kann, der Italien nicht kennt. Die Carbonari waren, schon weil sie aus der primitiv-gläubigen Gegend um Neapel den meisten Zustrom hatten, bei allem politischen Radikalismus unerschütterlich glaubende Katholiken, nur daß ihnen Christus seelisch näher stand als die Muttergottes und selbst der neapolitanische Stadtheilige San Gennaro. Christus ist »der gute Vetter« der ganzen Menschheit: die höchste Ehre, welche die Carbonari zu vergeben haben, denn nur ihre Freunde nennen

sie *buoni cugini*, ebenso wie die Fendeurs ihre Freunde *bons cousins* nannten.
Der Kreuzigungstod Christi, die beiden Schächer und die ganze Leidensgeschichte spielen darum auch eine besondere Rolle in den Einweihungszeremonien, die zum Teil der Passion nachgebildet oder doch an diese angelehnt sind. Scheinkämpfe, angebliche Soldatenüberfälle, Bedrohung mit gezückten Dolchen und ähnliches dienen zur Ausschmückung und werden je nach der Phantasie dieses oder jenes Großmeisters gestaltet. Die Italiener werden ja oft als geborene Verschwörer bezeichnet, und da die fremde Herrschaft auf ihrem Boden tatsächlich zuzeiten schwer lastete, gefielen sie sich naturgemäß in besonders furchterregenden Zeremonien, die wiederum die Bedeutung des Bundes und seiner geheimnisvollen Ziele unterstreichen sollten. Der uneingestandene Nebenzweck mochte gewesen sein, etwa zusehende neugierige Dorfbewohner einzuschüchtern, denn es ist bekannt, daß weder die österreichischen noch die französischen Truppen je auf die Mithilfe der Bevölkerung zählen konnten, wenn eine Aktion gegen die Carbonari unternommen wurde. In dem von Wirren zerrissenen Italien des neunzehnten Jahrhunderts gehorchte die arme und unwissende Landbevölkerung eben jenen, von denen sie mehr zu fürchten hatte.
Die Carbonari waren somit ein politischer Geheimbund (was die Freimaurer nie gewesen sind); ihre Ziele waren politischer Art, der Weg zu ihrer Erreichung war die Tat: der Aufstand, der Kleinkrieg, das Attentat, ja sogar die Volkserhebung. Damit gingen die Carbonari auch weit über die deutschen Illuminaten und das Junge Deutschland hinaus, die zwar ebenfalls politische Ziele anstrebten, Reformen herbeiführen und Umwälzungen auslösen wollten, aber sich auf pädagogische und propagandistische Aktionen beschränkten. Die Führung eines Bundes, wie die Carbonari ihn bildeten,

mußte über eine Reihe von Eigenschaften verfügen, die hohe Freimaurer nur in den seltensten Fällen in sich vereinigt hatten: sie mußten politisch und militärisch denken, zugleich aber ihren Bund geistig repräsentieren, philosophisch leiten und nach geglückter Aktion mit staatsmännischer Besonnenheit weiterarbeiten. Die Geschichte des Königreichs beider Sizilien im frühen neunzehnten Jahrhundert zeigt, daß dies nicht immer zutraf, aber es kann doch gesagt werden, daß kaum ein Geheimbund eine größere politisch-militärische Macht ausgeübt hat als die Carbonari in der Zeit ihrer stärksten Aktivität.

Dennoch ist bei den Carbonari ebenso wie bei den Dekabristen die geistig-philosophische Zielsetzung das Primäre, und die Aktionen sind Mittel zum Zweck im Rahmen einer größeren Gesamtkonzeption.

Diese freilich war im Falle der Carbonari wohl nur den höchsten Führern bekannt, die sich von ihren Untergebenen »die großen Lichter« nennen ließen und unter denen es wieder *Insinuatori, Censori, Scrutatori* und andere Beauftragte gab. Jene der »Vettern«, denen besonders gefährliche Aufgaben zufielen, wurden »verlorene Hoffnung« genannt, so wie man unter Soldaten von einem Himmelfahrtskommando spricht. Den Gegensatz dazu bildeten die »Festsitzenden«, brave Mitglieder, die aber entweder zu dumm oder zu feige waren, wichtigere Aufgaben zu übernehmen oder zu einem höheren Grade der Einweihung aufzusteigen. Sie hatten im wesentlichen die Aufgabe, durch Spenden an Geld und Lebensmitteln den Unterhalt der Aktionsgruppen zu sichern.

Ein sehr aufschlußreiches Carbonari-Dokument aus den Anfängen der Bewegung gibt uns Einblick in die Vorstellungen, die sich der Geheimbund von einem erneuerten Italien machte und an denen manches ausgesprochen prophetisch wirkt.

»Italien wird in den neuen Zeiten auch einen neuen Namen,

einen klangvolleren Namen erhalten und Ausonia heißen; es muß von seinen drei Meeren frei sein bis zu den höchsten Kämmen der Alpen. Dieses freie Land wird in einundzwanzig Provinzen geteilt sein, deren jede eine Vertretung in der gesetzgebenden Versammlung besitzen soll. Alle öffentlichen Ämter stehen alle Bürgern offen, gleichgültig, ob diese nun arm oder reich sind. Es soll zwei Könige geben, deren einer über das Land, der andere aber über das Meer herrscht, sie werden von der Nationalversammlung auf jeweils einundzwanzig Jahre gewählt.
Alle Bürger von Ausonia sind zugleich Soldaten. Von den Festungen bleiben jedoch nur jene erhalten, die zum Schutze des Landes gegen äußere Feinde dienen. Die Hafenanlagen in ganz Ausonia sind instand zu setzen, die Flotte muß vergrößert werden. Die Staatsreligion ist das Christentum, doch wird jedes andere Glaubensbekenntnis geduldet. Erbliche Adelstitel und Adelsvorrechte werden abgeschafft, dafür werden die Krankenhäuser, Schulen und die der öffentlichen Fürsorge dienenden Einrichtungen vermehrt. Nur Mörder sollen zum Tode verurteilt werden; bei allen übrigen Verbrechen, für die bisher die Todesstrafe verhängt wurde, tritt an ihre Stelle die Deportation auf eine der zur Republik Ausonia gehörenden Inseln. Die Klöster bleiben, wie sie sind, jedoch wird es keinem Manne vor dem 45. und keiner Frau vor dem 40. Lebensjahre gestattet, in sie einzutreten, und die Gelübde sollen nicht verhindern, daß ein Mönch oder eine Nonne in den Schoß der Familie zurückkehren.
Um dem Bettlerunwesen auf den Straßen und in den Städten zu steuern, sollen alle arbeitsfähigen Bettler eine Beschäftigung erhalten und vom Staate besoldet werden; die Arbeitsunfähigen wird der Staat unterstützen. Bedeutenden und um die Öffentlichkeit verdienten Männern sollen an den Landstraßen Bildsäulen errichtet werden, ihre Gräber sollen außerhalb der

Friedhöfe an Orten liegen, die der allgemeinen Verehrung zugänglich sind.«
Man versteht, daß in der Not jener Zeit viele Italiener sich zu diesen Gedanken bekannten, die – so kraus sie auch römische Tradition und europäische Fortschrittsideen mischten – gegenüber dem Chaos der dynastischen Interessengegensätze eine radikale Verbesserung der Existenzgrundlage für das ganze italienische Volk bedeutet hätten. Die italienische Einigung war angesichts so festgefügter Nationalstaaten wie Spanien, Frankreich und England ebenso überfällig wie die deutsche, und alle revolutionären Bestrebungen des ganzen unruhigen Landes konnten naturgemäß auf nichts anderes hinzielen als auf die Befreiung von der Fremdherrschaft und die Einigung aller Landschaften und Provinzen.
Einer der rätselhaftesten Männer des neunzehnten Jahrhunderts, ein Nachfahre der großen Abenteurer und sichtlich ein zu spät Geborener, scheint die Geheimnisse der Carbonari tiefer erforscht zu haben, als es irgendeinem anderen Nicht-Italiener möglich gewesen ist: Johann Witt, auch de Witt, *summo maestro* der Carbonari, dem der Geheimbund den Namen Giulio Alessandro Jerimundo Werther Domingone gegeben hatte.
Witt stammte aus Hamburg, scheint um die Wende des achtzehnten zum neunzehnten Jahrhundert geboren worden zu sein und soll den Unterricht des schrulligen Alsener Pastors Meier genossen haben, der ein braver Protestant, zugleich aber überzeugter Jakobiner war. Witt studierte zunächst in Kiel, später in Jena und mußte schon in jungen Jahren nach England flüchten, weil er sich der verbotenen Burschenschaft der »Schwarzen Ritter« angeschlossen hatte. Von dort aus zog er im *Morning Chronicle* gegen die Mißstände an den deutschen Fürstenhöfen los. Dank dieser Artikel und guter Familienbeziehungen gelang Witt der Sprung nach Paris, wo er sich

das Vertrauen des Justizministers, des Grafen de Serre, erwarb und bald eine seltsame Mittelstellung zwischen diesem und einer Reihe geheimer Gesellschaften einnahm. Obwohl erst einundzwanzig Jahre alt, trat er in Genf als »Generalinspektor der schweizerischen und deutschen Carbonari« auf, hatte bald darauf aber das Pech, verhaftet und nach Turin gebracht zu werden, wo man ihn vor ein österreichisches Militärtribunal zu stellen gedachte. Der österreichische Oberbefehlshaber Ferdinand Graf von Bubna und Littitz war jedoch Freimaurer und behandelte den um dreißig Jahre jüngeren Witt mit der größten Hochachtung, da Witt innerhalb des Freimaurerbundes einen viel höheren Rang bekleidete als der Feldmarschall. Bubna verbürgte sich auch der österreichischen Regierung gegenüber für Witt und ließ ihn gegen Ehrenwort frei, was Witt die Möglichkeit bot, sich im Hause des Mailänder Polizeidirektors Baron Göchhausen so beliebt zu machen, daß auch der schließlich – auf Betreiben aller in Turin anwesenden diplomatischen Missionen – ergehende Haftbefehl keine Schrekken mehr für ihn hatte. Witt war auf geheimnisvolle Weise nicht nur plötzlich im Besitze von 1200 Lire Reisegeld, sondern auch aller Nachschlüssel, deren er bedurfte, und ein unangenehm genauer Subdirektor des Gefängnisses wurde vorsorglich nach Mantua versetzt. Witt floh nach Genua und, als er den Hafen von Polizei abgeriegelt fand, zurück in die Schweiz.

Es war nun soweit, daß sämtliche deutschen Regierungen hohe Belohnungen für seine Ergreifung ausgesetzt hatten, aber seine Freunde waren ebenso zahlreich wie seine Gegner: Immer wieder warnten ihn die den Freimaurern nahestehenden hohen Beamten, und stand er tatsächlich einmal vor Gericht, so erbrachten ihm seine Verbindungen so gute Verteidigungsmöglichkeiten, daß man es jedesmal vorzog, ihn wieder laufen zu lassen.

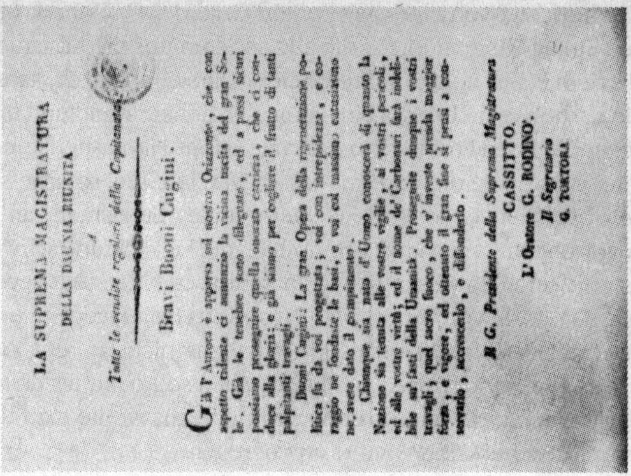
LA SUPREMA MAGISTRATURA

Bravi Buoni Cugini.

Il G. Presidente della Suprema Magistratura
CASSITTO.
L'Oratore G. RODINO.
Il Segretario

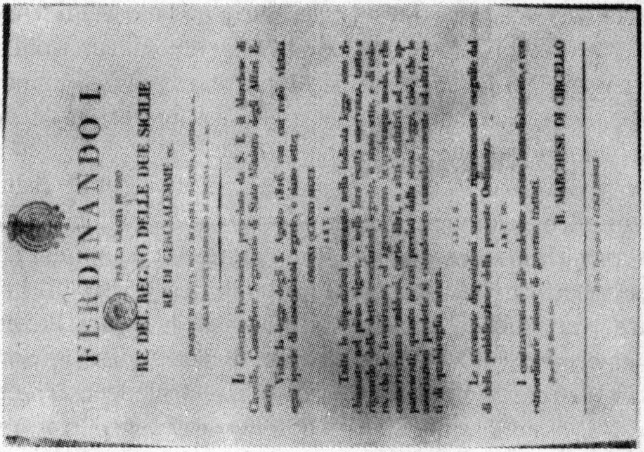
FERDINANDO I.
RE DEL REGNO DELLE DUE SICILIE
RE DI GERUSALEMME ec.

IL MARCHESE DI CIRCELLO

Oben: Aufruf der Carbonari: »Die oberste Behörde des vereinigten Süditalien« an die »Edlen und guten Vettern«.
Unten: Erlaß Ferdinands I., Königs beider Sizilien, gegen geheime Vereinigungen. (Neapel, 28. März 1821)

Witt berichtet von einem siebenten Grad der Carbonari, von den einzig Wissenden, für die alle anderen nur die Kastanien aus dem Feuer holen mußten. Seiner Darstellung nach waren die Carbonari nicht etwa ein nationaler Geheimbund und nur gegenüber den Fremden in Italien und ihren Dynastien feindselig eingestellt: die Carbonari, sagt Witt, mußten, soferne sie den höchsten Grad ihres Geheimbundes erreichten, allen Regierungen schlechthin Feindschaft und Vernichtung schwören. Sie seien im wesentlichen anarchistisch eingestellt gewesen, hätten die Vertreibung des Papstes aus Italien geplant und die Freiheit und Unabhängigkeit Italiens nicht als ein Ziel angesehen, sondern als ein Mittel: Italien sollte nur als erstes Territorium gewonnen werden, von ihm aus wollte man die anarchistische Weltrevolution vorbereiten...

Daß Witt ungeachtet seiner Vergangenheit eine reiche Heirat tun und sich auf einem großen Gut in Oberschlesien häuslich niederlassen konnte, beweist die Macht und die weitreichenden Verbindungen der Geheimbünde, die damals wohl in jedem europäischen Lande existierten und so eng zusammenarbeiteten, daß man beinahe von einer Internationale der Geheimbünde sprechen konnte.

Um das Verhalten zum Beispiel des Grafen Bubna richtig beurteilen zu können, müssen wir uns vor Augen führen, daß Österreich in diesen Jahren schon im harten Kampf mit den Carbonari lag. Die Carbonari hatten in den Jahren 1815 bis 1820 verläßlichen Berichten zufolge allein in der Provinz Neapel etwa 200000 neue Mitglieder aufgenommen, im Sommer 1820 die Generale Ferdinands I. in verschiedenen Treffen geschlagen und schließlich den König gezwungen, eine Verfassung zu unterschreiben. Die »Heilige Allianz«, zu der sich Preußen, Österreich und Rußland zur Unterdrückung freiheitlicher Strömungen zusammengetan hatten, lud den Herrscher, um ihn zu retten, zu einer Konferenz nach Laibach, und

Der Spielberg in Brünn. In den berüchtigten Verließen, wo der Pandurenoberst Trenck gestorben war, lagen jahrzehntelang auch die Führer der Carbonari angekettet.

das neapolitanische Parlament beging den Fehler, ihn tatsächlich zu der Konferenz reisen zu lassen. Der Papst entband Ferdinand seines auf die Verfassung geleisteten Eides, und am 23. März 1821 rückten fünfzigtausend Österreicher zur Unterdrückung der Volkserhebung in Neapel ein.

Ferdinand I. von Neapel tat es in allem seinem Namensvetter in Spanien nach: tägliche Hinrichtungen, hohe Kerkerstrafen und die Verbannung von Tausenden angesehener Bürger auf die Liparischen Inseln zerschlugen den Geheimbund der Carbonari, der sich erst 1825 in kleinen Logen neu konstituieren konnte.

Zehn Jahre später darauf vereinigten die Carbonari sich mit dem »Jungen Italien« und arbeiteten trotz zahlreicher Rückschläge von da an unentwegt für die Einigung Italiens. Die italienischen Freimaurer hielten gute Brüderschaft mit ihnen, und Garibaldis Bild hing sowohl in den Venditen der Carbonari als auch in den Logenräumen der italienischen Freimaurerei.

Als echte Volksbewegung hatten die Carbonari auch zahlreiche weibliche Mitglieder, die sich *Giardiniere* (Gärtnerinnen) nannten. Bei der heimlichen Arbeit des Bundes waren Frauen und Mädchen gut verwendbar. Sie machten sich an die Polizei Ferdinands und an die österreichischen Truppen heran, spionierten und berichteten und bewegten sich hinter den feindlichen Linien naturgemäß viel freier, als es auch kleinsten Trupps männlicher Verschwörer möglich gewesen wäre. Ihre Hauptaufgabe aber war die Versorgung eingekerkerter »Vettern« mit Lebensmitteln und Nachrichten, denn die Gefängnisse dieser Zeit waren ein einziger Schrecken. Es war, als wetteiferten die europäischen Fürsten und der Papst, wer wohl die grausamste Kerkerhaft zu verhängen imstande sei. »Unbeschreiblich waren die Schrecknisse der modenesischen Kerker«, schreibt der italienische Chronist Graf Arriva-

bene, »wie ich sie damals sah. Ausgenommen die Schandkäfige in den päpstlichen und neapolitanischen Staaten läßt sich nichts damit vergleichen.«
Im Carbonari-Prozeß von Venedig, bei dem unter anderen Führern des Bundes auch der Dichter Silvio Pellico verurteilt wurde, und in den Mailänder Prozessen gegen Federigo Confalonieri und seine Mitverschworenen wurden zahlreiche Todesurteile verhängt, die der Kaiser von Österreich zum Teil in Festungshaft auf dem Spielberg umwandelte. Aus Ricarda Huchs berühmtem Roman vom »Leben des Grafen Federigo Confalonieri« wissen wir, wie hart das Los der politischen Gefangenen auf dieser Festung war, die zu einem Symbol für die politisch so dunklen Jahrzehnte wurde, in denen doch auch ein Goethe, ein Beethoven, ein Goya wirkten. Auch Silvio Pellico selbst, der schließlich krankheitshalber begnadigte Dichter, hat in seinem Buch »Meine Gefängnisse« vom Spielberg berichtet und damit nicht, wie man meinen sollte, das Schlußstück einer literarischen Gattung geschaffen, die mit einem humanen Strafvollzug im aufgeklärten Europa verschwunden wäre: unzählige stärkere und schwächere Talente sind ihm nachgefolgt, die von Dostojewski bis Vera Figner, von Schubart bis Erich Mühsam ihre Erinnerungen mit dem gleichen Titel hätten überschreiben können.
Dort, wo 1749 Trenck der Pandur nach einem bewegten Leben gestorben war, verbrachten die Carbonari-Führer Jahre, ja Jahrzehnte: vom Kaiser begnadigt, aber den sadistischen Neigungen eines Hofrats Münch von Bellinghausen ausgeliefert, der seiner Familie damit solche Schande machte, daß ein anderer Dichter dieser Zeit, nämlich Eligius Münch-Bellinghausen, diesen in der ganzen Monarchie verhaßten Namen nicht tragen wollte, sondern sich Friedrich Halm nannte.
Münch von Bellinghausen ließ alle Strafverschärfungen anwenden, die er sich nur erdenken konnte, darunter auch

solche, die Josef II. abgeschafft hatte, nachdem er sich eine Stunde (!) lang in eine Kerkerzelle des Spielbergs hatte einschließen lassen. Was einen Kaiser in einer Stunde zutiefst erschüttert hatte, ertrugen die Carbonari-Führer jahrelang: Einzelhaft in feuchten, lichtlosen Zellen, in denen sie zeitweise angeschmiedet gehalten wurden wie Tiere; dürftige, oft verdorbene Verpflegung und bloße Bretter als Liegestatt. Als der durch Silvio Pellico unsterblich gewordene gutmütige alte Wärter Schiller und der Gefängnisarzt gewisse Erleichterungen zu gewähren wagten, wurden sie gemaßregelt: der Hofkaplan Stefan Paulowitsch hatte sie denunziert.

Bis zu ihrem letzten Atemzug kämpfte die Gräfin Confalonieri um eine Begnadigung ihres Gatten, und als sie starb, ließ man Federigo eineinhalb Jahre lang im unklaren über ihr Schicksal, ehe die Nachricht an den Gefangenen weitergegeben wurde.

Ganz wie in den Konzentrationslagern des nationalsozialistischen Regimes ging man bewußt darauf aus, die Häftlinge nicht nur körperlich, sondern auch seelisch zu zerbrechen. Man errichtete vor den schmalen Fenstern der Kasematten eine Mauer, die den Unglücklichen Licht und Sonne und den Blick auf die Stadt Brünn benahm, man untersagte ihnen jegliche Korrespondenz, so daß Confalonieris Mitgefangene jahrelang keinerlei Nachrichten von ihren Angehörigen oder über ihr Befinden erhalten konnten, und gestattete ihnen als Lektüre nicht einmal die Bibel. Erst nach drei Jahren immer wieder erneuter Gesuche durften sie die Messe hören, und bei Erkrankungen wurden sie nicht ins Lazarett gebracht, sondern auf der Zelle behandelt. Selbst als Maroncelli an einem bösartigen Tumor am Knie erkrankte, operierte man ihn in der Zelle und nahm ihm in Pellicos Gegenwart das Bein ab…

Als Graf Confalonieri auf dem Weg nach dem Spielberg zunächst nach Wien gebracht wurde, führte man ihn auf Befehl Metternichs in einen vornehm möblierten Raum der Polizeidirektion, in dem Fürst Metternich, wie er sagte, »auf dem Sprung zu einem Ball« seinen Gefangenen im weltmännischen Gespräch auszuholen versuchte. Confalonieri, der schon bei den Vernehmungen in Italien standhaft nur die kargsten Auskünfte gegeben und niemanden belastet hatte, fiel auf den wenig vornehmen Trick nicht herein und verharrte bei seinem Schweigen, obwohl er wußte, was ihm bevorstand und was er von sich hätte abwenden können.

So beendeten die hervorragendsten Führer der »Guten Vettern« ihre politische Laufbahn, denn als sie schließlich begnadigt wurden, waren sie an Leib und Seele so gebrochen, daß sie mit ihrem Leben nichts mehr anzufangen wußten. Der Bund der Carbonari war zerschlagen, seine Führer tot, verbannt oder nach Frankreich geflohen: die einfachen Carbonari aber, jene Masse, die Witt so verächtlich behandelt und als bloße Werkzeuge hingestellt hatte, stieß zu Garibaldis Einigungsbewegung und verwirklichte Jahrzehnte später, was in den Venditen als Ziel des Bundes proklamiert worden war.

Ein Gutteil der Untaten, die man in verschiedenen Prozessen den Carbonari und ihren Führern zur Last gelegt hatte, ging eigentlich auf das Konto der *Decisi*, der »Entschlossenen«. Unter diesem vielsagenden Namen waren jene Elemente der italienischen Volksbewegung vereinigt, die durch Herkunft oder Vorleben dazu neigten, sich über mancherlei Hemmungen hinwegzusetzen, und denen die Methoden ihrer Vorgesetzten daher zu umständlich erschienen.

Die kargen Hänge der Abruzzen, auf denen sich noch heute nur wenig Verkehr abwickelt, und das dünn besiedelte Kalabrien waren in den ersten Jahrzehnten des neunzehnten Jahrhunderts ein wahres Eldorado für einen straff organisierten Geheimbund. Die Dürftigkeit der Nachrichtenmittel, die

Primitivität der Landbevölkerung und der unwegsame Charakter der Bergwelt begünstigten die Tätigkeit der Decisi in so hohem Maße, daß dieser vor nichts zurückschreckende Bund in seiner Blütezeit 40000 Mitglieder vereinigen und zum wahren Beherrscher der ganzen Gegend werden konnte.

Ziel des Bundes war die Eroberung von Neapel, die Beseitigung der Monarchie und die Errichtung eines neuen Staatswesens. Das Haupt des Bundes und sein Gründer war ein davongelaufener Priester namens Ciro Annichiarico. Am Beginn seiner Laufbahn – wenn man sein abenteuerliches Schicksal so nennen will – stand ein Justizirrtum: man legte dem Priester einen Mord zur Last, den er aus Eifersucht begangen haben sollte, und verurteilte den Unschuldigen zu fünfzehn Jahren Verbannung. Seltsamerweise aber wurde er nicht verschickt, sondern in einem Kerker behalten, aus dem er nach vierjähriger Haft entfloh. Diese vier unschuldig hinter Kerkermauern verbrachten Jahre müssen seine Natur grundlegend gewandelt haben. Ciro, der Priester, wurde zu Ciro, dem Räuber, und bald berichtete man nur noch Schreckliches von ihm. Nach Art vieler Berufsverbrecher setzte er einen im Kerker erhaltenen Tip in die Tat um, da es ihm vor allem einmal darum ging, Geld in die Hand zu bekommen, mit dem er dann jene Pläne ausführen wollte, an die er in den endlosen Nächten auf der Strohschütte seiner Kerkerzelle immer wieder gedacht hatte.

Er drang in ein einsames Gehöft bei Martano ein, tötete das schlafende Gesinde, vergewaltigte die junge Bäuerin und entkam mit 96000 Dukaten.

Von nun an entfaltete er außerordentliche Findigkeit und Geschicklichkeit und bewies immer wieder ungewöhnlichen Mut. Er hielt mit anderen Räubern briefliche Verbindungen aufrecht und bekämpfte vor allem seine ehemaligen Glaubensbrüder, denen er das Predigen auf den Dörfern bei Todesstrafe verbot.

Bezeichnend für seine aufbrausende, grausame, aber auch großzügige Natur ist seine Begegnung mit dem General d'Octavio, den ihm Joachim Murat, Napoleons Schwager und König von Neapel, an der Spitze von tausend Mann auf die Fersen gesetzt hatte: Ciro erkundete das Hauptquartier des Generals, schlich sich ein, stand plötzlich vor dem waffenlos im Garten spazierengehenden Offizier und sagte ihm: »Ihr Leben, General, ist in meiner Hand, aber ich will Sie schonen, weil Sie keine Waffe bei sich tragen. Sollten Sie die Verfolgungen gegen mich jedoch fortsetzen, so werde ich keine Rücksicht mehr nehmen.« Nach diesen Worten schwang er sich über die Gartenmauer und verschwand, ehe d'Octavio Alarm schlagen konnte.

Nach zeitgenössischen Berichten war Ciro ein schöner Mann von kräftigem Wuchs, der gerne und viel redete und sich in zahlreichen Städten Mätressen hielt. Sein Geheimbund operierte trotz seiner zahlenmäßigen Stärke stets in kleinen, verkleideten Gruppen. Jeder Großmeister hatte die Macht, Todesurteile zu fällen, und die Männer, die wegen Verrat oder Zusammenarbeit mit den Fremden auf eine solche Liste kamen, lebten meist nicht mehr lange. Die Erpressungsschreiben des Bundes enthielten unter dem Briefkopf fünf Großbuchstaben, die angaben, von welcher Loge das Schreiben stamme, und fünf weitere, die als Symbole für die Worte *Esterminatore dei Tiranni del Universo* standen. Waren diese zehn Buchstaben mit Blut geschrieben, so wußte der Empfänger des Schreibens, daß er mit dem sicheren Tode zu rechnen habe, wenn er nicht die verlangten Vorräte oder die angegebene Geldsumme für die Decisi bereithalte. Bezeichnend ist in diesem Zusammenhang, daß die Decisi einen eigenen Schriftführer nur dazu angestellt hatten, daß er alle im Auftrag der Bundesleitung ermordeten Personen verzeichne.

Die Decisi herrschten dank dem Aberglauben mittels Schrekken über die einfache Landbevölkerung, und insbesondere Ciro ging aus so vielen Scharmützeln unversehrt hervor, daß man ihn bald als unverwundbar ansah und meinte, er müsse über geheime Kräfte verfügen und mit dem Bösen im Bunde stehen. Das Wahrzeichen des Decisi war ein Totenschädel, den ein Rutenbündel überragte, die Farben des Bundes waren Gelb, Rot und Blau. Auf allen Schreiben prangte das Siegel der *Registratori dei Morti*; in den vier Ecken des Blattes standen die düsteren Worte Trauer, Tod, Schrecken, Kampf.

Als Annichiarico schließlich mit etwa 50000 Gefolgsleuten zu einer ernsten Gefahr geworden war, entsandte man General Church mit einer gewaltigen Militärmacht gegen den Räuberpriester. Church gelang es auch, das Hauptquartier Ciros ausfindig zu machen und zu umstellen. Mit zweihundertfünfzig seiner Unterführer wurde auch der Führer der Decisi erschossen, der sich zuletzt als Präsident der Salentinischen Republik bezeichnet und eine atheistische Gesellschaftslehre verkündet hatte.

Einundzwanzig Schüsse trafen Ciro Annichiarico, vier davon den Kopf, aber Ciro lebte immer noch. Da gossen die Soldaten eine Kugel aus Silber und luden mit ihr Ciros eigene Muskete. Dieser zweiundzwanzigste Schuß erst tötete ihn, und seither schwören alle, die Ciros Geschichte kennen, daß er einen Zauber besessen habe: einen Zauber freilich, der ihn nur gegen Blei gefeit hat…

Der Priester Annichiarico war hinter Kerkermauern zum Räuber geworden, und hinter Kerkermauern entstand auch der mächtigste und rätselhafteste aller kriminellen Geheimbünde, die wir kennen: die *Camorra*. Hatten die Decisi nach Organisation und Zielsetzung zumindest noch ein politisches Mäntelchen für ihre Schreckenstaten, so stellte die Camorra von Anbeginn an nichts anderes dar als das große Sammelbecken von Gaunern und Gewaltverbrechern, lichtscheuen Elementen und Gesindel:

Die Mißstände in den Gefängnissen jener Zeit machten – ähnlich wie die Unmenschlichkeiten in den Konzentrationslagern – eine Selbstorganisation der Häftlinge notwendig, um der Willkür der Beamten wenigstens einigermaßen zu steuern. Die Camorra war ursprünglich nichts anderes als solch eine Schutzorganisation naturgemäß vor allem krimineller Elemente, und erst durch eine Anzahl entlassener Verbrecher wurde sie auch im freien Leben als Organisation begründet.
Die Bedeutung des Wortes *Camorra* ist nicht völlig klar. Im Spanischen heißt es soviel wie Streit, Gezänk, und ein *camorrista* ist ein Raufbold, ein Mensch, der Händel sucht. Eine andere Ableitung bringt die Camorra mit dem altneapolitanischen Dialektwort *gamurra* in Zusammenhang, das die Bluse einfacher oder armer Leute bezeichnete.
So wie das französische *Milieu* in viele Teilgebiete zerfällt, deren jedes einen eigenen Wortschatz hat, gab und gibt es in Italien eine Camorra der Spielhöllen, eine der kleinen Läden (an die so mancher Ladenbesitzer in einer unsicheren Stadtgegend sein Leben lang Tribut bezahlt hat), eine Camorra der Prostituierten usw. Die malerischen Zweige scheinen im Aussterben begriffen: die Camorra der Fergen und Fremdenführer, die politische Camorra, bei der man Abgeordnetenmorde, Wahlkampf-Zwischenfälle und ähnliches gleichsam bestellen konnte und die in gewissen Gegenden Italiens etwa so geherrscht hatte wie einzelne Gangs in kleineren amerikanischen Städten.
Bezeichnend ist, daß der Hauptzustrom zur Camorra aus den Gefängnissen kam, wo der junge, erstmalig verurteilte Häftling eine Art Vorschule für den Geheimbund mitzumachen hatte. Diese bestand zunächst darin, daß er die älteren, wieder einmal eingesperrten Camorristen bedienen und ihnen unangenehme Aufgaben abnehmen mußte. Zeigte er sich dabei anstellig und intelligent, so rückte er schon im Gefängnis vom

Lehrling zum Gesellen auf, den die Camorra *picciotto di sgarro* nannte (picciotto = Bursche).
Zu gewissen Zeiten mußten die Bewerber um einen höheren Camorra-Grad besondere Taten vollbringen: jemanden töten oder verstümmeln oder, wenn gerade kein geeignetes Opfer in Sicht war, ein (meist ziemlich ungefährliches) Scheingefecht mit einem erfahrenen Camorristen bestehen.
Eine beliebte Probe für den »Burschen« war auch das Münzenstechen. Eine Münze wurde auf den Fußboden gelegt. Auf ein Zeichen stachen alle Umstehenden zugleich auf die Münze los, die der Lehrling rasch mit der Hand an sich zu bringen hatte. Naturgemäß wurde die Hand dabei meist zerstochen, ja oft zerfleischt, aber der Mutige war dann *Picciotto d'onore* oder *Picciotto di sgarro*.
Nach der Probe versammelten sich die Brüder einer *Paranza* (so hießen die Unterabteilungen) um einen Tisch, auf dem ein Dolch, eine geladene Pistole und eine Lanzette lagen. Daneben stand ein Glas mit scheinbar vergiftetem Wein. Ein Barbier öffnete dem Neuling eine Ader; in das Blut, das auf den Tisch tropfte, tauchte der Kandidat die rechte Hand und schwor dann, niemandem etwas über den geheimen Bund zu verraten und alle Befehle des Bundes ohne Zaudern und nach besten Kräften auszuführen. Darauf spannte er den Hahn der Pistole, stieß den Dolch in die Tischplatte und setzte das Glas an die Lippen. Damit wollte er andeuten, daß man ihn erschießen, erstechen oder vergiften möge, wenn er diesen Schwur jemals brechen sollte.
Der Meister der Paranza jedoch hielt ihn vom Trinken ab, bedeutete dem Kandidaten niederzuknien und legte ihm die rechte Hand auf den Kopf. Mit der Linken zog er die Pistole in die Luft ab, warf das Glas mit dem angeblich giftigen Wein gegen die Wand und überreichte schließlich den Dolch dem neuen Camorristen als Aufnahmegeschenk. Damit hatte der

nunmehr Eingeweihte Anspruch auf die volle Unterstützung durch alle anderen Mitglieder, und die anderen Paranzen, zumindest aber alle jene, die zum gleichen »Mittelpunkt« gehörten, erfuhren von dieser Aufnahme. (Neapel zum Beispiel zerfiel in zwölf Mittelpunkte.)

Die Mittelpunkte waren nur zeitweise unter einem einheitlichen Oberbefehl zusammengefaßt, im übrigen aber waren sie schon aus Sicherheitsgründen ziemlich selbständig, ja jeder Mittelpunkt hatte sogar seine eigene Finanzgebarung. Geleitet wurde er von einem *Masto* (Meister), dem ein Rechnungsführer, ein Schatzmeister, ein Proviantmeister und der sogenannte Rufer zur Seite standen, der die Verbindung mit den inhaftierten Mitgliedern des Mittelpunktes aufrechtzuerhalten hatte.

Die Geheimsprache des Bundes kann kaum anders als Rotwelsch genannt werden, denn es gab in ihr für jede lichtscheue Tat eine ganze Anzahl höchst sinnfälliger Ausdrücke, deren wir einige als Kuriosa anführen wollen: *dormiente* (Schläfer) hieß soviel wie Leichnam, *agnello* (Lamm) bedeutete: ein Beraubter, ein Opfer. *Freddare* (kaltmachen) war gleich töten, *palo* (Stange) hieß Spitzel, *asparago* (Spargel) Schutzmann. Für die Pistole gab es verschiedene Euphemismen: in Neapel wurde sie meist *tictac* oder *bobotta* genannt.

Geschriebene Gesetze hatte die Camorra natürlich nicht; wenn sie je existierten, so haben sie doch nie das Licht der Forschung erblickt. Indessen weiß man mit ziemlicher Sicherheit, daß die Verfassung der Camorra vierundzwanzig Grundartikel umfaßte.

Das Todesurteil spielte in diesen Satzungen naturgemäß eine große Rolle, denn zarte Seelen wurden gar nicht erst aufgenommen. Wer die Geheimnisse der Camorra oder eines Mittelpunktes verriet, konnte vom *Masto* und sechs anderen verdienten Camorristen zum Tode verurteilt werden; das gleiche Schicksal ereilte alle, die dem Bund vorsätzlich schadeten oder seine Sicherheit gefährdeten. Todesstrafe stand auch auf dem Versuch, den Großmeister persönlich kennenzulernen (soferne es überhaupt einen gab. Der letzte soll ein Mann namens Aniello Ausiello gewesen sein, dessen die Polizei niemals habhaft wurde.) Camorristen, die durch im »Dienst« erlittene Verletzungen oder durch hohes Alter aktionsunfähig geworden waren, wurden aus der Gemeinschaftskasse unterstützt, in gewissen Fällen wurden auch (wie in den Berliner Ringvereinen) Witwenpensionen gezahlt und Unterstützungen an die Frauen inhaftierter Camorristen.

Unter den Bourbonen hatte auch die Camorra ihre Blütezeit. Sie erfreute sich bester Verbindungen auch in höchsten Kreisen. Prinzen arbeiteten mit Schmugglern zusammen und ließen sich Gewinnanteile ausbezahlen. Minister bezogen regelmäßig Bestechungsgelder, und selbst Bischöfe bedienten sich gelegentlich der allgegenwärtigen Organisation der Camorra. Monnier weiß in seinem Buch über die Camorra von einem ihm persönlich bekannten, sogenannten »eleganten« Camorristen zu berichten, von dem alle Welt wußte, daß er ein Hochstapler und Falschspieler sei, den man aber selbst bei Hofe empfing, weil er ein ausgezeichneter Fechter war und man seine Klinge fürchtete.

Man sieht, wie gewisse Zeichen der Zeit und manches von dem, was etwa ein Schopenhauer die ritterlichen Dummheiten genannt hat, den Absichten der Camorra entgegenkam: der Geldbedarf der höheren Schichten, die Undurchsichtigkeit der Politik, die Käuflichkeit des Beamtentums, die Unfähigkeit der Polizei.

Die Camorra entwickelte sich aus einer Häftlingsorganisation zu einem Staat im Staate, zumindest aber zu einer mächtigen Partei. Die Besitzer von Bordellen entrichteten ebenso wie die

Schmuggler einen regelmäßigen Zehent an die Camorra, in deren Händen auch die Überwachung des Fuhr- und Ladeverkehrs, des Lotteriewesens und anderer »Gewerbe der Straße« lag. Erfuhr die Camorra durch einen ihrer Mittelsmänner, daß ein reicher Mann zum Beispiel ein Haus oder ein Grundstück zu ersteigern im Begriffe sei, so erpreßte sie von ihm eine entsprechende Summe Geldes für die Tatsache, daß der Geheimbund nicht als – natürlich übermächtiger – Mitbieter auftrete.

Voraussetzung für diese Entwicklung war allerdings die völlige Entrechtung der kleinen Leute, die sich von ihrer Obrigkeit im Stiche gelassen und der Unterwelt ausgeliefert sahen, während die Kreise um den Bourbonenhof sich mit Intrigen und Vergnügungen mehr beschäftigten als mit den praktischen Aufgaben einer Regierung. Es genügte diesem höfischen Kreis, daß die Camorra sich (zumindest bis 1848) nicht mit Politik beschäftigte. Man verfolgte nur die Revolutionäre: die Verbrecherwelt ließ man ungeschoren. Das mochte seinen Grund auch in der Tatsache haben, daß bis zu einem Drittel der Erträge aus den Camorra-Erpressungen auf die höheren Polizeibeamten, im besonderen der Stadt Neapel, verteilt wurden, so daß diese von der Camorra oft mehr Geld bezogen als von ihrem König...

Die Wirren der Einigungskriege änderten an der Situation nur wenig. Die Amnestie von 1860 öffnete für viele Camorristen die Gefängnistore. Aber sie begnügten sich nicht mit der eben errungenen Freiheit, sondern überfielen das Wachpersonal, erschlugen die meisten ihrer bisherigen Peiniger und verbrannten die Strafakten. Zur gleichen Zeit schickten sich die königstreuen Teile des Volkes an, die augenblickliche Machtlosigkeit der Revolution zu einer Plünderung Neapels auszunützen. Der Polizeipräfekt hatte keine Exekutive, die imstande gewesen wäre, den an allen Ecken und Enden der großen

Stadt aufflackernden Plünderungen entgegenzutreten: da wandte er sich an die Camorra, und diese übernahm im Gewande einer Bürgerwehr den Schutz von Leben und Eigentum der Neapolitaner, bis Garibaldi mit seinen Truppen einrückte...!

Es währte Jahre, ehe man die Camorra aus dieser Stellung, der Rolle einer Bürgerwehr, wieder verdrängen konnte. Silvio Spaventa, Revolutionär von 1848, Polizeiminister und Minister für Öffentliche Arbeiten und nebenbei ein ausgezeichneter Kenner der deutschen Philosophie, hatte gleichwohl wenig Verständnis für die Geheimbündelei der neapolitanischen Polizeiorgane und bekämpfte die Camorra so energisch, wie es vor ihm niemand gewagt hatte. Es kam zu Unruhen, bei denen die Menschenmassen »Nieder mit Spaventa« schrien, da sie denn doch nicht wagten, »Es lebe die Camorra« zu rufen. Die Unsicherheit in Neapel und auf den Landstraßen nahm so überhand, daß dieses großen Geheimbundes wegen der Belagerungszustand über ganz Süditalien verhängt werden mußte und man sich dazu entschloß, dreihundert prominente Camorristen teils in Florenz, teils auf einer der Verschikkungsinseln einzusperren. Aber die Camorra duckte sich nur: sie war noch lange nicht vernichtet.

Eineinhalb Jahrzehnte später, im Frühherbst 1877, kam es zu einem neuen, großen Zusammenstoß zwischen der Regierung des jungen Staates und dem alten, mächtigen Geheimbund. Auf dem neapolitanischen Markt Santa Ana, wo zweimal wöchentlich die Bauern aus der Umgebung zusammenströmten, um Obst, Gemüse, Fleisch und Eier feilzubieten, konnte kein Karren entladen werden, ohne daß sein Besitzer zuvor der Camorra einen Zoll entrichtet hatte. Eines Tages nun wurden die Ausgänge des Marktplatzes plötzlich abgeriegelt, Polizisten in Zivil und in Uniform siebten die versammelte Menge und verhafteten siebenundfünfzig »Marktkommissare« der Camorra, die an ein langes Seil gebunden und abgeführt wurden. Eine ähnliche Razzia auf einem Fischmarkt brachte weitere neunundfünfzig Camorristen hinter Schloß und Riegel. Aber schon wenige Tage nach diesen Polizeiaktionen tauchten wieder Camorristen auf den Märkten auf, um ihren Zoll einzukassieren, und als auch sie verhaftet wurden, kamen die Frauen der Verhafteten den Zoll kassieren, so unerschrocken hielt die Camorra an dem fest, was sie als ihr angestammtes Recht ansah.

Der Kleinkrieg zwischen dem Geheimbund und der Regierung setzte sich bis zum Ersten Weltkrieg fort, denn die Camorra erwies sich als eine Hydra, der für jeden abgeschlagenen Kopf neue nachwuchsen. Erst die Modernisierung der Polizeimethoden und die Härte des faschistischen Regimes konnten den weitverzweigten, wohlorganisierten Bund aus seiner Machtstellung verdrängen.

Weiter als die Tätigkeit der Carbonari und der Camorra reicht jene der Mafia in die Gegenwart herauf, ja es ist sehr fraglich, ob gewisse, beinahe schon legendäre Räubergestalten wie der Bandit Giuliano, dessen Schicksal vor Jahrzehnten die Gemüter in aller Welt erhitzte, ohne die Mafia denkbar wären.

In einer für Italien typischen Verquickung – schon die Camorra gebärdete sich ja zeitweise als Bürgerwehr – entstand die Mafia aus der sizilianischen Landpolizei, der Gendarmerie.

Etwa um die Mitte des achtzehnten Jahrhunderts begann sich die Bourbonenherrschaft auch in Sizilien so auszuwirken wie in Neapel und in Spanien: die Kretinisierung der Herrscherfamilie und die dünkelhafte Vergnügungssucht der Hofgesellschaft hatten so schwere Verwaltungsmißstände im Gefolge, daß die Engländer, als sie die Insel gegen Napoleon schützten, eine neue Verfassung forderten. Diese wiederum machte zahlreiche Lehnsmänner des Adels und der Geistlichkeit brotlos, die kurzerhand »in die Berge« gingen: sie wurden Banditen. Außerstande, sie zu bekämpfen, verständigte sich der Bourbonenkönig mit ihnen und gab ihnen eine Art Amt: er machte aus den wilden und rauhen Kerlen eine Gendarmerie, die freilich kaum besser war als jene Banden, gegen die sie einen Schutz bilden sollte. Aus dieser Organisation entwickelte sich nach und nach jener Geheimbund, den man mit leisem Schaudern die Mafia nennt.

Für das Zustandekommen des Bundes aus einer Reihe größerer und kleinerer Banden bedurfte es, wie fast stets, einer stärkeren geistigen Potenz, einer Führerbegabung. Sie fand sich in einer der stärksten, bestimmt aber temperamentvollsten Persönlichkeiten der italienischen Erneuerungsbewegung, in Giuseppe Mazzini (1805–1872). Sein Leben ist eine einzige Kette von Verschwörungen, Aufständen und Prozessen und nur durch gelegentliche Gefängnisaufenthalte in seiner stetigen Energieausstrahlung unterbrochen. Die einzige bürgerliche Tätigkeit, der Mazzini sich gelegentlich widmete, war die eines Zeitungsgründers, Herausgebers, Redakteurs und Leitartiklers. In einem dieser Artikel, die allesamt Flugblättern glichen, prägte Mazzini den Begriff *Oblonica* aus den lateinischen Worten *obelus* (Spieß) und *nico* (ich winke) für die Rechtlosen, außerhalb des Gesetzes Stehenden, für das ärmste Volk, das allein Mazzinis Vertrauen besaß. Das Herz dieser Oblonica, ihre Kader gleichsam, wurden durch die Mafia (später: Maffia) gebildet. Mafia aber hieß nichts anderes als *Mazzini autorizza furti, incendi, avvelenamenti* (Mazzini erlaubt uns zu stehlen, zu brandschatzen und zu vergiften). Da kaum anzunehmen ist, daß Mazzini selbst diese für ihn und seine Getreuen wenig ehrenvolle Bezeichnung geprägt hat, dürfte der Begriff der Mafia wohl eine gegnerische Prägung sein. Die Verbindung zu Giuseppe Mazzini ist jedoch ebensowenig zu bezweifeln wie die Rekrutierung der Mafiosi aus den Reihen jener *Compagnie d'armi* genannten Landpolizei, die von so manchem Gutsbesitzer für den Schutz seiner Liegenschaften ebensoviel Geld erpreßt hatte, wie ihn eine Plünderung gekostet hätte...

Wie alle italienischen Geheimbündler hatten auch die Mafiosi einen wachsam gehüteten Ehrenkodex. Sie nannten sich *Giovani d'onore*, also ehrenhafte Jungmänner, während die Mitglieder, die sich vor allem mit der Ausführung der Gewaltakte zu befassen hatten, *Malandrini* genannt wurden. Sie leisteten die Schmutzarbeit, in der aber verhältnismäßig wenig Morde vorkamen: gemordet wurde meist nur in der Ausführung geheimer Beschlüsse, wenn es galt, einen Verräter rechtzeitig zu beseitigen oder eine unerwünschte Zeugenaussage zu verhindern. Denn einer der obersten Grundsätze der Mafia war, niemals bei den Gerichten Recht zu suchen: die gesamte Justiz lag in den Händen des Geheimbundes, er sprach die Urteile und führte sie aus, und vor dem obrigkeitlichen Gericht wurde nicht einmal eine Zeugenaussage gemacht.

Man vermag sich vorzustellen, daß diese Grundsätze und die weite Verbreitung des Bundes in dem unwegsamen Inneren der großen Insel eine geregelte Rechtsprechung, Verwaltung und öffentliche Sicherheit praktisch ausschlossen, und noch vor wenigen Jahren konnte ein bestimmter, morgens in Catania abfahrender und am Spätnachmittag in Palermo einlangender Personenzug nur von Menschen benützt werden, die nicht viel zu verlieren hatten: er wurde unzählige Male von Banditen überfallen, meist auf dem letzten Streckenstück zwischen Enna und Palermo – und das in der Mitte des zwanzigsten Jahrhunderts.

Die Mafiosi vermochten sich der Polizei immer wieder zu entziehen, weil sie dank der Bedürfnislosigkeit des sizilianischen Landvolkes wochen-, ja monatelang in unwegsamen Berggegenden verschwinden konnten, bis die Exekutive die

Suche erfolglos abbrach. Ein Zentrum der Mafia blieb lange Zeit das Bergstädtchen Gangi im Kreise Cefalù, nahe den Resten der uralten Sikulerstadt Engyion. Gangi mit seinen zahllosen Höhlenwohnstätten wirkt wie ein Ameisenbau, und auf ähnliche Art ist das ganze Gebirge in dieser Gegend durchwühlt. In den Höhlen leben Arme und Verfolgte, vor der rauhen Witterung einigermaßen geschützt, von Milch und Ziegenkäse so lange, bis sie sich wieder hervorwagen können. Die Polizei wird schon von weitem bemerkt, jede der Höhlen hat verschiedene Ausgänge.

Von den unzähligen Taten der Mafia ist die kühne Erpressung an der Fürstin Alice von Monaco besonders bekannt geworden, weil in diesem Falle einer der berühmtesten Kriminalisten des neunzehnten Jahrhunderts, der französische Sureté-Kommissar René Cassellari, mit der Mafia zu tun bekam und tatsächlich siegte – wenn auch nur, weil die Mafia in diesem Falle fern von Sizilien operierte.

Marie Alice von Monaco, die Tochter des deutsch-amerikanischen Multimillionärs Heine, war in erster Ehe mit einem Herzog von Richelieu verheiratet gewesen, der jedoch wenige Tage nach der Hochzeit gestorben war. Ihr zweiter Mann war Fürst Albert von Monaco, ein ernster, schweigsamer Mann, der sich in erster Linie für seine wissenschaftliche Arbeit interessierte und sich als Seemann und Tiefseeforscher einen Namen machte. Die Ehe war denn auch nicht glücklich, es kam zu immer häufigeren Auseinandersetzungen, und schließlich wandte die lebenslustige Fürstin ihr Interesse ganz dem Komponisten Cohn, genannt de Lara, zu, der die Oper von Monte Carlo leitete. Die Ehe wurde getrennt, und die Fürstin zog sich auf ihr Schloß in Südfrankreich zurück, das mit den dazugehörenden Ländereien allerdings kaum kleiner war als das Fürstentum an der Riviera, das sie aufgegeben hatte. So groß der Besitz auch war, niemand hatte Zutritt als de Lara, und ein neues Glück schien für die Fürstin aufzukeimen, als sie plötzlich Drohbriefe erhielt: in den Briefen behauptete man, kompromittierende Einzelheiten aus ihrem privatesten Leben zu wissen, und drohte mit der Veröffentlichung, falls sie nicht in einem bestimmten hohlen Baum des Parks eine Million französischer Francs deponiere. De Lara riet, die Angelegenheit nicht zu leicht zu nehmen, die Polizei wurde gerufen, und Kommissar Cassellari, der – um einem Skandal vorzubeugen – seine Nachforschungen in der Maske eines englischen Gartenarchitekten anstellte, hatte nach wenigen Wochen Erfolg. Der Schuldige war ein italienischer Kammerdiener. Die Mafia hatte ihn durch ihre römische Zentrale beauftragt, von der Fürstin eine halbe Million zu erpressen und er hatte den Betrag von sich aus verdoppelt. Da die Fürstin (noch mehr aber de Lara) die Rache der Mafia fürchtete, versah man den Mafioten und ein Mädchen, das mit ihm zusammengearbeitet hatte, mit etwas Geld und schob die beiden nach London ab, wo sie ein Restaurant aufmachten. Gegenüber der Polizei wurde die Angelegenheit vertuscht.

Dieser Vorgang ist kennzeichnend und hat sich wohl bei der Mehrzahl aller Verbrechen der Mafia ähnlich wiederholt: wurde tatsächlich einmal einer der Mafiosi verhaftet, so erhielt der Gefängnisdirektor bald darauf einen Wink, den Häftling mit Nachsicht zu behandeln, und kam es zu einer Verhandlung, so waren meist keine Geschworenen aufzutreiben. Hatte man endlich eine Geschworenenbank beisammen, so wagte keiner, einen Schuldspruch zu fällen, und der Angeklagte wurde freigesprochen.

Diese Praktiken wiederholten sich, sooft die Mafia mit der Polizei zusammenprallte, und nicht etwa nur in Sizilien, sondern auch in Amerika, wo die massive Einschüchterung der Geschworenen inzwischen ja zu einer eisernen Grundregel der Prozeßtaktik geworden ist.

Das Italienerviertel von New York ist seit Jahrzehnten der heißeste Boden für die Polizei, aber auch im amerikanischen Süden hatte die Mafia Gelegenheit, ihre Macht zu zeigen: Im Mai 1890 hatte es bei einer Straßenschlacht zwischen der Mafia von New Orleans und einer Konkurrenzorganisation, der Stoppaghera-Bande, sechs Tote und zahlreiche Verletzte gegeben, und David Hennessy, der Polizeichef der Stadt, hatte beschlossen, dem italienischen Geheimbund endgültig das Handwerk zu legen. Er beschäftigte sich monatelang mit Organisation, Zielen und Bräuchen der Mafia und brachte schließlich soviel belastende Einzelheiten zutage, daß er tatsächlich an eine Aushebung der Mafia zumindest in seinem Befehlsbereich hätte gehen können. Er war in dieser Zeit stets von einer bewaffneten Leibgarde umgeben, die er jedoch, als monatelang alles ruhig blieb, wieder entließ. Drei Tage darauf wurde er um Mitternacht auf der Straße erschossen. Bei der Untersuchung stellte sich heraus, daß zehn Mafiosi durch das Los bestimmt worden waren, Hennessy zu töten, damit ganz bestimmt zumindest einer Erfolg habe.
Angesichts solcher Methoden zeigten sich die Geschworenen von New Orleans um nichts mutiger als jene von Palermo oder Cefalù: sie sprachen trotz erdrückender Schuldbeweise sechs der Angeklagten frei. Das aber reizte nun den Zorn der amerikanischen Bürger: das Gefängnis wurde gestürmt, die Sizilianer wurden auf die Straße geschleppt und gelyncht. Es war ein wahrer Aufstand gegen den Geheimbund, der auch in New Orleans seine Gewaltherrschaft aufgerichtet hatte. Die Angelegenheit hatte ein diplomatisches Nachspiel, da Italien in den Gelynchten doch in erster Linie die Italiener und nicht die Mafiosi sah, aber sie zeigte auch, wie machtlos der moderne Rechtsstaat gegen das organisierte Verbrechertum ist.
Diesen beiden Mafia-Fällen außerhalb Italiens ließen sich italienische Beispiele zu Dutzenden an die Seite stellen, die

über die schon geschilderten Methoden hinaus noch die mannigfachen Beziehungen zeigen, die der Geheimbund zur Exekutive und zu politischen Milieus unterhielt.
Im Jahre 1892 wurde der sizilianische Bankdirektor Notarbartolo während einer Eisenbahnfahrt ermordet. Sein Mörder war vielen Mitreisenden mit Namen bekannt: er hieß Fontana und wäre leicht zu verhaften gewesen, aber trotz schüchterner Mahnung einzelner Blätter währte es eine ganze Weile, bis man ihn vor Gericht stellte. Der Prozeß selbst aber, der dann anhob, wuchs sich zu einem so ungeheuren Justizskandal aus, daß selbst Blätter, die sich für italienische Angelegenheiten sonst nicht interessierten, ihre Korrespondenten nach Italien entsandten und zur täglichen Berichterstattung über die Fortschritte eines Verfahrens übergingen, in dem jedermann Angst vor diesen Fortschritten hatte – am meisten jedoch der Staatsanwalt – und das zu keinerlei Klärung führte, weil keiner der Zeugen den Mund aufzutun wagte.
Erst sieben Jahre später gelang es dem Sohn des ermordeten Bankiers, etwas Licht in die dunkle Affäre zu bringen und den Nachweis zu führen, daß sein Vater ein Opfer der Mafia geworden war, die dem Abgeordneten Palizzolo den Gefallen erwiesen hatte, einen unangenehmen politischen Gegner und Widersacher zu töten.
Der »Pester Lloyd« veröffentlichte in diesem Zusammenhang eine umfassende Studie über die mittel- und süditalienischen Geheimbünde, in der er naturgemäß vor allem die Camorra und die Mafia behandelt und die Unterschiede der beiden Bünde herauszuarbeiten sucht. »Die Camorra«, schreibt das einst sehr angesehene Blatt »hat ihren Sitz ausschließlich in der Großstadt Neapel und in deren nächster Umgebung. Sie besteht allerdings aus Geheimbünden mehr oder minder gefährlicher Verbrecher, aber infolge des heiteren Charakters der Bevölkerung zeigt sie eine wenig düstere, in manchen

Fällen möchte ich sagen: beinahe eine gemütliche Schattierung. Der Camorrist ist ein Dieb, ein Gauner, doch nur im äußersten Falle ein Mörder. Die Mafia dagegen ist eine rein sizilianische Erscheinung, wenngleich sich ihre Macht derzeit nicht über ganz Sizilien erstreckt: die drei östlichen Provinzen (Messina, Catania, Siracusa) sind frei von ihr. Ihre Rolle gelangt hauptsächlich in Palermo und in den nahen Bezirken zur Geltung. In den Adern der dortigen Bevölkerung fließt bekanntlich noch jetzt viel morgenländisches (sarazenisches) Blut, und das erklärt zur Genüge, daß, neben manchem eigentümlich edlen Zuge, die Mafia ein so schauerliches Gepräge trägt. Der Mafiote scheut sich, wie die Affäre Notarbartolo bewiesen hat, nicht, seinen Feind auf kurzem Wege kaltzustellen, und darin wird er durch die Furcht seiner Mitbürger leider nur zu oft unterstützt.«
Daran war zweifellos viel Wahres. Es war für so manchen sizilianischen Bauern einfach lebensnotwendig, in die Mafia aufgenommen zu werden oder doch auf gutem Fuße mit ihr zu stehen, sonst tat er besser, außer Landes zu gehen. Beinahe allwöchentlich kam es zu blitzschnellen Exekutionen von Gegnern, und niemand wagte, ernsthaft nach den Mördern zu suchen.
Diese Situation wirkte sich gelegentlich auch auf gesamtitalienische Interessen aus und nötigte selbst die Regierung in Rom, sich mit der Mafia zu befassen.
Palizzolo war einer der Abgeordneten, die Palermo in das italienische Parlament entsandt hatte, und Mitdirektor der von Notarbartolo geleiteten Bank. Nach dem Tod seines Vorgesetzten tat Palizzolo, was ihm beliebte, gab Kredite nur nach persönlichen und politischen Gesichtspunkten und beging so große Unterschlagungen, daß es der Vorsitzende des Aufsichtsrates, ein Herzog de la Verdura, bemerkte. Der Herzog aber war durch Notarbartolos Geschick gewarnt und schritt nicht ein,

obwohl er Senator des Königreichs und ein Mann von weitreichenden Verbindungen war. Von Palizzolo wird auch berichtet, daß er mit dem Banditenführer Leone eng befreundet war und sich eines Abends mit dem vielfachen Mörder, auf dessen Kopf eine hohe Prämie gesetzt war, in seiner Loge in der Oper von Palermo gezeigt habe – woraufhin natürlich kein Polizist es wagte, Leone zu verhaften.

Da die Mafia zumindest in den Wahlkreisen um Palermo auch uneingeschränkten politischen Einfluß ausübte und alle Wahlen zu ihren Gunsten schob, wurden Richter, die sich dem Geheimbund zu widersetzen wagten, ebenso prompt versetzt wie die Staatsanwälte, die ihre Pflichten genau nehmen wollten. So hatte Palermo einen auffällig starken Wechsel an Staatsanwälten, und der Prozeß Notarbartolo konnte überhaupt erst verhandelt werden, als man alle Akten nach Mailand brachte und dort ein Gericht zusammenstellte – aber auch in Mailand schüchterte die Mafia noch die Zeugen ein…

Das hört sich ungemein modern an und geschah doch vor hundert Jahren. Es waren Zustände, die man schauerlich nennen mußte, und in denen es doch auch wieder zu ausgesprochen operettenhaften Situationen kam, wie etwa einem Banknotenfälscher-Fall, den aufzuklären eben jener Polizeikommissar beauftragt wurde, der in der Mafia den Vorsitz der Falschmünzergilde führte und demnach genötigt gewesen wäre, sich selbst ans Messer zu liefern. In gewissen exklusiven Klubs von Palermo fiel die Entscheidung darüber, wer von den reichen Leuten der Stadt und welcher Orangenbaron der Umgebung demnächst zur Erpressung von Lösegeld entführt werden sollte, und wenn jemand bestohlen wurde, so wandte er sich nicht an die Gerichte, sondern – sofern er eine Verbindung hatte – an die Mafia.

Ein Staatsanwalt in Catania (also einer laut »Pester Lloyd« von der Mafia weniger verseuchten Gegend) wurde einmal er-

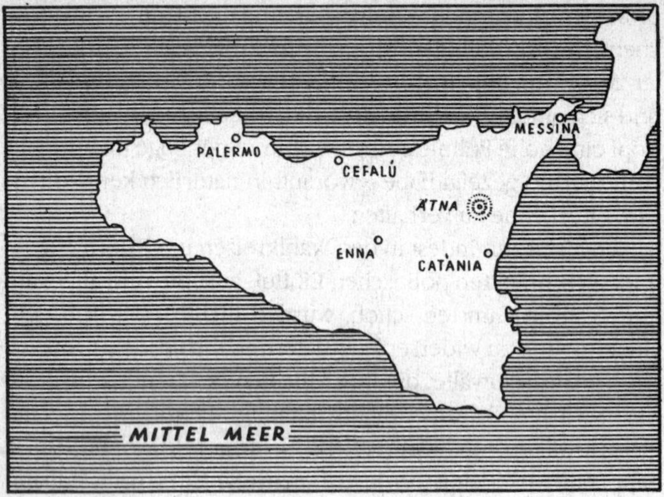

sucht, einen Bankraub zu verfolgen, bei dem 600000 Lire (alten Wertes) aus der Banca dei Depositi e Sconti entwendet worden waren. Nach einigen Nachforschungen mußte er der Bank mitteilen, daß er die Bankräuber und ihren Chef ausfindig gemacht habe, aber darüber hinaus nichts unternehmen könne. »Ich kenne den Mann«, sagte er nach einem zeitgenössischen Bericht, »aber ich müßte ihn ohne Haftbefehl festsetzen lassen. Denn wenn ich zuerst den Haftbefehl erlasse und die Befehle auf dem üblichen Wege gebe, wird er gewarnt und die Polizei selbst läßt den Schuldigen entwischen.«
Heute winden sich moderne Autostraßen durch das Gebiet, das man mit einigem Recht das Eldorado der Geheimbünde nennen konnte, und der Bankier, der sicher von Catania nach Palermo gelangen will, hat außer einem *Rapido* auch ein tägliches Flugzeug zur Verfügung, das den Passagierdienst quer über die Insel besorgt. Fährt man aber ein Stück landein-

wärts, von der berühmten Küste weg in das Innere, wo sich sonnendurchglühte Dörfer an der Straße hinducken, da sieht man Bilder, die zu allem, was uns von der Mafia berichtet wurde, viel eher zu stimmen scheinen als zu dem modernen Italien mit seinen gigantischen Fabriken, seinen geschmackvollen Läden und üppigen Hotels.

Das Land hat seinen Charakter bewahrt, und die Menschen sind ihrem Lande treu geblieben. So wie gestern Giuliano, kann heute ein neuer Leone oder morgen ein zweiter Giuliano auferstehen, und er wird die Berge und die Einöde dieser seltsamen Insel mit ihren Menschen zu Verbündeten haben, denn die Mafia ist nicht tot. So wie der Mau-Mau-Bund in Kenia ein Bund des armen schwarzen Mannes war und Macumba das geistige Reich der armen Farbigen Brasiliens, so wird die Mafia wohl erst zugrunde gehen, wenn Sizilien nicht mehr arm und sein Volk nicht mehr das Stiefkind des modernen Italiens ist.

»Ich bin ein Sohn des Volkes«, schrieb der Bandit Giuliano in einem seiner Aufrufe, »ich töte nicht um des Geldes willen, sondern weil ich ein Kämpfer bin. Mein Feind ist die Regierung im Norden, und für den Sizilianer bedeutet der Norden das ganze übrige Italien. Dort sind die Schuldigen, die mich in diesen Kampf hineinzwangen. Ich leide, wenn ich genötigt bin, zu töten. Ich tue nichts anderes, als mich verteidigen gegen diese Regierung, die auf mich Jagd macht wie auf ein Wild, weil ich das lebendige Symbol des Freiheitswunsches meines Volkes bin.

Es ist nicht Sache der italienischen Polizei, sich mit mir zu beschäftigen, vielmehr wäre es die Pflicht Herrn Trygve Lies und der Vereinten Nationen.

Man sagt, ich hätte mich außerhalb des Gesetzes gestellt und beraube die Reichen, um den Armen zu helfen. Das ist wahr. Bauern, Priester, Kinder und Greise können bezeugen, daß ich ihnen nie Hilfe verweigert habe. Doch wenn ich höre, daß ein Großgrundbesitzer seine Arbeiter mißbraucht, setze ich ihm mit Drohungen und Drangsalen zu, bis er sich menschlich zeigt.

Aber ich bin mehr als nur ein Rächer. Mein Ziel ist die Befreiung der sizilianischen Erde. Die Not unserer Bauern ist in Rom bekannt, aber keiner rührt dort einen Finger für uns. Wir gelten nicht als ein Teil Italiens, sondern als italienische Kolonie, und das wollen wir nicht mehr sein.

Wir wollen essen dürfen, was unsere Hände erarbeiten. Wir wollen, daß unsere Kinder wieder Vertrauen in die Zukunft haben können. In ihrem Unabhängigkeitskrieg haben sich die Amerikaner gegen die Engländer erhoben. Die Franzosen haben ihre große Revolution gehabt. Auch wir verlangen leidenschaftlich unsere Unabhängigkeit. Wir sind keine Verbrecher, wir sind Hungrige.«

Das ist nichts anderes als das, was die historischen Geheimbünde Italiens vor und während der Einigung des Landes taten, nur daß in Giuliano die Rolle des Geheimbundes mit jener des »edlen Räubers« verschmilzt, der im Mittelmeerraum stets alle Sympathien genoß. Giuliano, der erst isoliert war, als man ein halbes Tausend seiner Anhänger rings um ihn abgeschossen oder eingesperrt hatte, erscheint wie jener Priester, der die Decisi anführte, durch eine erste gesetzwidrige Tat aus seiner Bahn geworfen und durch den Stolz und Trotz des Sizilianers in seine Befreierrolle gedrängt. In seiner Person vereinigten sich nicht nur die Wünsche und Hoffnungen der sizilianischen Jugend, sondern auch gewisse Erneuerungstendenzen der Mafia, die im Cliquenkampf der Jahrhundertwende ihren ursprünglichen nationalen Zielen immer mehr entfremdet worden war.

Als der zwanzigjährige Giuliano sich gegen die Carabinieri stellte, da schützte die Mafia ihn noch, weil sie in ihm einen

Mitglieder der Mafia, nach alter Prozeßordnung hinter Gittern verwahrt, vor einem Schwurgericht in Palermo.

talentierten, mutigen Parteigänger witterte. Das war 1943. Aber Giuliano war radikal, ein wirklich Unabhängiger, ein wirklich Armer, der auch zu der Mafia kein Vertrauen hatte und ihren Geboten nicht gehorchte. Er war von Anfang an ein Heros, ein Held, und in der Geschichte der Geheimbünde haben die Helden zwar hin und wieder dankbare, stets aber nur kurze Rollen.

Als Giuliano starb, tat man alles, um eine Legendenbildung zu verhindern und sein Ende so eindeutig wie nur möglich zu gestalten. Aber gerade diese Überregie erweckte Zweifel daran, ob alles so zugegangen sei, wie die Polizei es darstellte. Allzu malerisch und filmisch-echt lag Giulinao auf der Erde, alle Utensilien waren zur Stelle, seine Ausrüstung, seine berühmte Maschinenpistole. Aber keiner der Carabinieri war auch nur verwundet, keine Patronenhülse lag auf dem Boden, und die Schüsse, die Giuliano getötet hatten, waren aus allernächster Nähe abgefeuert worden. Es war kein Kampf gewesen, wie Giuliano ihn der Polizei geliefert hätte, sondern Mord. Ein Mord, den nur jemand verüben konnte, dem Giuliano nicht mißtraut hatte, oder doch jemand, der ihn, sein Versteck, seine Gewohnheiten genau kannte. Giuliano war als der große Einzelgänger und allein übriggebliebene Führer eines Bundes von Hunderten Begeisterter für die Mafia gefährlicher geworden als für die Polizei, und darum scheint die Mafia, wie schon manchesmal in ihrer Geschichte, die Arbeit der Polizei übernommen zu haben. Die dem Wesen nach anonyme Macht großer Geheimbünde hat sich stets den Einzelgängern überlegen gezeigt und mußte ihnen feindlich sein, denn der Bund sollte seine Glieder überwölben und überdauern.

Der 1985 gestorbene Dichter Werner Helwig hat ein Buch über diesen großen Ausgestoßenen geschrieben und sich angesichts dieser Sachlage auch mit der Mafia beschäftigt.

Salvadore Giuliano, Bandit und Freiheitskämpfer.

Seine Darstellung von Herkunft und Entwicklung dieses Geheimbundes ist nicht nur eine der umfassendsten, sondern auch durch großes Verständnis für die verschiedenen mittelmeerischen Kulturelemente ausgezeichnet, die in dieser Besonderheit sizilianischen Lebens miteinander verschmolzen erscheinen.

»Die Mafia«, schreibt Helwig, »geht auf eine alte sizilianische Widerstandsgruppe, die Beati Paoli zurück. Es heißt, die Beati Paoli seien eine sizilianische Geheimgesellschaft gewesen, die die spanische Herrschaft auf Sizilien zur Zeit der spanischen Inquisition bekämpft habe. In den mehr ungeschriebenen als geschriebenen Annalen unserer Geschichte wird behauptet, die Beati Paoli hätten einen sozusagen volkseigenen, geheimen Gerichtshof gebildet, der die Herren der Inquisition je nach deren Benehmen, Untaten, irrsinnigen Urteilen selber zu verurteilen und zu richten unternahm. Bei den Sitzungen dieses geheimen Gerichtshofes war man maskiert; keiner kannte den andern nach seinem wirklichen Namen. Die Verhandlungen wurden vollkommen schweigend in einer genau geregelten Gebärdensprache geführt. Und das Urteil wurde mit Fingerzeichen gefällt, damit auf ihrer keinen die Last und das Verpflichtende des gesprochenen Wortes falle. Vor allem auch deswegen, damit ihrer keiner imstande war, auf den Folterbänken der spanischen Herren verräterische Geständnisse abzulegen. Die dort verurteilten Spanier seien dann, genau wie heute bei den Mafioten noch üblich, auf rätselhafte Art ermordet, irgendwo aufgefunden worden. Das unterirdische Ringen dieser beiden, in der Kunst des Terrors meisterhaft geübten Gruppen habe, heißt es in einem alten Geheimbericht darüber, etwas ›vom Grollen des Ätna‹ an sich gehabt. Mit der Vollstreckung des Urteils sei jeweils ein *Vendicatore*, ein Rächer, beauftragt worden. Der Begriff des Vendicatore gehe aber sogar noch weiter ins Mittelalter zurück, nämlich bis zu den Staufern. Aufgabe der Rächer sei es auch damals schon gewesen, behördliches Unrecht durch Blut zu vergelten. Ritterlichkeit der Gesinnung sei aber dieser, damals bereits im verbrecherischen Sinne mißbrauchten Geheimfeme oberstes Gesetz gewesen. Und dieses Gemisch – Verbrechen und Ritterlichkeit – kennzeichnet auch die heutige Mafia und ist, wahrscheinlich wie je und immer, schwer zu entwirren, da kein klares Buchstabenrecht verteidigt wird, sondern ein gefühlsmäßig bestimmtes subjektives Recht. So haben nur zu oft wirklich kriminelle Verbrecher Unterschlupf gesucht in dem durch die *Omerta*, die Schweigepflicht, gesicherten, weit über die Insel, durch fast alle altstämmigen Familien hindurch verzweigten und verfädelten Geheimbund. Gerade solche Kriminelle hat man oft als *Vendicatori* verwendet. Das war der Preis ihrer Sicherheit und Freiheit. Dafür erwartete man vom Chef der Beati Paoli charakterlich die Eigenschaft der ›Heiligkeit und des rächenden Richtertums‹. Ein rächendes Richtertum, das auch Mitglieder des eigenen Bundes traf, sofern sie, und selbst wenn es unter Zwang geschah, die *Omerta* brachen.

Und das Gesetz des Schweigens, *la legge del silenzio*, war natürlich wiederum etwas, das dem eingeborenen Bedürfnis des Sizilianers nach Dramatik, Selbstdarstellung in großer Rolle, Schauspielerei und Eleganz – Eleganz beispielsweise auch auf den Mord angewendet, die Handhabung des Auftrags – sehr stark entsprach und immer noch entspricht.

Als das Wirken der Beati-Paoli-Bande durch den Abzug der Spanier gegenstandslos wurde, bildete sie sich in die Mafia um. In der Mafia trat dann eine wesenlose, will sagen ziellose, Gerichtsbarkeit zutage, die sich als ein blutiges Schachspiel der Geschickten und Skrupellosen gegen die Ungeschickten und Unbegabten entwickelte. Das Gesetz, das die Mafia verkörpert, ist ein Gesetz des Raubspiels; und von den Spielern wird nichts anderes verlangt als Fingerspitzengefühl für die Schwächen des Mitmenschen, Witterung der Gelegenheit, sich und seine Clique zu bereichern auf Kosten der Unterlegenen. Ein auf Dolchspitzen balanciertes Gesetz, dem sich beugt, wer in seine Fänge gerät.«

Im Lichte der Geschichte mutet die Deutung Helwigs etwas literarisch an, aber sie bietet zweifellos eine Ergänzung zu dem rein historischen Material, das so schwer erfaßbaren Erscheinungen wie einem tief verwurzelten Geheimbund ja nie völlig gerecht werden kann.

Das Netz dieses geheimen Bundes ist dicht, zäh und schwer zu erfassen, ob es nun noch existiert oder in seine Fäden zerfallen ist. Keinesfalls aber gab es dem einzelnen viel Spielraum: die Allgegenwart, die Anonymität, die Heimlichkeit waren die Waffen der Mafia, nicht das Heldentum, die eindrucksvolle Persönlichkeit, das Auftreten.

Die Legende freilich wird sich immer an den einzelnen heften, sie wird diesen oder jenen unsterblich und zu einem Volkshelden machen, während Hunderte und Tausende gehorsamer und tapferer Mafiosi im Schatten ihrer Zeit versinken und nur in dem einen, ahnungsvoll-schaudernd ausgesprochenen Begriff weiterleben, zu dem die Mafia nun einmal geworden ist.

DIE DEKABRISTEN

Die Freimaurerei unter Katharina II. / Zwölf Russen in Leipzig / Die Leibeigenschaft / Die Sinneswandlung des Zaren / Die Skopzen / Jakuschkins Memoiren / Der Tugendbund als Vorbild / Die Gesellschaft russischer Ritter / Pestelj und der Bund der Erlösung / Der Mönch Photius / Ein tragischer Dezembertag / Eine Regierung, die nicht einmal zu hängen versteht / Die Frauen der Verbannten / Neue geheime Zirkel / Puschkin und Dostojewski in geheimen Bünden / Die Urenkelin des Hetmans / Das Attentat auf Alexander II. / Die Ochrana / Neue Formen geheimer Organisation

Undurchdringlich wie dichter Schatten lag das große Rußland jahrhundertelang am Rande Europas. Zu Beginn des achtzehnten Jahrhunderts waren die Soldaten des jungen Schwedenkönigs Karl XII. bis Südrußland vorgestoßen, in die Kriege Friedrichs des Großen hatten russische Regimenter eingegriffen, und Napoleon war im brennenden Moskau dem Rätsel der russischen Seele ratlos gegenübergestanden. Die in den folgenden Jahren nach Europa einrückenden russischen Truppen gelangten in Länder, die von Revolutionsarmeen besetzt gewesen waren. Auf den einfachen Soldaten wirkte sich dieser Umstand weniger aus als auf die russischen Offiziere. Der Adel und die junge Intelligenz des großen Landes trugen damals den Waffenrock, und als sie heimkehrten, hatten sie zwar dem Absolutismus, dem Erbherrschertum und den alten Mächten zu einem Siege verholfen, aber sie selbst waren nicht mehr so, wie sie ausgezogen waren.

Der russische Anteil an den Befreiungskriegen und die Lehren, die der russische Intellektuelle aus Europa mit nach Hause brachte, schlossen jedoch nur eine Entwicklung ab, die Jahrzehnte vorher begonnen hatte und auf die wir einen Blick werfen müssen, wenn wir die russischen Geheimbünde des neunzehnten Jahrhunderts, vor allem aber den Bund der sogenannten Dekabristen, von seinen Grundlagen her begreifen wollen.
Wir haben gesehen, wie sehr die französische Geistigkeit des späteren achtzehnten Jahrhunderts im Zeichen der Freimaurerei stand, so sehr, daß man mit gleichem Recht sagen kann: die französische Aufklärung hat das geistige Antlitz der französischen Freimaurerei mitgeprägt, so daß diese innerhalb des Weltbundes der Freimaurer fortan das rationalistische Element, das Erbe der großen Enzyklopädisten verkörperte.
In der Verschwisterung mit der Freimaurerei strömten die Ideen der Aufklärung nach Rußland ein, wo die Freimaurer schon vor der Regierungszeit Katharinas II. einzelne Logen gebildet und eine gewisse Rolle gespielt hatten. Aber es war doch mehr eine Mode gewesen, Freimaurer zu sein, und die Wirkungen der Logen waren höchst mittelbarer Natur: die Freimaurer strebten weder politische noch soziale Reformen an, sondern waren um sittliche Vervollkommnung des einzelnen bemüht. Gewiß erfolgte daraus die eine oder andere Erleichterung zum Beispiel für jene Leibeigenen, die einem Freimaurer gehörten, aber das waren gleichsam isolierte Ergebnisse, die an der Gesamtsituation nichts zu ändern vermochten.
Im Jahre 1775 wurde der einunddreißigjährige Journalist und Literat Nikolai Iwanowitsch Nowikow Mitglied einer Petersburger Loge, die sich von den anderen durch klare Absage an die Mystik unterschied. Zwei Jahre später schon gründete Nowikow, auf diesen Kreis gestützt, zwei Schulen für den

Mittelstand und unterhielt sie aus dem Reingewinn seiner Zeitschrift *Utrennij Swiet* (Das Morgenrot). Das Blatt brachte in erster Linie Übersetzungen, die mit dem europäischen Gedankengut und der Dichtung, vor allem Frankreichs und Deutschlands, bekannt machten.

Da Katharina II. – wie so viele berühmte Frauen – dem Freimaurertum feindlich gegenüberstand, übersiedelte Nowikow 1779 nach Moskau und pachtete dort die Universitätsdruckerei. Bald darauf änderte er auch den Titel seiner Zeitschrift und nannte sie *Moskowskoje Izdanie* (Moskauer Ausgabe). Nun begann er seinen Feldzug gegen den kriegerischen Geist der russischen Zivilisation, gegen den Imperialismus und die Grausamkeit der Herrscher. Manches, was er in philosophischer Verbrämung über die Gefahren sagte, die ein leidenschaftlicher Monarch dem ganzen Volke bringe, war eindeutig auf Katharina II. und ihre Günstlingswirtschaft gemünzt. Die Zeitschrift gedieh und auch der Verlag wurde ungemein aktiv. Nowikow brachte schließlich – unterstützt von dem Übersetzer-Seminar seines Freundes und Mitarbeiters, des Rosenkreutzers Johann Eugen Schwarz – insgesamt vierhundertvierzig Titel heraus und vertrieb diese Bücher kurzerhand über die russischen Freimaurerlogen in allen Gebieten des gewaltigen Reiches. (In der Zeit vor der Übernahme durch Nowikow hatte die Universitätsdruckerei insgesamt nur 547 Exemplare einiger weniger Titel abgesetzt.) Während der großen Hungersnot des Jahres 1787 zeichnete Nowikow sich besonders aus, rief in seiner Zeitung zu Sammlungen auf und konnte in den am stärksten betroffenen Gebieten die Not der Bauern tatsächlich lindern.

Trotz dieser unleugbaren Verdienste, trotz seiner persönlichen Untadeligkeit und großzügigen Bildungsarbeit wurde Nowikow schließlich als staatsgefährlich erklärt und im Jahre 1792 zu fünfzehn Jahren Kerkerhaft verurteilt, nachdem schon

sechs Jahre vorher die Freimaurerlogen in ganz Rußland auf Befehl der Zarin geschlossen worden waren.
Nowikow, der sich den Fünfzig näherte, brauchte die Strafe nicht voll abzusitzen. Paul I. begnadigte ihn nach vier Jahren, nicht aus Sympathie für Nowikows Arbeit, sondern aus Haß gegen die Mutter. Nowikow konnte weiterarbeiten, aber das Wesentlichste seines Werkes war ja schon getan: er hatte die Aufmerksamkeit der russischen Intelligenz auf die europäische Aufklärung gelenkt, er hatte ungeheures Material zur öffentlichen Bildung angesammelt und dargeboten, und er hatte schließlich in unzähligen Artikeln auf die Not des russischen Bauern und die Mißstände in der zaristischen Verwaltung hingewiesen.
Neben Nowikows volksbildnerische Arbeit im freimaurerischen Geiste trat der Einfluß des fünf Jahre jüngeren Alexander Radischtschew, der wohl die genialste Erscheinung der russischen Aufklärung genannt werden kann. Seltsamerweise verdankt er seine Bildung und die entscheidenden Einflüsse seiner geistigen Entwicklung niemand anderem als der strengen Zarin selbst: Katharina II. hatte im Jahre 1766 zwölf ausgesuchte junge Adelige auf Staatskosten nach Leipzig studieren geschickt. Katharina selber kontrollierte den Fortgang der Studien dieser zwölf, und obwohl sie über viel Geld verfügten, waren die Auserwählten nicht zu beneiden: die Zarin hatte ihnen einen Aufseher beigegeben, der sie bestahl und heimtückisch quälte, der sie züchtigte und in einen eigens zu diesem Zwecke gefertigten Käfig sperrte, in dem der Bestrafte nicht aufrecht stehen konnte.
Diese seltsame Mischung aus Freiheit zu lernen und Unfreiheit des Lebens trug denn auch ihre Früchte: zunächst in einer satirischen Zeitschrift *Potschta Duchow* (Die Geisterpost), bald darauf aber in der außerordentlich kühnen »Reise von Petersburg nach Moskau«, die in Form eines Reiseberichtes

eine scharfe und gründliche Kritik der sozialen, kulturellen und politischen Verhältnisse in Rußland gab. In seinen Kommentaren zu den geschilderten Übelständen entwickelte Radischtschew seine eigenen Anschauungen und bekannte sich – wie ja auch die Freimaurer – zur Religionsfreiheit, zur Gedankenfreiheit und zur moralischen Persönlichkeit des Menschen. Besonders ausführlich aber stellte Radischtschew die grausame Behandlung der Bauern und ihr schweres Leben dar. Er wies nach, daß viele Gutsherren ihre Leibeigenen als Schwerarbeiter an die Industrien vermieteten und andere das Recht der ersten Nacht auf ihren Gütern eingeführt hatten.
Wenige Tage nach dem Erscheinen wurde das Buch konfisziert und Radischtschew verhaftet. Drei Instanzen, die der Zarin gefällig sein wollten, verurteilten ihn zum Tode, so daß Katharina noch Gnade walten ließ, als sie ihn nur für zehn Jahre nach Sibirien verbannte. Nach seiner Rückkehr versuchte er, an seine frühere Tätigkeit anzuknüpfen und seine Gedanken in verschiedenen Kommissionen durchzusetzen. Er stieß aber auf so viel Dünkel, Haß und Drohung, daß er sich entmutigt am 12. September 1802 das Leben nahm. Er hatte selbst keine geheime Organisation geschaffen, aber die russischen Geheimbünde der Jahre und Jahrzehnte, die seinem Tode folgten, lebten aus seinen Ideen.
Für die Entwicklung jener geheimen Bünde, die in der Folgezeit im ganzen europäischen Rußland so große Bedeutung erlangten, wurden zwei Tatsachen entscheidend: die seltsame Wandlung des Zaren Alexander vom Freund der Aufklärung zum Vertreter des finstersten Absolutismus und die kameradschaftlichen Kontakte junger russischer Adeliger mit deutschen und österreichischen Offizieren während des Siebenjährigen Krieges und der Befreiungskriege.
Alexander I. wird von der Geschichtsschreibung mit einem gewissen Recht meist europäisch gesehen. Die so bewegten

Jahre zwischen der Ermordung seines Vaters Paul I. (1801) und dem endgültigen Sieg über Napoleon lassen uns bisweilen vergessen, daß er nicht nur der glänzende Fürst war, der sich mit Napoleon auf einem Floß im Njemen und auf dem Fürstentag in Erfurt traf, daß er nicht nur auf dem Wiener Kongreß eine große Rolle spielte und die Heilige Allianz mit begründete, sondern daß er seinem Volke beinahe alles schuldig geblieben war, was es sich von dem Regierungswechsel erwartet hatte.

Der im Geiste der Aufklärung und europäischen Bildung erzogene Monarch versuchte sich zwar zunächst in einigen Reformen und ließ auch die Freimaurer wieder zu, hatte aber nicht die Kraft, diesen Tendenzen wirklich zum Durchbruch zu verhelfen und verfiel nur allzubald dem Einfluß jenes Generals Araktschejew, den die Geschichtsschreibung den »Apostel der Knechtschaft« nennt, weil er am liebsten aus ganz Rußland eine Kaserne gemacht hätte.

Die Bekanntschaft mit der rosenkreutzerischen Ideen zuneigenden Schriftstellerin Juliane von Krüdener und die Teilnahme an den Séancen in ihrer Geisterbeschwörungs-Loge hatten dem Zaren zwar manches fromme Ideal wie etwa die Heilige Allianz in den Kopf gesetzt, aber sein Gewissen nicht geweckt. Er duldete die Leibeigenschaft und die noch schlimmeren militärischen Ansiedlungen, in denen die Menschen teils körperlich zugrunde gingen, teils in tiefe Melancholie versanken, immer wieder aber Aufstände wagten, die blutig niedergeschlagen wurden. Nach dem sogenannten Tschugujewski-Aufstand wurden 145 Rebellen zum Tode verurteilt. Alexander »begnadigte« sie dazu, zwölfmal hintereinander durch eine Reihe von tausend Soldaten Spießruten zu laufen, was nur wenige von ihnen überlebten.

Durch diese Verzweiflungserhebungen beängstigt, wurde der unsichere Monarch immer grausamer und unberechenbarer.

Metternich hatte ihn vor den Carbonari in Petersburg gewarnt und von einer Internationale der Geheimbünde zum Sturz der absoluten Herrscher gesprochen. Also entwickelte Alexander völlig im Sinne dessen, was die Heilige Allianz durch Metternich geworden war, ein kompliziertes Spitzel- und Überwachungssystem und hörte auf den ungebildeten Militaristen Araktschejew ungleich mehr als auf jenen kleinen Kreis fortschrittlicher Intellektuellen, den er zu Beginn seiner Regierungszeit in beratende Funktionen eingesetzt hatte. Aber dieser verstärkte Druck erzeugte nur Gegendruck, und die Enttäuschten schlossen sich gegen ihn zusammen, dem sie einst alle Hoffnungen entgegengebracht hatten.

Alexander hatte kein Ohr für die heimlichen Wünsche und Sehnsüchte rings um ihn. Ja, eher ließ er sich noch von jener anderen Grundströmung in der Seele seines Volkes anziehen, für die ihm Juliane von Krüdener die Augen geöffnet hatte: sie glaubte inbrünstig an Kondratji Seliwanow, jenen berühmten Skopzen, der jahrelang verfolgt worden war, weil er im Gouvernement Orlow dreizehn Bauern zur Selbstverstümmelung überredet hatte. Seliwanow konnte zunächst flüchten, wurde 1775 aber ergriffen, ausgepeitscht und nach Sibirien geschickt, während man eine Reihe seiner Anhänger ins Zuchthaus steckte. Seliwanow entfloh auch aus Sibirien, wurde aber erkannt und nach Petersburg gebracht, wo der Zar Paul I. sich lange Zeit mit ihm unterhielt. Obwohl Paul I. bekanntlich irrsinnig war, wurde nicht etwa er, sondern der von seinen Ideen besessene Bauer Seliwanow ins Irrenhaus gesperrt. Juliane von Krüdener gelang es, den Nachfolger Pauls, den Zaren Alexander, zur Freilassung Seliwanows zu überreden. Nun kam für Seliwanow eine höchst angenehme Zeit, die eine merkwürdige Parallele zum Schicksal Rasputins abgibt, das sich hundert Jahre später vollzog: er ging in den vornehmen Salons ein und aus, denn man wußte in der Hauptstadt natürlich, worum es bei dem Skopzen ging. Man erzählte sich mit lüsternem Schaudern, daß diese verbotene und verfolgte Sekte in der »Feuertaufe« das Tor zur vollkommenen Erlösung erblicke. Es gebe eine höhere Taufe, das sogenannte Große Siegel, bei der (nach Dr. E. Pelikans Forschungen) die gesamten Geschlechtsteile abgetrennt wurden, während das Kleine Siegel die einfache Kastration bedeutete.

Die ganz strengen Skopzen sprachen sich gegen jeden geschlechtlichen Umgang, auch zwischen Ehegatten aus, und in manchen Gemeinden der Skopzen mußte der Neuling, sobald er aufgenommen war, die Namen seiner Eltern auf einen Zettel schreiben und diesen mit Füßen treten. In anderen Gemeinden wurden verheiratete Aufnahmewerber erst dann aufgenommen, das heißt also: zur Kastration zugelassen, wenn dem Paare bereits mindestens ein Kind geboren worden war.

Die Versammlungen der Skopzen fanden meist mitten in der Nacht statt und vollzogen sich unter ekstatischen Tänzen und Beschwörungen, die bildhaft an die Vorgänge in den Derwischorden erinnern. Dadurch sollte in dem Neuling jene kaum noch bewußte, rauschhafte Hochstimmung erzeugt werden, in der er dann das Opfer, die »Feuertaufe«, an sich vollziehen ließ. Dabei mußte er beschwören, »alle heiligen Geheimnisse vor dem Zaren, den Prinzen, den Eltern, Freunden und Verwandten geheimzuhalten und sich lieber foltern, töten oder verbrennen zu lassen, als den Feinden die Geheimnisse zu verraten«.

Die Männer trugen bei diesen Versammlungen weite weiße Hemden, breite weiße Hosen und einen Gürtel, der das Hemd über der Hose zusammenhielt, die Frauen blaue oder weiße Hemden: sie hatten den Kopf mit einem weißen Tuch bedeckt und – wie übrigens auch die Männer – weiße Strümpfe an.

In seiner Lehre berief sich der Bund der Skopzen auf Christus selbst und die Urchristen, die in der byzantinisch-frühchristlichen Malerei ja meist bartlos dargestellt werden. Ihre wahre Wurzel aber haben die Skopzen zweifellos in der dem Russentum eigenen Überzeugung von der Auserwähltheit des Dulders. Man weiß, welche Verbreitung und welche Macht die Flagellanten gerade in Rußland hatten und wie intensiv in Rußland die Weltuntergangsstimmung des siebzehnten Jahrhunderts wurde: in den Jahren 1666 bis 1690 sollen sich in Rußland mehr als zwanzigtausend Personen selbst verbrannt haben; alle diese irregeleiteten Menschen wollten sich durch den Feuertod vom (regierenden) Antichrist befreien und des Gottesreiches teilhaftig werden.

»Ich wünschte«, schrieb einer der heute nicht mehr bekannten Führer dieser Dulder-Bewegung, »ich wünschte, die ganze Stadt käme zu den Ufern der Wolga, mit Frauen und Kindern, und würde sich im Flusse ertränken, um nicht durch die Versuchung der Welt verführt zu werden. Noch besser wäre es, Feuer zu nehmen und die ganze Stadt zu verbrennen. Wie wunderschön wäre es, wenn sie ganz verbrennen könnte, von einem Ende zum anderen, mit Alten und Jungen, so daß niemand von ihnen den Stempel des Antichrist annehmen würde. Nach dieser Stadt würde ganz Rußland folgen (und sich verbrennen) – nach Rußland die ganze Welt.«

Diese stete Bereitschaft zum Eingang in die andere Welt, die mystische Sicherheit: das Diesseits ist nur ein Durchgang, trug wohl auch dazu bei, daß Moskau in Brand gesteckt wurde, als es Napoleon beherbergte, in dem ja ganze Völker den Antichrist sahen. Andererseits war die Vorstellung vom Antichrist für den einfachen (in heute unvorstellbarer Weise unwissenden) russischen Leibeigenen die einzige Möglichkeit, sich das unverdiente Elend der Bauern und kleinen Leute zu erklären. Gott konnte ihnen solch ein Leben nicht zugedacht haben, also mußte es der Antichrist gewesen sein, der Antichrist, der die Soldaten schickte, durch deren mörderische Reihen man mit entblößtem Oberkörper, die Hände an Gewehre gebunden, spießrutenlaufen mußte…

Die Offiziere aber wußten es besser, und während der Zar im Jahr der Völkerschlacht bei Leipzig in einen Kreis sächsischer Herrenhuter geriet und das Gedankengut der Brudergemeinde begierig in sich aufnahm, trafen die russischen Offiziere in den Kriegs- und Feldlogen mit deutschen und österreichischen Freimaurern zusammen. Wie stark die dort empfangenen Eindrücke auf einzelne der russischen Offiziere wirkten, wissen wir unter anderem aus den Tagebüchern des Generals Danilewski. »Wir hatten an diesem Feldzug wenig Freude«, schreibt Danilewski, »wegen der unaufhörlichen Streitigkeiten mit unseren Bundesgenossen, die die Beendigung des Krieges mit Napoleon wünschten, den sie wie Feuer fürchteten. Unser Haupttrost war die Freimaurerloge ›Zum eisernen Kreuz‹, die 1813 in der preußischen Armee gebildet worden war. Sie nahm uns russische Gäste mit freudigster Gastfreundschaft auf. Dort verbrachten wir die einzigen angenehmen, besser gesagt: glücklichen Abende während des ganzen französischen Feldzugs.«

Was während der Feldzüge begonnen hatte, setzte sich in Rußland fort. Der Fähnrich Iwan Dmitriewitsch Jakuschkin war zwanzig Jahre alt, als er sich am Ruhmestag der russischen Garden bei Kulm das preußische Eiserne Kreuz verdiente; er nahm 1818 als Kapitän seinen Abschied und wurde 1826 als eines der aktivsten Mitglieder der »Geheimen Gesellschaft« verhaftet, zum Tode durch Enthauptung verurteilt und zu zwanzig Jahren Zwangsarbeit begnadigt, die er nicht voll ableisten mußte. Er gründete als Verbannter zwei Schulen in Jalutorowsk und durfte schließlich 1856 in das europäische Rußland zurückkehren. Er schreibt über die Frühzeit der Geheimbünde in seinen Memoiren:

»Im Ssemenowskischen Regiment bildete sich eine Interessengemeinschaft. Fünfzehn bis zwanzig Offiziere taten sich zusammen, um die Möglichkeit zu haben, jeden Tag gemeinsam zu Mittag zu essen; nicht nur die Mitglieder speisten im Saal, sondern auch alle diejenigen, die durch den Dienst gezwungen waren, den ganzen Tag bei der Truppe zu verbringen. Nach dem Mittagessen spielten einige Schach. Andere lasen ausländische Zeitungen und verfolgten alle europäischen Ereignisse mit dem größten Interesse. Ein derartiges Verbringen der Zeit war etwas ganz Neues. Als ich im Jahre 1811 in das Ssemenowskische Regiment eingetreten war, hatten die Offiziere bei ihren Zusammenkünften entweder Karten gespielt und einander ohne die geringsten Gewissensbisse dabei betrogen, oder sie hatten unsinnig gezecht. Der Kommandeur des Ssemenowskischen Regiments, General Potemkin, begünstigte unsere Gründung und speiste zuweilen mit uns. Aber nach einigen Monaten befahl der Kaiser Potemkin, die Runde im Ssemenowskischen Regiment aufzuheben, weil ihm derartige Zusammenkünfte von Offizieren sehr mißfielen.

Allein noch liebten wir alle den Kaiser – wir dachten daran, wie groß er in den Jahren 1813 und 1814 gewesen war, und erwarteten seine Ankunft im Jahre 1815 mit Ungeduld. Endlich erschien die Flagge auf dem Winterpalais, und noch am selben Tage wurden alle Gardeoffiziere zur Cour befohlen. Es herrschte allgemeines Erstaunen, daß die Artillerieoffiziere nicht anwesend waren; sie waren gekommen, aber man hatte ihnen den Zutritt zum Palais nicht gestattet. Der Oberst Taube hatte dem Kaiser gemeldet, daß sich die Offiziere seiner Brigade im Verkehr mit ihm Unverschämtheiten erlaubt hätten. Taube war bei Offizieren und Soldaten verhaßt; die Folge seines Berichtes war, daß zwei Fürsten, Gortschakow (der Hauptkommandierende an der Donau und der ehemalige

Generalgouverneur von Westsibirien) und noch fünf andere ausgezeichnete Offiziere aus der Garde in die Linie versetzt wurden. Dieser Vorgang brachte in der ganzen Armee einen unangenehmen Eindruck hervor. Außerdem kamen allen fortwährend Redensarten zu Gehör, in denen Kaiser Alexander deutlich seine Verachtung der Russen zu erkennen gab. So hatte Kaiser Alexander zum Beispiel bei einer Heerschau in Frankreich Wellington auf dessen Lob über die vorzügliche Organisation des russischen Heeres so laut, daß alle es hören konnten, geantwortet: er danke das nicht den Russen, sondern den Ausländern, die in seinem Heere dienten. General-Adjutant Osherowski, ein Verwandter von Sergei und Matweij Murawjew, erzählte letzteren, als er eines Tages aus dem Palais zurückkam, daß der Kaiser von den Russen im allgemeinen gesprochen und gesagt hätte, daß jeder Russe entweder ein Spitzbub oder ein Dummkopf wäre – usw.

Nach seiner Rückkehr im Jahre 1815 erbat sich der Kaiser von seinen Ministern für einen Monat Ruhe; dann überließ er dem Grafen Araktschejeff die Regierung des Reiches fast ganz. Seine Seele war in Europa, in Rußland kümmerte er sich nur noch um die Vergrößerung seines Heeres. Der Zar war jeden Tag bei der Parade; in allen Regimentern wurde fleißig exerziert und marschiert.

Der Dienst in der Garde wurde mir unerträglich. Im Jahre 1815 tauchte die Möglichkeit eines Krieges mit den Türken auf, und ich bat um meine Versetzung in das 37. Jäger-Regiment. Oberst von Wisin, der als vorzüglicher Offizier in der Armee bekannt war, war Kommandeur dieses Regiments. Ich kannte ihn aus dem Jahre 1813. Zu jener Zeit wohnten Sergei Trubetzkoi, Matweij und Sergei Murawjew und ich in der Kaserne zusammen; wir trafen uns häufig mit den drei Brüdern Murawjew, Alexander, Michail und Nikolai – außerdem auch mit Nikita Murawjew. In unseren Unterhaltungen bildete

gewöhnlich die Lage Rußlands das Hauptthema. Wir erörterten die Hauptschäden in unserem Vaterlande: die Verstocktheit des Volkes, die Leibeigenschaft, die grausame Behandlung der Soldaten, deren fünfundzwanzigjährige Dienstzeit fast der Zwangsarbeit zu vergleichen war; überall herrschte Wucher, Raub und eine offenbare Nichtachtung des Menschen als solchem. Die sogenannte höhere, gebildete Gesellschaft bestand zum größten Teil aus Altgläubigen, denen eine Berührung mit den uns beschäftigenden Fragen schon als schreckliches Verbrechen erschien; von den auf ihren Gütern lebenden Gutsbesitzern gar nicht zu reden!
Als Trubetzkoi und ich eines Tages bei Matweij und Sergei Murawjew waren, kamen Alexander und Nikita Murawjew mit dem Vorschlag, eine geheime Gesellschaft zu gründen, zu uns. Nach den Worten Alexanders sollte das Ziel dieser Gesellschaft darin bestehen, den in russischen Diensten stehenden Deutschen entgegenzuwirken. Ich wußte, daß Alexander und seine Brüder Feinde jedes Deutschtums waren, und erklärte, daß ich einer Verschwörung gegen die Deutschen niemals beitreten würde. Wenn sich aber eine geheime Gesellschaft bilden würde, deren Mitglieder mit Einsetzen aller Kräfte für das Wohl Rußlands arbeiten wollte, so wäre ich gerne bereit, ihr beizutreten. Matweij und Sergei Murawjew antworteten auf den Vorschlag Alexanders fast dasselbe wie ich. Nach einigem Hin- und Herreden bekannte Alexander, daß sein Vorschlag, eine Gesellschaft gegen die Deutschen zu gründen, nur ein Probevorschlag gewesen wäre, und daß er, Nikita und Trubetzkoi schon früher übereingekommen wären, eine Gesellschaft ins Leben zu rufen, die im weitesten Sinne des Wortes dem Wohle Rußlands dienen sollte. Auf diese Weise wurde die geheime Gesellschaft gegründet, die vielleicht nicht ganz nutzlos für Rußland gewesen ist.
Wir beschlossen, Statuten für die Gesellschaft festzusetzen

und im Anfang nur Mitglieder mit Zustimmung von uns allen Sechsen aufzunehmen. Bald darauf verließ ich Petersburg, um mich zu dem 37. Jäger-Regiment zu begeben. Auf dem Wege dahin besuchte ich meinen Onkel, der mein kleines, im Gouvernement Smolensk gelegenes Gut verwaltete, und erklärte ihm, daß ich meine Bauern frei zu machen wünschte. Ich wußte damals noch nicht, wie sich das einrichten lassen und was daraus hervorgehen würde; aber da ich die volle Überzeugung hatte, daß die Leibeigenschaft ein Greuel wäre, so war ich von dem Gefühl durchdrungen, daß es meine erste Pflicht wäre, die von mir abhängigen Leute freizugeben. Mein Onkel hörte meinen Vorschlag ganz ohne Erstaunen, aber mit tiefer Bekümmernis an; er war überzeugt, daß ich den Verstand verloren habe.«

Nach seiner Rückkehr nach Petersburg fand Jakuschkin die Geheime Gesellschaft merklich vergrößert vor. Viele neue Mitglieder waren aufgenommen worden, »unter ihnen Burzew (der später als Generalmajor im Kaukasus gefallen ist) und Pestelj, beide Adjutanten des Grafen Wittgenstein. Pestelj stellte die ersten Statuten für unsere Gesellschaft auf. Bemerkenswert war in diesen Statuten erstens, daß alle, die in die Geheime Gesellschaft eintreten wollten, sich verpflichten mußten, unter keiner Bedingung den Dienst zu quittieren. Diese Bedingung hatte der Zweck, mit der Zeit alle hervorragenden Ämter im militärischen und im bürgerlichen Leben den Verfügungen der Geheimen Gesellschaft unterzuordnen; zweitens wurde verlangt, daß die Mitglieder, wenn der regierende Kaiser seinem Volke keinerlei Unabhängigkeit zubilligte, seinem Nachfolger keinesfalls den Eid leisten sollten, ohne dessen Selbstherrschaft zu beschränken.«

Zweifellos war diese Geheime Gesellschaft zunächst mehr und weniger als eine ausgesprochene Verschwörung, wenn sie auch in eine solche mündete. In unserer Zeit der politischen Massenbewegungen neigen wir dazu, über Gruppierungen dieser Art abfällig zu urteilen, vor allem, wenn Offiziere an ihnen maßgeblich beteiligt sind. Ihr Zustandekommen entspricht aber durchaus dem Wesensgesetz des Geheimbundes, der eine Vereinigung tieferen Wissens ist oder sich dafür hält: noch heute kommt es in allen ähnlich liegenden Fällen zur Bildung geheimer Bünde und zu Verschwörungen: wenn das Volk zu unwissend ist, um sein Schicksal zu beeinflussen, wie in den Mestizenstaaten Südamerikas, oder wenn es in seiner Gesamtheit einer gefährlichen Lähmung, einem hypnotischen Schlummer zum Opfer gefallen ist, wie die Deutschen, so daß sich gegen Hitler nicht das Volk, sondern nur ein Ring von Verschwörern erhob. Die Aufzeichnungen aus dem inneren Widerstand gegen Hitler erinnern in vielem, vor allem in den immer wiederkehrenden gewissenhaften Prüfungen des eigenen Handelns (von Moltke, von Hassel) an die sorgfältigen Überlegungen der russischen Adeligen, die an der Geheimen Gesellschaft beteiligt gewesen und als Dekabristen verurteilt worden sind.

So sagt denn auch Ludwig Kulczycki in seiner großen »Geschichte der russischen Revolution«: »Die Geheimbünde in der Zeit der Restauration und der Juli-Monarchie bereiteten in Frankreich die Revolutionen von 1830 und 1848 vor, deren Folgen durchaus nicht vorübergehend und oberflächlich waren. Die militärischen Verschwörungen und geheimen Gesellschaften spielten in der Geschichte Spaniens im 19. Jahrhundert eine ungeheure, ja sogar ausschlaggebende Rolle... Die Einheit Italiens war das Ergebnis einer jahrzehntelangen Geheimbund-Tätigkeit, die geschickt die internationalen-politischen Zustände auszunützen wußte; ohne die Aktion der Carbonari, ohne die Verschwörungen von Mazzini und die Kämpfe der Verschwörer unter Garibaldi wäre dieses große historische Ereignis überhaupt nicht denkbar. Geheime Ge-

sellschaften bereiteten den berühmten griechischen Aufstand vor. Diese Beispiele genügen, um die sehr bedeutende Rolle geheimer, in Verschwörungen mündender Gesellschaften in gewissen Phasen der sozialen Entwicklung zu beweisen.
Wo das geistige Niveau der breiten Volksmassen sehr niedrig und das wirtschaftliche Leben der Gesellschaft wenig differenziert ist, wo große Industriezentren fehlen, in denen sich eine zahlreiche Fabrikarbeiterschaft ansammeln und vereinigen könnte, wo die Möglichkeit fehlt, sich offen zu organisieren, wo die Verkehrsmittel schlecht sind und die Gesellschaft infolgedessen nicht als Gesamtheit rasch auf politische und soziale Ereignisse reagieren kann, dort sind geheime Gesellschaften und Verschwörungen die einzig mögliche Form politischer und sozialer Kämpfe gegen den bestehenden Zustand der Dinge… So entstanden denn auch gerade damals in Rußland Geheimgesellschaften, die sich mit Politik beschäftigten und den Charakter einer Verschwörung annahmen.«
Die russischen Offiziere hatten aber nicht nur die Feld- und Kriegslogen der Freimaurer kennengelernt, sondern auch den deutschen »Tugendbund«, den man nicht eigentlich geheim nennen konnte, weil er mit Wissen des Königs von Preußen begründet worden war. Seine Ziele waren die Stärkung des patriotischen Gefühls, Wiederbelebung der Hoffnung und Linderung der seelischen sowie der materiellen Not; das alles geschah aber in Hinblick auf das Hauptziel: die Befreiung von der französischen Vorherrschaft. Der Freiherr von Stein und der Feldmarschall von Blücher waren dem Tugendbund günstig gesinnt gewesen; aber nicht Stein, der ja 1812/13 am Zarenhof weilte, verpflanzte ihn nach Rußland, sondern der General Michail Fedorowitsch Orlow. Er gründete voll Bewunderung für den deutschen Tugendbund eine »Gesellschaft der russischen Ritter«, die sich zwar nicht durchsetzte, aber den Keim für andere Organisationen bildete.

Orlow selbst war glänzend begabt, hatte sich bei Austerlitz und in späteren Schlachten wiederholt ausgezeichnet, und war einer der drei adeligen Offiziere gewesen, die am 30. März 1814 die Kapitulation von Paris abschlossen. Dennoch wurde nicht er die führende Persönlichkeit des neuen Geheimbundes, sondern Pawel Pestelj, der insbesondere von den Zielen der Geheimen Gesellschaft eine klarere Vorstellung hatte als alle anderen Mitglieder.

Pawel Iwanowitsch Pesteljs Vater schrieb sich noch Pestel und war als Generalgouverneur von Sibirien wegen seiner Härte gefürchtet. Pesteljs Großvater war Deutscher und in der ersten Hälfte des achtzehnten Jahrhunderts nach Rußland eingewandert. Pestelj war Freimaurer und hatte zuerst der Loge »Sphinx« in Petersburg, danach der Loge »Zu den drei Tugenden« angehört. Bei den Zusammenkünften der Geheimen Gesellschaft, die sowohl Obolenski als auch Jakuschkin und der Fürst Wolkonski geschildert haben, las Pestelj aus einem grünen Heft die Grundsätze vor, nach denen seiner Meinung nach das neue Rußland regiert und die Volkswirtschaft dieses neuen Staatswesens eingerichtet werden müsse. Im Januar 1817 lagen die Satzungen des Bundes ausgearbeitet vor. Pestelj, der Fürst Trubetzkoj (der noch eine so unheilvolle Rolle spielen sollte) und Ilja Dolgorukow hatten sie gemeinsam ausgearbeitet. Man nannte die Vereinigung *Sojuz Spasienia ili istinnich i wiernich sinow Otietschestwa* (Bund der Erlösung oder der wirklichen und treuen Söhne des Vaterlandes).

Das Ritual bei der Aufnahme neuer Mitglieder erinnerte in manchem an die Bräuche der Freimaurer. Auch waren die Mitglieder des Bundes nach Graden unterschieden: es gab Brüder, Männer und Bojaren *(Bratja, Muschi, Bojare)*. Den höchsten Rang, den des Bojaren, bekleideten die Gründer der Gesellschaft; sie wurden auf die Satzungen verpflichtet und waren wohl die einzigen, die alle Ziele der Gesellschaft kannten und überblickten. Die *Muschi* wurden weitgehend eingeweiht, erfuhren aber zum Beispiel nicht, daß man mit dem Zarenmord beginnen wolle, und die *Bratja* schließlich schworen wohl Treue zu den Zielen der Gesellschaft, kannten sie aber nur in allgemeinen Umrissen.

Die Bojaren wählten aus ihrer Mitte den Vorsitzenden, einen Aufseher und einen Sekretär, leiteten aber als »Rat der Bojaren« die Geschäfte der Gesellschaft gemeinschaftlich. Bezüglich der Fernziele herrschten jedoch auch unter den Bojaren Meinungsverschiedenheiten, da zum Beispiel Pestelj und Nowikow entschiedene Anhänger einer republikanischen Staatsform waren, die von manchen der adeligen Bojaren nicht gerne gesehen worden wäre.

Zu ernstem Streit kam es schon an der Jahreswende 1817/18, als Fürst Trubetzkoj dem in Moskau versammelten Bojarenrat aus Petersburg die Nachricht brachte, Zar Alexander wolle die ruthenisch-litauischen Grenzgebiete dem Königreich Polen angliedern. Damals erbot sich Jakuschkin – jener Jakuschkin, der Jahre später Hunderte von Knaben und Mädchen unterrichtete und erzog – den Zaren zu ermorden und verließ, als die anderen Mitglieder des Bundes zauderten, erbost die Versammlung.

Die Zentren des Bundes, der sich nach einer Satzungsänderung »Bund des Glücks« nannte, waren Petersburg, Moskau (wo Alexander Murawjew wirkte), Poltawa (wo Nowikow eine Freimaurerloge gegründet hatte, die ihre Brüder zur Aufnahme in den »Bund des Glücks« vorbereitete) und schließlich Tultschin, der südliche Mittelpunkt, wo Pestelj tätig war.

Der Bund widmete sich bei weitem nicht allem, was er seinen Satzungen gemäß hätte tun sollen. Er gründete weder Schulen, noch wirkte er in philantropischer Weise wie sein Vorbild, der deutsche Tugendbund. Hingegen verbreitete er tatsächlich auch in höchsten Kreisen liberale Anschauungen, und

Petersburg, 14. Dezember 1825: Die meuternden Truppen standen im Karree um das Petersdenkmal und warteten auf die Befehle der Dekabristen, bis es zu spät war. Im Artilleriefeuer brach der Aufstand zusammen.

einzelne Mitglieder des Bundes gewährten ihren leibeigenen Bauern nennenswerte Erleichterungen.
Im Jahre 1820 brach in jenem Garderegiment, das Alexanders Günstling, der Oberst Schwarz, kommandierte, ein offener Aufstand gegen die unvorstellbaren Soldatenmißhandlungen aus. Dieses Ereignis und die Zusammenkünfte des Bojarenrates in Petersburg hatten den Argwohn der Regierung erweckt. Durch Fedor Glinka, den Adjutanten des Generalgouverneurs von Petersburg, erfuhren die Mitglieder des Bundes, daß jeder einzelne von ihnen genau beobachtet werde, da die Existenz der Geheimgesellschaft der Regierung bekannt geworden sei. Daraufhin traten die schwankenden Mitglieder aus dem Bunde aus, der sich zum Schein auflöste, in Wirklichkeit aber nur in einen »Nördlichen Bund« und eine »Südliche Vereinigung« teilte.
Die »Südliche Vereinigung« verfügte über die stärkeren Persönlichkeiten. Ihr Direktorium *(Direktorja)* wurde von General Juschniewski, P. I. Pestelj und Sergius Murawjew-Apostol gebildet und verfolgte nunmehr lediglich politisch-revolutionäre Ziele. Gleich bei der ersten Versammlung erklärte sich Pestelj offen für den Zarenmord, falls nämlich Alexander I. es ablehnen sollte, eine konstitutionelle Monarchie zu errichten. Obwohl wider Erwarten keiner der Anwesenden Widerspruch erhob und austrat, hatte Pestelj genau die Schwankenden unter den Mitgliedern erkannt und weihte sie in die näheren Pläne der Vereinigung nicht mehr ein. Auch im engsten Kreise herrschte jedoch noch immer keine Einmütigkeit über die Frage, ob man nur den Zaren oder alle Mitglieder des Herrscherhauses töten und welches Wahlsystem in dem neuen Staate herrschen solle, da Murawjew-Apostol zum Beispiel den Vermögenszensus forderte, das heißt, das Wahlrecht auf Personen beschränken wollte, die einen gewissen Besitz ihr eigen nannten.

Vier führende Köpfe des großen russischen Geheimbundes, der nach seinem Dezember-Aufstand »Dekabristen« genannt wurde. Obere Reihe von links nach rechts: K. F. Rylejeff, P. Pestelj. Untere Reihe: M. F. Orlow, S. N. Murajew-Apostol.

Während man noch darüber diskutierte und sich bemühte, schon vor der Revolution einen vollständigen Plan der Konstitution zu erstellen, ergab sich die erste Gelegenheit zur Aktion. Die neunte Division, in der Murawjew-Apostol und andere Mitglieder des Bundes dienten, wurde im Sommer 1823 nach Bobruisk verlegt, wo sie vom Zaren besichtigt werden sollte. Man plante nun, sich zunächst des Zaren und des Generals Diebitsch, dann aber der Festung Bobruisk selbst zu bemächtigen, das Heer zu gewinnen und mit der Division nach Moskau zu marschieren, während der »Nördliche Bund« den Aufstand in Petersburg auslösen sollte.
Pestelj und andere Mitglieder der Bundeszentren von Moskau und Tultschin rieten jedoch ab: der Plan sei zu gewagt, und während man noch beriet, wurde Alexanders Reise nach Bobruisk abgesagt.
Die Tätigkeit des Bundes war dadurch erschwert worden, daß Alexander I. inzwischen alle Geheimgesellschaften und -vereinigungen, unter welchen Namen immer sie existierten, aufgelöst hatte: auch die Freimaurer.
Der Kongreß der Heiligen Allianz im Jahre 1822 zu Verona hatte sich vor allem mit den politischen Geheimbünden beschäftigt, obwohl diese den Monarchen selbst noch bei weitem nicht so gefährlich erschienen wie einzelnen ihrer Ratgeber. Der Staatskanzler Fürst Metternich war von der Internationalität der Geheimbünde und ihrer Zusammenarbeit fest überzeugt. Graf Benkendorff, der Generaladjutant des Zaren, beobachtete vor allem den »Bund des Glücks«, und der preußische Graf Haugwitz hatte in einer Denkschrift dargelegt, daß die blutigen revolutionären Ereignisse, die Europa seit 1788 erschütterten, insbesondere aber der Tod des französischen Königspaares und die Hinrichtung so vieler Mitglieder des höchsten Adels, ausschließlich das Werk der Freimaurer seien: Sie hätten alle diese Untaten beschlossen.

Das reichte hin, den Zaren nachdenklich zu stimmen und seine Aufmerksamkeit auf die Tätigkeit der Geheimen Gesellschaften in Polen und Rußland zu richten. Den letzten Anstoß zum Verbot der Freimaurer gab jedoch der Besuch des Mönchs Photius bei Alexander. Photius hatte mit dem großen byzantinischen Patriarchen gleichen Namens – wenn wir den zeitgenössischen Berichten glauben dürfen – herzlich wenig gemein. Er war ungebildet, aber »von einem an Blödsinn streifenden Fanatismus« beseelt. Er betete inbrünstig mit dem Zaren, verwies ihm den Umgang mit Juliane von Krüdener, dem romantischen Philosophen Baader und Jung-Stilling und verlangte von ihm als dem Zaren, daß er die »siebenköpfige Schlange« des Freimaurer- und Illuminatentums töte.
Photius wurde, obwohl er kaum lesen und schreiben konnte, zum Prior eines Klosters gemacht und das Innenministerium angewiesen, sämtliche geheimen Gesellschaften, Vereinigungen und weltlichen Orden aufzulösen. Die Mitglieder der aufgelösten Vereinigungen mußten schwören, nie wieder ähnliche Gründungen zu ermutigen oder selbst vorzunehmen. Für die beiden Nachfolge-Organisationen des »Bundes des Glücks« brachte das nur den Verlust der Freimaurerlogen; die Ziele der »Südlichen Vereinigung« waren ebenso wie jene des »Nördlichen Bundes« so revolutionär, daß man ohnedies zu streng geheimer Arbeit in tiefster Verborgenheit hatte übergehen müssen. Und da man nichts mehr zu verlieren hatte, verbündete man sich sogar mit jenem politischen Geheimbund, der sich aus der »Nationalen Freimaurerei« gebildet hatte und von dem Fürsten Jablonowski geleitet wurde. In einem Wald bei Luck traf man die feste Übereinkunft, daß der polnische Bund in dem Augenblick, da in Rußland die Revolution losbreche, den Großfürsten Konstantin daran hindern solle, mit seinen Truppen Alexander zu unterstützen.
Es kam, wie es immer kommt, wenn ein paar Dutzend intelli-

genter, hochgebildeter Menschen jahrelang über revolutionäre Pläne debattieren und über all dem der eigentlichen Aktion unvorbereitet gegenüberstehen.

»Wer hätte glauben können, daß die leichten Fieberanfälle, die der Kaiser in der Krim hatte, zu einem baldigen Ende führen würden?« fragt Fürst Obolenski in seinen Memoiren. »Der Telegraph existierte noch nicht, und so warteten wir vollständig ruhig weitere Nachrichten ab; sie kamen auch bald und trugen schon einen ernsteren Charakter. In den Kirchen wurde für die Gesundheit des Kaisers gebetet, und die Nachricht von seinem Tode traf gerade ein, als in der Kapelle des Winterpalastes eine Messe für seine Gesundheit gelesen wurde.«

Großfürst Konstantin, der Zarewitsch, hatte schon geraume Zeit vorher einen geheimen Thronverzicht zugunsten seines Bruders Nikolaus ausgesprochen: er hatte stets die grausige Ermordung seines Vaters vor Augen und wähnte sich diesem Schicksal ausgeliefert, wenn er den Thron besteige. Einige hohe regierungstreue Verwaltungsbeamte waren mit einer Thronbesteigung des kalten und unbeliebten Nikolaus jedoch nicht einverstanden. Unsicherheit griff um sich, Eilkuriere wurden zwischen Petersburg und Warschau hin und her gehetzt: der »Nördliche Bund« und die »Südliche Vereinigung« jedoch taten nichts, um das Interregnum für ihre Zwecke zu nützen.

Als sie schließlich kurz vor der Vereidigung auf Nikolaus dennoch losschlugen, war es in jeder Hinsicht zu spät. General Diebitsch hatte Einblick in das Material genommen, das Alexander von Konfidenten erhalten hatte, die in die »Südliche Vereinigung« eingeschmuggelt worden waren. Diebitsch handelte sofort und setzte Pestelj mit einer Reihe anderer Offiziere hinter Schloß und Riegel, noch ehe sie irgend etwas unternehmen konnten.

Der »Nördliche Bund« kam noch zur Aktion, aber diese hatte kaum noch andere Bedeutung, als die Anschuldigungen zu erhärten und die Existenz einer Verschwörung zu beweisen: Der Morgen des 14. Dezember war angebrochen und man bereitete sich zur Vereidigung der Garnison auf den neuen Zaren Nikolaus vor. Da weigerten sich die im »Nördlichen Bund« vereinigten Offiziere, den Eid zu leisten und beredeten die ihnen anvertrauten Truppen zur Auflehnung. Etwa zweitausend Mann fielen tatsächlich von der Regierung ab und folgten den Befehlen der Verschwörer, die sie auf den Senatsplatz marschieren ließen, von wo aus die wichtigsten öffentlichen Gebäude erstürmt werden sollten. Die Truppen bildeten ein Karree um das Petersdenkmal, warteten im übrigen aber wie die Offiziere auf den erwählten »Diktator«, den Fürsten Trubetzkoj.

Diesem, einem feinen, klugen Menschen, war jedoch im letzten Augenblick vor der ungeheuren Verantwortung bange geworden. Ratlos und mit sich selbst hadernd, irrte er durch die verschneiten Straßen Petersburgs und war nicht aufzufinden, als man nach dem Befehlshaber des Aufstandes suchte.

Inzwischen vollzog sich die Tragödie. Bulatow, ein tüchtiger Oberst, aber nicht eben zu großen Taten befähigt, hatte den ihm angetragenen Oberbefehl ausgeschlagen, ebenso J. Bestushew, der sonst eine ziemlich bedeutende Rolle im »Nördlichen Bund« gespielt hatte. Schließlich drängte man den Befehl dem Fürsten Obolenski auf, der sich selbst darüber im klaren war, daß diese Aufgabe seine Kräfte und Fähigkeiten bei weitem übersteige.

Es ging seltsamerweise ganz ähnlich zu wie bei jener anderen Offiziersverschwörung, die hundertundneunzehn Jahre später so blutig niedergeschlagen wurde. Die Verschwörer bewiesen den Mut und Edelsinn, aber sonst nichts; sie standen moralisch und nach ihren Zielen turmhoch über jenen, die im

Besitze der Macht waren, aber sie handelten nicht, sondern warteten, bis die Gegenseite sich vom ersten Schock erholt hatte und zum Gegenschlag ausholte.

Die meuternden Soldaten stampften Schnee, die Offiziere berieten, kamen aber nicht einmal darauf, daß man das Winterpalais besetzen könnte. Inzwischen hatte sich Nikolaus zu einer Aktion aufgerafft. Er war noch am Abend zuvor der Meinung gewesen, daß die Verschwörung, von der er nur ungefähr Kenntnis hatte, siegen werde. Er hatte sie sich allgemein und mächtig gedacht und mit seinem Tode gerechnet. Daß die Verschwörer an der Spitze ihrer Truppe untätig bleiben würden, bis er Verstärkungen zusammengezogen habe, konnte er ja nicht annehmen.

Am Nachmittag war es dann soweit, daß Gardekavallerie zur Attacke ansetzte. Sie wurde von Oberst Alexis Orlow befehligt, dem Bruder des Verschwörers Michail Orlow. Dreimal ließ er über den vereisten Boden attackieren, dreimal wurde er zurückgeschlagen. Die Bevölkerung begann, mit den Verschwörern gemeinsame Sache zu machen, Barrikaden zu bauen und sich mit Waffen zu versorgen. Nikolaus wurde von den vergeblichen Angriffen unterrichtet und ließ Wagen vorfahren, um seine Familie in Zarskoje Selo in Sicherheit zu bringen. Dann entschloß er sich, auf Zureden des Generals Toll, eine Batterie eingreifen zu lassen. Auch jetzt hatten die Verschwörer noch Zeit zur Aktion, denn die Batterie war ohne Munition in Stellung gegangen (!), aber noch immer geschah nichts. Die Kanoniere luden und richteten, begriffen den ersten Feuerbefehl aber nicht, da sie doch nicht auf ihre Kameraden schießen wollten. Schließlich vermochten die Offiziere sich durchzusetzen, die ersten Salven donnerten über den Platz, und der Aufstand war niedergeschlagen...

Im Süden war es nicht viel besser abgelaufen. Alexander Murawjew-Apostol hatte von Pesteljs Verhaftung erfahren, sich einiger Kompanien bemächtigt und tatsächlich die Kameraden Pesteljs, nicht aber ihn selbst befreien können. Er riß Wassilkow an sich, vermochte aber die Garnison der kleinen Stadt nicht mit der ebenfalls zur Meuterei neigenden 8. Division zu vereinigen, weil General Diebitsch diesen Plan durchkreuzte. Auf dem Marsch nach Moskau, bei dem Ort Kowaluwka, wurden die Verbände gestellt und trotz mutiger Gegenwehr zerschlagen. Sergius Murawjew-Apostol geriet schwerverletzt in Gefangenschaft, sein Bruder beging Selbstmord.

Bei der nun folgenden langen Untersuchung zeigten sich die Mitglieder des Geheimbundes – mit wenigen Ausnahmen, wie zum Beispiel Trubetzkoj – wieder als ganze Männer. Sie hatten bezeichnenderweise nur im Augenblick der Aktion versagt, in den Verhören, im Kerker und schließlich auf dem Schafott bewiesen sie Treue zu ihren Ideen, Mut und Verschwiegenheit, obwohl man nichts unversucht ließ, um sie zum Sprechen zu bringen und zu belastenden Aussagen gegen andere zu veranlassen.

Pestelj bekannte sich auch vor dem Tribunal noch zu seinen republikanischen Ideen und sagte unter anderem:

»Die Hauptströmung unserer Zeit ist der Kampf der Volksmassen gegen die Aristokratie jeder Art, sei diese nun auf Reichtum oder Abstammung gegründet. Denn diese Aristokratie wird schließlich mächtiger als der Monarch und bildet ein unüberwindliches Bollwerk gegen das Gedeihen des Staates. Nur eine republikanische Verfassung kann diese illegale Macht beseitigen. Die Ereignisse in Neapel, Spanien und Portugal waren mir deutliche Fingerzeige, dem ehrlichen Bekenntnis der Souveräne zu den von ihnen erlassenen Verfassungen zu mißtrauen: sie haben meine revolutionäre republikanische Gesinnung sehr gefestigt. Seit dem Zusammenbruch der Revolution in Neapel bin ich überzeugter Republikaner.«

Nach diesen Worten stand es für das Gericht naturgemäß fest, daß Pestelj einer jener gefährlichen Carbonari sei, auf die man im Namen der Heiligen Allianz in ganz Europa Jagd machte. Die eingesetzte Kommission erkannte alle hundertzwanzig Angeklagten als des Todes schuldig. Da sich aber bekannte Namen des russischen Adels unter den Verschworenen fanden, setzte der Zar, der sich nicht von vornherein mit großen Familien verfeinden wollte, die Strafen herab und verurteilte nur die fünf Führer des Geheimbundes zum Tode: den Obersten Pestelj, den Dichter Rylejeff, ferner Sergius Murawjew-Apostol, Michael Bestuschew-Rjumin und den Leutnant Kachowski, der den Generalgouverneur Miloradowitsch vom Pferd geschossen hatte, als dieser die Truppen zur Aufgabe ihrer revolutionären Haltung bereden wollte. Die übrigen Dekabristen, wie sie nun nach dem russischen Wort für Dezember hießen, wurden zu Zwangsarbeit zwischen zwanzig Jahren und lebenslänglich verurteilt.
»Es schlug Mitternacht«, berichtet Fürst Obolenski von der Nacht auf den 14. Juli 1826, die man für die Urteilsvollstrekkung ausersehen hatte. »Der Priester kam mit dem heiligen Abendmahl aus der Zelle Konrad Rylejeffs, ging zu Sergej Murawjew-Apostol, dann zu Peter Kachowski und schließlich zu Michael Bestushew-Rjumin. Der protestantische Geistliche gab Pawel Pestelj das heilige Abendmahl.
Ich schlief nicht. Man hatte uns befohlen, uns anzukleiden; ich hörte das Geräusch von Schritten, hörte flüstern und begriff nicht, was das alles zu bedeuten hatte. Nach einigen Augenblicken hörte ich das Klirren von Ketten. Eine Türe am anderen Ende des Ganges wurde geöffnet, die Ketten rasselten laut. Ich hörte die Stimme meines treuen Freundes Rylejeff, die langsam sagte: *Adieu, adieu, meine Brüder!* Dann entfernten sich die Schritte. Ich lief an das Fenster; der Tag begann zu grauen… Ich sah eine Abteilung des Pawlowski-

schen Garderegimentes und an ihrer Spitze den mir bekannten Leutnant Pilmann; die fünf Verurteilten wurden von Grenadieren mit aufgepflanztem Bajonett umringt. Das Zeichen wurde gegeben und sie entfernten sich. Man befahl uns, herauszugehen. Dieselben Grenadiere, die die fünf Verurteilten geleitet hatten, führten uns auf die Esplanade vor der Festung. Alle Garderegimenter waren unter den Waffen. In der Ferne sah ich fünf Galgen…

Aber noch waren die Verurteilten nicht am Ende ihrer Leiden. Sechs Wagen waren mit den einzelnen Teilen des Schafotts beladen worden, aber nur fünf langten an ihrem Bestimmungsort an. Der sechste Wagen mit einigen unentbehrlichen Eisenteilen blieb unauffindbar, so daß man in Eile Ersatzteile heranschaffen mußte.

Die Verurteilten waren an den Füßen durch Ketten gefesselt. Kachowski ging allein voraus, ihm folgten Arm in Arm Bestushew und Murawjew, dann Pestelj und Rylejeff, die französisch miteinander sprachen. Als Pestelj das unfertige Schafott gewahrte, sagte er leise: *C'est trop*.

Man hieß die Verurteilten auf dem Rasen warten; als sich aber zeigte, daß die Fertigstellung des Schafotts doch einige Stunden in Anspruch nehmen würde, führte man sie in Einzelzellen der Festungskasematten und holte sie erst gegen fünf Uhr, als die Arbeiten auf der Richtstätte beendet waren.

Die Verurteilten waren in weite Leinenanzüge gekleidet, da man sie ja degradiert und aus der Armee ausgestoßen hatte. Nun setzten ihnen die Scharfrichter noch weiße Mützen auf und legten ihnen die Stricke um den Hals. Dann gaben die Falltüren unter ihnen nach, aber drei von ihnen: Rylejeff, Kachowski und Pestelj fielen zu Boden: ihre Stricke waren gerissen! Rylejeff hatte sich bei dem Fall verletzt und blutete am Kopf. Als neue Stricke gebracht und die Hinrichtungen wiederholt wurden, zeigte sich, daß Pesteljs Strick so lang war, daß seine Füße den Boden berührten, wodurch seine Qualen verlängert waren. Rylejeff sah dies, als man ihm eben zum zweitenmal den Strick um den Hals legte und sagte: »Was kann man von einer Regierung erwarten, die nicht einmal zu hängen versteht? Unser Tod genügt ihr nicht, sie will uns noch quälen.«

Rylejeff, ein Dichter und weicheres Gemüt als so mancher der Mitverschworenen, hat sich in der Prüfung dieser letzten Stunde ebenso tapfer gehalten wie die Offiziere, die mit ihm starben. Obolenski berichtet, daß Rylejeff in der Haft Gedichte auf Ahornblätter geschrieben und ihm durch einen Aufseher geschickt habe. In der Aktion selbst war er ebenso unentschlossen gewesen wie der ganze »Nördliche Bund«.

Das war das Ende der Dekabristen, das Ende eines weitverzweigten Geheimbundes, der seinem Wesen nach aber doch mehr geheime Gesellschaft als revolutionäre Organisation geblieben war und deswegen scheitern mußte. Wie so oft hätte eine nur geringfügige Änderung des Ablaufs dem Plan Erfolg bringen können. Wären etwa die entschlossenen Brüder Murawjew-Apostol in Petersburg gewesen, so wäre wohl das Winterpalais besetzt und die Zarenfamilie gefangengenommen oder gar getötet, die Dynastie damit aber auf das schwerste gefährdet worden. Im Besitze des Winterpalastes und der Peter-Pauls-Festung hätten die Verschwörer sich möglicherweise so lange halten können, bis ihre Agitation ins Volk gedrungen und von den Massen her die zum Gelingen der Revolution notwendige Unterstützung gekommen wäre. Auch eine schließliche Niederschlagung des Aufstandes hätte dann den Eindruck nicht verwischen können, daß eine ernsthafte, breitere Opposition gegen die Regierung bestehe, eine Opposition, die über einen kleinen Kreis von Freimaurern und Geheimbündlern hinausreiche, und Nikolaus wäre genötigt gewesen, ihr durch Reformen Rechnung zu tragen.

Aber es kam eben anders, und so hatte die Revolte der Dekabristen nach ihrem vollständigen Scheitern nur noch ein menschliches Nachspiel. Als die verurteilten Verschwörer nach Sibirien geschickt wurden, kam die Stunde der Frauen, die von den geheimen Beratungen stets ausgeschlossen gewesen waren. Die Fürstin Trubetzkoj, eine Französin und geborene Gräfin Laval, und die Fürstin Wolkonski erlangten in unermüdlichen Bittgängen die Erlaubnis, das Schicksal ihrer Gatten zu teilen und begleiteten diese nach Sibirien.

»Die Fürstin Trubetzkoj«, berichtet Obolenski in seinen Erinnerungen, »unternahm die weite Reise nach Sibirien in Begleitung des Sekretärs ihres Vaters, eines Monsieur Vaucher. Etwa hundert Werst vor Krassnojarsk zerbrach ihr Wagen und es war unmöglich, ihn zu reparieren. Die Fürstin zauderte keinen Augenblick, sie mietete einen Leiterwagen und fuhr nach Krassnojarsk weiter. Von dort aus ließ sie Monsieur Vaucher mit einem Tarantaß abholen. Er hatte die Reise im Leiterwagen nicht ausgehalten und war auf einer Poststation geblieben, bis ihm die Fürstin einen bequemen Wagen schikken konnte.

Nachdem die Fürstin endlich wieder mit ihrem Gatten, der in der Branntweinbrennerei von Nikolajewsk arbeitete, vereint worden war, verließ sie ihn nicht wieder. Sie wurde für uns alle ein Schutzengel. Mit Worten läßt sich kaum beschreiben, was diese Damen, die ihren Gatten in die Verbannung gefolgt waren, für uns bedeuteten...«

Daran änderte sich auch nichts, als die Verurteilten einige Jahre später in die Bergwerke von Nertschinsk verschickt wurden, ja, es folgten andere Frauen dem Beispiel, das Catherine Trubetzkoj und Maria Wolkonskaja gegeben hatten:

»Man servierte uns ein Frühstück, und nachdem wir das eingenommen hatten, standen die Wagen, die uns an unseren neuen Bestimmungsort fahren sollten, schon wieder bereit«, schreibt Obolenski. »Als ich aus dem Fenster blickte, sah ich eine mir unbekannte Dame aus einer Droschke steigen; sie wandte sich scheinbar fragend an einen Kosaken. Ich lief eilig die Treppe herunter und näherte mich der Dame; es war die junge Fürstin Schachoffskoi, die mit ihrer Schwester, der Gattin von Alexander Nikolaiewitsch Murawjew, der in Nishnij-Udinsk interniert war, gekommen war. Ihre erste Frage war: ›Ist Fürst Trubetzkoj hier?‹ Auf meine bejahende Antwort sagte sie mir: ›Die Fürstin folgt mir, sie will ihren Mann vor der Abreise sehen, sagen Sie es ihm.‹ Unsere Vorgesetzten wollten diese Zusammenkunft verhindern und beschleunigten unsere Abreise. Wir suchten soviel wie möglich Zeit zu gewinnen, aber schließlich mußten wir doch die Wagen besteigen. Die Pferde wollten sich gerade in Bewegung setzen, als die Fürstin in einem Mietwagen ankam. In einem Augenblick sprang der Fürst vom Wagen und lag in den Armen seiner Gattin; die Umarmung dauerte lange, heiße Tränen entströmten den Augen beider. Der Polizeioberst stand neben ihnen und bat sie, sich zu trennen; aber sein Bitten verhallte ungehört, sie begriffen gar nicht, was er sagte. Endlich wurde das letzte Lebewohl gesprochen, und unser Wagen führte uns mit verdoppelter Schnelligkeit fort. Die Fürstin Trubetzkoj blieb über das Schicksal ihres Gatten im ungewissen zurück. Kein Mensch wollte ihr sagen, wohin man uns brachte; aber sie war fest entschlossen, das harte Los ihres Gatten zu teilen, und wandte sich mit einer Bittschrift an die Regierung. Lange Zeit erhielt sie nur ausweichende Antworten: als die Fürstin Wolkonski in Irkutsk ankam, vereinten sich die beiden Damen, um ihren Wunsch durchzusetzen. Sie traten mit unglaublicher Festigkeit auf und schreckten weder vor Drohungen zurück, noch schenkten sie Bitten Gehör. Endlich nannte man ihnen wenigstens die Bedingungen, unter denen Frauen von Sträflingen in den Bergwerken zugelassen wurden. Erstens müßten sie allen ihnen durch Geburt und Stellung zukommenden Rechten entsagen, zweitens könnten sie Geld und Briefe nur durch Vermittlung der Bergwerksdirektion erhalten, drittens hätte der Bergwerksdirektor zu bestimmen, wann und wo sie ihre Gatten sehen dürften. Außerdem fügte man noch mündlich hinzu, daß die Direktion das Recht hätte, persönliche Dienste von ihnen zu verlangen, wie zum Beispiel das Waschen der Fußböden und dergleichen. Als die Fürstinnen die Bedingungen gelesen hatten, zögerten sie keinen Augenblick, die ihnen vorgelegten Papiere zu unterzeichnen. Auf diese Weise wurde die Regierung gezwungen, die Erlaubnis zur Wiedervereinigung der Gatten in den Minen von Nertschinsk zu geben.«

Obwohl sich an den geheimen Organisationen der Dekabristen während ihrer etwa zweijährigen Tätigkeit insgesamt an die sechstausend Personen beteiligt hatten, kann man sie keinesfalls als eine Volksbewegung bezeichnen. Die Petersburger Versuche, etwa die Kaufmannschaft oder andere bürgerliche Kreise in den »Nördlichen Bund« einzubeziehen, waren stets auf den Widerspruch der Mehrheit der Offiziere gestoßen. Immerhin aber hatten Rylejeffs Almanache einen gewissen geistigen Kreis um die Dekabristen geschaffen, zu dem zeitweise auch Alexander Puschkin gehört hatte und aus dem die reformistischen Ideen der Dekabristen weiterwirkten. Schon um die Jahrhundertmitte bildeten sich in Petersburg abermals geheime Zirkel, in denen politische und soziale Erneuerungsideen besprochen wurden, so etwa in der Freitagsgesellschaft des später verbannten Butaschewitsch-Pietraschewski, zu der auch Dostojewski gehörte. Dieser Kreis – aus dem die Regierung insgesamt 232 Personen mit Namen kannte und beobachten ließ – bildet durch Persönlichkeiten wie Bielinski, Alexander Herzen und Bakunin die Verbindung zu jenen sozialrevolutionären Milieus, in denen das Attentat vom 1. März 1881 vorbereitet wurde, das Alexander II. das Leben kostete.

Vergleicht man im heutigen Rückblick die schwärmerischen Erinnerungen der Dekabristen mit den Aufzeichnungen etwa Vera Figners, so erkennt man, warum die Dekabristen scheitern und die Attentäter der Nihilisten Erfolg haben mußten. Sofja Lwowna Perowskaja wurde durch ihre Tat zur ersten russischen Frau, die als politische Verbrecherin hingerichtet wurde. Sie war eine Urenkelin des letzten ukrainischen Hetmans Rasumovski, Enkelin des Gouverneurs von Petersburg unter Alexander II., der vor ihren Augen unzählige Male seine Leibeigenen mißhandelt hatte. Am 1. März 1881 aber handelte Perowskaja: »Sie erfaßte sofort, daß der Zar auf dem Rückweg den Katharinen-Kanal entlangfahren werde, und beschloß, nur mit den Bomben vorzugehen. Sie ging zu den Bombenwerfern, wies ihnen ihre neuen Pläne an und verabredete mit ihnen, daß sie das Signal durch Winken mit ihrem Taschentuch geben werde.

Gegen zwei Uhr erfolgten nacheinander zwei Detonationen, die an Kanonenschüsse erinnerten: die Bombe Ryssakows zerschmetterte die Kutsche des Zaren, die Bombe Grinewitzkis traf den Zaren selbst.«

Wohl hatte auch Vera Figner noch durch geheime Gesellschaften, wie die verbotene und 1876 neubegründete Vereinigung »Land und Freiheit«, zu revolutionären Kreisen gefunden, aber es zeigte sich doch, und nicht nur in Rußland, daß der politische Geheimbund zumindest in der Form, die Freimaurerei, Carbonari und die Illuminaten ihm gegeben hatten, der Vergangenheit angehöre. Nach dem Tode des Zaren, den Vera Figner als die Vergeltung für die jahrhundertelange Unterdrückungs- und Gewaltherrschaft kommentiert, wurde die Ochrana, die russische Geheimpolizei gegründet, und auch in anderen Staaten organisierte sich die Abwehr der Regierung in einem Maße, daß Bünde wie die »Südliche Vereinigung« oder der »Deutsche Tugendbund« kaum lange unbehelligt geblieben wären. Für Statuten, Einweihungszeremonien, philantropische Ziele und grundsätzliche Debatten blieb nicht mehr viel Zeit: solange man frei war, mußte man handeln, und an der Aktion scheiden sich stets die Geister.

Die Entstehung großer Parteien überschattete die Tätigkeit der politischen Geheimbünde, die alles, was an ihrem Gedankengut vertretbar war, an die Öffentlichkeit der Massenbewegung abgeben mußten und im Dunkel der Gewalttat befangen blieben. Diese Teilung wird das Wesen der Geheimbünde wandeln. In Europa hat sich die Wandlung schon angebahnt, in anderen Kontinenten befindet sich die große Evolution noch in anderen Stadien: die Schwarzen Amerikas wurden früher frei als die russischen Leibeigenen, aber sie kämpfen noch heute um ihre Gleichberechtigung als Bürger, und die Völker Afrikas und Asiens sind in einem großen Übergang begriffen, dessen Ausgangspunkte geheime Bewegungen waren und dessen Ziel die Selbstregierung wurde.
Die geheimen Bünde aber werden auch dann nicht aussterben, wenn erste Ziele erreicht sind; sie werden die Methoden, die Ziele, den Charakter wechseln, aber es wird den Menschen immer wieder in den Geheimbund locken. Wo Geheimbünde wirken, wird Neues entstehen, das im gnadenlosen Licht des Tages vielleicht nicht entstanden wäre. Sie nützen das Dunkel und das Dunkel nützt ihnen, und die Nächte werden fruchtbar, da das Leben nun einmal aus Tag und Nacht besteht.

ZEITTAFEL

Die Anfänge der Geheimbünde lassen sich nicht datieren: Gemeinschaften, die einmal im Gegensatz zur eigenen Staatsgewalt, einer Fremdherrschaft oder einer Religion im Verborgenen arbeiten mußten, hatten schon lange vorher bestanden. Medizinmänner der letzten Eiszeit (bis 10000 v. Chr.) übten einen Fruchtbarkeitszauber, der in vielfach veränderter Form noch viel später weiterbestand und den Pygmäen heute noch bekannt ist; im dritten Jahrtausend v. Chr. wurden Großstein-Grabmonumente errichtet, die noch in christlicher Zeit Verehrung fanden; ekstatische Kulte und Rauschtrank sind seit der Altsteinzeit und verstärkt seit der Bronzezeit nachweisbar und auch in der Gegenwart üblich. Zudem sind viele Zeitangaben (besonders im iranischen Bereich) völlig unsicher. Somit kann unsere Zeittafel oft nicht genaue Daten für die Bünde selbst geben, sondern nur versuchen, die im Text genannten Daten chronologisch zu ordnen und historische Zusammenhänge anzudeuten.

Jahr	
um 2350 v. Chr.	Sargon begründet das erste semitische Reich
um 1400	Vormacht der Hethiter und Assyrer in Vorderasien
1377	(bis 1358) Amenophis IV. Echnaton.
um 1350	Mattiwaza, König von Mitanni.
1345	(bis 1318) Ramses I.
1296	Ramses II. verwendet im Kampf gegen die Hethiter Söldner der Amoriter und Sarden. Schreibergilde im Hethiterreich.

um 1200	Wanderung der Seevölker.
um 1070	Der Amoriter Adad-apal-iddina herrscht in Babylon.
um 950	Der libysche Söldnerführer Scheschonk I. wird Pharao.
884	(bis 859) Assurnasirpal I. König der Assyrer.
um 800	Die Macht der Etrusker dehnt sich in Italien aus.
670	Aufstände gegen den Assyrerkönig Assarhaddon.
um 630	Kylon unternimmt mit seiner Hetairie einen Staatsstreich in Athen.
	Beginn der medischen Großmacht.
596	Alkaios flieht aus Lesbos nach Ägypten, Sappho nach Sizilien.
594	Reformen des Solon in Athen.
573	Überliefertes Datum der Gründung Roms.
569	Griechische Söldner unterliegen den Libyern in Ägypten.
561	(bis 528) Peisistratos ist 19 Jahre lang Tyrann von Athen, 14 Jahre im Exil.
552	Kyros beginnt Krieg gegen die Meder.
	Aufstieg der Magoniden in Karthago.
um 533	Polykrates wird Tyrann von Samos, Pythagoras verläßt die Insel, gründet später in Kroton eine religiös-philosophische Gemeinschaft.
522	Aufstand des Magiers Gaumata gegen den Perserkönig Kambyses.
514	Harmodios und Aristogeiton ermorden den Tyrannen Hipparchos.
511/10	Die Stadt Sybaris wird zerstört. Der Tyrann Hippias aus Athen vertrieben. Sturz des Etruskers Tarquinius Superbus.

505 Aristodemos wird Tyrann von Kyme in Campanien.

490 Miltiades besiegt bei Marathon die Perser.

480 Themistokles besiegt bei Salamis die persische Flotte.

467 Aristeides gestorben.

461 Kimon aus Athen verbannt.

457 Schlacht bei Tanagra in Boiotien.

um 450 Die Macht des pythagoreischen Bundes in Unteritalien ist gebrochen. Herodot verfaßt sein großes Geschichtswerk. Das Stadtrecht von Gortyn auf Kreta wird aufgezeichnet.

443 Thukydides, Kimons Schwiegersohn, aus Athen verbannt.

431 (bis 404) Peloponnesischer Krieg.

429 Perikles stirbt an der Pest.

427 »Die Schmausbrüder«, die erste Komödie des Aristophanes, in Athen aufgeführt.

424 »Die Ritter« des Aristophanes aufgeführt. Die samoitischen Bürger ermorden die etruskischen Herren von Capua.

422 Der Athener Demagoge Kleon fällt im Kampf. Gastmahl des Kallias (von Xenophon später geschildert).

417 Letztes Scherbengericht in Athen.

416 Gastmahl des Agathon (von Platon später geschildert).

415 Hermenfrevel und Mysterienprozeß in Athen. Flottenexpedition nach Sizilien.

414 »Die Vögel« des Aristophanes aufgeführt.

413 Die athenische Armee in Sizilien vernichtet.

411 »Lysistrate« des Aristophanes aufgeführt. Staatsstreich der Vierhundert in Athen.

407 Hermokrates von Syrakus fällt im Straßenkampf. Alkibiades kehrt nach Athen zurück.
406 Seeschlacht bei den Arginusen und Prozeß gegen die Sieger.
405 »Die Frösche« des Aristophanes aufgeführt.
404 Die Dreißig Tyrannen übernehmen die Macht in Athen.
403 Kritias fällt im Kampf, Thrasybulos befreit Athen.
399 Andokides hält die Mysterienrede. Sokrates wird verurteilt.
um 390 Die Pythagoreer verlassen Unteritalien, bis auf Archytas, der in Tarent herrscht.
383 Ismenias von Theben zum Tod verurteilt.
368 Hanno kehrt aus dem Krieg in Sizilien zurück und versucht, die Ratsherren von Karthago zu ermorden.
367 Dionysios d. J. Tyrann von Syrakus.
347 Platon gestorben. Aristoteles begibt sich zu Hermias nach Atarneus.
327 Verschwörung der Pagen gegen Alexander den Großen.
218 (bis 201) Zweiter Punischer Krieg.
211 Die Römer erobern Capua, 27 Ratsherren begehen Selbstmord.
193 Hannibal schickt aus Syrien heimliche Botschaft an seine Freunde in Karthago.
186 In Rom werden die Bacchanalien verboten.
65 Der »Lehrer der Gerechtigkeit« in Jerusalem hingerichtet.
63 Die Verschwörung des Catilina wird entdeckt.
60 Der Druide Diviciacus kommt nach Rom.
58 Caesar beginnt die Eroberung Galliens.

um 50	Mysteriengemälde in einer Villa bei Pompei.
27 n. Chr.	Johannes predigt Buße und tauft im Jordan.
38	Isidoros stiftet Judenverfolgung in Alexandreia an.
41	Kaiser Claudius erläßt Versammlungsverbot für die Juden Roms und schließt Weinlokale.
61	Die Römer erobern das Druidenheiligtum auf der Insel Mona.
70	Die Römer erobern Jerusalem. Die Essener verbergen ihre Schriften in Grotten am Toten Meer.
um 100	Tacitus verfaßt die »Germania«.
103	Plinius d. J. Statthalter von Bithynien und Pontus.
um 200	König Cormac in Irland hält die Fiann als Leibwache.
um 350	Shapur II., König des neupersischen Reiches, läßt das Avesta (das heilige Buch des Parsismus) kodifizieren.
602	Phokas wird Kaiser des oströmischen Reiches.
614	Die Frankenkönigin Bruneshilde wird hingerichtet.
um 650	Erste Gemeinde der Paulikianer in Nordarmenien.
1014	Jarl Eirik verbannt Räuber und Berserker.
um 1115	Basileios, Anführer der Bogumilen, stirbt auf dem Scheiterhaufen.
1310	Verbrennung von vierundfünfzig Rittern des Templerordens in Frankreich.
1455	Ritter Kunz von Kauffungen, der Initiator des Sächsischen Prinzenraubes, wird in Freiberg enthauptet.

1512	Gründung der Vereinigung »Die Kelle« in Florenz.
1555	Bischof Olaus Magnus berichtet von Werwölfen im Baltikum.
1575	(bis 1624) Jakob Böhme.
1587	(bis 1654) Johann Valentin Andreä, Verfasser der Schrift von der »Chymischen Hochzeit des Christiani Rosenkreuz«.
1612	Rudolf II. stirbt geisteskrank und vereinsamt.
1622	Gründung der Rosenkreutzer-Gesellschaft in Den Haag.
1680	(bis 1765) Anna Constantia Gräfin Cosel.
1689	Verbrennung Quirinus Kuhlmanns in Moskau.
1695	Der toskanische Naturphilosoph Francesco Borri stirbt im Gefängnis.
1717	Gründung der Londoner Großloge der Freimaurer.
1729	(bis 1781) Lessing.
1741	Genever-Klub in New York.
1743	(bis 1795) Cagliostro.
1744	(bis 1803) Herder.
1749	(bis 1832) Goethe.
1762	(bis 1796) Regierungszeit der Zarin Katharina II.
1774	Selbstmord Johann Georg Schroepfers.
1775	Nikolai Iwanowitsch Nowikow wird Freimaurer.
1776	(bis 1782) Nordamerikas Unabhängigkeitskrieg gegen England.
1778	Voltaire wird Freimaurer.
1780	Goethe wird als Lehrling in die Loge »Amalia« in Weimar aufgenommen.

1784	Erste Farbigenloge in den USA.
1788	Der Rosenkreutzer Johann Christoph Wöllner wird preußischer Staats- und Justizminister.
1789	Französische Revolution.
1791	(bis 1803) Siegreiche Revolte von Schwarzen und Mulatten auf Haiti.
1800	Der Bund »Tod und Freiheit« in Virginia.
1801	(bis 1825) Regierungszeit des Zaren Alexander I.
1805	Joe Smith, der Begründer des Mormonentums, in Sharon (Vermont USA) geboren.
1805	(bis 1872) Giuseppe Mazzini.
1809	Erste Vendita der Carbonari in Capua.
1812	Schwarzen-Großloge in Massachusetts.
1817	»Bund der Erlösung« in Rußland.
1822	Urteil im großen Carbonari-Prozeß gegen Silvio Pellico, den Grafen Confalonieri u. a. Kongreß der Heiligen Allianz in Verona.
1825	Dekabristenaufstand in Rußland.
1825	(bis 1855) Regierung des Zaren Nikolaus I.
1826	Hinrichtung Pesteljs, Rylejeffs und ihrer Gefährten.
1831	Joe Smith führt die Mormonengemeinde nach Ohio.
1840	(bis 1850) Tätigkeit der »Untergrundbahn« (Geheimbund für Sklavenbefreiung) in den USA.
1844	Joe Smith wird bei einem Überfall auf den Mormonenstaat erschossen.
1860	Sezession von elf amerikanischen Südstaaten mit der Hauptstadt Richmond.
1861	(bis 1865) Sezessionskrieg (Nordstaaten gegen Südstaaten).

1864	(bis 1867) Entstehung des ersten Ku-Klux-Klans.
1871	Anti-Ku-Klux-Klan-Bill in den USA.
1876	Die Vereinigung »Land und Freiheit« in Rußland wird neu begründet.
1878	Gründung des Ordens von der heiligen Frau Latte in Berlin.
1881	Geglücktes Nihilistenattentat auf den Zaren Alexander II.
1889	Brasilien wird Republik.
1897	Der gegen die Freimaurer gerichtete Taxil-Schwindel fliegt auf.
1917	Entstehung des zweiten Ku-Klux-Klans.
1921	(und 1924) Einwanderungsbeschränkungen nach rassischen Gesichtspunkten in den USA.
1925	Anti-Freimaurer-Gesetz Mussolinis.
1944	20. Juli: Offiziersverschwörung gegen Hitler mit dem Kern im sog. Kreisauer Kreis (Graf Moltke, v. Hassel, Goerdeler u. a.)
1948–54	Dr. Daniel Malan Min.-Präsident der Südafrikanischen Union. Geht auf Distanz zu England, Intensivierung der Apartheid-Politik.
1978	Entführung und Ermordung des ital. Politikers Aldo Moro mit weitgehend ungeklärtem Hintergrund.
1989	Krise der Diktaturen in Osteuropa. Staatspolizei-Organisationen in der DDR, Rumänien und Bulgarien erweisen sich als Staat im Staate.
1990	Nato-Geheimorganisation Gladio in Italien u. a. Staaten aufgedeckt.

REGISTER

Knaur

Heiße Eisen

(3812)

(3960)

(4015)

(4057)

(4079)

(4807)